Hans Müller

Thüringen

Reisen durch eine
deutsche Kulturlandschaft

DuMont Buchverlag Köln

Umschlagvorderseite: Meiningen, das Büchnersche Haus

Umschlagklappe vorn: Kloster Veßra

Umschlagrückseite: Weimar, Goethes Gartenhaus an der Ilm

Frontispiz S. 2: Wartburg, Innenhof; Holzstich

© 1990 DuMont Buchverlag, Köln
2. Auflage 1990
Alle Rechte vorbehalten
Satz und Druck: Rasch, Bramsche
Buchbinderische Verarbeitung: Bramscher Buchbinder Betriebe

Printed in Germany   ISBN 3-7701-2657-2

Kunst-Reiseführer in der Reihe DuMont Dokumente

Zur schnellen Orientierung – die wichtigsten Orte und Sehenswürdigkeiten Thüringens auf einen Blick:

(Auszug aus dem ausführlichen Register S. 420–434)

Vordere Umschlagklappe: Übersichtskarte Thüringen

Hintere Umschlagklappe: Stadtplan von Erfurt

Inhalt

Vorwort

Was verbinden Sie mit Thüringen? Berge und Wälder, Saale und Werra, die Wartburg und Eisenach? Goethe und Schiller und Weimar, Carl Zeiss und Jena? Sonneberger Spielzeug, Rostbratwurst und Klöße? Kleinstaaterei oder die breite West-Ost-Autobahn? Kommen Sie nach Thüringen, gleich aus welcher Richtung, werden Sie es an Dörfern und Städten, Feldern und Wegen bald als ein Stück lebendig gebliebene Kulturlandschaft erkennen. Im Verlauf von anderthalb Jahrtausenden entstanden hier dynastische, merkantil-wirtschaftliche und schließlich politische Strukturen. Beständig blieb nur ihr stetiger Wandel, der bis in unsere Tage fortdauert. Soll man die ersten dieser Strukturen im Thüringer Königreich des 5. Jh. suchen? Oder entstanden solche im Gebiet der Thüringer Landgrafen zwischen Werra und Unstrut? Trugen meißnische und wettinische Interessenbündnisse mit dem Anspruchsprädikat Sachsen vor den Namen der Herzogtümer das eigentlich Thüringische durch sechs Jahrhunderte, in denen es Thüringen gar nicht gab? Beständig wechselten und verschoben sich die dynastischen und damit kulturellen Kerne, verengten und erweiterten sich die Grenzen des Gebietes wie Ränder einer zellularen, zu einem Organismus wachsenden Masse. War jenes Körpergebilde, das sich als demokratische Quintessenz aller historischen Entwicklungsprozesse 1920 im Land Thüringen erstmals darstellte, ein lebensfähiger staatlicher Organismus, eingebettet in die gesamtstaatliche Gemeinschaft? Jener historischen Kulturlandschaft aufgelegte Verwaltungsstrukturen zeichneten sich nicht erst 1920 oder 1952 ab, als sie in drei Bezirke – Erfurt, Gera und Suhl – aufgeteilt wurde. Früher schon entschieden sich die Coburger für Bayern; Erfurt und Suhl wurden preußisch und schließlich wieder thüringisch, das Unstrut-Land kam zum politischen Land Sachsen-Anhalt und das ostthüringische Altenburg 1952 zum sächsischen Bezirk Leipzig. Seit 1990 ist Thüringen wieder eigenständiges Land, mit abermals verändertem Gebiet.

So bleiben auch in unserer Darstellung die Grenzen Thüringens schwankend und in streng historischer Sicht wie beim Blick auf die politische Landkarte ein wenig unpräzise. Dafür sei uns der Versuch gestattet, Sie im architektonischen Bild der Städte und Dörfer durch die Kunstwerke der Landschaft auf die Spur des Thüringischen zu bringen.

Thüringen...

Thüringen – betrachten wir es unter historischen Gesichtspunkten – bildet die Mitte deutscher Kulturlandschaften. Vom Westen her, über die Höhen der Rhön und den langgestreckten Kamm des Thüringer Waldes, kamen aus den späteren hessischen Landen Siedler und mannigfaltige kulturelle Einflüsse bis hin zur Sprache. Nach Norden zu senkt sich fruchtbares Land, um dann zum Harz wieder anzusteigen, von dem aus die Ottonen Blick und Schritt über die Elbe und Saale ostwärts lenkten. Nach Osten flachen die thüringischen Hügel immer mehr ab und öffnen sich schließlich dem obersächsischen Tiefland um Leipzig. Von hier aus nahmen slawische Stämme Besitz vom Thüringer Land. Zum fränkischen und bayerischen Gebiet hin gehen die Höhen des Schiefergebirges und des Vogtlandes ineinander über, den von alters her lebhaften kulturellen Austausch begünstigend.

Inmitten Europas gelegen, sog Thüringen stets verschiedene Einflüsse auf. Hier mischten sich unterschiedliche Kulturen seit frühgeschichtlichen Zeiten. Bis hierher drangen Kelten und Römer vor, Thüringer und Franken begannen, die ersten Grundlagen für die spätere Kulturentwicklung zu schaffen, Slawen trugen später ihren Anteil bei. Im ›Sog der Mitte‹ wandelte sich vieles Fremde – auch als Thüringen längst ›Durchgangsland‹ geworden war – in neues Bodenständiges und trug zum Charakter dieser Kulturlandschaft wesenhaft bei. In der Vielfalt liegt das Gemeinsame der thüringischen Kulturlandschaft und Geographie. Und noch bis in die jüngere Vergangenheit blieb Thüringen Vorlage für die bunteste Landkarte politisch-geographischer Mannigfaltigkeit fürstlicher Residenzen. Thüringen war zum Inbegriff des Partikularismus geworden, aufgeteilt in kleine und kleinste Länder und zersplitterte Herrschaftsgebiete. Das mittelalterliche Land der Burgen hatte sich zum Gebiet unzähliger Schlösser und Herrensitze gewandelt – doch geschah dies zu seinem Vorteil: Von ihnen wie von den dicht beieinander liegenden Städten gingen kulturelle Impulse, heute würden wir sie auch als innovatorische bezeichnen, auf das Land über. Das geschah selbst zu Zeiten, da sich viele Höfe Neuem noch weitgehend verschlossen. Ist es die zentrale Lage, welche Wachheit und Weitblick immer wieder begünstigte? Ist es der stete Zufluß von Anregungen, welcher Thüringen so mannigfaltig erscheinen läßt? Sicher trug die bewegte Geschichte zu dieser Vielfalt bei – aber sie ließ mit der raschen Verarbeitung aller herangetragenen Einflüsse wenig Zeit und Raum für die Entwicklung von wirklich Großem, von Klassischem, die auch der in sich ruhenden Zeit bedarf. Thü-

Gleichen und Mühlberg, Stahlstich

ringen ist gleichsam übersät von Städten und Dörfern, von Burgen, Schlössern, Kirchen, Klöstern, Brücken und Fabriken – doch gibt es nur wenige Monumente, die dem Kölner Dom, dem Augsburger Rathaus, den Schlössern von Versailles oder Schönbrunn an Klassik vergleichbar wären. Thüringens kulturhistorische Leistung liegt in der Vielgestaltigkeit, welche das Allgemeine im Querschnitt der Epochen zeigt.

Die letzten vier Jahrzehnte war Thüringen geteilt *in partes tres,* ließe man es in der Sprache römischer Historiker beschreiben, die Thüringen zum ersten Male vermerkten. Die ehemaligen drei Bezirke Erfurt, Gera und Suhl umfassen annähernd die historischen thüringischen Lande, gegliedert in bewußtem Abstand zu alten Machtsphären und weit enger gebunden an die industriellen Erfordernisse und politischen Strukturen von heute. In ihnen nahmen die Bezirksstädte als politische Verwaltungszentren und gleichermaßen als industrielle Anlaufpunkte die jeweils herausragende Stellung ein. Das verdeutlicht schon ihr Wachstum während der letzten drei Jahrzehnte sowie die Veränderung ihrer baulichen Gestalt.

Was wohl in den Zeiten des Minnesanges und der ritterlichen Tugenden den Burgen, was mit dem Heranwachsen der bürgerlichen Gemeinwesen im späten Mittelalter den Städten ihre Anziehungskraft verlieh, das bewirkte seit der Rückbesinnung auf die Natur die thüringische Landschaft. Der karge Lebensraum von Rhön und Thüringer Wald, das über die Saale aufwachsende Schiefergebirge und das waldreiche Hügelland zwischen Saale und Elster zogen im vorigen Jahrhundert Entdecker der ›natürlichen Quellen für mensch-

10

liches Schaffen‹, wenig später die wanderfreudig gewordenen Städter und schließlich die Bewohner anderer, entfernterer Lande an. In Thüringens Bergen und Wäldern, in den lieblichen Tälern und Auen, unter ›Burgen stolz und kühn‹ fanden sie zu neuem Lebensgefühl und dem, was wir mit dem Wort Erholung in unserer kommerzialisierten Zeit kaum mehr verständlich machen können. Thüringen wurde ein ›grünes Herz‹, auch wenn sich ›braune‹ Machthaber dieses Wortes bedienten, um die Blutflecken abzudecken, welche sie hier verursachten: Nur wenige Kilometer entfernt von der Stadt Goethes und Schillers, Wielands und Herders, Liszts und Bachs, wo später van de Velde und Gropius bauten und Thomas Mann einkehrte, lag auf dem Ettersberg über Weimar jenes Vernichtungslager der deutschen Nationalsozialisten, das Tausenden ihrer Widersacher, Juden, Christen, Sozialdemokraten und Kommunisten, Deutschen, Polen, Franzosen, Holländern und Belgiern, Tschechen und vielen anderen den Tod brachte. Auch das ist Thüringen.

Und noch etwas fällt dem Reisenden in Thüringen auf: Es ist ein industrialisiertes Land. Nicht nur die großen Städte wie Erfurt, Jena, Gera, Eisenach und Saalfeld sind durchsetzt und umgeben von Fabrikhallen, eingehüllt in Industrieluft. Auch viele der mittleren und kleinen Städte und Ortschaften überragen neben den mittelalterlichen und barocken Kirchtürmen die dünnen Schlote älterer und die oft ungefügen Klötze neuer Fabrikationsstätten. Ilmenau, die alte Kupferschiefer-Bergbaustadt, ist heute kleiner als das Industriegelände, das sie samt den technischen Hochschulbauten umgibt, Rudolstadt-Schwarza liegt am Rande riesiger Werksgelände, an Schmalkaldens engen Gassen fügen sich ausgedehnte und ständig wachsende Werkhallen, und hoch auf den Kämmen des Thüringer Waldes sind rings um die mit Schieferplatten gegen Wind und Wetter geschützten Häuser neue Beton- und Glasgebäude viel größeren Ausmaßes für die Herstellung von Industrieprodukten entstanden. Lauscha und Neustadt am Rennsteig, Ruhla, Schmiedefeld und Neuhaus zogen, was das industrielle Potential anbelangt, mit den seit einem Jahrhundert traditionellen Fertigungsstätten Zella-Mehlis, Schmalkalden oder Sonneberg gleich. Tradition haben sie in der Tat, die Glasbläser von Lauscha, die Kleineisenschmiede von Schmalkalden und die Waffenschmiede von Suhl: Aus dem mittelalterlichen Bergbau und der Eisenverarbeitung entwickelte sich in Suhl mit dem Zunftprivileg für Büchsenmacher und Schlosser seit 1563 die Handfeuerwaffenherstellung. Älter noch sind die Ursprünge der Industrien von Schmalkalden und Ilmenau, wo gleichfalls Kupfer-, Eisen- und Silberförderung die Grundlage für die handwerkliche Metallgerätefertigung bildeten. Seit 1323 waren die Minen in Ilmenau in Betrieb, 1397 tauchten Schmalkaldener Eisenwaren auf den Handelsplätzen in Frankfurt/Main auf. 1539 brachten protestantische Niederländer die zur Herstellung glatter Gewebe erforderlichen Kenntnisse nach Gera mit. Sie legten damit den Grundstein für die Textilindustrie des 19. und 20. Jh. in den ostthüringischen und vogtländischen Städten.

Den Sprung zum Industrieland vollzog Thüringen im späten 19. Jh., als die Ruhlaer Messerschmiede sich der Uhrenherstellung zuwandten, die Glasherstellung und der Bau optischer Geräte in Jena die Weltbekanntheit der Stadt begründeten, die Eisenacher Fahrzeugfabrik 1000 Arbeiter beschäftigte, in Altenburg drei große Nähmaschinenfabriken

11

entstanden, Saalfeld mit der nahegelegenen Maxhütte sich zum Ort industrieller Roheisengewinnung, Eisenverarbeitung und des Maschinenbaus wandelte, Apolda ein ›thüringisches Manchester‹ und Gotha die Stadt des Straßenbahnbaus wurden.

Handel und Gewerbe schufen also die Voraussetzungen für die Entfaltung des territorialfürstlichen Wohlstandes. Um die Höfe von Gotha, Sondershausen, Meiningen, Rudolstadt, vor allem aber um den von Weimar sammelten sich die großen Geister der Epochen. In den ›Armenhäusern‹, den Bergdörfern, blieb auch mit der Industrialisierung im 19. Jh. der krasse soziale Gegensatz zu fürstlicher Hofhaltung und patrizisch-industriebürgerlichem Reichtum bestehen. Nicht zuletzt dies erhellt, weshalb sich gerade im Thüringischen die Arbeiterschaft so früh zu formieren begann. 1869 gründete sich in Eisenach die Sozialdemokratische Arbeiterpartei Deutschlands, 1875 fand in Gotha der Vereinigungskongreß der von Eisenach her mit unterschiedlichen Programmen angetretenen ›Eisenacher‹ und ›Lassalleaner‹ statt.

Man muß weit in die Geschichte zurückblicken, sucht man nach den Grundlagen für die gerade im Thüringischen so breit entfaltete humanistische Geisteshaltung und die dort bestehende musische Vielfalt. Soll man mit der Suche bei des Landgrafen Ludwigs Urenkel Hermann I. beginnen? Als er Ende des 12. Jh. seine Residenz auf die Wartburg verlegte, richtete er hier einen für Zeit und Land so ungewöhnlichen ›Musentempel‹ ein, daß die Sänger seit Walther von der Vogelweide und Wolfram von Eschenbach bis hin zu Richard Wagners Operngestalten Ort und Landgraf preisen. Oder muß man beim sagenumwobenen sozialen Engagement der aus ungarischem Königshaus stammenden Gemahlin des Hermann-Sohnes Ludwig, der bald nach ihrem frühen Tod heiliggesprochenen Elisabeth, beginnen? Die Erfurter Scholaren des Dominikanerklosters und der Augustiner-Eremiten

Glockengießerei in Apolda

Martin Luther, Gemälde eines unbekannten Künstlers

lauschten 1294–98 Eckhart von Hochheim, dem Meister der deutschen Mystik, Hermann von Schildesche, Heinrich von Friemar und anderen Predigern; 1379 bezeugt die von Papst Clemens VII. gezeichnete Urkunde das Zusammenlegen der geistlichen, grammatischen, astronomischen und medizinischen Lehreinrichtungen zur ersten städtischen Universität in Erfurt, welche auch eine theologische Fakultät einschloß. Hier trug sich im April 1501 der junge Martin Luther aus Mansfeld in die Matrikel ein, 1507 erhielt er im Erfurter Dom die Priesterweihe. Unübersehbar im humanistisch-politischen Sinn bleibt das Wirken des gothaischen Herzogs Ernst I. des Frommen für den Aufbau der in den Kriegswirren 1630 nahezu vernichteten Stadt und des Staates Gotha. Nicht nur seine Leistungen im baulichen Bereich, vor allem seine von Weitsicht geprägten Reformen in der Verwaltung, im Rechts- und Finanzwesen und im Bildungssystem, darunter die Einführung der Volksschulpflicht, rücken Ernst I. in historischer Sicht in die Reihe großer Staatsmänner und Gründer. Als absolutistischer Fürst und strenger lutherischer Christ wirkte er durch seine Aufgeschlossenheit weit in die Zeiten seiner liberalistisch eingestellten Nachfolger. Lucas Cranach und Johann Sebastian Bach hatten in Weimar bereits die Zeichen ihrer Zeit gesetzt, ehe sich hier seit den 70er Jahren des 18. Jh. die geistige Kraft einer entstehenden Nation konzentrierte – im Land der Kleinstaaterei und zu einem Zeitpunkt, da der Weimarer Herrensitz, die Wilhelmsburg, in Trümmer gesunken und die Stadt mit ihren etwa 6000 Einwohnern fast noch ein Dorf war. 1775 kam der junge Johann Wolfgang von Goethe nach Weimar, das nun zu einem ›Hellas‹ deutscher Klassik aufsteigen sollte. Für ein halbes Jahrhundert erstrahlte der literarische Glanz, der bis heute nicht erlosch. Kaum besser als in Ernst Rietschels Denkmal für Goethe und Schiller auf dem Platz vor dem Weimarer Nationaltheater könnte dieser Anspruch, aber auch dieser Rang der Stadt, könnten Geistesgröße und Menschlichkeit der beiden so unterschiedlichen und doch verwandten Dichter und Gelehrten verlebendigt werden. Kunst und Wissenschaft paarten sich am Weimarer Hof, und auch heute noch birgt die Stadt mit dem Theater, der Musikhochschule und der Hochschule für Architektur und Bauwesen Stätten, die aus dieser Tradition hervorgingen. Eng geknüpft bleibt auch der Faden zu Jena, dessen Universität Schillers Namen trägt und – seit der ›Verlegenheitsgründung‹ durch den Kurfürsten Johann Friedrich den Großmütigen als Ersatz für die ihm verlorengegangene Wittenberger Universität – ab 1557 ein Ort streitbarer Geister wurde.

Wir sprachen von den Anregungen, welche Thüringen in seiner Geschichte immer wieder aufnahm, in eindrucksvoller Form aufarbeitete und weitervermittelte. Die befruchtende Funktion Weimars setzte sich auch im 20. Jh. fort. 1919 kam der Berliner Architekt Walter Gropius nach Weimar, wo er die Großherzogliche Hochschule für Bildende Kunst mit der Großherzoglich Sächsischen Kunstgewerbeschule zusammenschloß und damit das Bauhaus gründete. Aus der bestehenden Tradition schuf er ein neues, fast möchte man sagen revolutionäres geistiges Zentrum zur Umsetzung seiner Ideen. Er wollte eine Umwelt schaffen, die den Voraussetzungen des 20. Jh. entsprechen sollte. Jedoch konnten diese Gedanken nicht in Weimar ausreifen, denn schon in den 20er Jahren erzwang ein nationalsozialistisches Stadtregiment die Auflösung des Bauhauses in dieser Stadt. Nicht einzudämmen aber war das weltweite Echo auf den Impuls, der vom Bauhaus ausgegangen war. Das Gestalten von Gegenständen für nahezu jeden Bedarf war als Herausforderung verstanden worden. In dieser Hinwendung zum Sinn- und Zweckvollen nahm das deutsche Bauhaus neben verwandten Ideenträgern in anderen europäischen Ländern eine Vorreiterposition ein – wie wir sehen nicht zufällig in Weimar.

Allenthalben begegnet der Reisende in Thüringen Historischem, wenn sich auch das Bild der großen Städte verändert, durch gewaltige Bauvorhaben für Wohnviertel und Industrien gleichsam erdrückt wird. Ausgedehnte neue Wohnsiedlungen schließen den großstädtischen Altstadtraum Erfurts ein, breiten sich in Weimar und Gera aus, dehnen Jena weit nach Süden bis unmittelbar an die Autobahntrasse aus, ziehen sich die Hänge um Suhl und Eisenach empor, um von da aus in die alten Staträume zurückzudrängen. Gotha und Hildburghausen verändern damit ihr Gesicht, das schwer vom Zweiten Weltkrieg getroffene Nordhausen verliert sogar seinen städtischen Körperbau. Suhl ist eine neue Stadt der 60er und 80er Jahre unseres Jahrhunderts geworden: Mit seinen Hochhäusern scheint es sich vertikal im engen Tal aufzubäumen. ›Autogerecht‹ gestaltet, gehorcht es den Anforderungen unseres industriellen Zeitalters. Geblieben sind dem Fußgänger die historischen Erlebenssphären der städtischen Kernräume – in Suhl, in Gotha, in Gera. Überraschend zeigen sich dann wieder Orte wie Schmalkalden, Mühlhausen, Bad Langensalza, Greiz oder Kleinstädte wie Zeulenroda, Lobenstein, Wasungen und Römhild in ihrer historischen städtischen Geschlossenheit. Hier griff das Bewußtsein um den Wert der alten Substanz um sich, so daß für die Besucher wie die Bewohner der Städte Historisches bildhaft fortwirkt.

Verändert hat sich auch die Landschaft Thüringens. Nichts mehr ist heute noch auffindbar von der Unwegsamkeit und Wildnis der Gebirgskämme und Bergketten im Thüringer Wald und Schiefergebirge, von denen die Legenden berichten. Schienenwege und Autoschneisen durchziehen die Täler, und es bleibt zu hoffen, daß die Forste der Industrieabluft standhalten. Einzig das Klima gibt noch etwas von der ›Rauheit der Rhön‹, der Winterlichkeit Oberhofs oder des Inselberges, der Lieblichkeit der Goldenen Aue mit ihren fruchtbaren Äckern zu spüren. Die gesellschaftlichen Veränderungen wirkten sich auch auf die Landschaft aus. In den agrarischen Gebieten im Norden und Osten Thüringens sind mit der industriell betriebenen Landwirtschaft aus den bunten ›Flickenteppichen‹ der kleinbäuerlichen Felder endlos erscheinende Ackerflächen entstanden, die der Landschaft Monumentalität verleihen. Monumentales gewinnen auch die sich rasch ausdehnenden Halden des Kali-Bergbaus um Hainleite, Ohmgebirge und das Werra-Tal, neuerdings auch die im Uran-Bergbaugebiet östlich von Gera. In diese Landschaften eingebettet bleiben die bunten Dörfer. Ihre roten Ziegeldächer gehen, je weiter wir südwärts gelangen, in das Blauschwarz des Schiefers über. Am Nordrand des Frankenwaldes anstehend, diente der Schiefer seit mehr als einem Jahrhundert als natürliches Baumaterial auf den Höhen des Thüringer Waldes. Einst waren in dem früher sehr waldreichen Thüringen Holz- und Fachwerkbau verbreitet. Fränkische, sächsische und slawisch geprägte Bautraditionen fanden im Verlauf der Jahrhunderte regionale Ausprägungen im Hennebergischen, im Osterländischen und im Eichsfeld. Das Gebiet des traditionellen Fachwerkbaus in Thüringen erstreckte sich zwischen Rhön und der Linie, welche die Flußläufe von Schwarza und Saale bilden. Östlich davon verband man Fachwerk- und Blockbauweise zu landschaftstypischen Bauformen, während im nordöstlichen Raum bis weit in das Thüringer Becken hinein die Lehmbauweise dörfliche Hausformen prägte.

Frühe mittelalterliche Kulturräume durchstreifen wir in der thüringischen Landschaft mit ihren Klöstern, Kirchenburgen, ritterlich-feudalen Wehr- und Wohnbauten und Pfalzen. Die Städte künden vom Heranreifen bürgerlicher merkantiler und schließlich eigener kultureller Kraft, die allerdings ohne die Quelle und den Widerpart höfischer Kultur- und Lebensform nicht denkbar sind. Ebenfalls früh bildeten sich industrielle Lebensräume aus, welche die Thüringer Landschaft oft einschneidend verändert haben. Ihr wirtschaftliches Wirken ist beeindruckend, ihr Substantielles für Natur und Mensch überdenkenswert geworden. Die wilden Wasser von Saale, Elster oder den Gebirgsflüssen des Thüringer Waldes sind längst gebändigt und jüngst für den Bedarf der menschlichen Gesellschaft an Energie und Trinkbarem sinnvoll genutzt worden. Schloß Burgk, einst über tiefen Schluchten an den Berghang geschmiegt, spiegelt sich nun in der Wasserfläche einer der Saale-Staustufen. Die gewaltigen Rohrbündel des Pumpspeicherwerkes Hohenwarte II steigen heute die steilen Hänge des Saale-Tals empor, um aus dem oberen Becken das Wasser auf die Schaufelräder der Turbinen stürzen zu lassen. Die Elektrifizierung Thüringens begann 1900 in Ziegenrück mit dem kleinen Wasserkraftwerk für eine Kartonagenfabrik – jetzt ist das 1965 stillgelegte Turbinenhaus Denkmal und Museum.

15

Man lebt dicht beieinander in Thüringen, das Land ist intensiv genutzt und besiedelt. Ebenso nahe liegen hier Geschichte und Gegenwart beisammen. Allenthalben zeigt sich nach wie vor die Offenheit Thüringens. Es ist ein gastfreundliches Land, es beherbergt Besucher nicht nur in den Kurorten und Bädern von Bad Salzungen im Westen bis Bad Klosterlausnitz im Osten. Was man den Thüringern nachsagt, ist ihre Freundlichkeit und ihr Frohsinn. Es ist ein musikalisches Land, und von jeher füllten Zither-, Lauten- und Hörnerklänge die Täler. Nicht von ungefähr – und da wären wir wieder am Beginn – fand hier der Minnesang eine besondere Heimstatt. Johann Sebastian Bachs Geburtshaus in Eisenach zählt zu den vielbesuchten Stätten unter der Wartburg, Michael Prätorius kam aus Creuzburg, Heinrich Schütz entstammt dem alten Köstritz nahe Gera. Franz Liszt in Weimar, Max Reger in Meiningen befruchteten das Musikleben weit über Thüringen hinaus. Und schließlich sind die großartigen Orgeln von Gottfried Silbermann in Burgk und Gottfried Heinrich Trost in Altenburg in den Schloßkirchen und die älteste thüringische Orgel von Daniel Meyer in der Schmalkaldener Schloßkapelle zu nennen. Sie künden von den Quellen, aus denen auch die thüringische Volksmusik unserer Tage noch zehrt.

Thüringens Schätze zu entdecken, bedarf es der Muße, um sich ihrer mit Auge und Ohr zu erfreuen. Was aber wäre dies alles ohne jene ›dritte Dimension‹, welche uns der Gaumen vermittelt? Die Liebe der Einheimischen wie der Besucher zu Thüringen geht zu einem guten Teil durch den Magen. Drei Dinge sind es, die immer wieder locken, zuviel davon zu genießen: Thüringer Klöße, Thüringer Rostbratwurst und Kuchen, Kuchen, Kuchen.

Die Frage stellt sich, ob die Klöße als festtägliche Besonderheit aus dem Hauptnahrungsmittel der armen Leute im 18. und 19. Jh. kreiert worden sind, oder ob sie die Erfindung pfiffiger Hofköche waren. Sei es drum: Thüringer Klöße müssen locker sein! Es bedarf kundiger Hand, den Brei aus rohen geriebenen Kartoffeln so zu quetschen, daß die nötige Menge Stärkewasser ausfließt, die erforderliche in der Masse verbleibt, um dem Gemenge dann zusammen mit dem Brei aus gekochten Kartoffeln im heißen Wasser seine besondere Konsistenz zu verleihen. Geröstete Semmelwürfelchen als Füllung bilden den ›Kern der Sache‹. Fast scheint es, als seien bei der Kloßmahlzeit Fleisch und Gemüse Zutat, der Kloß die Hauptsache. Und dann die Rostbratwurst! Was wird heute nicht alles unter dem Markenzeichen der Thüringer Rostbratwurst angeboten und trifft es nicht. Das grob zerkleinerte Fleisch muß natürlich etwas fett, vor allem aber nur locker in den es umhüllenden Darm gestopft sein, so daß sich dieser über der Holzkohlenglut blähen kann. Der Dünstungsvorgang gibt dem Füllfleisch die Geschmeidigkeit, Fett und Wasser, die aus den Darmporen und Rissen entweichen, füllen die Luft mit dem charakteristischen Duft. Kümmel und Gewürze gehören *in,* Senf und Semmel *um* die echte Rostbratwurst. Nur heiß schmeckt sie so einmalig, und nur auf dem Holzkohlefeuer knackig knusprig braun gebraten.

Ist das Kochen längst unter die Künste eingereiht, so gehört dazu allemal das Backen. Und das versteht man im Thüringischen wie in kaum einer anderen Landschaft. Von alters her erfreut sich die Zwiebel hier großer Beliebtheit. Der Zwiebelmarkt wird in Weimar wie ein Volksfest begangen. Was hat die Zwiebel mit dem Kuchen zu tun? In Thüringen eine ganze Menge, denn man schätzt den Zwiebelkuchen ebenso wie den Speckkuchen, dessen Hefeteig mit der Speck-, Zwiebel- und Eierschicht frisch aus dem Ofen kommend gegessen werden muß, soll nichts von seinem Geschmack verlorengehen. Quarkkuchen hingegen zählt zu den kalten Genüssen und liegt in der Mitte zwischen den sogenannten ›trockenen‹ und ›nassen‹ Kuchen, in die man die zahlreichen Variationen von Butterstreusel- und Obstkuchen einteilt. Eine richtige Thüringer Bauernkirmes – auch eine Hochzeit, ein Jubiläum oder was es sonst zu feiern gab und gibt – geht nie ohne mehrere Sorten Kuchen vonstatten. Man sagt den einst wohlhabenden Altenburger Bauern nach, daß 21 Sorten Kuchen die Regel waren bei Festen.

Man könnte noch vom Wein sprechen, der in den milden Tälern von Saale und Unstrut auf den steilen Kalkhängen seit mittelalterlichen Zeiten angebaut wird. Freilich bleibt seine Note dem nördlichen Grenzgebiet des Weinanbaus entsprechend. Dennoch befruchtete er Kultur und Kunst, und man trifft in den alten Bilddarstellungen in Dorf- und Stadtkirchen und an den alten Weinbauernhäusern Jenas immer wieder auf das Weinmotiv. So zeigt sich Thüringen als ein Land der Künste, die von jeher den Menschen auf ihre bodenständige Weise gefangennahmen.

Eine sprachkundliche Zwischenbemerkung ist notwendig: Dem Besucher fällt in Thüringen die Vielschichtigkeit der Sprache auf. Dem ungeübten, sagen wir besser dem ungewohnten Ohr hört sich alles sächsisch an. Dagegen bleibt im Grunde zunächst wenig einzuwenden, erinnert man sich der mit der wettinischen Herrschaft begründeten Fürsten- und Herzogtümer, die in der Mehrzahl die Bezeichnung Sachsen vor dem Namen des Stadtstaates führten. Damit aber beginnt bereits die Schwierigkeit der klaren Übersicht. Thüringen liegt zwischen niedersächsischen und obersächsischen Sprachräumen, hinzu kommt der fränkische als Heimat eines entgegen der ›weichen‹ sächsischen Zunge ›harten‹ Sprachphänomens. Aber auch hier findet man den ›Sächsischen Hof‹ als Gasthaus in Meiningen und in Dermbach als prächtigen alten Fachwerkbau.

Zunächst fällt die A-Vokalität im westlichen Thüringen auf, die Eisenach wie Aisenach klingen läßt und welche die hessische singende Sprachart aufgenommen hat. Dem steht die dunkle Lautmalerei gegenüber, in der die Lippen o nach u hin wandeln und a dem Klang von u nahebringen. Gotha ähnelt Gotho, und Stadtroda nähert sich Stodtrude. Ins Nordthüringische dringt die anhaltinische und niedersächsische Sprachmelodik ein, in Römhild und Eisfeld meint man sich sprachlich im Fränkischen. Dazwischen liegt der ›Wald‹ mit Suhl, Steinbach-Hallenberg und Schmalkalden, wo man neben dem fast britischen l ein kehliges r spricht, das an die Herborner Hessen oder die Ebersbacher Oberlausitzer denken läßt, mit den ersteren sicher historisch, mit den letzteren hingegen kaum Gemeinsamkeit hegend.

Dann aber die Mundarten! Es gibt Orte und Täler, zwischen denen das Hochdeutsche in der Tat eigentliches Verständigungsmittel bleibt. Fragen Sie einen echten Steinbach-Hallenberger oder einen Sonneberger, einen Lauschaer oder Steinacher nach dem Weg.

17

Bedient er sich seines Alltagstones, werden Sie außer dem allthüringischen »gell« nur wenig erfassen können. Das »gell« hat sich im hessisch-thüringischen Sprachraum verbreitet und hält sich durch die Zeiten. Vom abgehackten »ge« des ›Waldes‹ bis zum breiten »gelle« im Altenburgischen gibt es reiche Schattierungen dieses Füllsels verstärkender Erklärfunktion. Über das Vogtland und den Frankenwald schwingt sich ein ebenso sinnig-unsinniges sprachliches Etwas ins Thüringische, das bayerische »fei«. Gegen »gell« aber kommt es nur wenig nordwärts voran und zieht sich mehr ins erzgebirgische Sprachenland zurück.

Woher diese Mannigfaltigkeit der Sprache und ihrer Melodik gerade im Thüringischen? Gewiß läßt sich eine ähnliche Vielfalt ebenso in anderen Kulturräumen verzeichnen, denken wir nur an das benachbarte, verwandte Obersächsische, wo man bereits nach wenigen Worten den Leipziger eindeutig vom Dresdener oder dem Erzgebirgler zu unterscheiden vermag. Wiederum liegt es nahe, die Antwort in der historisch zentralen Situation der thüringischen Landschaft zu suchen. So verweisen denn die Sprachwissenschaftler auf die mitten durch Thüringen verlaufende Grenzlinie zwischen oberdeutschem und niederdeutschem Sprachraum. Die geographische Bedeutung der Bergkette der Mittelgebirge – zunächst Trennlinie, später dann Gebiet intensiver Sprachenmischung – steht dabei außer Zweifel.

Die Quelle für westthüringische Sprachmelodie und Wortbildung liegt im Dreieck zwischen Rhön und Thüringer Wald mit dem Werra-Bogen um Bad Salzungen – Dorndorf und ist im nahen Mainfränkischen zu suchen. Historiker verweisen nicht selten auf die Besiedelung des Raumes durch die Hermunduren vor knapp zwei Jahrtausenden – eine entfernte Möglichkeit! Wenngleich zu fragen bleibt, ob eine Sprache oder Sprechweise Eigenheiten über einen so langen Zeitraum auch nur zu mutieren vermag. Näher scheint da zu liegen, Ursachen für die eigentümliche Geschlossenheit dieses Sprachraumes in der Zugehörigkeit zum Besitz des Klosters Hersfeld im 10. Jh. zu suchen, und in der Tat blieb das südwestliche Thüringen über Jahrhunderte kirchlich an den fuldischen Bischofssitz gebunden.

Ganz ähnlich ließe sich auch die viel härtere, mittelfränkisch beeinflußte Sprache in den südlichen Wäldern erklären. Bis hierher reichte die kulturelle Einflußsphäre der Bistümer von Bamberg und Würzburg und damit auch eine jahrhundertelange wirtschaftliche und kulturelle Bindung.

Das große Halbrund des Thüringer Beckens zwischen Mühlhausen, Erfurt und dem Kyffhäuser zeigt sich als ein Sammelgebiet von Sprachmutationen aus dem Niedersächsischen, dem Harz und dem südöstlichen Harzvorland. Man trifft hier nicht selten Leute, die zum stimmhaften Konsonantengebrauch neigen, etwa beim m und s oder auch beim ng, und deren Sprechweise dabei leicht singend wirkt. Und dieses singende Sprechen sagt man ja gemeinhin den Thüringern nach. Wie stark und wie oft sich dabei die Vokalveränderungen abzeichnen, mag hier dahingestellt bleiben. Auf jeden Fall spürt der aufmerk-

Titelei der Luther-Bibel, Anfang 16. Jh. ▷

Biblia: das ist:

Die gantze Heilige
Schrifft: Deudsch
Auffs New zugericht.

D. Mart. Luth.

Begnadet mit Kür-
fürstlicher zu Sachsen Freiheit.

Gedruckt zu Wittem-
berg / Durch Hans Lufft.

M. D. XLI.

same Hörer auch heute noch, da die Mundarten immer seltener gesprochen werden, eine Dialektveränderung mit west-östlichen Abstufungen.

Eine besonders markante sprachliche Trennlinie verläuft zwischen Erfurt und Weimar in nord-südlicher Richtung, eine zweite zwischen dem Elster- und dem Pleiße-Tal, welche die Weimarer sich deutlich von den Altenburgern unterscheiden läßt. Mit Sicherheit ist hier ein glottales Relikt slawischer Aussprache überliefert. Jenes sächsische »Leipzsch« vermag man in so unnachahmlichem ›Verschleißen‹ von Zischlauten eben nur in Ostthüringen und Westsachsen auszusprechen. Ein sprachliches Erbe der Slawen besteht in Orts- und Städtenamen fort. Trotz manch sprachlicher ›Eindeutschung‹ und anderer Assimilation sind Grenzen früher geschichtlicher Siedlungsräume noch heute auf diese Weise markiert. Im Gebiet der alten slawischen dynastischen und merkantilen Zentren um Leipzig und Zeitz und bis über die Saaleplatte hinweg enden viele Ortsnamen auf -itz, -itsch oder -itzsch. Meuselwitz, Zschaschelwitz, Rositz, Köstritz und Liebschwitz, Klosterlausnitz und Göschwitz sind slawisch-sorbischen Ursprungs. Westlich des Saale-Tales überwiegen die germanischen Siedlungsnamen mit ihren Endungen -leben, -hausen, -felde oder -heim. Ortsnamen, Sprache, Mundarten, Volksbräuche und Trachten bestehen so zu einem Teil fort, zum anderen sind sie fast völlig vergessen. Vieles verschliff sich im Laufe vor allem der jüngsten Vergangenheit und auch mit dem Zustrom von Menschen aus anderen Kulturlandschaften nach dem Zweiten Weltkrieg. Ein Rest an mundartlichen Besonderheiten bleibt vor allem in den geschlossenen Sprachräumen der Täler des Thüringer Waldes, in traditionellen Kulturräumen wie dem Eichsfeld und dem Grabfeld um Römhild.

Wird also künftig das Computer-›Kauderwelsch‹ möglicherweise auch die Thüringer Sprachformen so ›modernisieren‹, daß von dem, was sie einst zum Deutschen zusammenführte, nur noch ein Gerüst verbleibt? Immerhin war es der in Eisleben gebürtige Reformator Martin Luther, der in Thüringen auf der Wartburg während seines Zwangsaufenthaltes 1521 mit der Bibelübertragung die Voraussetzung schuf, daß sich die einheitliche deutsche Schriftsprache ausprägen konnte. Der Ostpreuße Johann Gottfried Herder, der Hesse Johann Wolfgang von Goethe, der Sachse Gotthold Ephraim Lessing und die Württemberger Christoph Martin Wieland und Friedrich Schiller trugen inmitten thüringischer Spracheigenheiten zum Ruhm der deutschen Dicht- und Sprachkunst bei, ja begründeten diesen in der ›Klassikerstadt‹ Weimar. Sprechen wir von der aufnahmebereiten Kulturlandschaft Thüringen, so sollten wir ihre Mittlerrolle, die sie in der Ausbreitung der Kunst in deutschem und europäischem Kulturleben spielt, ebenso hervorheben. Goethe läßt es Tasso sagen:

»Die Stätte, die ein guter Mensch betrat, ist eingeweiht; nach hundert Jahren klingt sein Wort und seine Tat dem Enkel wieder.«

Spuren der Geschichte

Zwischen Kelten und Slawen

Bis zu 300 000 Jahre in die Geschichte unseres Kontinents reichen die Spuren frühmenschlichen Lebens in dem Gebiet zurück, welches heute Thüringen einschließt. Im Wipper-Tal wurden Schädelstücke gefunden, die dem *Homo erectus,* also einer verbreiteten Frühmenschenart, zugeschrieben werden. Nachdem Archäologen bei Bilzingsleben am Südostausgang der Hainleite im Unstrut-Tal auf weitere Spuren dieser Art gestoßen waren, die allerdings fast 200 000 Jahre jünger sind, wurde die Menschenart nach dem Fundort als *Homo erectus bilzingslebenensis* bezeichnet. Vor etwa 100 000 Jahren, als unser Gebiet sich als Waldsteppe zeigte, zogen jagende Frühmenschen hier umher und fanden an den Kalkhängen der Flußtäler natürlichen Unterschlupf. Der Schädelfund von Ehringsdorf bei Weimar belegt die Anwesenheit der Altmenschen und vermittelt zugleich die durch die Jahrtausende vollzogene Mutation dieser Altmenschengruppe zum *Homo sapiens.*

Deutlichere Spuren und Hinweise auf gesellschaftliche Organisation sind aus der Übergangszeit vom Mittel- zum Jungpaläolithikum bekannt. In diesem jüngeren Abschnitt der Altsteinzeit verbanden sich die Horden jagender Frühmenschen allmählich zu Sippen. Die glazialen Flächen der Weichseleiszeit zogen sich weit nach Norden zurück, so daß in das heutige thüringische Gebiet Jäger und Sammler aus dem Süden vorstießen. Sie kamen über die Höhen des Frankenwaldes und fanden im Orla-Tal zeitweise wohl gute Lebensbedingungen vor, wie die Funde von Steingeräten andeuten. Auf dem Zoitzberg südlich von Gera wird sogar ein größeres Lager jener Jäger vermutet. Möglicherweise wurden die Siedlungsplätze nur kurze Zeit bewohnt, war ihre Nutzung doch von den klimatischen Bedingungen der Steppenlandschaft vor etwa 12 000 Jahren abhängig. Die Jagd- und Lagergebiete erstreckten sich vorwiegend entlang den Flußläufen, wie Funde bei Saaleck und Oelknitz bestätigen. Bei Grabungen stieß man hier sogar auf Feuerstellen und Pfostenreste einfacher zeltartiger Behausungen. Auch andere eiszeitliche Fundstücke, zum Teil mit dekorativen Einritzungen, lassen darauf schließen, daß Wanderbeziehungen bis weit in den südlichen und südwestlichen Raum Europas bestanden haben.

In der Jungsteinzeit ließen sich im thüringischen Raum die ersten Bodenbauern nieder. Nun folgten über drei Jahrtausende Bandkeramik und verschiedene Becherkulturen, schließlich die für Thüringen charakteristische Glockenbecherkultur der Epoche von etwa 2200–1700 v. u. Z. Diese neolithischen Kulturen erhielten ihre Namen nach den typischen Dekorations- und Gefäßformen der Keramik.

Ein vorgeschichtliches ›Industrieland‹ wurde Thüringen mit der Bronzezeit, die hier Mitte des 2. Jt. v. u. Z. einsetzte. Aus der frühen Bronzezeit sind Kultstätten in den Höhlen des Kyffhäusers mit Scherben und einzelnen metallischen Geräten aufgefunden worden. Mit dem Abbau von Kupfererzen und Bergzinn am Südhang des Thüringer Waldes und am Harz sowie im Saalfelder Raum setzte hier die Metallbearbeitung ein, und sie erreichte rasch hohe Qualität. Jene Metallurgen beherrschten verschiedene Gußtechniken hervorragend, wie die zahlreichen Fundstücke beweisen, welche vor allem das Museum für Ur- und Frühgeschichte Thüringens in Weimar birgt. Die Erzverhüttung bildete die Voraussetzung für die Fertigung von Kult- und Schmuckgegenständen der Aunjetitzer Kultur, die nach einem Gräberfeld bei Únětice (Aunjetitz) in der Tschechoslowakei benannt ist. Sie gehört etwa in die Zeit von 1800–1500 v. u. Z. und weist mit schnurkeramischen Motiven deutliche Bezüge zu den spätneolithischen Kulturen auf. Hockergräber – bei Großbrembach nahe Buttstädt wurde die ausgedehnteste Bestattung dieser Art, bei welcher der Tote mit angezogenen Beinen auf der Seite liegt, im Thüringer Raum gefunden – und große Grabhügel kennzeichnen jene Kultur. Sie sind auch heute noch an manchen Stellen der nordthüringischen Landschaft deutlich zu erkennen.

Mit dem Übergang zum 1. Jt. v. u. Z. veränderten sich die kultischen Bräuche vor allem im Bestattungsritus. Nun setzte die Epoche der Urnenfelder und der mit Steinen umsetzten Grabanlagen ein. Parallel dazu drang die spätbronzezeitliche Lausitzer Kultur in den ganzen ostthüringischen Raum vor. Das Land war dicht besiedelt, und große Wallanlagen entstanden auf Bergen und Felsvorsprüngen über Flußtälern: auf dem Jenzig und dem Johannisberg in Jena, auf dem Alten Gleisberg bei Eisenberg und dem Gleitsch bei Saalfeld. Sie markieren Herrschersitze und Fertigungs- sowie Handelsplätze, möglicherweise auch Lager jener schmuckfreudigen Epoche. Viele der alten Fundstätten zeigen sich – wenn überhaupt – nur noch als Ruinen, denn im vorigen Jahrhundert untersuchten geschichtsbegeisterte Heimatforscher diese Plätze, häufig ohne archäologische Ausbildung und meist mit geringer Grabungserfahrung. Als Lehrer und Sammler – oft auch verdienstvoll – thüringische Heimatgeschichte zu dokumentieren begannen, fiel manches bis dahin im Schoß der Erde Bewahrte ungestümem Forscherdrang zum Opfer.

Ist die Thüringer Landschaft im allgemeinen nur als ein Randgebiet der Hallstatt-Kultur – wie die Kultur der älteren Eisenzeit zwischen etwa 700–450 v. u. Z. nach dem oberösterreichischen Fundplatz genannt wird – zu bezeichnen, so steht doch eines der großen mitteleuropäischen Zeugnisse jener Epoche hoch über der thüringischen Landschaft: Nahe bei Römhild erheben sich die beiden Gleichberge, der Kleine 642 m und der Große 679 m hoch, in dem breiten Kessel zwischen Rhön und Thüringer Wald – eine fast ideale, landschaftsbeherrschende Lage, denn von hier vermag der Blick bis an die Bergbarrieren im Norden und nach Süden in das sich weit erstreckende Land zu schweifen. Schon von alters her nährten die aus Basaltbrocken geschichteten Steinwälle auf dem Kleinen Gleichberg Legenden und historische Vermutungen. Die Wälle fügen sich in mehreren Ringen um einen engen, zweigeteilten inneren Bereich, was an eine Ritterburg denken läßt. Eine jener Legenden berichtet von einem Ritter, der seine schöne Tochter einem Bewerber

Archäologische Ausgrabung eines Gräberfeldes der Jungsteinzeit bei Wandersleben

verweigerte und sich mit dem Teufel verbündete, damit er ihm in nur einer Nacht sein Haus auf dem Berge fünffach ummauere. Wie so oft in Legenden fand er einen Gegenspieler – hier in Gestalt der Amme der begehrten Tochter, welche mitten in der Nacht einem Hahn den Morgenschrei entlockte, indem sie Feuer anzündete. Der Teufel verschwand, und die Mauern blieben unvollendet. Zu ergänzen wäre, daß natürlich der Bewerber die Tochter heimführen durfte, weil der Teufel den Ritter mit sich nahm. Die archäologische Forschung brachte Licht auch in das Dunkel auf dem Kleinen Gleichberg. Man erkennt in zweien der inneren Wallringe Anlagen aus dem 9. oder 8. Jh. v.u.Z., die als ein Sitz des sich herausbildenden Gentiladels und als Zufluchtsstätte eines ganzen Stammes angelegt worden sind. Solche Fluchtburgen waren also erste Siedlungszentren, die immer wieder nach Streifzügen oder in Gefahrensituationen aufgesucht wurden. Das ist auch auf dem Kleinen Gleichberg mit großer Wahrscheinlichkeit der Fall gewesen, denn in den Folgezeiten des 5. Jh. – dem Übergang zur La-Tène-Zeit, der jüngeren vorrömischen Eisenzeit –, und dann bis ins 1. Jh. v.u.Z. wurden die Steinringe oft erweitert und vergrößert, bis sie schließlich die ganze Bergkuppe umfaßten. Das deutet zum einen auf eine recht umfangreiche Besiedelung hin. Zum anderen führte nun über die Gleichberge von Süden ein Weg zum Thüringer Wald und über seinen Kamm hinweg in den Raum des Thüringer Beckens.

23

Da liegt der Gedanke nahe, daß es sich nicht allein um eine Fluchtburg, sondern gleichfalls um einen wesentlichen strategischen Stützpunkt handelte – ein sogenanntes *oppidum* –, von dem aus nicht allein bewacht, sondern auch Warenaustausch betrieben werden konnte.

Unterstrichen wird diese Vermutung noch durch die Tatsache, daß keltische Stämme den Ausbau des Kleinen Gleichberges fortsetzten. Aus dem südwestlichen Raum zuwandernd, verfügten sie über hervorragende Kenntnisse der Eisenverhüttung und -verarbeitung. Raseneisenerz fand sich in der südthüringischen Landschaft, Eisenknollen ließen sich im Keuper des Grabfeldes zusammentragen. Brennöfen und Töpferscheibe, Waffen- und Werkzeugfertigung brachten die Kelten aus den mittelmeerischen Kulturräumen in den Norden. Dies vollzog sich in jener Epoche eher durch Handel als durch Kriege.

Auch im germanisch besiedelten nordthüringischen Raum fand das von den Kelten vermittelte Wissen Eingang. Ein interessantes Zeugnis dieser Entwicklung zeigt sich an der Neuenburg in Freyburg: In die Wand des romanischen Wohnturmes ist eine Figur eingefügt, die im Volksmund nach dem Fundplatz auf dem benachbarten Bergrücken ›Haingott‹ genannt wird. Es handelt sich um eine kauernde Gestalt mit unförmigem Kopf, engstehenden Augen und kräftigem unteren Gesichtsteil; etwas ungelenk sitzen Arme und Beine an dem kurzen Körper. Vieles deutet auf einen frühgeschichtlichen Ursprung hin: Typisch für keltische Kopfbilder sind die niedrige Stirn und der kräftige Unterkiefer. Über das Gesicht verläuft die Spur eines Axthiebes. Solche ›Keltenhiebe‹ nahm das frühe Christentum an heidnischen Bildnissen allenthalben vor, um die ihnen zugesprochene Macht zu bannen. Es kann sich hier also um ein keltisches Götter- oder Ahnenbild handeln. Damit ist eine bis in das Unstrut-Gebiet reichende keltische Besiedelung oder zumindest eine bis hierher reichende Handelsbeziehung bestätigt.

Die Kelten nutzten auch die Solequellen im Werra- und Saale-Tal. Auf dem Öchsen bei Vacha im Werra-Bogen lag, ähnlich den Gleichbergen, ein umwehrter Platz. Zwischen Ulster- und Felda-Tal bildete er einen vergleichbar günstigen Ausgangspunkt für die Überwachung von Handelsbeziehungen zwischen den südwestlichen, keltisch durchsetzten und den weiter nördlich gelegenen Gebieten. Die Fülle von Grabstätten und anderen archäologischen Funden belegt eine recht große Siedlungsdichte und die frühe merkantile Bedeutung dieses Raumes, in dem sich im 1. Jh. v. u. Z. die Turonen und die Sueben ansiedelten. Römische Quellen vermelden dann um die Zeitenwende die Hermunduren als das mittlere Werra-Gebiet beherrschende germanische Stämme.

Damit rückt Thüringen in das Licht der Geschichte. Das Hauptsiedlungsgebiet der Hermunduren erstreckte sich zwischen mittlerer Saale und Elbe. Im Verlauf des 1. Jh. nach der Zeitenwende gelangten die von Tacitus um das Jahr 100 im heutigen schleswig-holsteinischen Raum beschriebenen Warnen in den Thüringer Raum. Von der Nordseeküste kamen Angeln hinzu und mischten sich mit den bereits seßhaften Hermunduren. Gegen Ende des 4. Jh. taucht in der »Mulomedicina« – der Tierheilkunde des Römers Vegetius – auch der Name der Thüringer zum ersten Mal auf. Der bereits mächtige Stamm muß also Züge weit über sein Gebiet hinaus nach Westen unternommen haben, genau wie er ins

Fränkische und Böhmische vorstieß. Das Thüringer Reich – von einem solchen ist angesichts der bereits ausgeprägten Herrschaftsstruktur zu sprechen – erstreckte sich vom Werra-Gebiet bis an die mittlere Elbe, seine Südgrenze lag zwischen Thüringer Wald und dem Donau-Gebiet, während es im Norden den Harzraum und darüber hinaus Landstriche bis an die Elbe bei Magdeburg umfaßte. Das eigentliche Machtzentrum ist im Raum Erfurt-Arnstadt zu suchen, möglicherweise spielte die Alteburg eine Rolle, welche auf latènezeitliche Besiedelungen zurückgeht und ein bedeutender keltischer Handelsplatz war.

Klimavergleiche müßten Aufschluß erbringen, weshalb im Thüringer Becken für die ersten Jahrhunderte u. Z. relativ wenige archäologische Funde vorliegen. Der Wasserreichtum kann zeitweise zu Überflutungen und zur Bildung von Sumpfgebieten geführt haben, was den Raum für dauerhafte Wohnplätze einengte.

Im Verlauf des 5. Jh. waren die Hunnen aus dem asiatischen Raum bis in unser Gebiet vorgedrungen und hatten – wie auch in anderen von ihnen durchstreiften Regionen – die dort ansässigen Stämme in ihre Abhängigkeit gebracht. Möglicherweise gab es sogar einen ›Interessenverbund‹ der Hunnen und Thüringer gegen die aufstrebenden Franken und Sachsen: Gräberfunde deuten auf die Übernahme der Waffenformen und sogar solcher Eigenheiten wie der künstlichen Schädeldeformierung der Hunnen hin. Auf den Katalaunischen Feldern bei Troyes in der Champagne erlitten die Hunnen und die mit ihnen ziehenden Thüringer 451 die Niederlage, welche einerseits der Hunnenherrschaft ein Ende setzte, andererseits die Blütezeit des Thüringer Reiches einleitete.

Auf eine bereits frühe dynastische Verflechtung des Thüringer Stammes verweist die Vermählung der Tochter des ersten bekannten Königs, Bessinus, mit dem König der Langobarden, Wacho. Ebenso aufschlußreich für die Stellung des Reiches ist die Verbindung der Nichte des Ostgotenkönigs Theoderich des Großen, Amalaberga, mit dem Sohn des Bessinus, Herminafried, um 510. Zweifellos war damit aber auch der Höhepunkt der Bedeutung des Thüringer Reiches überschritten, denn Franken und Sachsen rüsteten von Südwesten und Norden her zum Aufbruch gegen die Thüringer. 531 kam es zum Treffen bei einem Ort namens Runnibergun. Man hat in ihm mit Sicherheit das heutige Weißensee zu sehen, dessen Runneburg in der späteren Thüringer Geschichte noch Bedeutung erlangen sollte. Bei einer Schlacht an der Unstrut – möglicherweise bei Burgscheidungen – erlitt der Thüringer König Herminafried 531 die entscheidende Niederlage, die zum Ende des Thüringer Reiches führte. Das Land geriet in fränkische Abhängigkeit. Von Norden rückten die Sachsen bis ins Unstrut-Tal, von Osten Slawen bis zur Saaleplatte vor. Bis ins 8. Jh. hinein wechselten nun immer wieder die regionalen Machtverhältnisse zwischen sächsischen Aufständischen und fränkischen Einzelherrschern, die sich sogar – wie im 7. Jh. der fränkische Herzog Radulf – als Thüringer Könige verstanden. Aus dem Thüringischen wanderten Siedlergruppen nach Pannonien aus, andernteils ließen sich nun fränkische Gruppen aus dem Schwäbischen hier nieder.

Ausgrabungen in Oberdorla bei Mühlhausen und in Dienstedt bei Arnstadt brachten Siedlungen aus dem vorfränkischen Geschichtsabschnitt zutage, die uns nicht nur Auskünfte über Haus- und Bauformen, sondern auch über die Struktur jener frühen Gesellschaft vermitteln. So unterscheiden sich die herrschaftlichen Bauten in Umfang und Vielgestaltigkeit deutlich von den einfachen Handwerkerunterkünften. Beachtlich sind ebenfalls bäuerliche Anwesen, die in ihren Ausmaßen auf reiche Viehhaltung hindeuten und auch Speicherbauten einschließen.

Während die thüringischen Siedlungen im Boden unter den heutigen Städten wie Arnstadt und Weimar zu suchen sind, legten die Franken vorwiegend militärische Stützpunkte an, als welche wohl die befestigten Vorgängerbauten der Sachsenburg, der Hasenburg oder auch der Anlage auf dem Erfurter Petersberg zu verstehen sind.

Im 7. Jh. prägte sich die Grenzlinie zwischen den fränkischen und slawisch besiedelten Gebieten aus. Erste fränkische Aufzeichnungen sprechen von Sorben, was zunächst soviel wie Bundesgenossen bedeutet haben dürfte. Dieser weitgehend friedlichen Besiedelung des Raumes, den die Thüringer verlassen hatten und nach Südosten gezogen waren, folgten nach fränkischen Niederlagen und dem Anschluß der sorbischen Fürstentümer an das westslawische Großreich Samos 631 über mehrere Jahrhunderte immer wieder neue slawische Siedlungsschübe. Die Slawen vermischten sich zunächst mit der noch vorhandenen thüringischen Restbevölkerung, später mit Franken und Siedlern aus anderen Gebieten und drangen bis zur Barriere des Thüringer Waldes vor. Diese Ausbreitung ging friedlich vonstatten, denn der Handel bildete neben dem Ackerbau eine bedeutende Erwerbsquelle der Slawen. Oft wechselten sie jedoch ihre Bündnisse und waren so bis zum 10. Jh. häufig in die dynastischen Kämpfe verstrickt.

Der frühmittelalterliche Geschichtsabschnitt Thüringens beginnt mit der Herausbildung der karolingischen Herrschaft. Als Karl Martell 741 sein Reich teilte, fiel das thüringische Gebiet seinem Sohn Karlmann zu und wurde nun zum Aufmarschgebiet gegen die Sachsen. Mit Karlmann, Pippin und deren Verbündeten, den Friesen, gelangten christliche Ideen in das Land. Einer der ersten Missionare war Willibrord; vor allem aber erlangte der Angelsachse Bonifatius Bedeutung, der unter dem unmittelbaren Schutz des karolingischen Herrschers und des Papstes Gregor II. stand. Ein Jahrzehnt – und bei aller historischen Kürze eines solchen Zeitraumes war es ein für Thüringen entscheidendes – prägte die Mission des Bischofs Bonifatius. Die Gründung des Bischofssitzes in Erfurt im Jahre 742 weist auf die bereits beträchtliche Bedeutung des Ortes hin; immerhin befand sich ja hier mit der Burg auf dem Petersberg der fränkische Stützpunkt. Zwischen dem päpstlichen Auftrag zur Bistumsgründung und seiner Ausführung hatten 17 Jahre gelegen. Bonifatius Erfurter Bischofssitz bestand nur sechs Jahre, denn 747 erhielt er Mainz als Erzbischofssitz. Damit gelangte die Diözese Erfurt zum Bistum Mainz, und beide Städte verband nun auf etwa ein Jahrtausend eine gemeinsame Geschichte.

Die mit der karolingischen Epoche einhergehende, vor allem seit dem Herrschaftsantritt Karls des Großen vorangetriebene weitreichende Kolonisierungs- und Siedlungspolitik wird noch heute in den zahlreichen Ortsnamen deutlich, welche auf -heim oder -hausen enden. Ebenso entstanden die festumrissenen Herrschaftsgebiete mit Siedlungsseriennamen, die -sömmern oder -worbis beinhalten. Aber auch an der Unstrut-Saale-Linie zeichnet sich für die karolingische Zeit ein ganzes System von frühen feudalen Herrschaftsgebieten ab, markiert durch wehrhafte Burgenbauten. Im west- und südwestthüringischen Raum bestanden bereits so weit ausgeprägte Herrschaftsräume, daß hier die Verfassung der karolingischen Grafschaft nicht nur regionale, sondern auch dynastische Ansprüche fundamentierte. Jener Gundhar, den Papst Gregor II. um Unterstützung für Bonifatius Auftrag bat, ist wohl einer der ersten aus der langen Reihe der Schwarzburger Grafen mit Namen Günther gewesen.

Mit dem Vorrücken der Franken gelangte mehr und mehr Land in den Besitz der Klöster, die Kolonisationszentren darstellten: Hersfeld dehnte seinen reichsklösterlichen Machtbereich auf Gebiete an der Unstrut bis hin zur mittleren Saale um Merseburg aus, Fulda erhielt die wichtigen Salzquellen und Königshöfe im Werra-Gebiet; in Ohrdruf erfolgte die Klostergründung 724, in Rohr 814. Damit waren gleichfalls für fast ein Jahrtausend Grenzmarkierungen gesetzt. Bis ins Mittelalter flammten immer häufiger Auseinandersetzungen mit den slawischen Stämmen auf. Slawenaufstände und wechselnde Bündnisse kennzeichnen nun Begriffe wie Grenzmark für den Raum östlich der Saale und Limes Sorabicus als Grenzlinie des sorbischen Siedlungsraumes. Dieses wohl als missionarisch-kolonisatorisches Streitfeld zwischen Franken und Slawen zu sehende und von beidseitigen strategischen Stützpunkten durchsetzte Gebiet reichte bis ins Pleißenland.

Von den Ottonen zu den Wettinern

Mit dem Einzug Heinrichs I. in den nordthüringischen Raum begann das sagenumwobene, von dynastischen Verwicklungen und Kämpfen erfüllte hohe Mittelalter. Zweifellos festigte der Sieg über die Ungarn, die bis in den Thüringer Raum vorgedrungen waren, die strategische Bedeutung des Gebietes zwischen Harz und Südrand des Thüringer Beckens. 933 war es gelungen, sie bei Riade, das man auf der Saaleplatte oder im nördlichen Vogtland zu suchen hat, zu schlagen. Historisch entscheidend wurde der Erfurter Reichstag von 932, denn hier bestimmte Heinrich I. seinen Sohn Otto zu seinem Nachfolger. Dieser gründete Magdeburg, das als Ausgangspunkt für die nachfolgenden Bistumsgründungen bis ins slawisch besiedelte Elb- und Havelland hinein diente. Zu Beginn des 11. Jh. zogen in breitem Strom sächsische und thüringische Siedler über die Saale nach Osten. In dieser Zeit gerieten im thüringischen Ausgangsgebiet territorialdynastische Interessen oft genug in Widerstreit mit denen der kaiserlichen Zentralgewalt. Einer der thüringischen Herrschaftssitze lag in Großjena. Dem dort regierenden Markgrafen Ekkehard I., dem »mächtigsten der Thüringer«, wie ihn Thietmar von Merseburg beschreibt, und seinen beiden Söhnen Ekkehard und Hermann gelang der Ausbau Naumburgs mit der ›Neuen Burg‹ zum ostthüringischen Machtzentrum, in welches im Verlauf der langen Auseinandersetzungen mit den aufständischen Slawen auch das Zeitzer Bistum zurückverlegt wurde.

Als nächste für Thüringens Geschichte bedeutende Persönlichkeit ist Ludwig der Springer zu nennen. Er stammte aus dem mittelmainischen Herrschergeschlecht der Ludowin-

Burgen der Regionen (nach Chr. Osterwald)

Burgen, deren mittelalterliche Anlage und Bausubstanz noch gut oder in Teilen erhalten bzw. erkennbar ist

▲ 8.–11. Jahrhundert
▲▲ 12.–13. Jahrhundert
▲▲▲ 14.–15. Jahrhundert

Burgen, an deren Stelle später Schlösser und andere repräsentative Gebäude errichtet wurden

△ 8.–11. Jahrhundert
△△ 12.–13. Jahrhundert
△△△ 14.–15. Jahrhundert

o Ort mit mehreren Burgen

ger, das sich mit Heinrich IV. gegen aufständische Sachsen durchsetzte, und gilt als der Gründer der Wartburg und der Neuenburg bei Freyburg sowie des Klosters Reinhardsbrunn. Diese Vormachtstellung gegenüber vielen Grafen und Territorialherren vermochte sein Sohn Ludwig ins Hessische auszuweiten und durch den Erwerb der Thüringer Landgrafenwürde noch zu steigern. Den Titel des Landgrafen bestätigte ihm der Reichstag zu Goslar 1131. In dieser Stellung begann er, das thüringische Herrschaftsgebiet auch nach außen durch ein Befestigungssystem aus einer Vielzahl von Burgen auszubauen. Zugleich brachte er Thüringen aber der staufischen Reichspolitik nahe. Das offenbart sich besonders im engen Zusammengehen mit Friedrich I. Barbarossa. Der Ausbau des Kyffhäusermassivs mit einer Pfalz und Burgen bedeutete die Errichtung auch eines Machtsymbols, ganz ähnlich wie es die Niederlassung Barbarossas im Pleißenland und seine erste Erweiterung Altenburgs darstellten.

Freilich wurden solche Zentralisierungstendenzen und ihr oft brutales Durchsetzen – der ›eiserne‹ Ludwig II. ließ den Grafen Ernst von Tonna umbringen, als er seinen eichsfeldischen Raum zu verselbständigen versuchte – nicht hingenommen. Dem ludowingischen Kloster Reinhardsbrunn stellten die Grafen von Käfernburg mit dem Kloster Georgenthal ihren eigenen Machtanspruch deutlich sichtbar gegenüber. Nur wenige Reste sind von jenen Klosterbauten erhalten, und doch blieb ihre Geschichte lebendig, genau wie die Sage vom Kaiser Rotbart, Friedrich I., dessen Bart nach der Überlieferung Vorbild gewesen sein soll für die beiden roten Backsteintürme des Altenburger Bergerklosters.

Landgräfliche Oberhoheit und mit ihr verbunden die 1180 an Ludwig III. verliehene sächsische Pfalzgrafenwürde ließen das Streben nach einer Vormachtstellung der landgräflichen Gewalt immer wieder in Zwist mit den territorialfürstlichen Ansprüchen und nicht zuletzt mit dem Mainzer Erzbischof geraten. Dies prägte die Spannungen im Verhältnis zu den fuldischen Gebieten und zu Erfurt, den Stützpfeilern der Mainzer. Die ersten großen Erweiterungen der Neuenburg hoch über Freyburg auf der Ostseite der Unstrut und der Wartburg fallen in die Zeit des Landgrafen Hermann I., dessen wankelmütige Haltung die kaiserlichen Machtstreitigkeiten um Thüringen nur beflügelte, schlug er sich doch jeweils von einer auf die andere Seite. Mehr an der Kunst interessiert als machtpolitisch orientiert, schuf er die Grundlage für die Entfaltung der Künste im Thüringischen. Wir erwähnten schon den sagenumwobenen, heute auf der Wartburg romantisch verklärten Landgrafenruhm. Sicher war die Wartburg eine der ersten großen mittelalterlichen Sammelstätten der Künste, wenn auch nur für wenige Jahre. Hermanns Nachfolger Ludwig IV. erwies sich zu sehr als ›Realpolitiker‹, um den Glanz seiner Frau, der heiliggesprochenen Elisabeth, überstrahlen zu können. Immerhin hatte er aber seinem Bruder und Nachfolger, dem späteren deutschen Gegenkönig Heinrich Raspe, durch die Änderung des Erbrechts die Besitznahme der Mark Meißen ermöglicht. Genau dieses Erbrecht kehrte Heinrich Raspe 1243 um, so daß nach dem Tode dieses letzten Vertreters des ludowingischen Herrschergeschlechts der Neffe Ludwigs IV., Heinrich der Erlauchte von Meißen aus dem Hause der Wettiner, in Thüringen an die Macht gelangte.

Die Rudelsburg, Stahlstich

Die Folgen waren zumindest für weite Teile des Landes verheerend, denn nun überzogen handfeste Besitzstreitigkeiten für sechs Jahrzehnte Thüringen. In sie blieben nicht nur die Territorialherren verwickelt, denn diese versuchten vielmehr – voran der Orlamünder Graf Otto –, mit Hilfe der Habsburger die wettinische Herrschaft über Thüringen zu vereiteln. Die mannigfachen Auseinandersetzungen und Interessen vermochte der Reichstag, zu dem Rudolf von Habsburg 1289 nach Erfurt gekommen war, zwar zu beschwichtigen, der ›Schacher‹ um Hegemonie – mit Waffen und Geld ausgetragen – aber ging weiter. Der Stadt Erfurt gelang es, sich in diesem Zusammenhang ihre Selbstverwaltungsrechte zu erkaufen. Erst in der Schlacht bei Lucka im Jahre 1307 errangen die Wettiner Friedrich der Freidige und sein Bruder Diezmann die Vormacht über das thüringische Land gegen die königlichen, nassauischen und territorialfürstlichen Ansprüche, so daß Kaiser Heinrich VII. die Wettiner 1310 im Vertrag von Prag als Landgrafen von Thüringen anerkannte.

Die eigentlichen Gewinner aber waren die großen Städte, und noch heute erkennen wir in ihnen die Spuren jener Epoche. Erfurt, Nordhausen und Mühlhausen leisteten den neuen Herren keine Gefolgschaft. Vielmehr bauten nun die beiden letztgenannten Städte ihre merkantile und damit politische Eigenständigkeit als Reichsstädte aus, und auch Erfurt vermochte sich aus der Umklammerung des mainzischen Erzstifts und der Grafen von Gleichen zu lösen, was jedoch nur bis zur Einnahme der Stadt durch den Landgrafen Friedrich den Ernsthaften im Jahre 1335 währte.

31

Im Südwesten Thüringens wuchs als ein weiteres Zentrum die hennebergische Grafschaft heran. Dies geschah vor allem in Verbindung mit der wittelsbachschen Expansionspolitik nach Norden. Um in das brandenburgische Interessengebiet zu gelangen, benötigte Ludwig der Bayer eine Durchgangszone; so unterstützte er den Ausbau des hennebergischen Terrains im Werra-Tal und der anschließenden Schwarzburger Gebiete. Auch die Herrscher aus der reußischen Dynastie suchten ihre politischen und territorialen Vorteile aus der Wittelsbacher Umarmung zu ziehen. Beides – die dynastischen Einzelinteressen und die wachsende Macht der Städte – veranlaßten Friedrich den Ernsthaften schließlich, nachdem sein Landfriedensgesetz von 1338 nicht genügend Beachtung gefunden hatte, den Grafen und vor allem der mittelalterlichen Großstadt Erfurt den Fehdehandschuh hinzuwerfen. Mit der Grafenfehde gewann er – nun mit Unterstützung Erfurts – Obermacht über die im Süden liegenden schwarzburgischen Gebiete sowie über die Orlamünder und Weimarer Besitzungen. Was mit dem Schwert nicht zu erreichen war – etwa die Ausbreitung des hennebergischen Territoriums in die Täler des Thüringer Waldes –, das erzielten nun die Wettiner bis zur Mitte des 14. Jh. durch die Heiratspolitik. Die eigenständige Machtstellung der Vögte – vor allem der von Gera und Weida – konnte im Interessenverband mit Kaiser Karl IV. gebrochen werden; im Norden weiteten sich die wettinischen Machtsphären auf Sangerhausen aus, und mit den Hessischen Landgrafen kam es 1373 zur friedfertigen Erbverbrüderung.

Diese zielgerichtete wettinische Politik war jedoch nur mit der Errichtung strenger Verwaltungsstrukturen möglich. Sie wurden wohl schon von Friedrich dem Ernsthaften vorbereitet und sind dann im Lehnbuch seines Sohnes Friedrich des Strengen von 1349 erstmals faßbar. Die aufwendige wettinische Hofhaltung bedurfte großer Mittel, die sie nur aus Abgaben und Steuern erwirtschaften konnte. Voraussetzung und Folge zugleich waren die nun eingeführten Verwaltungsämter und Aufsichtspositionen – das wettinische Thüringen wurde zum ersten Mal bürokratisiert. Damit bestand – aus heutiger Sicht – die Möglichkeit, daß sich ein mittelalterlich-nationaler Staat herausbildete, wie es in Frankreich vonstatten gegangen war. Doch es kam zu Teilungen des wettinischen Länderkomplexes, und es ergab sich schließlich zwischen 1381 – als die meißnischen, osterländischen und thüringischen Teile eigene dynastische Territorien wurden – und 1485 jene Situation, die das Ende des Mittelalters kennzeichnet. Zu erwähnen ist in diesem Zusammenhang der Sächsische Bruderkrieg als Auseinandersetzung zwischen den wettinischen Fürstenhäusern, der weite Landesteile verwüstete. Der Altenburger Prinzenraub im Jahre 1435 – ausgeführt durch den bei Teilungen ›zu kurz gekommen‹ Ritter Kunz von Kaufungen – betraf die beiden Söhne Friedrichs des Sanftmütigen, Ernst und Albrecht, welche dann 1485 in der sogenannten Leipziger Teilung ihre Besitzungen in die ernestinische und albertinische Linie aufgliederten: Danach nahm Albrecht vom Meißnischen Besitz, das sich über den nordthüringischen Raum bis nach Langensalza hin erstreckte. Ernestinisch wurden Eisenach und Gotha, das südthüringische Gebiet mit dem fränkischen Coburg, das Weimarer und Altenburger Land zusammen mit den westsächsischen Gebieten um Plauen und Zwickau sowie Grimma und Torgau.

32

Zwischen Reformation und Aufklärung

Friedrich der Weise, Sohn des Kurfürsten Ernst und seit 1486 sein Nachfolger, wirkte von der sächsischen Kurstadt Wittenberg aus. Mit der Leipziger Teilung war ihm die junge Messestadt und damit ein bedeutendes merkantiles und vor allem geistiges Zentrum mit der Universität entglitten. Um seinen Besitzanspruch zu untermauern, gründete er nun hier in Wittenberg 1502 eine eigene Universität und sicherte sich durch diesen Akt weltweite Anerkennung. Zugleich war damit ein geistiges Zentrum auch mit Blick auf die bereits bestehende Erfurter Universität geschaffen – zu welcher zudem als städtischer Gründung ein landesherrliches Gegenstück geboten werden sollte. Die Wittenberger Neugründung geschah gleichsam ›auf unverbrauchtem Boden‹, und sie entwickelte sich in unwahrscheinlich kurzer Zeit zu einem Streitfeld der dem angebrochenen Renaissancezeitalter zugewandten Geister. Nach seinen Erfurter Studien und der dort erhaltenen Priesterweihe kam Martin Luther als Professor nach Wittenberg; auch der Historiker Marschalk und Philipp Melanchthon lehrten hier. Wittenberg, Torgau und Weimar – bereits seit 1382 wettinische Residenz, jetzt ernestinisch – bildeten Eckpunkte des Territoriums. Friedrich ließ in den drei Städten mit dem Bau großer Renaissanceschlösser beginnen, von denen allerdings nur das Torgauer Vollendung fand. Lucas Cranach d. Ä. lebte in Weimar und Wittenberg, und Martin Luthers Lebensweg blieb mit dem Friedrichs des Weisen bis an dessen Ende verknüpft.

Während die geistigen Spannungen jener Epoche zunächst an den Orten der kirchlichen Machtkonzentration und der Universitäten ihren Ausdruck fanden, griffen die großen sozialen Auseinandersetzungen, welche sich durch die zahllosen dynastischen Differenzen noch intensivierten, aus dem südwestdeutschen Raum auch auf die wettinischen Thüringer Lande über. Die Flammen der Bauernaufstände schlugen aus dem Schwäbischen das Werra-Tal entlang und entzündeten im agrarisch geprägten Thüringer Becken einen gewaltigen Brand. Die zweite Kraft jener revolutionären Bewegung bildete das Stadtbürgertum. Vielerorts verband sich dessen Verlangen nach politischer Freiheit und Eigenständigkeit mit den bäuerlichen und den reformatorischen Forderungen. Martin Luthers Aufrufe hatten von Wittenberg her vor allem bei den Bürgern – aber auch bei Teilen des Adels – Aufnahme gefunden. Georg Spalatin predigte die neue Lehre in Altenburg, Friedrich Myconius in Gotha und Johannes Lang in Erfurt. Der aus Allstedt hinzugekommene Thomas Müntzer aber verlieh 1524 den radikalen Forderungen der Bauern vor allem in Mühlhausen, wo Heinrich Pfeiffer schon die Abschaffung der katholischen Lehre verkündet hatte, seine ›handfeste‹ Sprache. Den revolutionären Aufstand vermochte das Fürstenbündnis noch zu unterdrücken, der Glaube Luthers und die Reformation aber erfaßten ganz Thüringen.

In der Ausbreitung der reformatorischen Lehre sah Kaiser Karl V. die Veranlassung, sich gegen die protestantischen Länder zu wenden. Um dieser Bedrohung entgegenzutreten, trafen Kurfürst Johann der Beständige und der hessische Landgraf Philipp der Großmütige mit anderen norddeutschen Fürsten und den Vertretern der großen Städte Bremen

Thomas Müntzer, Kupferstich von Christoffel van Sichem

und Magdeburg in Schmalkalden zusammen. Am 31. Dezember 1530 schufen sie hier den Schmalkaldischen Bund als eine Schutzvereinigung gegen die kaiserlichen Machtinteressen und für die protestantische Lehre.

Obgleich dem Pakt 1536 die protestantischen Länder Württemberg, Anhalt und Pommern sowie die Städte Hamburg, Hannover, Frankfurt/Main und Augsburg und zwei Jahre später auch Dänemark beitraten, verlor das Bündnis aufgrund der machtstrategischen Einzelinteressen der Partner an Stärke. Die Unentschlossenheit der Parteien führte schließlich auch zur Niederlage im Schmalkaldischen Krieg. Die Gefangenen des Kaisers, der sächsische Kurfürst Johann Friedrich und der Landgraf von Hessen, symbolisieren zwar den verlorenen Krieg, nicht aber den Verlust des protestantischen Glaubens in den wettinischen Landen. Mit der Wittenberger Kapitulation vor den kaiserlich-spanischen Truppen des Herzogs Alba änderten sich auch die thüringischen Territorialstrukturen, und es entstanden die ernestinischen Herzogtümer Sachsen-Weimar (1547), Sachsen-Gotha (1564) – ab 1572 Sachsen-Coburg-Gotha –, Sachsen-Eisenach (1572) und Sachsen-Altenburg (1603), während die albertinischen und anderen wettinischen Landesteile sächsisch-kurfürstlich regiert wurden.

Was sich seit dem ausgehenden 16. Jh. in wechselnden dynastischen Verbindungen, Bündnissen und Teilungen verstärkt abzeichnete, das brachte der Dreißigjährige Krieg mit all seinen politischen Wirren zur Vollendung. Schwer überschaubar stellt sich heute für den historischen Laien dieser Geschichtsabschnitt im Thüringischen dar. Die zahlreichen

Kriegszüge der Söldnerhaufen, Belagerungen, Städteverwüstungen, Brandschatzungen von Dörfern und andererseits hektischer Festungs- und Versorgungswegebau verhinderten jede Staatenfestigung und Formierung gesellschaftlicher Strukturen. Auch der Adel hatte seine Ambitionen in dieser Richtung verloren.

Nach dem Dreißigjährigen Krieg ging das absolutistische Erneuerungsstreben in Thüringen von drei Punkten aus: von Gotha, Altenburg und Weimar. Vor allem Ernst der Fromme von Gotha trug entscheidend zur Ausprägung der neuen absolutistischen Staats- und Lebensform bei, die getragen war von seiner zwiespältigen Lebensauffassung. Er war ein frommer, ja eifriger Protestant und doch ohne Ressentiments gegenüber der katholischen Lehre, deren Priester er in seinem Land sogar fördern ließ. Auf die theologische Lehre einerseits, auf die an den Universitäten von Wittenberg und Jena gelehrten neuen pädagogischen Prinzipien andererseits gestützt, baute er ein durchorganisiertes Schulsystem auf, das er höchstpersönlich mit Strenge überwachte. Er gründete das Gothaer Gymnasium und förderte die Jenenser Universität. Vor allem aber entsprang seinen Intentionen nun eine Hierarchie von Behörden und Beamten, welche die Wirtschafts- und Staatsgeschäfte wahrnehmen und kontrollieren sollten. Gotha entwickelte sich so unter Ernst dem Frommen zu einem calvinistisch geprägten religiös staatsintrovertierten Mittelpunkt in Thüringen. Das sollte nicht zuletzt der gewaltige Neubau des Renaissanceschlosses unterstreichen, in dessen Gestalt sich seine Funktion als Fürstenresidenz und Regierungssitz zugleich reflektieren.

Nicht nur die Reformation, auch die Gegenreformation ergriff von Thüringen Besitz. Das mainzische Erfurt geriet dabei besonders zwischen die geistigen und schließlich auch die kriegerischen Fronten. 1664 eroberten die erzbischöflichen und französischen Truppen die Stadt, die sich indes ihre Religionsfreiheit zu bewahren wußte. Schon seit den 70er Jahren des 16. Jh. hatte im Eichsfeld mit territorialherrlicher Unterstützung die Rekatholisierung vor allem der ländlichen Gemeinden eingesetzt. Ein starkes Glaubenszentrum bildete dabei das Heiligenstädter Jesuitenkolleg. Von ihm gingen auch in den Folgezeiten immer wieder entscheidende Impulse für die kirchenbauliche und künstlerische barocke Vielfalt in dieser Landschaft aus.

Die frühen Ideen der Aufklärung in dem gothaischen Staatssystem Ernsts des Frommen wirkten in Altenburg unter Friedrich II. von Sachsen-Gotha-Altenburg im ersten Viertel des 18. Jh. fort. Sie trugen noch bis weit in jenes Jahrhundert hinein zur Entstehung einer handwerklichen Infrastruktur, zur Förderung von Bergbau und Metallhandwerk, Textil- und Glasherstellung im Lande bei. Die tiefe Religiosität setzte sich in pietistischem Denken und neuen sozialen Bestrebungen fort – August Hermann Francke war der Sohn eines Gothaer Hofbeamten –, ebenso in Schulreformen, wie sie später von Zinzendorf in Jena unternommen wurden.

Ernst der Fromme hatte 18 Kinder. So entstanden 1680/81 in seiner Nachfolge mehrere größere und kleinere Herzogtümer: Meiningen, Römhild, Hildburghausen, Saalfeld und Eisenberg, und mit ihnen die zum Teil aufwendigen Schloßbauten, welche – wie in Eisenberg – nur kurze Zeit ihren Erbauern dienten, da die Herrscherlinie erlosch. Gotha –

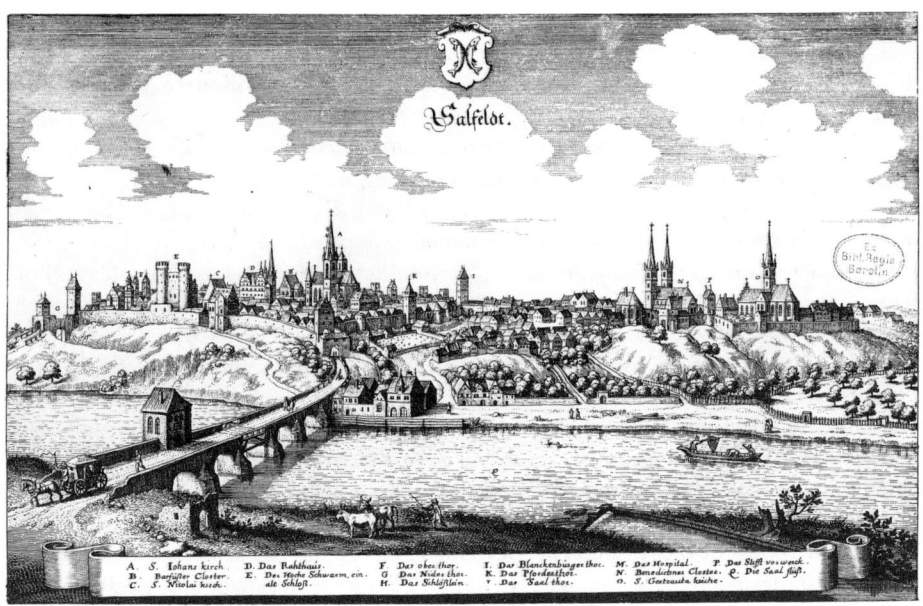

Saalfeld im 17. Jh., nach Merian

insbesondere unter Friedrich I. – und Meiningen leiteten die glanzvolle thüringische Hofhaltung des Barock ein, wie sie sich in Eisenberg oder Saalfeld architektonisch widerspiegelt. Gotha und Altenburg wurden auch die ersten Höfe, an denen Theaterspiele zum festen Programm der Lustbarkeiten gehörten. Den Bildungsstand des Hofes – Ernst der Fromme war für diesen ja ein unnachgiebiger Lehrmeister – bezeugen die Tätigkeit des hochgebildeten Veit Ludwig von Seckendorff als hoher Regierungsbeamter Ernsts, später das Wirken der Astronomen Franz Xaver Freiherr von Zach und Bernhard von Lindenau oder des Verlegers Justus Perthes unter Ernst II. von Sachsen-Gotha-Altenburg. Dieser förderte auch in ganz besonderer Weise die Bestrebungen des Pädagogen Christian Gotthilf Salzmann nach geistiger und körperlicher Ertüchtigung der jungen Menschen. Die großartige Anlage der Salzmannschen Schule in Schnepfenthal und der nahegelegene erste deutsche Turnplatz sind noch heute gut erhalten.

Weimar im barocken Absolutismus – das bedeutete vor allem künstlerische Entfaltung. Nachdem sich das Herzogtum schon seit der Mitte des 17. Jh. verhältnismäßig selbständig entwickelt hatte, kamen unter Ernst August I. die barocken baulichen Vorstellungen zum Tragen. Der Potentat – und nur als solchen kann man den despotischen Regenten sehen – war ein typischer Vertreter seiner Art, mit Jagdleidenschaft und soldatischer Begeisterung zur Brutalität neigend. Aber gerade dieser Mann ließ seit 1728 die feinsinnigen Baumeister Johann Adolf Richter und Gottfried Heinrich Krohne in der Residenz die reizvollsten thüringischen Barockbauten errichten: Das Belvedere-Schloß am Rande der Weimarer Parklandschaft ist ein Werk Richters, und gemeinsam mit Krohne, welcher mit den barocken Dekorationen im Rudolstädter Schloß und dem Bau der Orangerie in Gera hervortrat, schuf er das Rokokoschloß der Dornburger Gruppe. Schloß Ettersburg bei Weimar und die Gothaer Orangerie, das barocke Schlößchen Molsdorf bei Erfurt und das Eisenacher Stadtschloß erbaute ebenfalls Krohne.

1775 übernahm Carl August, Enkel Ernst Augusts I. in Weimar, erst 18jährig die Regentschaft. Es sollte das Jahr werden, in dem eine neue historische und kulturelle Blütezeit für Thüringen begann. Weimar stieg zur klassisch erneuerten Residenz auf, von der aus die Aufklärung und musischer Reichtum für ein halbes Jahrhundert auf die deutschen Lande und weit darüber hinaus ausstrahlten. Seit 1774 war der junge Herzog mit Johann Wolfgang von Goethe bekannt. Er holte den ebenso jungen Dichter an seinen Hof, an dem seit 1772 schon Christoph Martin Wieland wirkte. Johann Gottfried Herder kam 1776 nach Weimar, und Friedrich Schiller besuchte 1787 die Stadt, wo er allerdings noch nicht auf Goethe traf, denn dieser weilte gerade in Italien. Er war inzwischen zum Kammerherrn mit den höchsten Befugnissen für Bergbau und Kriegskommission, vor allem aber für die Finanzen des Hofes aufgestiegen. Nun begann auch jener für Thüringen insgesamt so befruchtende kulturelle und naturwissenschaftliche Austausch zwischen Weimar, Jena und Erfurt, der ganz neue Zeichen setzte, indem er die alten dynastischen Interessen und Schranken übersprang. Was Christian Reichart gegen Mitte des 18. Jh. mit dem gewerblichen Gartenbau auf der Grundlage neuer wissenschaftlicher Anschauung in Erfurt eingeleitet hatte, fand in Goethes naturwissenschaftlichen Studien Fortsetzung. Gleichfalls in Erfurt entstand Mitte des 18. Jh. eine erste staatliche Leihbank, und Ende des Jahrhunderts gab es hier eine erste Textil- und eine erste Schuhfabrik. In Apolda, das nur 3500 Einwohner zählte, waren im Jahre 1779 780 Webstühle in Betrieb. Auch das Weimar der Klassiker ergriff eine neue Epoche: die industrielle Revolution, mit der die Französische Revolution einherging. Goethe und Carl August von Weimar erlebten beide auf eigene Weise diesen gewaltigen Umbruch. Goethe und Napoleon trafen einander in Erfurt. Während der Großherzog die Wissenschaften in Jena förderte – Johann Gottlieb Fichte und Friedrich Wilhelm Josef Schelling lehrten an der Universität –, schlossen sich hier nur wenige Jahre später Studenten zur Burschenschaft zusammen, um leidenschaftlich für ein einheitliches deutsches Land zu kämpfen. Der Großherzog blickte mit Skepsis auf die preußischen Bestrebungen zur deutschen Zolleinheit, Goethe war zutiefst bewegt von der Veränderung der Arbeit durch die Maschine – und damit der Wandlung des Lebens der Menschen. Als der Dichter vier Jahre nach dem Großherzog 1832 starb, arbeitete Friedrich List an seiner Denkschrift »Über ein sächsisches Eisenbahnsystem als Grundlage eines allgemeinen deutschen Eisenbahnsystems«. 1846 fuhr der erste Eisenbahnzug durch Weimar – Thüringen war an neue Wege angeschlossen.

Von der industriellen Revolution zur Gegenwart

Angesichts der ›klassischen‹ Historie Thüringens gerät heute allzu leicht in Vergessenheit, welche sozialen Probleme und Auseinandersetzungen das Land mit dem Anbruch der industriellen Revolution des 19. Jh. belasteten und erschütterten. Der ›Wald‹ galt lange als eines der deutschen ›Armenhäuser‹, in Rhön und Grabfeld rangen seit dem ausgehenden Mittelalter die Bewohner um Sicherung der elementaren Lebensgrundlagen. Nicht von ungefähr erhielt von diesen Höhen herab der Bauernaufstand im Werra-Tal seit etwa 1515 großen Zulauf. Noch Ende des vorigen Jahrhunderts, als die Industrialisierung großer Landstriche bereits vorangeschritten war, schrieb der »Rhönspiegel«, daß der Ackerboden die dreifache Fläche haben und der Ertrag der doppelte sein müßte, sollten beide die Bevölkerung dieser Landschaft ernähren können. Wie muß es da im 16. Jh. ausgesehen haben! In Sonneberg war es zu Beginn des 19. Jh. – nach dem großen Handelsprivileg von 1789 – nur wenigen Fabrikanten gestattet, Spielzeug herzustellen. Das Bossiergewerbe hatte bis dahin vom ›Teig‹ gelebt, einer Modelliermasse aus Leim, Schwarzmehl und Wasser, aus der man neben der traditionellen Holzfigurenschnitzerei Puppen herstellte, zwischenzeitlich während der Napoleonischen Kriege auch ›Merbeln‹, Tonkugeln für Feuerwaffen. Die bescheidene Puppenproduktion des 18. Jh. deckte den sich ausweitenden Markt jetzt nicht mehr ab, und so verzeichnete man 1844 für die Sonneberger Gegend 750 Beschäftigte in der Herstellung von Pappmaché-Puppen. Aus der ›Arme-Leute-Beschäftigung‹ im Waldbauern- und Holzfällerland erwuchs also eine Industrie eigener sozialer Prägung und Auswirkung. Der südliche Thüringer Wald gilt seither als das Spielzeugland – und noch heute lebt ein Teil der Sonneberger Elektroindustrie von der Herstellung inzwischen technisch hochentwickelten Spielzeugs.

Schon 1597 richteten sich mit Privileg des Herzogs Kasimir von Sachsen-Coburg an der Lauscha Glasmacher ein. Im engen und tief eingeschnittenen Tal fand man den Rohstoff, und es entstanden die ersten Hütten. Jene Fabrikanten begründeten damit nicht nur die spätere Glasindustrie, die ›Greiners‹ und ›Müllers‹ bildeten auch durch Jahrhunderte echte Glasmacher-Dynastien im Lauschaer Umland. Die Glasbläserei weitete sich zu einer Heimindustrie aus; und als im 19. Jh. der Bedarf an veredeltem Glas rascher wuchs, als die industrielle Entwicklung im noch immer schwer zugänglichen Kammland des Thüringer Waldes voranschritt, erfuhr sie einen besonderen Aufschwung. Erst Ende des Jahrhunderts erreichten ja die Schienenwege Lauscha und andere Fabrikationsorte. Die Herstellung gläserner Tier- und Menschenaugen, vor allem aber der kunstvolle Christbaumschmuck – ein Ergebnis des in Lauscha kreierten Glasversilberungsverfahrens – brachten dem alten Handwerk Weltgeltung und damit Gewinne ein. Sie trugen einerseits zum Abbau der Not, andererseits aber auch zum raschen Anwachsen der sozialen Gegensätze in dieser Landschaft bei, so daß sich nun auch hier nach der Jahrhundertwende die Arbeiterschaft in der Sozialdemokratischen Partei zu formieren begann.

Zu Beginn des 19. Jh. standen die Zollgrenzen und territorialen Einzelinteressen des dynastisch aufgesplitterten thüringischen Landes den Initiativen der Fabrikanten entgegen. Der Abbau der Zollgrenzen erwies sich als ein schwieriger Prozeß. Er führte über den Beitritt einiger Thüringer Fürstentümer zu dem nur kurzlebigen, aber entscheidenden Zoll- und Handelsverein der Thüringischen Staaten unter preußischer Schirmherrschaft. Erst nach der weitgehenden Beseitigung der Grenzen begann die Einigung der thüringischen Länder und Ländchen und damit auch ihre Industrialisierung. Von außen her – so vom sächsischen Vogtland – und von Gera aus griff die Textilindustrie um Greiz und Schleiz Raum, während Joseph Meyers Hütten- und Stahlwerk in Meiningen wesentlich zum Eisenbahnbau und damit zur industriellen Erschließung Südthüringens beitrug. Meyer ist übrigens ein hervorragendes Beispiel für jene Gründergeneration, die sich in England das erforderliche Know-how in Fabrikation und Handel aneignete.

Trotz aller Zoll- und Handelsreformen hielten sich die Strukturen absolutistisch geprägter Kleinstaaten hartnäckig. Soziale Umschichtungen durch den rasch aufgekommenen Reichtum eines Teils des Bürgertums ließen die Herrscher nach einem politischen Ausgleich suchen. 1816 gab es so in Weimar die erste Landständische Verfassung eines deutschen Kleinstaates – sie bildete zugleich eine Keimzelle des bürgerlichen Parlamentarismus des vorigen Jahrhunderts. Noch ließen sich in der Juli-Revolution 1831 die sozialen Spannungen, die aus der Umstrukturierung der Gesellschaft erwachsen waren, durch neue Grundgesetzte – wie in Weimar und Altenburg – mildern, 1848 aber brachen die Widersprüche endgültig hervor. In Altenburg, Gotha und den reußischen Fürstentümern eskalierten die Volksaufstände. Der Altenburger Herzog mußte abdanken, der Gothaer vermochte durch Reformen den Fortbestand seines Hauses zu retten. In den reußischen Fürstentümern wurde zumindest eine Zusammenführung des kaum übersichtlichen Verwaltungswesens erreicht. Vor allem aber erhoben sich nun laute Stimmen für eine Einigung Thüringens mit einem einzigen Landtag und einer Hauptstadt, Erfurt. Gelang dies auch nicht, so traten doch im Angesicht der wachsenden deutschen Vereinigungsversuche Ernst II. von Gotha und der Weimarer Großherzog Carl Alexander für neue staatliche Konstellationen ein. Vor allem aber in der Kunst suchten sie Neues zu schaffen, indem sie Historisches in ein nationales Licht rückten. So entstand in Weimar mit dem durch die Großherzogin Sophie begründeten Goethe-Schiller-Archiv eine erste national-deutsche Kunst- und Geschichtsstätte. Auch die seit 1838 von Friedrich Wilhelm Sältzer und Hugo von Ritgen betriebene Erneuerung der Wartburg ist in diesem Licht zu sehen.

Mit dem Beitritt der thüringischen Staaten zum Norddeutschen Bund im Jahre 1866 begann der Prozeß der Vereinigung Thüringens zu einem Land. Die Verminderung der Zahl der Kleinstaaten führte zu dynastischen Problemen in der Erbfolge, aber auch zu Regierungsunfähigkeiten – so in der älteren reußischen Linie mit der fehlenden Nachfolge für Heinrich XXII., oder in der Notwendigkeit fürstlicher Personalunionen. Es kam vor allem zu weitreichenden Verwaltungs- und Gesetzesvereinheitlichungen. Der Erste Weltkrieg und die mit ihm verbundenen revolutionären Umgestaltungen brachten 1918/19 das Ende der Vielstaatlichkeit Thüringens. Am 19. Januar 1919 trat die Weimarer Nationalversammlung als erste frei gewählte verfassunggebende Körperschaft einer deutschen Republik in der Stadt an der Ilm zusammen und verabschiedete am 11. August die Verfassung des Deutschen Reiches. In ihr waren erstmals die bürgerlich-demokratischen Rechte und Freiheiten weitgehend festgeschrieben und mit der deutschen nationalen Einheit verbunden: das Grundgesetz der Weimarer Republik.

Neben den traditionellen Gewerbe- und Fabrikationszentren Thüringens in Suhl, Zella-Mehlis und Schmalkalden, den alten Tuchhandel- und Veredelungsstätten Mühlhausens, der Lebensmittelfabrikation in Nordhausen und der vogtländisch-ostthüringischen Textilfabrikation entstand mit dem Bau der Eisenbahnfernstrecke – und hier besonders an der seit 1847 befahrenen ›Thüringer Magistrale‹ zwischen Halle und Bebra – das eigentliche Industriepotential der großen Städte.

Die Apoldaer Strumpffabrikation hatte sich schon Ende des 19. Jh. auf die maschinelle Fertigung von Strick- und Wirkwaren umgestellt und prägte nun mit neuen Fabrikanlagen das Stadtbild. Seit 1872 entstand als Zweigwerk der Sulzbach-Rosenberger Maximilianshütte in Unterwellenborn bei Saalfeld die Maxhütte. In Erfurt weitete sich die Werkzeug- und Maschinenfertigung aus – 1914 gab es 1280 Industriebetriebe und Fabriken in der Stadt! Während in Gotha die Waggonfabrik – auf den Straßenbahnwagenbau ausgerichtet – die technische Entwicklung signalisierte, hatten sich hier schon Ende des 18. Jh. neue Formen der Industrialisierung angedeutet: 1785 gründete Justus Perthes seine kartographische Anstalt, in der seit 1817 »Stielers Handatlas« erschien, eines der weitestverbreiteten Kartenwerke. In seiner Bedeutung als Bildwerk des Volkes war es durchaus vergleichbar dem »Gothaer Hofkalender«. Dieses später als genealogisches Taschenbuch des Adels und als statistisches Jahrbuch der Diplomatie fortgeführte editorische Status-Werk lief immerhin schon seit 1764 über die Druckerpressen. 1821 wurde Gotha Sitz der von Ernst Wilhelm Arnoldi begründeten Feuerversicherungsbank, der sechs Jahre später die Lebensversicherungsbank folgte – im städtebaulichen Ensemble durch die großangelegten Baulichkeiten ausgewiesen. Aus der 1898 in Eisenach gegründeten Ehrhardtschen Fahrzeugfabrik ging das Zweigunternehmen der Bayerischen Motorenwerke hervor. In den 20er Jahren erlangte es mit dem Kleinauto Dixi Berühmtheit. Noch heute müssen trotz Erweiterungen alte Werkhallen als Herstellungsstätten für den Wartburg dienen, in welchem sich viel Traditionelles der Eisenacher Automobilhersteller versinnbildlicht.

Beim Blick auf diese industrielle Wandlung Thüringens wird verständlich, daß sich gerade die Städte Eisenach, Gotha und Erfurt in das Geschichtsbuch der deutschen Arbeiterbewegung rot eintrugen. Aufbegehren gegen den immer mehr nur auf Repräsentation zielenden höfischen Lebensstil, dem die erbärmlichen Lebensverhältnisse der Arbeiter und kleinen Lohnempfänger schroff entgegenstanden, förderte gerade hier in der räumlichen Enge und dichten Nachbarschaft von Städten, Gewerborten und Fabriken die Organisation der Arbeiterschaft. 1869 trafen in Eisenach erstmals Arbeiter- und Volksvereine zusammen, um die Vereinigung aller Sozialdemokraten Deutschlands herbeizuführen. Dabei kam es zur Bildung der ›Eisenacher‹ oder Sozialdemokratischen Arbeiterpartei. Der Vereinigungskongreß der in Eisenach in vielem noch uneinigen beiden Gruppierungen, der ›Eisenacher‹ und ›Lassalleaner‹, konnte dann sechs Jahre später, im Mai 1875, in Gotha in

Karl Liebknecht auf einer Versammlung der Spartakus-Anhänger im Jahre 1919

den Kaltwasserschen Sälen – dem späteren Tivoli – vonstatten gehen; es entstand die Sozialistische Arbeiterpartei Deutschlands. Als drittes großes historisches Ereignis in der Geschichte der deutschen Arbeiterbewegung ist der Parteitag der Sozialdemokratischen Partei 1891 mit einer dritten thüringischen Stadt, mit Erfurt, verbunden. Hier waren es August Bebel, Wilhelm Liebknecht und Paul Singer, unter deren Wirken das Erfurter Programm als Signal und im Zeichen der Überwindung des Bismarckschen »Gesetzes gegen die gemeingefährlichen Bestrebungen der Sozialdemokratie« entstand. Das Wort vom ›roten Thüringen‹ – analog dem ›roten Sachsen‹ – bestätigte sich, denn schon 1911 gewann die Sozialdemokratie im Landtag von Schwarzburg-Rudolstadt die absolute Mehrheit, das Zentrum des großen Streiks der Textilarbeiter im Vogtland 1905 lag in Gera, wo bereits 1890 Kämpfe gegen die unternehmerischen Fabrikordnungen ausgefochten worden waren.

In diesem sozialpolitischen Spannungsfeld fachten die Belastungen des Ersten Weltkrieges den revolutionären Sturm an und ließen ihn schließlich ab 1917 in Form von mächtigen Streiks ausbrechen. Im Mai 1918 vereinigten sich acht der thüringischen Kleinstaaten zum Land Thüringen. Mit dem Gemeinschaftsvertrag vom 4. Januar 1920 wurde das Land Thüringen gegründet – jedoch unter Ausschluß des Gebietes um das preußisch verbleibende Erfurt. Damit kamen aber auch die anderen großen nordthüringischen Städte wie Mühlhausen und Nordhausen und ebenso das Eichsfeld an Preußen, und das betraf auch die Gegend um Schmalkalden. Coburg indes gelangte durch Volksentscheid an Bayern. Die beiden Fürstentümer der reußischen Linie hatten schon 1919 einen Volksstaat Reuß gebildet.

Nach den ersten Bestrebungen, in der Weimarer Republik sozialistische, ja wie in Gotha proletarische Staatssysteme aufzubauen, versuchte der Mitbegründer der Deutschen Vaterlandspartei, Wolfgang Kapp, durch seinen Putsch im März 1920 eine Militärdiktatur zu errichten. In Mecklenburg und Vorpommern, in Berlin, im Rhein-Ruhr-Gebiet, besonders aber auch in Thüringen und Sachsen kam es zu heftigen Kämpfen zwischen der organisierten Arbeiterschaft und den Reichswehrtruppen. Mit einem Generalstreik wurde die Drei-Tage-Herrschaft der Kapp-Regierung beseitigt. In Weimar erinnert das 1922 von Walter Gropius entworfene Ehrenmal für die Kämpfer, die in den Auseinandersetzungen mit den Kapp-Putschisten gefallen waren, an jenes dunkle Kapitel der Thüringer Geschichte. Nachdem die Thüringer Arbeiterpartei 1923 gewaltsam beseitigt worden war, wendete sich das politische Blatt. Bereits 1930 zog die Nationalsozialistische Deutsche Arbeiterpartei (NSDAP) in die thüringische Landesregierung ein. Ihr Minister Wilhelm Frick amtierte zwar nur kurze Zeit, gab jedoch bereits künftige Entwicklungen zu erkennen. 1932 erlangte die NSDAP unter Fritz Sauckel die Beteiligung an der Regierung, und diese schaltete Sauckel mit dem ihm zugebilligten Status des Reichsstatthalters weitgehend aus. Thüringen wurde nun Standort für umfangreiche Industrien, die fast ausschließlich der Rüstung dienen sollten. In unmittelbarer Nähe der Klassikerstadt Weimar – wenn auch versteckt hinter der Anhöhe der Ettersberge – errichteten die Nationalsozialisten als eines der ersten und größten Konzentrations- und Vernichtungslager Buchenwald. In den Kalkfelsen des Jonas-Tals bei Arnstadt und an den Hängen bei Niedersachswerfen nahe dem Harz legten sie die Montagehallen für ihre vernichtungbringende Kriegsmaschinerie an. Noch heute gibt die Landschaft die Narben zu erkennen, und Gedenkstätten erinnern an die Opfer, die in Buchenwald und seinen Nebenlagern umgebracht wurden. Am 11. April 1945 gelang es den Häftlingen des Konzentrationslagers Buchenwald, sich selbst zu befreien, noch ehe die amerikanischen Truppen das gesamte Land Thüringen besetzt hatten, welches ab Sommer 1945 zur sowjetischen Besatzungszone kam.

Thüringen gehörte von 1949 bis 1990 zur Deutschen Demokratischen Republik. Die Verwaltungsreform dieses Landes gliederte im Jahre 1952 die politisch-geographische Karte neu: Die drei Bezirke Erfurt, Gera und Suhl entwickelten sich über 37 Jahre zu Verwaltungsregionen, ohne jedoch merkliche Begrenzungen in den Landschaften zu schaffen. Anders als einst preußische, hessische, hennebergische oder osterländische Eigenheiten sich in Bautraditionen veranschaulichten und gegeneinander abgrenzten, vereinheitlichte sich nun im Thüringischen vieles. Industrien und ihre gewaltigen Baukomplexe entstanden allenthalben in austauschbaren Gestalten, neue städtische und ländliche Wohnviertel wuchsen in den 60er und 70er Jahren so stark wie nie zuvor – in ihren Strukturen und

Bauformen aber gleich denen in sächsischen, mecklenburgischen oder anderen Gebieten. Das überwiegend industrielle Bauen normierte historisch gewachsene Stadtlandschaften weitgehend, auch wenn Erfurt, Gera und Suhl nun als Sitze der Bezirksverwaltungen ein neues architektonisches Gewand erhielten. Das geschah in großen Umfängen, wobei Erfurt und Gera vom Bombardement des Zweiten Weltkrieges zwar betroffen, aber nicht so stark zerstört waren wie Nordhausen und zum Teil auch Jena. Ähnlich, wenn auch nicht vergleichbar den traditionsreichen Residenzen entwickelten sich die drei Bezirksstädte zu kulturellen Zentren, ohne indes die anderen großen Städte wie Jena, Weimar, Meiningen, Mühlhausen, Gotha und Eisenach in ein Randdasein zu drängen. Gerade in diesen und ebenso in vielen kleineren Städten bewahrte sich mehr Historisches in Bauwerken, Straßengefügen und im Umland, als beherrschend Neues hinzukam – sieht man von den freilich großen Industrieanlagen und den neuen Straßenringen und Verkehrsachsen ab, mit denen man den Autoschlangen gerecht werden zu müssen glaubt. Erhalten und vielerorts liebevoll erneuert sind historische, das Landschaftsbild prägende Fachwerkbauten, die bunten Marktplätze oder die alten Bahnhöfe und Gasthäuser. Nur machen sich an ihnen immer wieder und allzu rasch die abgasbedingten Verfallserscheinungen bemerkbar. Manchem Bauwerk in öffentlichem Besitz wünschte man eine bewahrende Hand!

Neu – und vom Neuen überzeugen wollend – recken sich in Jena, Erfurt und Suhl die beton- und glasglatten Verwaltungs- und Wohnhochhäuser aus dem Fassaden- und Dächergewirr auf, vor ihnen liegen die oft überdimensionierten, wie in Jena aus Kriegszerstörungen entstandenen Aufmarschplätze der 50er und 60er Jahre. Solcher ›Verlust der Mitte‹ im kaum genutzten leeren, im Ausnahmefall dem ruhenden Verkehr dienenden Stadtkern verdient architektonische Besetzung. Aber auch darin sind diese Städte Zeichen der Zeit und ihrer eigenen Geschichte.

Seit 1990 besteht das Land Thüringen wieder, nachdem die beiden, in der Folge des zweiten Weltkrieges geschaffenen deutschen Teilstaaten vereinigt sind. Erneut änderten sich damit historische Verwaltungsgrenzen, wenn auch weniger gravierend als korrigierend: Die Kreise Altenburg und Artern gehören nun wieder zu Thüringen und ebenso der Kyffhäuser. Man könnte an die Legende um den 1190 im Flusse Saleph in Kleinasien ertrunkenen Kaiser Friedrich I. Barbarossa denken, welche sein Wiedererwachen aus dem Kyffhäuser nach tausend Jahren ankündigte.

Burgen markieren die Kolonisierung und eine frühe Konzentration des kulturellen Lebens; Schlösser versinnbildlichen dessen Entfaltung im höfischen Kulturkreis; Städte und Dörfer entwickelten sich, von diesem angeregt und aus eigener Kraft. Vieles vom Bestand verschleißt, weil seine Erhaltung die Kraft der Kommunen überfordert – nicht erst heute ist das so.

Zeittafel

	Historische Ereignisse	Baudenkmäler
100 000 v. u. Z.	Homo erectus bilzingslebenensis (Altsteinzeit)	Jagd- und Lagergebiete in den Flußtälern
2200–1700	Glockenbecherkultur (Jungsteinzeit)	Bodenbauern
1800–1500	Aunjetitzer Kultur (frühe Bronzezeit)	Hockergräber, Grabhügel Metallverarbeitung
seit 1000	Lausitzer Kultur in Ostthüringen	Urnenfelder, mit Steinen umsetzte Grabanlagen Wallanlagen, z. B. auf dem Alten Gleisberg bei Eisenberg
700–450	Hallstatt-Zeit (ältere Eisenzeit)	Fluchtburg auf dem Kleinen Gleichberg
500–100	La-Tène-Zeit (jüngere Eisenzeit) Zuwanderung von Kelten aus dem Südwesten Weg von Süden über die Gleichberge ins Thüringer Becken	Ausbau des Kleinen Gleichberges Alteburg als bedeutender Handelsplatz der Kelten
1. Jh.	Turonen und Sueben siedeln sich an; Hermunduren beherrschen das mittlere Werra-Gebiet	Siedlung bei Ohrdruf
1. Jh. u. Z.	Warnen aus Schleswig-Holstein und Angeln von der Nordseeküste gelangen nach Thüringen	
4./5. Jh.	Thüringer Reich	Siedlungen unter den heutigen Städten Burganlagen, z. B. Burg Mulhus (Mühlhausen) und Burg bei Weißensee
6. Jh.	Fränkische Herrschaft	Siedlungen an strategisch günstigen Stellen Burganlagen
8./9. Jh.	Karolinger Kolonisierung; Missionierung, Bistumsgründungen: Erfurt (742); Otto I.: Bistumsgründungen Merseburg, Zeitz, Meißen Slawenaufstände	karolingische Pfalzen: z. B. auf dem Petersberg in Erfurt (802) Stadtgründungen: Arnstadt (704) Kirchen- und Klostergründungen: Peterskloster in Erfurt (706), Missionar Bonifatius: Kirche in Ohrdruf (722/25), erster Dombau in Erfurt (742?) slawischer Herrschersitz auf Ringburg in Altenburg (um 800) Weihe des ersten Dombaus in Naumburg (1042)

	Historische Ereignisse	Baudenkmäler
1076–1247	Ludowinger Förderer der Minnesänger und des Kirchenwesens Ludwig I. erhält die Landgrafenwürde (1130) Ludwig III. erhält die sächsische Pfalzgrafenwürde (1180) Zwistigkeiten mit den Territorialfürsten und dem Mainzer Erzbischof kaiserliche Machtstreitigkeiten um Thüringen	Stammsitz: Schauenburg bei Friedrichroda Ludwig der Springer: Gründung der Wartburg (1080), des Klosters Reinhardsbrunn (1085) und der Neuenburg (1090) Bestätigung der Klostergründung Paulinzella (1106) Gotebold II. (Henneberger): Gründung des Prämonstratenserklosters Veßra (1131) Blütezeit der Wartburg (1131–1247) Bau des Benediktinerklosters Thalbürgel (1133–1200) romanische Basilika des Zisterzienserklosters Pforte (1135) Ludwig II.: Ausbau des Kyffhäusermassivs mit Pfalz und Burgen (1140–1172) Ausbau Altenburgs (1158) und Saalfelds (1180) durch Friedrich I. Barbarossa und Zerstörung Saalfelds durch Landgraf Hermann (1198) Bestätigung der Klostergründung Zella (1215) Liebfrauenkirche Arnstadt (ab 1220) kaiserliche Gründungen
1247	Wettiner Heinrich der Erlauchte von Meißen Versuch der Territorialherren, mit Hilfe der Habsburger die Vorherrschaft der Wettiner zu vereiteln	gotischer Bau der Severikirche in Erfurt (13./14. Jh.)
1310	Wettiner werden Landgrafen von Thüringen Mühlhausen und Nordhausen werden Reichsstädte	Bau der Marienkirche in Mühlhausen (14. Jh.) gotische Kirchenbauten im Eichsfeld (14. Jh.)
1342–46	Grafenfehde: Wettiner gewinnen Weimarer und Orlamünder Besitzungen, Gera und Weida Schwarzburg, Reuß und Henneberg bleiben eigenständige Grafschaften Erfurt und Eichsfeld in Abhängigkeit des Mainzer Bistums	Universitätsgründung in Erfurt (1392) Baubeginn des Schlosses Burgk (1403)

	Historische Ereignisse	Baudenkmäler
1485	Leipziger Teilung: der Norden der wettinischen Lande wird albertinisch, der Süden ernestinisch	gotischer Rathausbau in Neustadt/ Orla (1495–1520)
Anf. 16. Jh.	Bauernaufstände Reformation	Bau des Renaissanceschlosses in Großkochberg (15./16. Jh.) Bau des Schlosses Bertholdsburg bei Schleusingen (15./16. Jh.)
1546/47	Schmalkaldischer Krieg Ernestiner verlieren die Kurwürde, ihr Besitz wird auf das thüringische Gebiet beschränkt territoriale Zersplitterung, es entstehen zahlreiche kleine Herzogtümer	kaiserliche Bestätigung der Universitätsgründung in Jena (1557), Collegium Jenense Schloß Altenburg (seit 1530) Schloß Neideck in Arnstadt (seit 1553) Oberes und Unteres Schloß in Greiz (1564)
1618–48	Dreißigjähriger Krieg	Schloßneubau in Weimar (1618, erster großer Schloßbau im mitteldeutschen Raum nach italienischer und französischer Barockbewegung) Ausgestaltung der gotischen Bergkirche bei Schleiz zur Begräbnisstätte (1630–92)
1640–75	Ernst I. der Fromme: Herzog von Sachsen-Gotha Gotha wird calvinistisch geprägter Mittelpunkt Thüringens	Ernst der Fromme: Schloß Friedenstein in Gotha (1643–55; erster deutscher Schloßbau nach dem Dreißigjährigen Krieg) Schloß Saalfeld (1677–1720) Ausbau des Zisterzienserinnenklosters Beuren (1673–79)
1680/81	Aufteilung des Herzogtums Sachsen-Gotha	Schloßbauten, die z. T. nur kurz genutzt wurden: z. B. Schloß Eisenberg (1677–81) Herzog Bernhard I.: Schloß Elisabethenburg in Meiningen (1682)
Ende 17. Jh.	es bestehen 10 ernestinische, 9 reußische und 3 Schwarzburger Linien Erfurt, Eichsfeld: kurmainzisch Saalkreis: brandenburgisch albertinische Landesteile: kursächsisch	

	Historische Ereignisse	Baudenkmäler
18. Jh.	die thüringischen Kleinstaaten verharren in politischer Stagnation barocke Hofhaltung Rekatholisierung des Eichsfeldes	barocke Jagdanlage Rieseneck bei Kleinleutersdorf (1712–1830) Rokokoschloß Belvedere in Weimar (1724–32) Ausbau des Schlosses Heidecksburg (seit 1735) Vollendung des barocken Schloßbaus in Schwarzburg (1736) Bau des Rokokoschlosses Dornburg (1736) Schloß Eisenach (1741–44) barocke Kirchenbauten: z. B. Marienkirche in Suhl (1757–61)
1775–1828	Carl August Herzog von Weimar Aufstieg Weimars zur Klassikerstadt	Ilm-Park (1778)
Ende 18. Jh.	Einsetzen der industriellen Revolution	Textilfabriken in Gera, Greiz, Apolda, Happelshütte Schmalkalden
1803	Preußen erhält Erfurt, das Eichsfeld, Nordhausen und Mühlhausen	Bäderarchitektur in Bad Liebenstein und Bad Salzungen (seit 1800)
1806	die preußische Armee unterliegt Napoleon bei Jena	
1813	Befreiungskrieg	Erfurt erleidet große Schäden im Befreiungskrieg (1813)
1814/15	Wiener Kongreß: die albertinischen Landesteile gehen an Preußen	
18. 10. 1817	Wartburgfest	
1834	Beitritt der Kleinstaaten zum Deutschen Zollverein	Weimarer Großherzog Carl Alexander: Restauration der Wartburg (1838) erste Erfurter Gartenbauausstellung (1838)
1848	Verfassungskämpfe Reformen	Bau der Ferneisenbahnen Leipzig–Altenburg–Hof (seit 1842), Halle–Erfurt–Bebra (1846/47) Bau der Werratalbahn (1858)
1866	Beitritt der thüringischen Kleinstaaten zum Norddeutschen Bund	Bau des Landesmuseums in Weimar (1865/66)
1869	Gründung der Sozialdemokratischen Arbeiterpartei in Eisenach	
1875	Gründung der Sozialistischen Arbeiterpartei Deutschlands in Gotha	

	Historische Ereignisse	Baudenkmäler
		Saalfeld wird Eisenbahnknoten- punkt in Südthüringen (1885) Ernst Abbe gründet die Carl-Zeiss- Stiftung unter Einschluß der Schott- schen Glaswerke (1889)
1891	Parteitag der Sozialdemokrati- schen Partei in Erfurt	Kaiser-Wilhelm-Nationaldenkmal im Kyffhäuser (1891–96) erstes Wasserkraftwerk bei Ziegen- rück (1900) Nationaltheater in Weimar (1907)
1919	Weimarer Nationalversammlung	Walter Gropius gründet das Bauhaus in Weimar (1919)
1920	Gründung des Landes Thüringen durch Vereinigung der verblie- benen thüringischen Kleinstaaten (4 ernestinisch-sächsische Herzog- tümer, Fürstentümer Schwarzburg: Rudolstadt und Sondershausen, Reuß jüngere und ältere Linie), Hauptstadt: Weimar	Zeiss-Planetarium in Jena (1925/26) Bleilochtalsperre (1926–32)
1933	Verlust der Eigenstaatlichkeit	Hohenwartetalsperre (1936–42)
1939–45	Zweiter Weltkrieg	Nordhausen und Jena werden besonders schwer zerstört
1945	nach dem Zweiten Weltkrieg zunächst unter amerikanischer, dann unter sowjetischer Militärver- waltung	
seit 1949	zur DDR gehörig	Bildung der Nationalen Forschungs-
1952	Verwaltungsreform: Thüringen als Land wird aufgehoben und in die Bezirke Erfurt, Gera und Suhl geteilt	und Gedenkstätten der klassischen deutschen Literatur in Weimar (1954) Errichtung der Gedenkstätte Buchenwald (1954–58)
1990	Neubildung des Landes Thüringen im wieder vereinigten Deutschland	iga in Erfurt (seit 1961) Bau großer Wohnviertel und Stadt- kernerneuerungen (Suhl, Gera, Gotha, Arnstadt) Restaurierung historischer Altstädte (Mühlhausen, Schmalkalden, Erfurt, Weimar) sowie bedeutender Denk- mäler (Wartburg, Paulinzella, Tobiashammer Ohrdruf u. v. a.)

1 EISENACH Luther-Haus

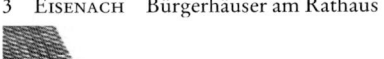

2 EISENACH Nikolaikirche und Stadttor

3 EISENACH Bürgerhäuser am Rathaus

4 EISENACH   Rathaus

6   EISENACH   Villenviertel ▷

5 EISENACH   Georgsbrunnen am Marktplatz

7 GOTHA Schloß Friedrichsthal

8 GOTHA Schloß Friedenstein

9 GOTHA Schloß Friedenstein, Thronsaal

10 GOTHA Schloß Friedenstein, Ekhof-Theater

12   GOTHA   Marktplatz mit Rathaus

11   GOTHA   Rathaus, Westfassade   13   SCHLOSS MOLSDORF   Festsaal ▷

14 ERFURT Severikirche, Taufstein

15 ERFURT Predigerkirche

16 ERFURT Severikirche, Szene aus der Severus-Legende am Severus-Sarkophag

17 ERFURT Marktplatz mit Rathaus

18 ERFURT ehem. kurmainzische Statthalterei

19 ERFURT Blick auf Dom und Severikirche

20 ERFURT Krämerbrücke

21 ERFURT Dom, Apostelportal am Triangel ▷

22 ERFURT Dom, romanische Madonna

23 ERFURT Dom, die klugen und törichten Jungfrauen am Triangelportal

Thüringens europäische Magistrale

Eine der großen europäischen West-Ost-Verbindungen verlief seit frühen mittelalterlichen Zeiten quer durch das Thüringer Land. An manchen Stellen identisch mit heutigen Verkehrsstraßen, bisweilen zu Nebenwegen abgesunken, zum Teil nur noch theoretisch rekonstruierbar, bildete die Hohe Straße, die *via regia,* eine der Hauptadern des Kultivierungs- und Handelsgeschehens. Mit Sicherheit hatte diese hochmittelalterliche Magistrale eine lange Tradition in vormittelalterlichen Wegen; im 19. Jh. und bis in unsere Tage ist sie dann immer wieder ausgebaut worden. Ihrer Richtung folgen – wenn auch den topographischen Gegebenheiten besser angepaßt – die Schienenstränge des vorigen und die Autobahnen unseres Jahrhunderts. Die Hohe Straße nahm in Strasbourg den bedeutenden Handelsweg von Rouen über Paris auf, sie führte durch das bischöfliche Mainz nach Frankfurt, über Fulda und Eisenach nach Erfurt. Hier schnitt sie sich mit den wichtigen mittelalterlichen Nord-Süd-Verbindungen zwischen Ostseeküste und Italien und kreuzte damit auch den späteren hanseatischen Handelsweg von Norden nach Nürnberg und Augsburg. Über Eckartsberga verlief sie zur Saale und weiter zum zweiten Kreuzungsplatz in Leipzig, um dann über Breslau, Krakau und Lemberg den Anschluß an das Zentrum des Reiches von Kiew zu finden. Noch vor Eisenach stießen Wege aus Gent und Köln hinzu, aus Leipzig und Breslau verzweigte sich der Hauptweg zu anderen bedeutenden Routen, die über Frankfurt an der Oder nach Danzig und weiter ins Baltikum verliefen, so wie die Nord-Süd-Verbindungen aus Erfurt und Leipzig über Nürnberg bis zum Balkan und nach Konstantinopel reichten.

Jenem Zug der Handelswege und ihrer im Verlauf der Jahrhunderte sich wandelnden Trassen folgten die weiträumigen Bauten der Teilhaber am Wegegeschehen: die kaiserlichen Warten, die Burgen der Adelsgeschlechter, die Städte. Die Straße mag nicht alleiniger Ursprung der Burgengründungen sein, mittelbar standen diese aber immer in Beziehung zu ihr. Für die Städte und Handelsniederlassungen dagegen war die *via regia* mit ihren Kreuzungen und Verzweigungen Keimzelle und Nährstrang zugleich. Die Brandenburg bei Lauchröden, die Wartburg, Mühlburg, Wachsenburg und Wandersleber Gleiche, die

◁ 24 ERFURT Dom, Chorgestühl

65

erste wehrhafte Klostergründung auf dem Erfurter Petersberg lange vor dem Bau der genannten Burgen, die Wasserburg Kapellendorf, Eckartsburg, Rudelsburg und Burg Saaleck, die Schönburg und die Neuenburg bei Naumburg sind im Zusammenhang mit dem mittelalterlichen Handelsweg zu sehen. Erfurt, Naumburg und Leipzig als frühe Handelsmetropolen – der Begriff Markt scheint uns ihren Rang nicht hoch genug anzudeuten – wie auch die Zentren geistlicher Macht stehen in direktem Bezug zu jener ›merkantilen Lebensader‹.

Die Wartburg

Kommt man von Norden her nach Eisenach, so bietet sich ein beeindruckender Anblick: Vor der Kulisse des Thüringer Waldes erhebt sich inmitten der städtisch besiedelten Hügel auf etwas zurückliegender Bergkuppe – nicht einmal auf der höchsten – die Wartburg (Farbabb. 10–12). Ihr zinnenbewehrter Bergfried ragt aus der Gebäudegruppe auf, als fordere er Macht über alles Umland. Eben solchen Anspruch erhebt die Wartburg in der Tat. Noch heute tritt der historische Sachverhalt deutlich hervor: Die Burg ist weniger Bestandteil der Stadt, als diese vielmehr der Burg ihr Entstehen und ihren Aufstieg verdankt. Die mittelalterliche Sage weiß zu berichten, Graf Ludwig der Springer aus dem Geschlecht der Ludowinger habe während einer Jagd mit zwölf Rittern in seiner Begleitung die Bergkuppe erklommen. Zum Zeichen der Inbesitznahme sollen sie ihre Schwerter in den Boden gerammt und den Entschluß ihres Herrn zum Bau einer Burg vernommen haben: »Wart' Berg, Du sollst mir eine Burg werden!« durchzieht seither als landesherrlicher Schwur alle Geschichten um die Burg, wenngleich die sagenhafte Gründung von 1067 durch keine Urkunde belegt ist. Der 1080 erstmals erwähnte Burgbau und die bauliche Situation bezeugen die Macht der im Aufstieg begriffenen Ludowinger. Da in die gleiche Zeit, zwischen 1062 und 1090, die Gründung der Neuenburg bei Freyburg ebenfalls durch Ludwig den Springer fällt, dürfte er mit beiden Burgen die Eckpunkte seines Herrschaftsgebietes markiert haben. Der frühe Verfall des Stammsitzes der Ludowinger, der Schauenburg bei Friedrichroda, von der nur geringe Reste verblieben, unterstreicht die Machtorientierung auf das weithin offene Gebiet zwischen Hörsel und Unstrut. Der Burgberg beim heutigen Eisenach bot zwei Vorteile: Von ihm aus vermochte man die unmittelbar an seinem Fuß entlangführende *via regia* einzusehen, während nordostwärts der Blick weit ins Hörsel-Tal reichte. Damit gewann die Wartburg eine Schlüsselposition am Hauptzugang des thüringischen Gebietes, das kolonisiert werden sollte. Nachdem das Geschlecht der Ludowinger 1131 mit der Landgrafenwürde belehnt und damit zur ersten bedeutenden Territorialmacht aufgestiegen war, erlangte die Warte Wartburg den Rang einer Residenz; sie blieb sicherer, nie eroberter Etappensitz. Die Neuenburg am östlichen Rand des ludowingischen Machtbereiches erfüllte dagegen eine wesentliche strategische Funktion; ent-

Die Wartburg, Holzstich ▷

66

sprechend wurde sie oft belagert, zerstört und erneuert oder erweitert. Allein der Größen-vergleich beider Landgrafenburgen unterstreicht ihren unterschiedlichen strategischen Rang.

Der Ausbau der Wartburg im Sinne einer prachtvollen Hofhaltung vollzog sich seit 1172 unter dem Landgrafen Ludwig III. und erhob sie unter Hermann I. seit 1190 nicht nur zu einem baulichen, sondern vor allem zu einem ersten geistig-künstlerischen Höhepunkt höfischer Kultur. Die Epoche mittelalterlicher ›Klassik‹ im deutschen Raum nahm unter anderem hier ihren Ausgang, befruchtet von der französischen Hochkultur der Gotik und einmündend in die Bildsprache der zweiten Hälfte des 13. Jh., welche in den Skulpturen des Naumburger Doms in einem unnachahmlichen idealisierten Realismus Gestaltung findet.

Unter dem Landgrafen Hermann I. wurden die beiden Burgen bei Eisenach und Frey-burg Zentren ritterlichen Kunstzeremoniells, von dem die Troubadoure der Provence liedhafte Kunde brachten. Der Minnesang, jene eigentümliche lyrische Mischung von spirituellen Idealen und weltlich-alltäglichen Erwägungen, fand sein erstes großes Forum auf den thüringischen Landgrafenburgen. Heinrich von Veldeke wird mit dem landgräfli-chen Hof in Verbindung gebracht, seine »Eneit«-Dichtung mag zu einem Teil hier entstan-den sein. Dann kam die Blütezeit des Minnesanges: Wolfram von Eschenbach lebte 1203 bei Hofe, verfaßte in dieser Zeit, zumindest abschnittweise, den »Parzival«, und Walther von der Vogelweide bestätigte jenes höfisch-›weltoffene‹ Geschehen des geistigen Lebens um den durchaus machtorientierten Landgraf: »Der lantgrave ist so gemuot, daz er mit stolzen helden sin habe vertout.« Der theatralisch-literarisch aufgearbeitete Sängerwett-streit auf der Wartburg, historisch durchaus wahrscheinlich, folgte dem klassischen Trou-badour-Ritus, wie er um die Mitte des 12. Jh. an schwäbischen und österreichischen Höfen gepflegt wurde.

Schwerer schon zu trennen sind Wirklichkeit und idealisierende Fabel um die Landgrä-fin Elisabeth, Tochter des ungarischen Königs Andreas II. 1211 kam sie als Kind auf die Wartburg, und hier wurde sie 1221 mit Ludwig IV., dem Sohn Hermanns I., vermählt – die Fresken der Wartburg beschreiben die Hochzeit bildhaft. Die Wartburg zeigte sich damit nicht nur als Zentrum höfisch-ritterlicher Kultur, die Thüringer Landgrafen knüpf-ten von hier aus auch machtpolitische Fäden zu den bedeutenden Herrscherhäusern des frühen 13. Jh. Erst 15jährig, gebar Elisabeth dem Landgrafen eine Tochter; danach wen-dete sie sich in religiösem Eifer vom glanzvollen Hofleben ab und widmete ihr tägliches Leben ganz den Elenden und Entrechteten. In der kreativen, höfisch-kulturbewußten Atmosphäre mutet dieses Engagement der von den Sängern Bewunderten überraschend an, und gewiß dürfte die Landgräfin eine der eigenwilligsten historischen Gestalten ihrer Zeit gewesen sein. Doch begannen ja eben in dieser Zeit die Unterschiede zwischen der Hofhaltung einerseits, dem sozialen Elend andererseits markant hervorzutreten. Elisabeth wurde zur Symbolgestalt karitativ-kirchlichen Strebens im 13. Jh. Der Landgraf selbst dürfte ihr und ihrer Frömmigkeit bei allem Rittergeist ergeben gewesen sein – immerhin begleitete er als einziger Reichsfürst 1227 den kaiserlichen Kreuzzug – und ließ dabei sein

68

Der Sängerkrieg auf der Wartburg, die sieben wettstreitenden Sänger. Miniatur aus der Manessischen Handschrift, um 1330, Faksimile

Leben. Wie wesensfremd dieses Engagement dem landgräflichen Hof eigentlich blieb, offenbart die alsbaldige Vertreibung Elisabeths von der Burg nach Marburg, wo sie 1231 starb und – in Zusammenhang mit dem kirchlichen Aufruf gegen die weltlich-sinnenfrohe Offenheit ritterlich-höfischen Lebens – nur vier Jahre danach heiliggesprochen wurde. Das Bündnis zwischen Kaiser und Kirche trat in der Anwesenheit Friedrichs II. bei Elisabeths Grablegung zutage.

In der ersten Blütezeit der Wartburg zwischen 1131 – der Erhebung der Ludowinger zu den rechtlichen Vertretern des Königs in Thüringen – und dem Tod Heinrich Raspes als letztem aus dem landgräflichen Geschlecht 1247 entstanden die steinernen Neubauten auf dem Berg. Der um 1170 begonnene Bau des **Palas** könnte bereits als Austragungsort für den sagenhaften Sängerkrieg 1206/07 gedient haben. Allein von seinem Umfang her zeigt das dreigeschossige Gebäude für die romanische Epoche nahezu kaiserlichen Charakter. Es steht den Saalbauten der staufischen Kaiserpfalzen ebenbürtig zur Seite. Der dekorative Reichtum unterstreicht noch solchen Anspruch. Seine Schöpfer waren Bauleute und Steinmetzen, die ihre Erfahrungen und ihr Können bei großen romanischen Bauvorhaben im

69

Rheinischen erworben hatten. Ihre Kenntnisse vermittelten sie weiter an die thüringischen Bauhütten. Auch die Naumburger Bau- und Bildhauertradition ging aus dieser französisch-rheinländisch geprägten Schule hervor. Einzelne höfische Ausstattungsgegenstände der Wartburg entstammen dem französischen Kunstraum. Man kann sie in den musealen Ausstellungen bewundern. Zum künstlerischen Umfeld der Burg gehörte wohl das ganze landgräfliche Gebiet. So findet man im heutigen ›Hessenhof‹ in Schmalkalden, dem einstigen Sitz des landgräflichen Vogtes, szenische Wandmalereien von 1227 zum »Iwein«-Epos Hartmanns von der Aue, die auf der Wartburg wiederholt wurden.

Bautechnische Untersuchungen im Zusammenhang mit der jüngsten denkmalpflegerischen Erneuerung der Wartburg bestätigten die Erbauung des Palas im letzten Drittel des 12. Jh.: Die Eichen, aus denen man die mächtigen Deckenbalken für den *Speisesaal* des Erdgeschosses fertigte, sind etwa 1168 geschlagen worden. Dieser Raum ist der älteste erhaltene Bauteil, die *Elisabeth-Kemenate* wie auch der *Rittersaal* ergänzten ihn später als gewölbte Räume. Das Hauptgeschoß nehmen das *Landgrafenzimmer* und der sogenannte *Sängersaal* ein. Um 1320 erfolgte der Einbau der *Burgkirche*, welche einen älteren Kapellenbau ersetzte. Ebenfalls der romanischen Zeit entstammen der **Südturm** und das **Torhaus** sowie die äußeren **Burgmauern**. Nachdem große Teile der Burg bei einem Feuer 1317/18 zerstört worden waren, stellte man das Torhaus in seiner alten Form wieder her, schloß ihm das **Ritterhaus** an und errichtete die **Vogtei** sowie den östlichen Wehrgang und sein westliches Pendant – **Elisabethen-** und **Margaretengang** genannt. Im Ritterhaus verblieb aus spätgotischer Zeit die Diele. In der Vogtei bildet die *Luther-Stube* einen besonderen Anziehungspunkt.

Mit dem Beginn der wettinischen Herrschaft wurde die Wartburg ein Vogtsitz. Sie rückte aus ihrer zentralen Lage an den Rand der nun sächsischen Lande und verfiel damit in relative Bedeutungslosigkeit. Am 4. Mai 1521 geriet sie unvermittelt in neues historisches Licht: Unter dem Schutzschild des sächsischen Kurfürsten fand der für vogelfrei erklärte Reformator Martin Luther auf dem Rückweg vom Wormser Reichstag Unterschlupf auf der Burg. Für ein knappes Jahr sollte sie nun Kernpunkt der Reformation werden, denn von ihr herab ließ Luther seine Schriften durch die kurfürstlichen Boten verbreiten. Im Jahre 1521 entstand wohl auch der legendäre Tintenfleck, von Besuchergenerationen in der Luther-Stube immer wieder als Erinnerungsmal millimeterweise abgetragen und von der geschäftstüchtigen Burgenleitung stets rasch erneuert. Die Geschichte um den Fleck mag mit der vom Reformator selbst erwähnten Vertreibung eines Hundes zusammenhängen, der sich in seiner Lagerstatt verkrochen hatte, herrenlos und von Luther als ein Teufel angesehen. Als Waffe gegen den Teufel verstand der Reformator mit Sicherheit die Tinte, mit der er seine Schriften verfaßte. Luthers Übertragung des Neuen Testamentes in die deftige Sprache seiner Zeit in nur drei Monaten erscheint als nahezu übermenschliche Leistung. Der Reformator schuf mit der Bibelübersetzung nicht nur die sinnfällige Grundlage für das Anliegen der Reformation, sondern auch den ersten zusammenhängenden Text für die Herausbildung einer einheitlichen deutschen Schriftsprache.

70

Wartburg und Reformation gelten seither als zusammengehörig. Die Burg wurde zum Ort des freien Wortes, zum Freiheitssymbol schlechthin, je nach Eigenverständnis der historischen Zeiten. Das galt ganz besonders für die Befreiungskriege am Beginn des 19. Jh. Drei Jahrhunderte nach Luthers Wittenberger Thesenverkündigung und wenige Jahre nach der Völkerschlacht bei Leipzig fanden sich am 18. Oktober 1817 Studenten der Universitäten von Jena und Leipzig und der norddeutschen Lande hier zusammen, um der allgemeinen Forderung nach Einigkeit und Freiheit in einem einzigen Vaterland Ausdruck zu verleihen. Die junge akademische Generation hatte während der Befreiungskriege beispielgebend vornangestanden – man vergleiche Ferdinand Hodlers berühmtes Bild vom Auszug der Jenenser Studenten in der Aula der dortigen Universität –, nun forderte sie ein, was von den deutschen Fürsten bisher nur Carl August von Weimar zugestanden hatte: eine Verfassung. Doch die revolutionäre Begeisterung schlug um in Haß: Der Mord am zwiespältigen Literaten August Kotzebue sollte eine revolutionäre Veränderung einlei-

Das Wartburgfest 1817

71

ten. Was er wirklich bewirkte, war die Rückkehr zur Despotie und das Ende der Burschenschaften. Mit dem Wartburgfest begann und endete zugleich die akademische Vorbereitung der bürgerlichen Revolution von 1848, wenn auch der Gedanke an die Einigkeit im Hambacher Fest 1832 noch einmal beschworen wurde.

Nahmen Johann Wolfgang von Goethe und der Weimarer Großherzog nur mehr als Beobachter Kenntnis vom nationalen Streben der »jungen Brauseköpfe« – wie der Dichter und Hofrat die Studenten nannte –, so bekannten sie sich doch mit ihrer Tat zur Wartburg als einem Symbol der Geschichte von Nation und Fürstenhaus: Auf Anraten des Dichters veranlaßte der Großherzog den Erhalt der Burg. Die eigentliche Restauration begann aber erst 1838 unter Carl Alexander. Sie brachte jenen romantischen Glanz, den wir auch heute noch bewundern können. Legende und Phantasie verbanden sich, um hier der Vorstellung vom einstigen Bauwerk und dem höfischen Geschehen Gestalt zu verleihen. Daß man in den idealisierten Bildern von Landgrafen und Sängern die Weimarer Hofgesellschaft sowie literarische und musische Zeitgrößen wiederfinden kann, lag durchaus im Selbstverständnis der Bauherren wie der Restauratoren Friedrich Wilhelm Sälzer und Hugo von Ritgen. Seither ist die Burg als historisches Zeugnis des vorigen Jahrhunderts unumstritten, in ihrer mittelalterlichen Authentizität indes nur vage annehmbar. Dem mittelalterlichen Zeitbild des 19. Jh. verleihen Moritz von Schwinds *Fresken* einen großartigen visuellen Ausdruck.

Seit den 50er Jahren wurden Restaurierungen und Erneuerungen systematisch unter Berücksichtigung des historischen Bestandes vorgenommen. Sie umfassen nicht nur die mittelalterlichen Bauten um Palas, Tor und Ritterhaus. Auch die architektonischen Ergänzungen aus dem vorigen Jahrhundert, **Dirnitz, Torhalle, Bergfried, ›Gadem‹, Neues Treppenhaus** und **Ritterbad,** verband man erneut mit den älteren Teilen. Das unter Heinrich Raspe wohl als letztes ludowingisches Bauteil enstandene *Obergeschoß des Palas* bleibt mit seiner Festsaalausstattung in gründerzeitlich prunkvoller Prägung des vorigen Jahrhunderts eines der beeindruckendsten Bilder aus der 900jährigen Burggeschichte – nicht nur als Gegensatz, sondern in Einheit mit der wiedergewonnenen romanischen Eindrücklichkeit der großartigen Erdgeschoßräume (Farbabb. 22). In anderen Gemächern der Burg – der Luther-Stube oder dem *Reformationszimmer* – beseitigte man bei der jüngeren Erneuerung hingegen die romantische Verklärung und kehrte zurück zur schlichten Interpretation des lutherzeitlichen Bildes. Die museale Ausstellung auf der Wartburg zeigt die Geschichte distanziert und sachbezogen, in bewußtem Gegensatz zu Fest- und Sängersaal, mosaikverzierter Elisabeth-Kemenate und phantasievoll gestaltetem Landgrafenzimmer. Zu den besonderen Kostbarkeiten der Sammlung auf der Wartburg zählen die mittelalterlich-sakralen Gegenstände und Kunstwerke, so ein Aquamanile aus dem 12. und ein mit Kupferemailarbeiten verziertes Reliquienkästchen aus dem 13. Jh., mittelalterliche Teppiche und Wirkarbeiten, Bildwerke und Möbel, Bildnisse des Reformators Martin Luther als Junker Jörg und seiner Eltern, geschaffen von Lucas Cranach d. Ä., Erstdrucke von Luther-Schriften und Reformationsflugblätter. Ebenso vermittelt die Sammlung zur Geschichte und Restaurierung mehr als nur museale Historie, sie ist ein Stück der Wartburg.

Wartburg. Im Vordergrund Palas, Bergfried und Neue Kemenate mit Luther-Erker, Elisabethengang und Torhaus; dahinter Südturm, ›Gadem‹, Dirnitz, Margarethengang, Vogtei mit Luther-Stube und Ritterhaus

Ist man nicht zur Burg hinaufgeklettert, sondern gefahren – die Autostraße von Eisenach führt in engen Kurven bis zur Eselstation unterhalb der Wartburg –, so gibt es von der Zugbrücke zwischen Burg und Schanze drei Wege zur Auswahl. Vorher wird der berühmte Blick auf die Ostflanke der Burg noch einmal frei. In imperial-romantisierendem Stil 1912–14 nach Plänen des Architekten Bodo Ebhard erbaut, schmiegt sich das Wartburg-Hotel wie ein zweiter Burghof unter die Nordflanke der Wartburg. Durch den Nesselgrund führen romantische Wege zu den Naturschönheiten südlich Eisenachs mit der **Drachenschlucht,** einem engen **Felstal,** der **Sängerwiese** und der **Eliashöhle.** Von der Eselstation geht es geradenwegs über die Bergkuppe nach Eisenach zum Marktplatz, während der dritte Abstieg durch Haintal verläuft, vorbei an den ergrabenen Resten des **Elisabeth-Hospitals.** Hier mag sich jenes legendäre Rosenwunder vollzogen haben, das seit dem Mittelalter mit der Wohltätigkeit der Landgräfin Elisabeth verbunden ist: Auf dem Weg zur Stadt – oder zu eben jenem von ihr begründeten Siechenhaus – soll sie dem Landgrafen begegnet sein mit einem Korb voll Fleisch, Eier und Fladen; nach dem Inhalt

73

des Korbes gefragt, hat sie geantwortet, es seien Rosen darin. So wurden »die stucke zu rosen, als er mit Ine begunde zu kosen«.

Eisenach

Der erste Eindruck von Eisenach ist der einer industrialisierten Villensiedlung in reizvoller Berglandschaft, einer Stadt, die in ihrer jüngeren Geschichte ›gute Jahre gesehen‹ hat. Der Zweite Weltkrieg und schwere Zeiten in seiner Folge hinterließen breite, noch immer sichtbare Spuren. Die Erneuerung Eisenachs verlief im Grunde nach den Prinzipien des vorigen Jahrhunderts, indem sich die Wohnsiedlungen in das städtische Umfeld verschoben und die altgewachsene Stadt gleichsam sich selbst überlassen blieb. Das ist keine Besonderheit Eisenachs, vielmehr begegnen wir hier am ersten Ort der Reise einer Grundauffassung von städtischem Bauen, die sich seit den frühen 50er Jahren in der DDR herausbildete. Sie ist gekennzeichnet durch eine industrialisierte Bauweise mit vorgefertigten Elementen, wobei entweder die vorhandene kleinteilige städtische Bebauung zerstört oder außerhalb der gewachsenen städtischen Strukturen völlig neu gebaut werden mußte. Dieses Prinzip hatte den Vorteil, daß man relativ rasch viele neue Wohnungen in kriegsbeschädigten Städten schaffen konnte – allerdings blieben dabei Kreativität und Ideenreichtum auf der Strecke. Wir glauben, diese Bemerkung voranstellen zu müssen, um die bauliche Situation in den größeren thüringischen Städten verständlich werden zu lassen. Bei mannigfaltigen denkmalpflegerischen Bemühungen konnten zwar viele historische Gebäude und wertvolle bauliche Ensembles in ihrem Bestand gesichert und restauriert werden, aber auch sie waren immer wieder vielfältigen Belastungen ausgesetzt. Der natürliche Prozeß des Absterbens alter baulicher Zellen in den Städten – ebenso in den Dörfern – und ihr Ersatz durch neue, die der Entwicklung der Gesellschaft Rechnung tragen, geriet so in Zwänge, welche dem alltäglichen Leben in den Gemeinwesen entgegenlaufen. Dies wiederum ist keine nur thüringische Erscheinung der letzten 40 Jahre. Alte Städte, historische Stadtkerne, innerstädtisch vernutzte Viertel veröden, erfüllen sie nicht mehr die in sie gesetzten Erwartungen. Nur ihre kontinuierliche Erneuerung, ihre Revitalisierung, erhält sie am Leben. Neues ist zu erkennen – in Eisenach und auch anderswo.

Der ›Empfangsbau‹ der Stadt ist der **Bahnhof.** Sein jetziges Gebäude – besser seine Gebäudegruppe, denn das Postamt ist ihm angegliedert – entstand 1904 in historisierendmonumentalem Stil. Die kräftigen Rustikaquader verweisen auf jene Zeit – denken wir an das Wartburg-Hotel! Wie in vielen Städten entwickelte sich auch in Eisenach mit dem Bau der Eisenbahn eine der typischen Bahnhofstraßen zwischen der Bahnstation und der historischen Stadt. Sie führt geradlinig auf die östliche Spitze des Dreiecks zu, welches den Grundriß des alten Eisenach bildet. Hier beginnt die mittelalterliche Stadt.

Eisenachs Anfänge liegen vermutlich in einem Marktplatz begründet, der im Zusammenhang mit einem Flußübergang über die Hörsel stand; auch kreuzten sich hier die Handelswege aus dem Thüringer Wald mit der *via regia*. Noch heute erkennt man im

Grundplan der Stadt den Süd-Nord-Verlauf der alten Märkte. Ursprünglich im Einflußgebiet der Klöster Fulda und Hersfeld gelegen, wuchs mit dem Aufstieg der Ludowinger deren Interesse an diesem Flecken immer mehr an. Als Thüringer Landgrafen forcierten sie den Ausbau der mittelalterlichen Stadt. So erschienen in der zweiten Hälfte des 12. Jh. die landgräflichen Zeichen auf Eisenacher Münzen, die Landgrafen betätigten sich als Klostergründer, und Hermann I. verlieh der Klosterkirche St. Nikolai durch die Gründung einer Priesterbruderschaft einen besonderen Status. Zwischen dem im Osten gelegenen Sonnabendmarkt mit der Nikolaikirche als beherrschendem geistlichen Zentrum und dem Mittwochsmarkt, der sich weiter westlich an die Berghänge fügte, entstanden Verbindungsgassen. Südlich schließt sich um den Frauenplan ein eigenes historisches Zentrum an, in dem eine Marienkirche stand. Man bringt das Gotteshaus in Verbindung mit dem Deutschen Orden, zu dem die Landgrafen eine besondere Beziehung hatten: Hermann I. war ihm verpflichtet, Heinrich Raspes Bruder Konrad der dritte Hochmeister. Man hätte hier also am südlichen Eckpunkt des Stadt-Dreiecks ein landgräfliches Machtzentrum innerhalb des sich entwickelnden Ortes zu suchen. Den westlichen Eckpunkt markierten der Hersfelder Hof, das Anna-Spital und der Hellgrefenhof. Letzteren bringt die Legende mit dem Geschehen um den Sängerwettstreit in Verbindung. Der Schiedsmeister Klingsor soll hier die Geburt der hl. Elisabeth vorhergesagt haben. Als historisch erwiesen können hingegen

Eisenach im 17. Jh., nach Merian

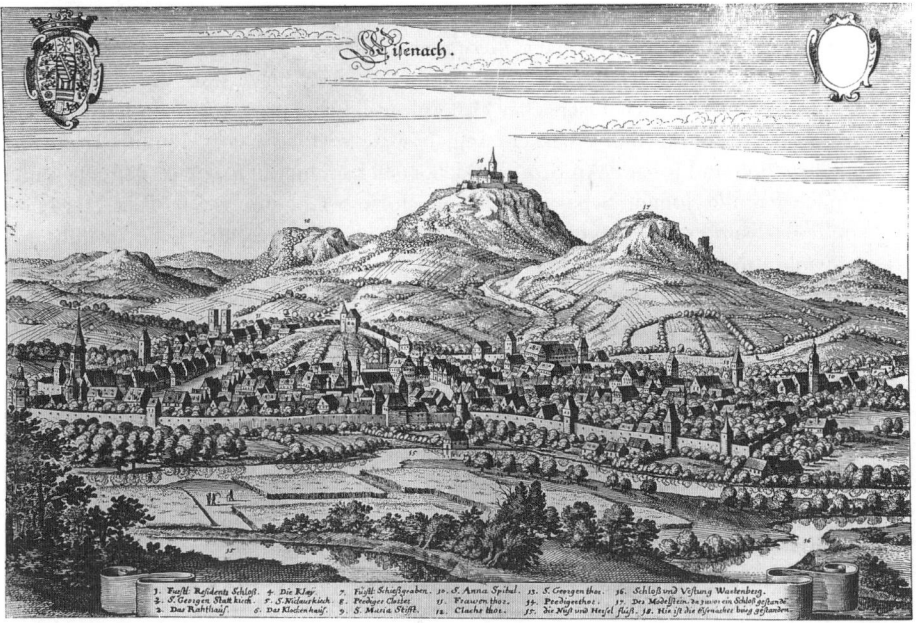

die Verbindungen zwischen Wartburg und Stadt, landgräflichen und städtischen Adelshöfen und ebenso ein Fortwirken der durch die Sagen bezeugten höfischen Kunst-Feste bis in städtische Bereiche gelten.

1265 wurde Eisenach wettinisch. Ausbau und Befestigung der Stadt erfolgten seit dem Ende des 13. Jh. Die landgräflich geförderte Marienkirche fiel den Festungswerken zum Opfer, von deren Torbauten sich der Turm bei St. Nikolai erhalten hat. Eisenach verlor seinen Rang, den es als *civitas Isenache* im landgräflichen Territorium innegehabt hatte. Im Schatten Frankfurts und Erfurts blieb es Durchgangsstation für den Handel. Fortschrittliche geistige Ideen fanden in der geistlich geprägten Stadt nur geringe Aufnahme, was den Ruf Eisenachs als besonders traditionellen Bildungsort förderte. Bis 1501 war der junge Martin Luther Schüler an der Lateinschule nahe der Georgenkirche und wohnte bei der Ratsfamilie Cotta im jetzigen Luther-Haus. Die Gegensätze zwischen der geistlichen Macht und dem städtischen Bürgertum müssen indes groß gewesen sein. Wie anders ist die Härte zu erklären, mit welcher der deutsche Bauernaufstand sich in Eisenach auswirkte. Die Klöster wurden angegriffen, die frommen Brüder vertrieben. Das Patriziat widersetzte sich dem Aufstand und ließ – im Angesicht des herannahenden Fürstenheeres – einige der Bauernführer auf dem Markt enthaupten. Jene Stelle markiert ein Kreuz im Straßenpflaster.

Die wettinischen Erbteilungen brachten der Stadt für anderthalb Jahrhunderte den Rang eines eigenständigen Herzogtums; zwischen 1596 und 1741 residierten hier die Herrscher von Sachsen-Eisenach. In diese Zeit fielen der Dreißigjährige Krieg und die großen Stadtbrände von 1617 und 1636; aber auch der Ausbau des spätgotischen Residenzhauses am Markt, die Erneuerungen von Rathaus, Georgenkirche und der Hospitalkirche St. Annen sowie die Restauration vieler Bürgerbauten fanden in jenen Tagen statt. Trotz aller Fährnisse konnte sich der Sachsen-Eisenacher Hof kulturell behaupten. Insbesondere die Hofkapelle genoß Förderung und Anerkennung. Für sie wirkten Georg Philipp Telemann, Johann Christoph und Johann Ambrosius Bach. 1685 kam hier in Eisenach der berühmteste der Bach-Familie, Johann Sebastian, als Sohn Johann Christophs zur Welt. Das Haus der Familie Bach am Frauenplan birgt eine musik- und familiengeschichtliche Sammlung.

Die Revolutionskriege des 18. und frühen 19. Jh., in denen Eisenach den napoleonischen Truppen als Etappenort diente, brachten der Stadt Verwüstungen. Der Hof – Eisenach gehörte nun zum Herzogtum Sachsen-Weimar – zeigte zwar Interesse an der Stadt, förderte Kunst und Wissenschaft und ließ die Wartburg erneuern, vermochte die Schäden jedoch nicht auszugleichen. Mit den Burschenschaften erwachte 1817 schließlich ein neuer Geist: In eben diese Jahre fällt der Beginn der industriellen Entwicklung in Eisenach. Mühlen, Färbereien, Spinnereien, Farbenfabrikation veränderten das Profil der Stadt. Der Ausbau einer neuen Verkehrsstraße durch den Thüringer Wald über die Hohe Sonne, neue Straßen ins Nordthüringische und Hessische, die 1847 fertiggestellte Eisenbahn und der Anschluß der Werrabahn 1858 ließen in Eisenach einen Verkehrsknotenpunkt entstehen. Schließlich brachte die Erweiterung der Ehrhardtschen Fahrzeugfabrik der Stadt eine ganz neue Industrie, von der sie noch heute zu einem beträchtlichen Teil lebt: den Automobilbau. Nördlich der Eisenbahn entstanden Wohngebiete für die Arbeiterschaft, und das Baugefüge der Siedlung weitete sich aus. Als vom 7. bis 9. August 1869 der Allgemeine Deutsche Sozialdemokratische Arbeiterkongreß in Eisenach tagte und unter August Bebels Leitung die Sozialdemokratische Arbeiterpartei gründete, gingen die Forderung nach »Errichtung eines freien Volksstaates ohne kapitalistische Produktionsweise« und der Ruf nach Abschaffung der Klassengesellschaft von hier aus durch viele Länder. Einer der beiden Tagungsorte der Eisenacher Arbeiterkonferenz, an dem man sich zunächst versammelte, ehe die Bebelianer das Lokal wechselten, das ehemalige Gasthaus ›Goldener Löwe‹, birgt heute die Gedenkstätte für das historische Ereignis der Geschichte der deutschen Arbeiterbewegung. Man baute dafür also kein so nationalstolzes **Denkmal,** wie es 1902 auf der **Göpelskuppe** östlich der Wartburg für das Burschenschaftstreffen von 1817 errichtet wurde: Den Entwurf für diesen figurengeschmückten turmartigen Säulenrundbau schuf Wilhelm Kreis, die Innenkuppel ziert ein Gemälde von Otto Gußmann.

Vor allem aber die Restaurierung der Wartburg befruchtete aufs neue das künstlerische und geistige Leben in Eisenach. So entstanden nicht nur für die inzwischen zahlreichen Fabrikanten und für das gehobene Bürgertum der Beamtenschaft die noblen Wohnhäuser und Villen an den Berghängen (Abb. 6). Was Moritz von Schwind, August Oetken, Hugo von Ritgen, Friedrich Wilhelm Sälzer auf der Burg künstlerisch initiierten, das wirkte auf städtisches Bauen und Gestalten zurück. Hubert Stier schuf die romanischen Architekturformen an den Überbauungen der Nikolaikirche und des sich anschließenden Tores, und zu Beginn unseres Jahrhunderts entstanden in Verbindung höfischer und neuer künstlerischer Tradition im Kartausgarten die Wandelhallen für ein Mineralbad. Auch die literarische Sammeltätigkeit Ludwig Bechsteins als herzoglicher Bibliothekar in Meiningen, Victor von Scheffels Briefwechsel mit dem Weimarer Großherzog Carl Alexander, vor allem Fritz Reuters letzte Lebensjahre in Eisenach hinterließen in der Stadt ihre Spuren. Unmittelbar am Weg zur Wartburg steht die **Reuter-Villa,** italienisierend in Klassik und Neorenaissancestil. Sie birgt heute das Museum für den niederdeutschen Schriftsteller, der hier 1874 starb. 1895 gelangte die in Wien angekaufte Richard-Wagner-Bibliothek in das Haus, die mit etwa 6000 Bänden nach der Bayreuther die wohl wichtigste Sammlung zum Leben und Werk des romantischen Komponisten darstellt.

Kehren wir jedoch – vorbei am Pavillon mit der Ausstellung des Eisenacher Automobilwerkes, welche alle hier seit dem Ende des vorigen Jahrhunderts hergestellten Fahrzeug-Typen enthält – in den historischen Stadtkern Eisenachs zurück. Am östlichen Eingangspunkt zur mittelalterlichen Stadt befindet sich zunächst die **Nikolaikirche:** Die romanische Basilika, als welche sich die Kirche nach der Erneuerung durch Hubert Stier 1867 und der Restaurierung von 1968 wieder zeigt, stellt den verbliebenen Bauteil des Benediktinerinnenklosters dar, welches hier im letzten Viertel des 12. Jh. errichtet wurde. Unverkennbar ist der rheinische Einfluß vor allem am – allerdings recht gründlich erneuerten – Achteckturm. Das Kircheninnere mit Stützenwechsel und Kapitellschmuck vermittelt ein ursprüngliches Bild. Besonders beachtenswert ist der spätgotische *Altar* aus dem Anfang des 16. Jh. mit einer Darstellung der Beweinung Christi. Das südlich anschließende **Niko-**

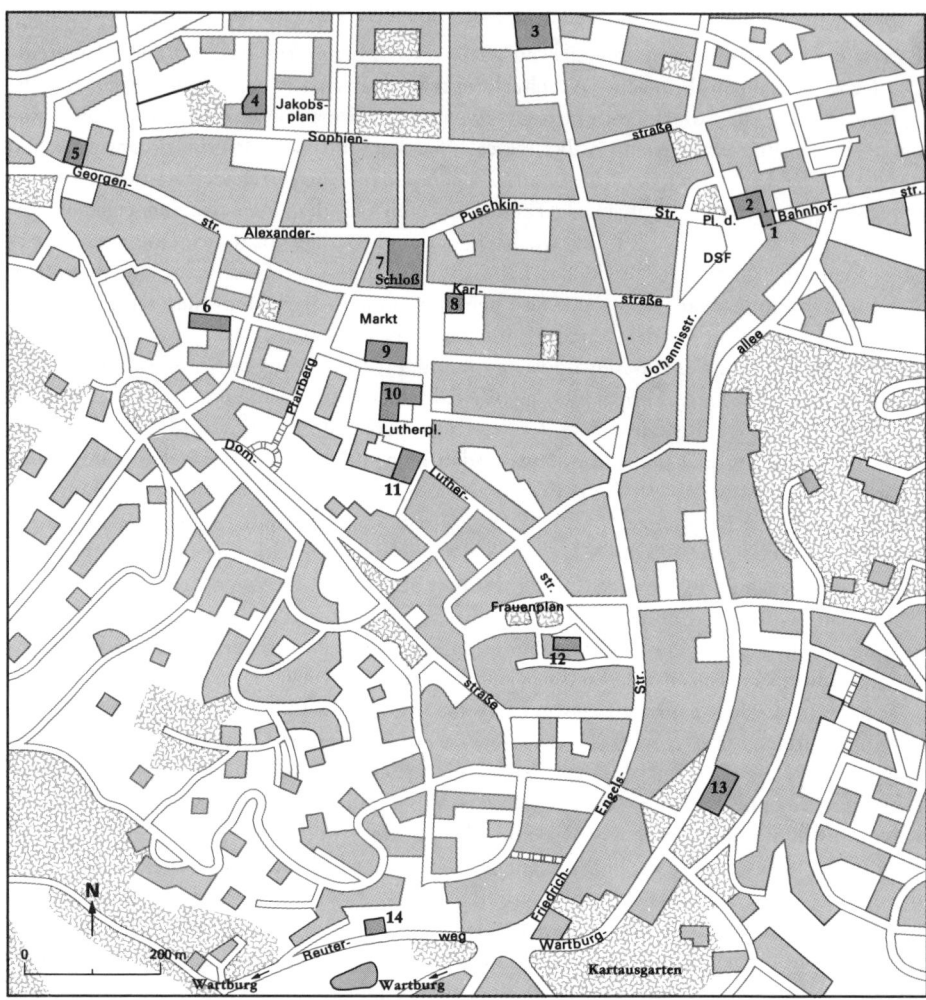

Eisenach 1 Nikolaitor 2 Nikolaikirche 3 Landestheater 4 Bechtolsheimsches Palais 5 Annenkapelle 6 Predigerkirche (Museum) 7 Stadtschloß (Thüringer Museum) 8 Rathaus 9 Georgenkirche 10 Alte Residenz 11 Luther-Haus (Luther-Museum) 12 Bach-Haus (Bach-Museum) 13 Ausstellungspavillon des Automobilwerkes Eisenach 14 Reuter-Villa (Reuter- und Wagner-Museum)

laitor dürfte etwa gleichzeitig mit dem Kirchenbau entstanden sein. In seiner wiederhergestellten Form vermittelt es noch vieles von der einstigen Bedeutung dieses Stadt- und Marktzuganges (Abb. 2). Die nun anschließende Fläche hat den dreieckigen Grundriß des ursprünglichen Sonnabendmarktes bewahrt. Daß die Bedeutung des Platzes, der heute der Deutsch-Sowjetischen Freundschaft gewidmet ist, nie ganz geschwunden war, verdeutlichen die umliegenden Hotel-, Geschäfts- und Bankenbauten des 19. und frühen 20. Jh. Zwei **Denkmäler** – das eine von Hugo Lederer für die im Ersten Weltkrieg gefallenen deutschen Ärzte, das andere von Adolf von Donndorf aus dem Jahre 1895 für Luther – unterstreichen noch die Raumgestaltung (Farbabb. 8). Die sieben westwärts verlaufenden Gassen erlebten in der Vergangenheit unterschiedliche Veränderungen. Wo sich der Autoverkehr seit einem dreiviertel Jahrhundert nicht Bahn brach, die Geschäfts- und Wohnhäuser seit der Beschädigung im Zweiten Weltkrieg nicht verändert und abgetragen worden sind, da spiegelt sich das historische Eisenach in den unterschiedlichsten Gebäudefassaden wider. Zwischen den verputzten Fachwerkhäusern des 18. und 19. Jh. rücken Geschäftsbauten ins Blickfeld, welche – wie das Kaufhaus Steppke in kubistisch-expressiven Architekturformen der Bauhauszeit, 1930 nach Plänen des Architekten A. Schmidt geschaffen – die neuen Gestaltungsprinzipien der 20er und frühen 30er Jahre in das Stadtbild einbrachten.

Der Marktplatz öffnet sich dem Betrachter als nahezu quadratischer Raum (Abb. 5). Seine Nordseite nimmt zu einem großen Teil das Schloßgebäude ein. Auf dem ansteigenden südlichen Areal dominiert die Georgenkirche, und neben ihr die an der Stelle des Landgrafenhofs im ausgehenden Mittelalter errichtete Gebäudegruppe der Alten Residenz. An der Ostseite des Platzes sind noch Kriegsschäden zu erkennen. Wiederhergestellt ist das im Vergleich zum Schloß bescheiden erscheinende **Rathaus** (Abb. 3, 4). Bis 1745 stand ein Magistratsgebäude nördlich der Georgenkirche auf dem Marktplatz; es wurde für den Neubau des Schlosses abgerissen. Das spätmittelalterliche Brothaus erfuhr nach dem Stadtbrand von 1636 eine Umgestaltung zum jetzigen, in Renaissanceformen gehaltenen viergeschossigen Ratsgebäude; dabei erhielt es auch den Turm, der sich mit dem breiten Erker verbindet. Die geschweifte Haube bildet ein wohl beabsichtigtes Pendant zum Treppenturm der Alten Residenz, welcher gleichfalls durch die Haube betont wird. Der Nordflügel der **Alten Residenz** entstand nach einem Stadtbrand neu, die Vorhangbogenfenster der Untergeschosse deuten noch die Bauformen des ursprünglichen Gebäudes an, welches Anfang des 16. Jh. unter Friedrich dem Weisen errichtet wurde.

1196 ist erstmals die **Georgenkirche** auf dem Marktplatz genannt. Sie stellt sich heute in ihrer Grundgestalt als gotische Hallenkirche dar, die ab 1515 aus dem älteren Kirchengebäude entstand. Bereits ein halbes Jahrhundert später erfolgten Umbauten, die sich durch das 17. und 18. Jh. fortsetzten, so daß die Gestalt des Gotteshauses heute durch die Architektursprachen von vier Jahrhunderten geprägt ist. Der barockisierende schlanke Turm von 1899–1902 markiert das Ende der Baugeschichte. Die Georgenkirche nahm immer einen besonderen Rang ein: Aus dem ehemaligen Kloster Reinhardsbrunn brachte man die Grabsteine der Thüringer Landgrafen hierher, auf der Rückkehr von Worms predigte Martin Luther, bereits unter Reichsacht stehend, in dieser Kirche. Johann Sebastian Bach wurde 1685 hier getauft. Als einer der ältesten protestantischen Predigträume ist sie heute evangelisch-lutherische Bischofskirche Thüringens. Seit der Restaurierung von 1978 zeigt

79

das Innere wieder die historisch gewachsene Farben- und Formenvielfalt: die reichverzierte *Kanzel* von 1676; im Chor, umgeben von den landgräflichen Grabplatten, die barocke *Kreuzigungsgruppe;* gleichfalls barock der *Orgelprospekt* von 1719 in dem hellen, von drei Emporengeschossen umzogenen Langraum.

Das **Schloß** – eher zurückhaltend als beherrschend an der unteren, nördlichen Platzseite gelegen – nimmt den Raum von sechs älteren Bürgerhäusern ein. In vier Jahren (1741–44) durch den Weimarer Hofbaumeister Gottfried Heinrich Krohne geschaffen, diente das barocke Gebäude nur acht Jahre als Residenz; nach dem Tode des Herzogs Ernst August im Jahre 1748 nahm es die Regierungs- und Amtsräume des Weimarer Hofes auf. Diese sind prachtvoll angelegt, insbesondere der *Rokoko-Festsaal* im Nordflügel. Im Deckenbild von Johann Leopold Deisinger findet man zusammen mit der Darstellung des Triumphs der Galathea die Fürsten verewigt. Die hufeisenförmige Gebäudegruppe birgt Sammlungen des Thüringer Museums; bemerkenswert ist die *Porzellanausstellung,* welche Thüringer Porzellan aus den Manufakturen des 18. und 19. Jh. sowie der heutigen Fertigung zeigt. Dabei handelt es sich um eine der umfangreichsten Expositionen zu diesem Thema. Thüringer Volkskunst, Kunsthandwerk und Bildkunst vom Barock bis in die Gegenwart bilden einen weiteren Ausstellungsteil.

In der mittelalterlichen **Predigerkirche** des Dominikanerklosters, einem frühgotischen Kirchenbau, der bereits auf die zweite Hälfte des 13. Jh. zurückgeht, befinden sich die *Regionale ur- und frühgeschichtliche Ausstellung* sowie die *Skulpturensammlung des Thüringer Museums.* Letztere enthält eine Vielzahl von Bildwerken aus dem 12.–16. Jh. Der Saalbau über der dreischiffigen Krypta erhielt seine jetzige Gestalt mit dem Umbau 1902, an seiner Südwand sind noch Teile der mittelalterlichen Klausur und des spätgotischen Kreuzganges erkennbar.

Südlich des Gotteshauses steht im begrünten Kirchhof die barocke **Kreuzkirche.** Dieser Zentralbau über kreuzförmigem Grundriß, zwischen 1692 und 1697 von Johann Müntzel errichtet, ist relativ bescheiden ausgestaltet. Er wurde 1829 durch den klassizistischen Bau der *Totenhalle* von dem Weimarer Oberbaudirektor Clemens Wenzeslaus Coudray ergänzt. An der Georgenstraße und dem westlichen Stadtzugang findet man die spätgotische **Hospitalkirche St. Annen,** in der ersten Hälfte des 17. Jh. umgebaut und erneuert.

Steigt man vom Markt zum Frauenplan hinauf, führt der Weg zunächst zum **Luther-Haus** (Abb. 1). Dieses spätgotische Fachwerkhaus, Wohnsitz der Familie Cotta, bei welcher der junge Lateinschüler Martin Luther sein Eisenacher Zuhause fand, wurde 1944 bei einem Bombenangriff zerstört. Danach wiederaufgebaut und 1966 originalgetreu restauriert, beherbergt es heute eine Ausstellung zum Aufenthalt des späteren Reformators, der zwischen 1498 und 1501 in Eisenach lebte; Exponate aus der Reformationszeit runden die Sammlung ab.

Die gewundene Lutherstraße – die ehemalige Schmelzergasse – führt weiter auf das **Geburtshaus Johann Sebastian Bachs** zu. Dieses schlichte, verputzte Fachwerkhaus erhielt seine Gestalt 1672–74; seine innere Raumgliederung ist an der unregelmäßigen Durchfensterung gut zu erkennen. In Richtung der südlichen Hangseite schließt sich der

80

Das Schloß in Eisenach, Stich von 1850

reizvoll begrünte *Hof* mit altem Ziehbrunnen und Figurenschmuck an. Eine Vorstellung von den Wohnverhältnissen zu Bachs Zeiten vermitteln die Innenräume, und viele Ausstellungsstücke dokumentieren Leben und Werk des großen Komponisten; seit dem Jahre 1906 pflegt die Neue Bachgesellschaft das Haus als Gedenk- und Studienstätte. Das *Bach-Denkmal* vor dem Gebäude schuf 1884 der Bildhauer Adolf von Donndorf; er war auch der Schöpfer des Reiterstandbildes Karl Augusts in Weimar.

Rings um Eisenach

Berka an der Werra, Oberellen, Marksuhl, Möhra und Wilhelmsthal besitzen von alters her enge Verbindungen zu Eisenach. Im Gasthof ›Zum Stern‹ in **Berka** nahm 1521 Martin Luther Quartier, als er von Worms kam. Im Grenzbereich zwischen Hessen und Thüringen gelegen, erlangte der Ort im 16. Jh. immer wieder als Verhandlungsplatz Bedeutung; schon früher befand sich hier ein landgräflicher Gerichtsstuhl. Die mittelalterliche Handelsstraße führte durch den Ort weiter nach **Oberellen,** das mit einem Heerlager Heinrichs IV. 1075 in Verbindung gebracht wird. Von hier aus erreichte der Handelsweg durch die waldige Berglandschaft Eisenach.

Marksuhl, im weiten Suhl-Tal gelegen, wird heute durch zwei historische Bauwerke geprägt: die in der Barockzeit erneuerte Kirche mit ihrem mächtigen gotischen Turm und das *Renaissanceschloß,* das als Vierflügelanlage in den Jahren 1587–91 erbaut wurde; als der Gebäudekomplex während des 18. Jh. nur noch Jagdaufenthalten diente, verfiel die Anlage rasch. In der ersten Hälfte des 17. Jh. erhielt das Erdgeschoß seine dekorative Ausgestaltung an Schloßtor und Fenstern. Aus der Mitte des 18. Jh. stammen die Ausstattungen der Räume, die gegenwärtig im Obergeschoß restauriert werden. In der *Barockkirche* konnte die Farbigkeit des Emporenraumes jüngst zurückgewonnen werden.

Im kleinen Ort **Möhra** steht dicht unterhalb der spätgotischen Chorturmkirche ein schlichtes Fachwerkhaus – einziges Relikt des ehemaligen *Erbhofes,* auf dem die Eltern Martin Luthers lebten. Den Dorfplatz mit der *Luther-Linde* und dem *Luther-Denkmal,* 1846 von Ferdinand Müller und Daniel Burgschmiet geschaffen, umgeben weitere prachtvolle Fachwerkbauten. In der reizvollen *Dorfkirche* ist der Emporenraum mit der 1793 illusionistisch bemalten Holzdecke sehenswert.

Höfischer Jagdleidenschaft verdankt **Wilhelmsthal** sein Entstehen. Die hier schon zu Beginn des 16. Jh. vorhandenen Jagdunterkünfte tragen seit 1699 den Namen Wilhelmsthal – nach Herzog Johann Wilhelm von Sachsen-Eisenach. Zu Beginn des 18. Jh. erweiterte man die Baulichkeiten, um dem Anspruch einer Sommerresidenz gerecht werden zu können. Weiträumige Terrassengärten und Tiergehege entstanden, das aus den Bergen herabfließende Eltewasser wurde zum großen See aufgestaut. Um die beschwerliche Zufahrt von Eisenach über Förtha abzukürzen, ließen die Landesherren über die 463 m aufragende Hohe Sonne einen direkten Weg anlegen. Seinem Verlauf folgt die heutige Straße. Ernst August von Weimar und sein Baumeister Gottfried Heinrich Krohne nahmen in den 40er Jahren des 18. Jh. eine durchgreifende Neugestaltung der *Schloßanlage* vor. Um die Jahrhundertwende entstand der Landschaftspark Wilhelmsthal. Aus diesem wiederum schuf 1853/54 der Weimarer Großherzog Carl Alexander gemeinsam mit Hermann Fürst von Pückler-Muskau nach dessen Vorstellungen einen *Naturpark,* in welchem der weltgewandte Pückler die gesamte Landschaft bis hin zur Wartburg einzubeziehen trachtete. Dieses in typisch pücklerschen Denkdimensionen angelegte Unternehmen blieb indes weitgehend unverwirklicht, wie seit 1918 mit der veränderten politischen Situation das Interesse an der gesamten Schloß- und Gartenanlage schwand. Wilhelmsthal wird heute als Jugendferienlager genutzt.

Die Fernstraße von Eisenach nach Gotha überquert am Ortsbeginn von **Wutha** die Eisenbahnstrecke. Dicht beim Bahnübergang steht ein Gedenkstein. Im Jahr 1806 hat an dieser Stelle ein mutiger Leutnant 4000 preußische Soldaten aus napoleonischer Gefangenschaft befreit. Weniger handfest, dafür romantisch verklärt sind die Geschichten um die *Hörselberge,* zu deren Füßen die Straße durch das Hörsel-Tal führt. Dem 436 m hohen Kleinen Hörselberg im Westen folgt mit 484 m Höhe der Große Hörselberg weiter östlich. Eigentlich handelt es sich um einen zerklüfteten Kalkfelskamm, steil zum Hörsel-Tal, dagegen sanft und waldbestanden nach Norden zu abfallend. Lange bevor Geologen und Biologen hier mit ihren Forschungen begannen, entdeckte die menschliche Phantasie in

Schloß und Park Wilhelmsthal, Stahlstich

den Klüften und Aushöhlungen der Kalkwände Plätze, an denen das Jesusbrünnlein entsprang, die Venushöhle den Raum für göttliche Erscheinungen abgab und die Tannhäuserhöhle mit dem sagenumwobenen historischen Geschehen auf der mittelalterlichen Landgrafenburg verbunden wurde. Von hier reicht der Blick weit in die Thüringer Bergwelt, und die im Kalkfels sich speichernde Sonnenwärme verleiht den Hörselbergen ihren eigenartig schönen und seltenen Pflanzenbewuchs. Was die Eisenbahnfahrt vom landschaftlichen Reiz noch spüren läßt, verliert sich bei der Reise über die zu schneller Durchfahrt verlockende Autobahn, die vor dem steilen Südhang auf- und abwärts führt.

Gotha

Die Geschichte bleibt in Gotha allenthalben gegenwärtig. Schon von weit her ist das sich hoch über die Stadt erhebende Schloß Friedenstein im sonst abgeflachten Land zu erkennen. Die mächtigen Kuben der turmartigen Eckbauten mit spitzer oder abgerundeter Überdachung, von Dachreitern bekrönt, strahlen Kraft und Entschlossenheit aus. Ihre

83

Umrisse sind geometrisch klar, ihre Architektur ist wie die des anschließenden Dreiflügel-
baues um den weiten Schloßhof einfach, sachlich, fast karg. Schloß Friedenstein wurde in
dieser Gestalt Symbol der Landes- und Staatsidee des Herzogs Ernst des Frommen, der
nach der Teilung des ernestinischen Landes 1640 den vom Dreißigjährigen Krieg stark
betroffenen gothaischen Teil übernahm. In Anspruch und Baugestalt sollte Friedenstein
den von neuem, fortschrittlichem absolutistischen Denken zu schaffenden Landesaufbau
versinnbildlichen. Obwohl es die Stelle der seit 1316 ›Grimmenstein‹ genannten mittelalterlichen Burg einnimmt, die 1530–41 zur Festung ausgebaut und schon kurz darauf, 1547,
zum Teil zerstört worden war, bezieht das frühbarocke Schloß die Stadt nicht in sein
Architekturgefüge ein. Die breitgestreckte Nordfront wächst wie ein gewaltiger Riegel vor
der Stadt empor, der sich im Vorfeld zu den Straßen- und Platzanlagen hin abstuft.
Hinwendung und Abschirmung zur Stadt, Mächtigkeit und Wehrhaftigkeit zum Land an
der Südseite sind die dominierenden Eindrücke. Die spätere Öffnung im weiten Park
bewahrt eine Idee der Renaissance und bezeichnet deren barocke Wandlung.

Gotha im 17. Jh., nach Merian, Zeichnung von Wilhelm Richter

Die mittelalterliche Altstadt um den langgestreckten Markt und die östlich anschließende Neustadt blieben lange ein in sich geschlossener Organismus, ehe mit dem 18. und 19. Jh. die städtische und industrielle Ausweitung Schloßhügel und Park mit einbezogen.

Gothas geschriebene Geschichte beginnt 775 mit der ersten Erwähnung der Stadt in einer Schenkungsurkunde Karls des Großen. Jedoch war der Platz schon seit vorgeschichtlicher Zeit Siedlungsgebiet, wie zahlreiche Funde aus bronzezeitlichen und steinzeitlichen Epochen belegen. Zeugnisse keltischer und römischer Kultur bestätigen die Kontinuität der Besiedelung in diesem Raum. Die thüringisch-ludowingischen Grafen dürften von der Schauenburg und später der Wartburg aus den Burghügel von Gotha bereits befestigt haben, obgleich die Burg erst 1217 mit dem Tod des Landgrafen Hermann I. erwähnt ist. Unmittelbar an der Hohen Straße, der *via regia* gelegen, entwickelte sich wohl gleichzeitig mit der Burg ein Handelsplatz. Er könnte sogar schon früher bestanden haben, wie ein Münzenfund an der einstigen Jüdengasse vermuten läßt. Damit erscheint der Brühl – der schmale Straßenzug zwischen mittelalterlichem Kreuztor und Markt – als die städtische

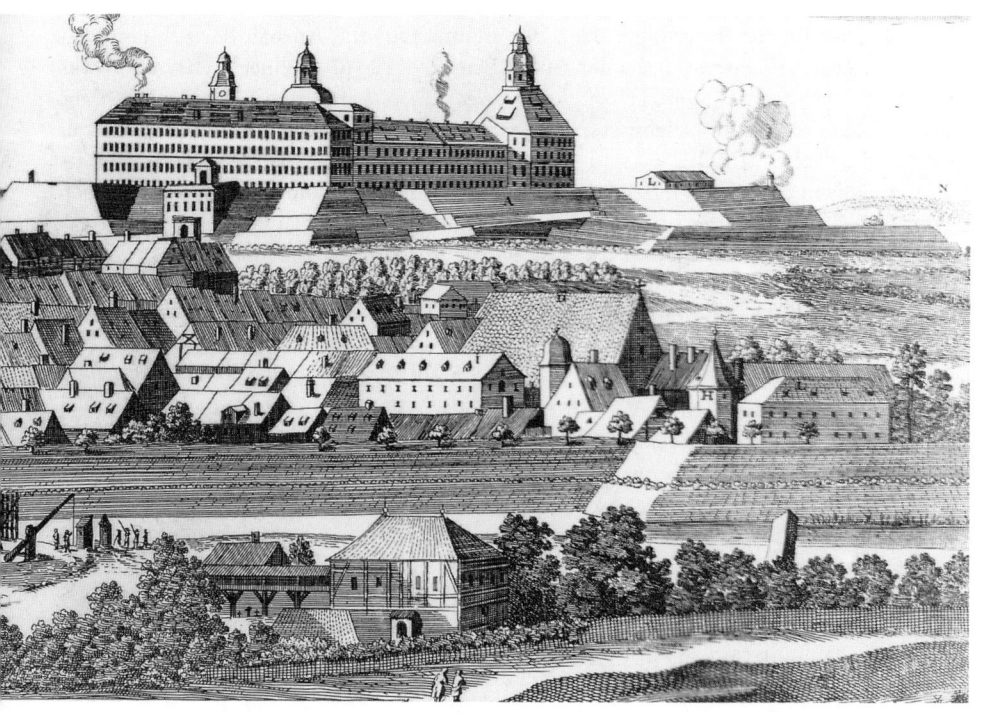

Kernzelle. Die regelmäßig rechtwinkelig verlaufenden Gassen zeichnen die Stadt als planmäßig angelegte Siedlung des Mittelalters aus. Dabei wird die enge Beziehung von Burg und Marktflecken sichtbar: Der erste Handelsplatz war von rechteckiger Gestalt und umschloß eine Jacobskapelle, die nördlich des jetzigen Rathauses stand. An der Ostseite dieses Marktes und der Ecke zur Erfurter Gasse befand sich auch ein erster Ratssitz. Von dem südlich gelegenen Handels- und Kaufhaus aus – identisch mit dem heutigen Rathaus – zog sich der Platz bis unter die Burg hin. 1369 ließ der Landgraf Balthasar einen Kanal in die wasserarme Stadt legen, um aus Georgenthal am Thüringer Wald Wasser hierher zu leiten. Mit dem Bau dieses ersten Bewässerungssystems war am oberen Teil des Platzes die Bergmühle erforderlich geworden. Das frühe technische Wunderwerk des Leinakanals versorgte Gotha noch bis zum vorigen Jahrhundert; an die Stelle der Bergmühle trat später die Wasserkunst.

Nachdem die Pläne durch die Baumeister Rudolphi und Vogel, Teiner, Richter und Staude ausgearbeitet worden waren, begann Ernst der Fromme 1643 mit dem Bau des **Schlosses Friedenstein**. 1655 stand die dreiflügelige Anlage mit dem viergeschossigen Nordflügel, den dreigeschossigen Seitenflügeln und dem flachen Verbindungsbau an der Zufahrt zwischen beiden Ecktürmen. Nach einem Brand im Jahre 1648 erhielt der östliche Turm seine neue, heutige Dachgestalt, der westliche blieb in ursprünglicher Form erhalten. Die Bogengalerie rings um den Innenhof lockert die massige frühbarocke Architektur auf. Zu Beginn des 18. Jh. erfolgte dann der architektonische Ausbau der Schloßumgebung: Zunächst ließ Friedrich II., der Enkel Ernsts, 1708–10 in einer Achse des Parks östlich des Schlosses das *Sommerschlößchen Friedrichsthal* errichten (Abb. 7). Der Baumeister Wolf Zorn von Plobsheim gestaltete es zur zweigeschossigen Dreiflügelanlage mit pilastergegliedertem Mittelrisalit und seitlichen Pavillonbauten aus. Westlich am Rande der regelmäßigen barocken Gartenanlage errichtete Gottfried Heinrich Krohne zwischen 1747 und 1767 die *Orangerie;* die Orangenbäume zierten den sogenannten Ordonnanzgarten. Die so geschaffene barocke Parkachse wuchs im vorigen Jahrhundert zu, und eine künstlich angelegte Grotte wurde beseitigt. Mit dem Bau der **Bahnhofstraße** nach 1847, die als neue städtische Repräsentationsachse unmittelbar am Schloß Friedrichsthal die Achse des 18. Jh. durchschnitt, ging die barocke Struktur fast völlig verloren, und es entstand eine veränderte städtebauliche Situation. An die Ränder der neuen Straße rückten vom Bahnhof aus Hotel- und Verwaltungs- sowie höfische Zweckbauten: Bedeutend unter diesen sind aufgrund ihrer architektonischen Gestaltung zum einen die repräsentativen Monumentalbauten der Gothaer *Feuerversicherungsbank* im Neorenaissancestil, 1874 vom Architekten Ludwig Franz Karl Bohnstedt entworfen und heute Fachschule für Finanzen, zum anderen der Hochrenaissance- und Barockformen aufnehmende Prachtbau der *Lebensversicherungsbank*, 1894 vom Architekten Bruno Heinrich Eelbo gestaltet, heute Sitz der Staatlichen Versicherung. Direkt an die barocke Gartenlandschaft anschließend, flankieren die mittelalterliche Neustadt das *Bankenhaus* von 1865 sowie die *Postgebäude* von 1889 und 1917, die gleichfalls den Repräsentationscharakter der neuen Bahnhofstraße kennzeichnen.

Hier, wo einst das Siebleber und das Erfurter Tor in die Stadt hineinführten, zeigt sich der Verfall einer durch Jahrhunderte bestehengebliebenen, seit dem 18. Jh. gleichsam hinter aufwendigen Neubauten verborgenen **Altstadt.** Die rings um die Stadt angelegte breite Verkehrs- und Neubauschneise entlastet zwar seit einigen Jahren den innerstädtischen Raum vom Autoverkehr. Unverkennbar sind aber gerade hier auch die Mängel, welche aus der Trennung der Altstadt von den neuen großen Wohnvierteln erwachsen, die während der 70er und 80er Jahre entstanden sind. Mehr noch als im vorigen Jahrhundert ist so in jüngster Zeit das ›Herz‹ Gothas in eine Insellage geraten. Kriegsschäden und natürlicher Verschleiß der Bauten waren Ursache großflächiger Abrisse in der Altstadt und damit umfangreicher Veränderungen rings um den Hauptmarkt und den Neumarkt. Die historische Raumaufteilung blieb zwar erhalten, an der nordwestlichen Stadtseite schließen sich aber ganz neue Häuserkomplexe, blockartige, nahezu reine Wohnviertel, an. Und in der nordöstlichen Neustadt wird ebenfalls für solche bereits Raum geschaffen. Damit konzentriert sich das innerstädtische Leben auf die schon mittelalterlichen Hauptstraßenzüge der einstigen großen Sundhäuser und der Großen und Kleinen Erfurter Gasse: auf Hauptmarkt und Neumarkt.

Hier nun finden wir unterhalb des Schlosses allerdings sehenswerte historische Gebäude. Mitten auf dem langgestreckten, zum Schloß ansteigenden Marktplatz steht das **Rathaus** (Abb. 11, 12). Es entstand zwischen 1567 und 1574 an der Stelle eines älteren Kaufhauses, das bei den kriegerischen Auseinandersetzungen der kurfürstlich-sächsischen Truppen mit dem Regiment Johann Friedrichs des Mittleren zu Schaden gekommen war. Als Ernst I. 1640 in Gotha einzog, um seinen neuen Landesteil von hier aus zu regieren, mußte er seinen Hofstaat zunächst in dem Kaufhausgebäude unterbringen. Denn sowohl die Burg Grimmenstein wie auch die Stadt waren in einem schlechten Zustand. Dazu hatte nicht zuletzt der Brand von 1639 beigetragen. Nach dem Umzug des Hofs in das neu erbaute Schloß nahm 1665 der Rat Besitz von dem Kaufhaus und zog aus seinem alten Sitz an der Marktecke dorthin um. Allerdings blieb in dem Gebäude aus jener Zeit nur wenig erhalten. Im 19. Jh. erfuhr der langgestreckte Bau samt Turm mit steinerner Kuppel und barocker Laterne eine gründliche Renovierung. Die Nordfassade mit dem reichen Giebel und prächtigem Portal ist gleichfalls durchgreifend erneuert worden. Den Platz ziert ein barocker **Schalenbrunnen** von 1725. Aus dem 19. Jh. stammt die kunstvolle Fassung des **Leinakanals** am oberen Hauptmarkt, die seither die alte Pumpmühle ersetzt. Von hier aus wurde das Wasser mit Hilfe eines Röhrensystems in die städtischen Hauptstraßen verteilt.

An der ältesten Hauptgasse der Altstadt, dem Brühl, befindet sich eine Reihe historischer Gebäude. Wie die nahe Jüdengasse dürfte auch der Brühl als Handelsplatz von Bedeutung gewesen sein. Das **Haus ›Zum König Salomon‹** ist das einzige noch aus dem späten Mittelalter stammende Wohngebäude in Gotha. 1580 errichtet, zeichnet es sich durch den reliefgeschmückten *Erker* aus. Schräg gegenüber steht der Barockbau des **Maria-Magdalenen-Hospitals** von 1716–19. Die Geschichte verzeichnet die Landgräfin Elisabeth 1223 als Gründerin. Bemerkenswert ist hier neben dem portal- und giebelgeschmückten Mittelrisalit auch die *Kapelle* mit ihrem Turm, die als protestantische Predigtkirche eingerichtet wurde. Ebenfalls auf das 13. Jh. geht der Bau des **Augustinerklosters** im südwestlichen Teil der Altstadt zurück. Ab 1216 ließen es Zisterzienserinnen errichten, die im 14. Jh. hinzugefügten Klostergebäude wurden später verändert. Die *Kirche* erhielt schließlich 1676–80 ihre heute noch bestehende barocke Innengestalt mit Emporen und Kassettendecke, Fürstenloge und Kanzel. Luther predigte ab 1515 mehrfach in der alten Augustinerkirche.

Zurück zum Hauptmarkt, den schöne Bürgerbauten des 16.–18. Jh. umgeben. Wie in Erfurt bestimmte auch in Gotha der Handel mit dem Blaufärbemittel Waid seit dem Mittelalter das merkantile Leben – das alte **Waidhaus** an der Ecke zum Brühl zeigt noch die Renaissanceformen von 1577. Am oberen Hauptmarkt blieben das Ständehaus aus dem 16. Jh. und das **Lucas-Cranach-Haus** als herausragende Baudenkmäler erhalten. Das Cranach-Haus, im 18. Jh. ausgebaut, zeigt am *Portal* des ursprünglichen Hausteils die gefiederte Schlange, das Familienzeichen der Cranachs.

Durch die schmale Marktstraße – die einst Kleine Erfurter Gasse hieß – gelangt man nach Überschreiten der Querstraße in die mittelalterliche **Neustadt.** Ihr Zentrum bildet der west-ostwärts gestreckte *Neumarkt/Arnoldiplatz.* Große Teile seiner Umbauung sind nach Kriegsschäden Ende der 60er Jahre neu geschaffen worden und lassen mit ihren langen Fassadenabläufen den Platz gestreckt erscheinen. Gleichsam in historischem Gegenlauf ragt der spätgotische Turm der **Margarethenkirche** steil empor, und in der Tat war er mit 65 m das höchste Bauwerk der alten Stadt. Bei dem barocken Aus- und Umbau der spätgotischen Hallenkirche 1652 und 1725–27 erhielt der Turm Umgang und Haube. Wie große Abschnitte dieses Stadtteils wurde auch das Kirchenschiff im Zweiten Weltkrieg beschädigt. Seit 1952 ist es vereinfacht wiederhergestellt und im Inneren neu gestaltet worden. Zwischen den Häusern aus dem 18. und 19. Jh. in der ostwärts anschließenden Erfurter Straße fällt ein Gebäude durch seine expressive Gestaltung auf; Bruno Tamme errichtete dieses Bauwerk 1928 als **Kaufhaus.** Seine asymmetrische, einseitig abgerundete Fassade ist durch langgestreckte Fensterflächen sowie vertikale kubische Architekturelemente gegliedert. Verwandt mit gleichzeitigen Eisenacher und Erfurter Geschäftsbauten stellt das Haus ein Zeugnis jener ›Moderne‹ der ausgehenden 20er Jahre dar.

Wir haben damit architektonisch drei Jahrhunderte jüngerer Gothaer Geschichte betrachtet. In den Prachtbauten der Gründerzeit veranschaulichen sich die erfolgreichen Innovationen, welche in Gotha von Ernst Wilhelm Arnoldi mit der Bildung seiner Feuerversicherungsbank 1821 und der Lebensversicherungsbank 1827 getragen wurden. Ordnet man hier auch den Verlag Justus Perthes zu, so darf der Hinweis nicht fehlen, daß Gotha seit dem 18. Jh. durch seinen Hof eng mit aufklärerischen Geistern vertraut war. Voltaire weilte hier 1753 zu Gast, man schätzte ebenso Diderot, und die Schriften dieser Männer erschienen bei einem Gothaer Verleger. 1849 hatte in der Stadt im Anschluß an die Frankfurter Nationalversammlung das Gothaer Nachparlament getagt, freilich ohne nun noch Revolutionäres zu bewerkstelligen. 1875 rückte Gotha erneut in historisches Licht, diesmal jedoch in anderer, neuer Position: In den Kaltwasserschen Sälen, dem späteren **Tivoli,** hatten sich im Mai die Deputierten der Sozialdemokratischen Arbeiterpartei – der soge-

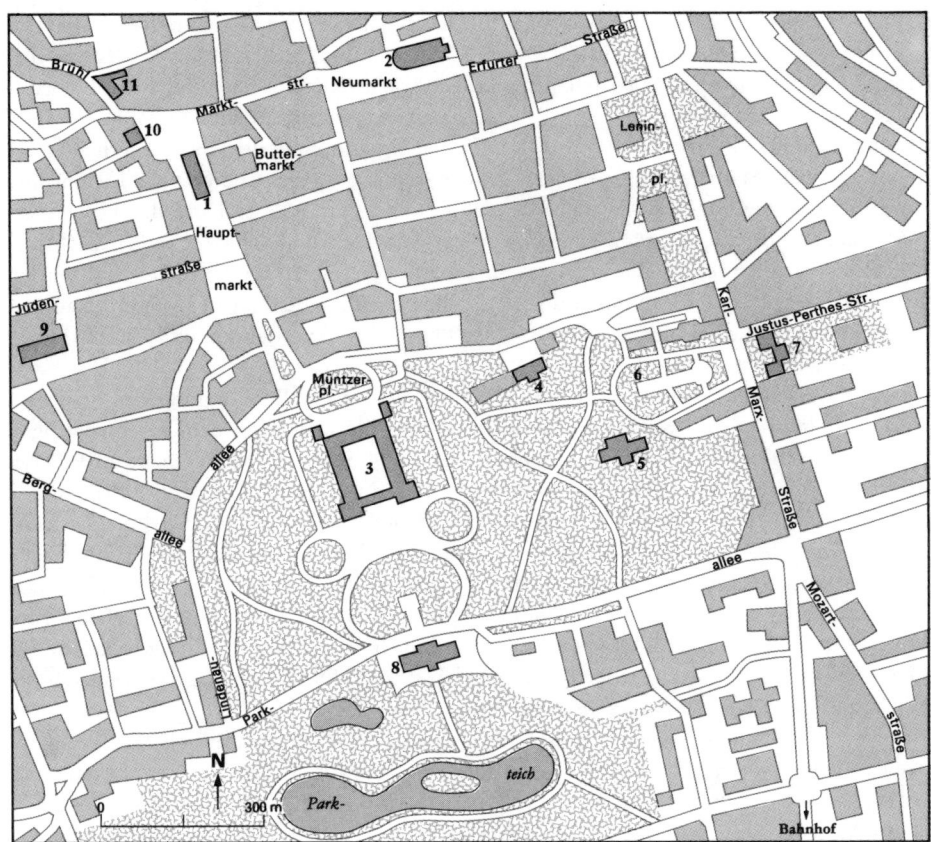

Gotha 1 Rathaus 2 Margarethenkirche 3 Schloß Friedenstein 4 Alte Münze 5 Teeschlößchen 6 Orangerie 7 Schloß Friedrichsthal 8 Museum der Natur 9 Augustinerkloster 10 Waidhaus 11 Maria-Magdalenen-Hospital

nannten ›Eisenacher‹ – und die des Allgemeinen Deutschen Arbeitervereins – der ›Lassalleaner‹ – zusammengefunden, um die Sozialistische Deutsche Arbeiterpartei zu bilden. Im Tivoli ist hinter den unscheinbaren Mauern des Saalgebäudes der Tagungsraum in Gestalt und Ausstattung von 1875 wiederhergestellt. Die hier eingerichtete Gedenkstätte läßt die Zusammenhänge jenes Geschichtsabschnittes der deutschen Arbeiterbewegung in den drei thüringischen Städten Eisenach, Gotha und Erfurt lebendig werden. Zur selben Zeit entwickelten sich auch die ersten Werkstätten zur Waggonfertigung in Gotha, welche bis zur Jahrhundertwende schon zu einem leistungsfähigen Unternehmen herangewachsen waren.

89

In eben den 70er Jahren des vorigen Jahrhunderts entstand das **Museum der Natur**. Das von Franz Ritter von Neumann entworfene Neorenaissancegebäude mit Eckbauten und flacher Kuppel über dem Mittelteil nimmt die Achse, die aus der Stadt zum Schloß hinaufführt, jenseits des großen Hofgevierts erneut auf, um sie nun durch die Parklandschaft hinab fortzusetzen. Eine aus der topographischen Situation und dem mittelalterlich Überkommenen der Stadtstruktur im Barock nur mittelbar aufgegriffene Idee fand damit ihre eigentliche Steigerung. 1879 war das Museum vollendet. 1806–11 hatte der Hofgärtner Wehmeyer schon die barocke Querachse zwischen Schloß und Schlößchen Friedrichsthal aufgehoben, indem er an den Hängen des Schloßhügels einen weiten Landschaftsgarten gestaltete. Der Bau der Bahnhofstraße schließlich ergänzte den neuen Kommunikationsraum zwischen Stadt und Eisenbahn in Form der großen Architektur- und Verkehrsachse parallel der Parklandschaft des 19. Jh.

Ein Besuch Gothas wäre indes unvollständig, bliebe die Besichtigung des **Schlosses Friedenstein** aus (Abb. 8). Dieser erste deutsche Schloßbau nach dem Dreißigjährigen Krieg, der sich von außen in seiner Gestalt ein wenig reserviert zeigt, steckt im Inneren voller Überraschungen. Seine Ausstattung stammt jedoch nicht mehr aus der Erbauungszeit vor 1655, denn die Residenz forderte – gerade im Bewußtsein um die sinkende Kraft und Macht – stets deutliche Repräsentation. So reicht die Formensprache der Raumfluchten vom Barock über Rokoko bis hin zu gediegenem Klassizismus. Der große *Thronsaal* verdankt seinen Formenreichtum den 90er Jahren des 17. Jh. (Abb. 9). Etwa gleichzeitig erhielt die *Schloßkirche* die doppelte Empore und die reich bemalte Stuckdecke. In der *Gruft* stehen die Prunksärge der gothaischen Herzöge. Die Räume bergen zugleich die Schätze des Gothaer *Schloßmuseums* mit seiner Kunstsammlung, die aus der 1647 eingerichteten herzoglichen Kunstkammer hervorging. Deutsche spätmittelalterliche Bildkunst, niederländische Malerei des 17. Jh., aber auch antike Kunstwerke, ägyptische und ostasiatische Kunst findet man hier; und die Münzsammlung ist eine der größten in deutschen Museen. Das erste Schloß nach dem Dreißigjährigen Krieg besitzt außerdem das Primat, auch das erste ständige deutsche *Hoftheater* zu bergen (Abb. 10). Dieses liegt im Westturm des Schlosses und trägt den Namen Conrad Ekhofs, welcher nach Friederike Caroline Neuber, genannt die Neuberin, als einer der Begründer deutscher Theaterkunst gelten darf. Ekhof wirkte nicht nur als brillanter Darsteller der Theatergestalten Molières, Diderots und Lessings, er leistete auch Entscheidendes für die ersten sozialen Sicherungen von Schauspielern und Theaterleuten und war selbst literarisch tätig. In Weimar hatte er mit der Seylerschen Truppe aus Hamburg erste feste Theaterprogramme geboten, bevor er 1774 nach Gotha kam. ›Sein‹ Gothaer Theater ist mit der historischen Technik erhalten geblieben. Durch die denkmalpflegerische Restaurierung konnte der Zuschauerraum wieder in den ursprünglichen Zustand versetzt werden. In diesem historischen Rahmen zählen Theateraufführungen der Klassiker zu den meistbegehrten Veranstaltungen im Schloß. Gleichfalls auf das 17. Jh. geht die Gründung der naturkundlichen Sammlung in Gotha zurück. Sie ist in Verbindung mit Herzog Ernsts Aufgeschlossenheit für die Naturzusammenhänge und seiner Förderung des Schulwesens zu sehen. In gleichem Sinne erfolgten

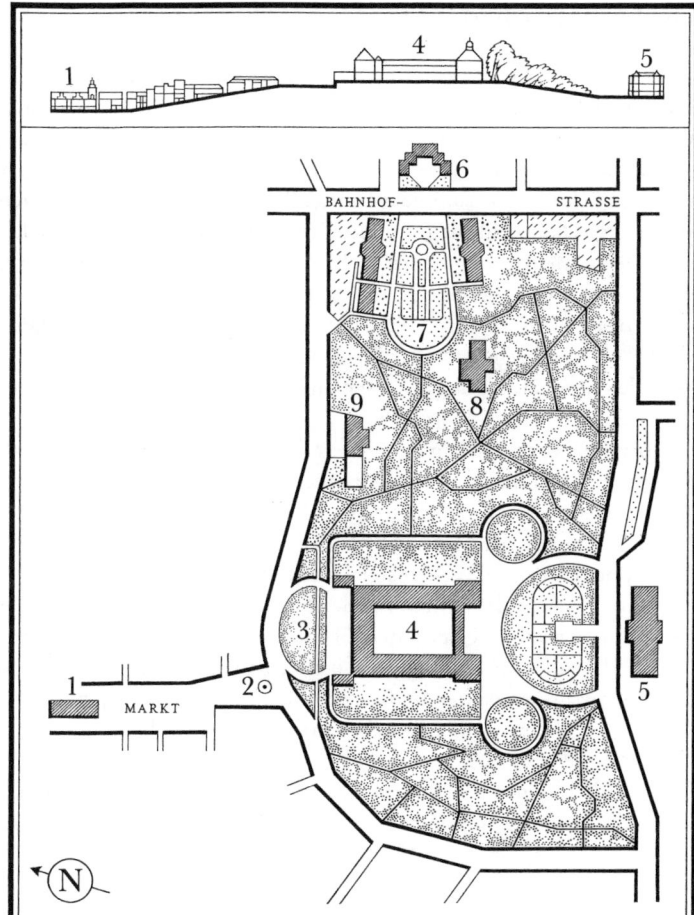

Gotha, Schloß und Schloßgarten mit den historischen Stadtachsen des Marktes und der Bahnhofstraße

1 *Rathaus*
2 *Wasserkunst*
3 *Denkmal Ernst des Frommen*
4 *Schloß Friedenstein*
5 *Museum der Natur*
6 *Schloß Friedrichsthal*
7 *Orangerie*
8 *Teeschlößchen*
9 *Alte Münze*

später auch Ausbau und Erweiterung der Sammlung im eigenen großen Museumsgebäude. Schließlich kann in Gotha das hochinteressante *kartographische Museum* besichtigt werden; im östlichen Pagenhaus des Schlosses wurde es zum 200. Gründungstag der von Justus Perthes zum Erfolg geführten kartographischen Anstalt 1985 eröffnet. Der »Große Stieler«, einer der ersten Handatlanten, liegt hier neben vielen historischen und neuen Kartenwerken aus.

91

Die Drei Gleichen

Wählt man von Gotha zur Weiterfahrt nach Erfurt den zwar schnellen, aber etwas weiteren Weg über die Autobahn, so bietet sich das historisch-landschaftliche Erlebnis der Drei Gleichen. Jeweils auf einer eigenen Hügelkuppe erheben sich aus dem Vorland des Thüringer Waldes die drei Burgen. Der Begriff Drei Gleichen faßt heute zusammen, was ursprünglich nicht zusammengehörte, denn jede der drei Festungen besitzt einen eigenen Ursprung. Die **Mühlburg,** unmittelbar südlich der Autobahn gelegen, ist die älteste; 704 wird sie erstmals genannt. Im 11. Jh. befand sie sich im Besitz der Grafen von Mühlberg, daher rührt wohl auch ihr Name. Seit 1130 war sie dem Mainzer Erzbischof und von der Mitte des 14. bis zu ihrer Aufgabe am Ende des 16. Jh. der Stadt Erfurt eigen. Danach verfiel die mächtige kastellartige Burg schließlich. Übrig blieben Gebäudemauern und Teile der Ringbefestigung. Der schlanke *Bergfried* beherrscht mit seinem später ergänzten Zinnenkranz die Bergkuppe.

Über eine kurze Anfahrt direkt erreichbar, erhebt sich nördlich der Autobahn die **Burg Gleichen.** Sie ist die im mittelalterlichen Bestand imposanteste der drei Anlagen. 1034 wird sie erstmals erwähnt und dürfte vor allem im 12. und 13. Jh. ausgebaut worden sein, als sie in den Besitz des Mainzer Erzbischofs gelangte. Auf eine Errichtung in dieser Zeit deuten die doppelten Rundbogenfenster in den Mauern hin. Der mächtige *Bergfried* an der Südseite unterstreicht die Bedeutung der Festung. Die Grafen von Tonna hatten sie von Mainz als Lehen zugesprochen erhalten. Sie nannten sich – und damit auch die Burg – Grafen von Gleichen. In die große unregelmäßige Burganlage wurden später weitere Bauten eingefügt; sie zeigen Bauformen des 16. Jh. Am Ende des folgenden Jahrhunderts aufgegeben, verfiel die Burg. Um eine umfassende Erhaltung der Ruine bemühte man sich erst in den letzten 20 Jahren.

Schließlich ragt im Süden die **Wachsenburg** auf. Will man zu ihr gelangen, sollte man schon die Abfahrt unmittelbar bei der Mühlburg wählen. Von den Drei Gleichen wurde die Wachsenburg in ihrem Baubestand am stärksten verändert und blieb bis heute am intensivsten genutzt. Ihr Bau im 10. Jh. wurde vom Kloster Hersfeld getragen, um eine Grenzbefestigung gegen die eindringenden ungarischen Stämme zu schaffen. Schon während des Mittelalters wechselten ihre Besitzer häufig. Im 17. Jh. diente sie schließlich als Gefängnis im Gothaer Herzogtum. Die dafür erneuerten Befestigungen und Umbauten an und in der Burg blieben bestehen, als 1852 die Haftstelle aufgelöst und die Burg zum Museum erklärt wurde. Der nun folgende Ausbau brachte als markanteste Ergebnisse den mächtigen eckigen *Bergfried* und die heutige Hofgestalt mit sich. Die Arbeiten leitete der Architekt Bodo Ebhardt, der wenig später das Wartburg-Hotel errichtete. Das jetzige Hotel auf der Wachsenburg wurde indes erst ab 1967 eingerichtet. Ein Besuch der Drei Gleichen lohnt – nicht allein des weiten Ausblickes zum Thüringer Wald wegen!

Von der Wachsenburg aus erreicht man hinter dem Dorf Holzhausen – das einige reizvolle Fachwerkhäuser aufzuweisen hat – nach wenigen Kilometern Arnstadt. Verbleibt man auf der Autobahn, führt über die Abfahrt Arnstadt ein kurzer Weg zum Ort **Molsdorf**. Hier ließ der Vertraute des Gothaer Hofes, Graf Gotter, im Gefüge einer spätmittelalterlichen Wasserburg 1736–48 ein kleines *Lustschloß* errichten (Abb. 13). Gotter, eine der interessanten Persönlichkeiten seiner Zeit – Gesandter des gothaischen Hofes in Wien, dann preußischer Bevollmächtigter Friedrich Wilhelms I. in Wien und unter Friedrich II. schließlich in Berlin wirkend –, hatte den Baumeister Gottfried Heinrich Krohne mit dem Entwurf des Schlößchens beauftragt und zog für die künstlerische Ausgestaltung Johann Kupetzki und Antoine Pesne heran. So entstand ein architektonisches Kleinod, das in den 60er Jahren unseres Jahrhunderts restauriert wurde. Auch der barocke, später zum *Landschaftspark* veränderte Garten erhielt wieder Gestalt. Vor den Blicken von der Autobahn her bleibt das genau in einer tiefen Senke liegende Schloß Molsdorf allerdings hinter dem dichten Baumbestand des Parkes verborgen.

Erfurt

Wer nach Erfurt kommt – ob mit der Bahn, dem Auto oder dem Flugzeug –, erhält die Impression einer großen Stadt: Die hellen Betonklötze großer Wohnbauten begleiten Zufahrtstraßen und umfassen ein Stück des Stadtbildes, der dichte Fahrzeugverkehr drängt auf breiten Asphaltbändern in die engen Stadträume, die Bahnhofstraße und andere innerstädtische Hauptwege um den Anger füllen sich bei Geschäftsbeginn mit Passantenströmen. Wie Wassertropfen zum tiefsten Punkt eines Kessels fließen, so sammelt sich gleichsam alles Lebendige in Erfurt: In der Tat bildet es in der weiten Mulde des Beckens zwischen Thüringer Wald und Harz seit jeher einen Sammelplatz. Schon im Vormittelalter bestanden Tauschmärkte an dieser Stelle, und im Mittelalter traf hier die west-ostwärts führende *via regia* auf die Nürnberger Geleitstraße. Das Jahr 742 gilt als Gründungsdatum der Stadt. Besonders aus der Vogelperspektive verdeutlicht sich die günstige Stadtgeographie: Steil fallen die ringsum liegenden hügeligen Hochflächen zum Gera-Tal ab und boten so den hier siedelnden Menschen Schutz vor den rauhen Winden und vor Angreifern. Neben seiner Funktion als Markt besaß der alte Siedlungsplatz immer eine strategische Bedeutung – was der Blick auf die Zitadelle des Petersberges oder von ihr herab auf die Stadt verdeutlicht. Wer hier residierte, hatte Stadt und Umland ›fest im Griff‹.

Ob sich bronzezeitliche oder latènezeitliche Wohnplätze bereits im Stadtgebiet Erfurts konzentrierten – noch ältere Funde liegen mit jungsteinzeitlichen Keramiken vor –, ist nicht mit Bestimmtheit zu sagen. Im Steigerwald am südwestlichen Stadtrand befindet sich eine Wallanlage aus frühgeschichtlicher Zeit. Die Furt durch die Gera dürfte schon in vormittelalterlichen Zeiten die Anlage von Siedlungen an dieser Stelle begünstigt haben. So kann man annehmen, daß die Meldung des Missionars Bonifatius an den Papst im Jahre 729 über einen volkreichen und festen Platz eine vorstädtische Siedlung bezeugt. Die im erwähnten Schreiben genannte *urbs* – zu verstehen wohl als befestigte Wall- oder Burganlage – wird auf dem Petersberg zu suchen sein, wo 706 das Benediktinerkloster mit der

Ansicht Erfurts aus der Schedelschen Weltchronik, Holzstich von 1493

Kirche St. Peter und Paul, das sogenannte Peterskloster, gegründet wurde. Damit war die Voraussetzung für den Ausbau des missionarischen Zentrums Erfurts geschaffen, dessen Bedeutung 741 in der Achse der Bistumsgründungen Büraberg, Würzburg und Erfurt hervortritt – wenngleich nicht bewiesen ist, daß Bonifatius tatsächlich das Bischofsamt in Erfurt innehatte. Mit seinem Tod 754 ging das Erfurter Bistum im Bistum Mainz auf; damit waren für ein Jahrtausend die Weichen für Erfurts Entwicklung gestellt, denn so lange blieb der mainzische, später kurmainzische Einfluß auf die Stadt von Gewicht.

Auf dem Petersberg entstand in der folgenden Zeit eine karolingische Pfalz; sie wird 802 genannt. Im 9. Jh. bildeten sich dann neue Siedlungskerne um den Domhügel mit einer

94

ersten Marienkirche – der Vorgängerin des Doms – und dem 836 bezeugten Frauenkloster
St. Paul, dessen Reste neben der Severikirche ergraben wurden. 836 kamen die Gebeine des
hl. Severus nach Erfurt, und 852 hielt Ludwig der Deutsche hier einen Reichstag ab. Diese
beiden Ereignisse unterstreichen den Rang des Ortes im machtstrategischen Handeln jener
Zeit auf signifikante Weise. Gera-Furt und Gera-Bogen boten Ziel und Schutz für die
Siedlungskonzentration am karolingischen Grenzhandelsplatz. Zwischen Petersberg und
Domhügel hindurch führte die *via regia* in die städtische Siedlung. Der Domplatz bildete
den ersten Großmarkt. Die heutigen Pergamenter- und Drachengasse sowie die Schildgasse
und Gotthardtstraße jenseits der Gera, die hier ihren Ausgang nehmen, zeigen den mittel-

alterlichen Straßenverlauf. Mit dem Bau der Krämerbrücke, die als *pons rerum venalium* 1156 bezeugt ist, konzentrierten sich Handelswege und innerstädtisches Leben auf den Raum etwas südlich der alten Furt zwischen Wenigemarkt und Fischmarkt. Östlich der Gera entstand das Handelszentrum um die Kaufmannskirche. Von hier aus folgt der Anger dem Flußbogen, und schon bald bildete sich dort der Hauptmarkt für das alte Färbemittel Waid. Westlich der Gera breiteten sich Handwerk und Gewerbe um mehrere Pfarrkirchen und die großen Klöster herum aus. Damit war um 1200 die Grundstruktur der späten mittelalterlichen Großstadt entstanden.

Bedeutend für Erfurt wurde nun die parallele Machtentwicklung seiner Stadtherren und des thüringischen Adels einerseits und des städtischen Handelspatriziats andererseits. Der Amtsträger des mainzischen Erzbischofs residierte auf dem Domhügel. Handwerkerzünfte und Händlergilden – in Erfurt schon früh ausgeprägt –, das Textilgewerbe, vor allem aber Waidverarbeitung und Waidhandel sicherten dem bischöflichen Sitz und der Stadt bürgerlichen Wohlstand. Auch heute noch erkennt man die selten so markante Ausgewogenheit von sakraler und städtisch-bürgerlicher Bausubstanz und Baukunst, die weit über die mittelalterlich-großstädtische Epoche hinaus das Stadtbild bestimmte. Waid aber hatte am Reichtum den größten Anteil. *Isatis tinctoria* war die Pflanze, aus der man das blaue Färbemittel gewann. In einem großen Gebiet rings um Erfurt angebaut, erfolgte die Weiterverarbeitung in der Stadt. So wiesen die mittelalterlichen Waidhändlerhäuser riesige Dachböden zum Trocknen der Pflanzen und zum Lagern der Waren auf. Eine weitere Besonderheit bildeten die Waidmühlen, zwischen deren riesigen Steinrädern der Farbstoff ausgepreßt wurde. Nur ganz wenige Exemplare dieser Mühlen blieben erhalten, rekonstruiert findet man eine auf dem Gelände der Internationalen Gartenbauausstellung (iga). Mit dem Aufkommen des Indigo verloren Waid und Waidjunker, wie man in Erfurt die produzierenden Händler nannte, schließlich ihre Bedeutung. Baugeschichtlich kennzeichnen der Domneubau seit 1154, Rathaus und Kaufhalle, die großen Klosterbauten, Stadtbefestigung, Bürgerhäuser und schließlich die Vollendung von Dom und Severikirche in der zweiten Hälfte des 15. Jh. die Herausbildung der etwa 10 000 Einwohner zählenden mittelalterlichen Großstadt.

Eine kirchenpolitisch und wirtschaftlich so bedeutende Stadt mußte immer wieder in das Interessenfeld dynastischer Konflikte geraten. Aber auch innerhalb der Stadt vollzogen sich heftige Auseinandersetzungen zwischen Patriziat, gewerbetreibendem Bürgertum und Handwerkern. Diese wiederum stellten sich gemeinsam gegen erzbischöfliche und adelige Stadtherren. 1250 verwaltete sich Erfurt selbst in weitestgehender Unabhängigkeit. 1283 und 1309 erlangte die nichtpatrizische Kaufmannschaft eine Beteiligung am Rat, seit 1348 besaß Erfurt eigenes Münzrecht. Mehrfach wurden im 13. Jh. Reichstage in der Stadt abgehalten. Der Aufmarsch der Erfurter Bürger gemeinsam mit dem Heer Rudolfs von Habsburg 1289/90 gegen den Thüringer Adel vergrößerte nicht nur den städtischen Landbesitz, sondern auch die wirtschaftliche Machtstellung Erfurts. Über welche Schlagkraft die Städte verfügten, verdeutlichte der Streit Erfurts, Mühlhausens und Nordhausens 1304/05 mit den Jenenser Grafen von Kirchberg, als dessen Ergebnis der Thüringer Drei-

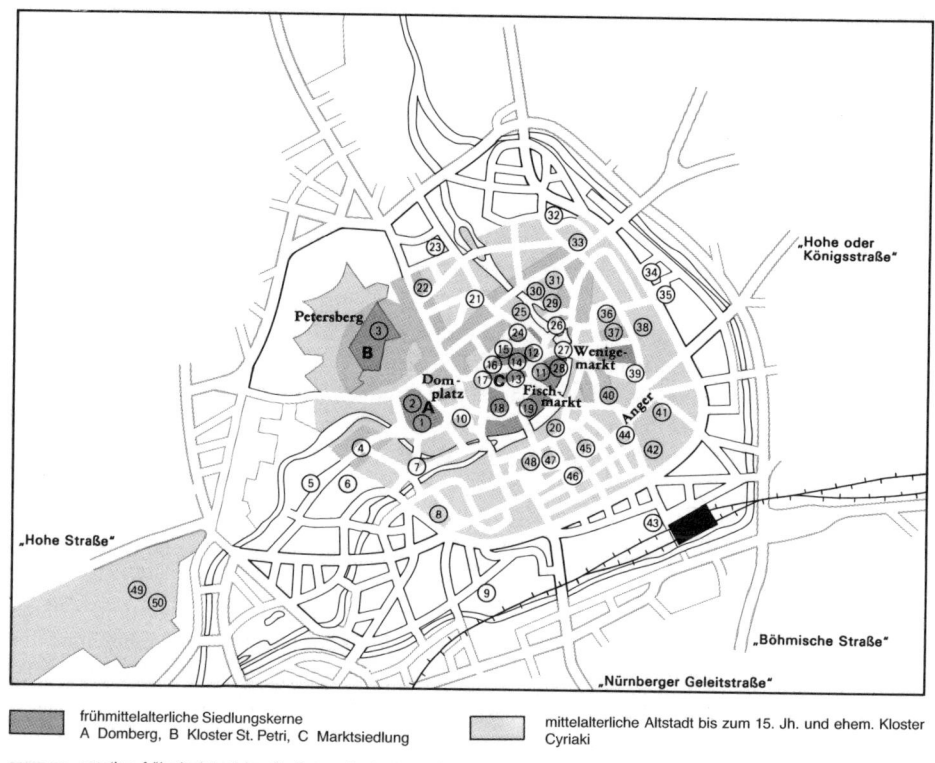

| | frühmittelalterliche Siedlungskerne A Domberg, B Kloster St. Petri, C Marktsiedlung | | mittelalterliche Altstadt bis zum 15. Jh. und ehem. Kloster Cyriaki |
| | sonstige frühmittelalterliche Siedlungsteile im Verlauf der Handelsstraßen | | Altstadt nach den Erweiterungen und Befestigungen des 15.–17. Jh. |

Erfurt, historische Stadtentwicklung
1 Dom 2 Severikirche 3 ehem. Peterskirche 4 Mainzerhofplatz 5 Martinikirche 6 Martinsbrühl (Gelände des ehem. Mainzer Küchendorfes) 7 Brunnenkapelle 8 Neuwerkskirche 9 Kirche des ehem. Kartäuserklosters 10 Haus ›Hohe Lilie‹ 11 Rathaus 12 Haus ›Zum Breiten Herd‹ 13 Haus ›Zum Roten Ochsen‹ 14 ehem. Tabakmühle 15 Haus ›Zur Engelsburg‹ (›Humanistenerker‹) 16 Allerheiligenkirche 17 Magdalenenkapelle 18 Paulsturm 19 Predigerkirche mit Resten des Klosters 20 Barfüßerkirche 21 Georgenburse 22 Andreaskirche 23 Kornhaus 24 Michaeliskirche 25 Reste der ehem. Universität (Collegium maius) 26 Studentenburse am Kreuzsand 27 Krämerbrücke mit Ägidienkirche 28 Haus ›Zum Paradies und Esel‹ 29 Komturhof 30 Nikolaiturm 31 Augustinerkloster 32 Reste der Stadtmauer 33 Johannesturm 34 Historisches Museum 35 Hospitalkirche 36 Schottenkirche 37 Gedenkstätte ›Erfurter Parteitag 1891‹ 38 Haus ›Zum Stockfisch‹ (Stadtgeschichtliches und Naturkundliches Museum) 39 Kaufmannskirche 40 Lorenzkirche 41 Ursulinerinnenkloster mit Kirche 42 Reglerkirche 43 Alter Bahnhof 44 ehem. kurmainzischer Packhof (Angermuseum) 45 Bartholomäusturm 46 Dacherödensches Haus 47 Wigbertikirche 48 ehem. Statthalterei 49 Turm der Cyriaksburg 50 Gartenbaumuseum

städtebund neben der wirtschaftlichen nun auch eine strategische Vorrangstellung gewann.

In dieser modernen, von Bürgertum und Handwerkern geprägten Stadt fanden die Ideen kirchlicher Reformbewegungen des 13. und 14. Jh. rasch Aufnahme. Der bedeutendste deutsche Mystiker, Meister Eckhart, lebte zwischen 1299 und 1327 im Erfurter Dominikanerkloster, wo er eine Anzahl mystischer und philosophischer Schriften in deutscher Sprache verfaßte. Als er das scholastische Lehrprogramm in der Predigerkirche öffentlich in Frage stellte, fiel er unter die Acht und wurde hingerichtet.

Mit dem sogenannten zweiten Mainzer Bischofsstreit geriet Erfurt in die machtpolitischen Auseinandersetzungen des 14. Jh. Dieser Streit wurde zwischen Adolf von Nassau und dem Wettiner Ludwig ausgetragen, von dem sich Karl IV. Hilfe für die Wahl seines Sohnes Wenzel zum deutschen König versprach. Erfurt verblieb 1375 auf seiten des Nassauers, widerstand den wettinischen Belagerungen und schloß seinerseits Frieden mit dem Thüringer Landgrafen Wilhelm, was der städtischen Entwicklung zugute kam. Als mit Albert von Sachsen 1482 ein Wettiner auf den Mainzer Erzbischofsstuhl gelangte, kehrten sich die Geschicke der Stadt um: Erfurt mußte nun die Wettiner als Schutz- und Schirmherren neben dem Dominat von Mainz anerkennen.

Das Ende des 14. Jh. brachte der Stadt neben der wirtschaftlichen auch eine geistige Führungsrolle ein. Angesichts der Öffnung der Klosterschulen, in denen nun grammatische, medizinische, astronomische und naturkundliche Studien möglich wurden, erklang der Ruf nach einer Universität. Vier Erfurter Hauptklosterschulen hatten sich bereits unter einem Rektorat zusammengeschlossen, als 1392 die Gründung der Universität durch die Stadt erfolgte. Sie sollte zur bedeutendsten Heimstätte des Humanismus werden. Amplonius von Berka, Thomas Occam, Eobanus Hessus und Crotus Rubeanus – der spätere Rektor – gehörten dem Erfurter Humanistenkreis an, der seinerseits in Verbindung mit Erasmus von Rotterdam und Ulrich von Hutten trat. Bis ins 15. Jh. war die Erfurter Universität nach der in Prag die größte deutsche. Von 1501–05 studierte an ihrer theologischen Fakultät Martin Luther. 1507 im Dom zum Priester geweiht, übernahm er 1508 zunächst die Professur in Wittenberg, kehrte aber im darauffolgenden Jahr nach Erfurt zurück.

1509/10 kam es zu innerstädtischen Auseinandersetzungen zwischen dem Bürgertum und dem Rat. Diese Kämpfe, die wettinische Vormacht über die Stadt und nicht zuletzt der Aufstieg Leipzigs zum merkantilen Zentrum sowie der Niedergang des Waidhandels brachten Erfurt den wirtschaftlichen Verfall. Im deutschen Bauernkrieg war es eine der wenigen großen Städte, die sich der revolutionären Bewegung anschlossen, am Ende aber auch dazu beitrugen, daß diese liquidiert wurde. Die Schweden hielten Erfurt während des Dreißigjährigen Krieges seit 1631 als einen ihrer Stützpunkte fest in ihrer Hand. Gustav II. Adolf nahm Quartier in der ›Hohen Lilie‹ am Domplatz; der schwedische Kommandeur Caspar Ermisch wurde in der Kaufmannskirche beigesetzt.

Nach 1648 geriet das städtische Besitztum Erfurts zwischen die Fronten der Adelsinteressen. Als sich die Stadt den Herrschaftsansprüchen widersetzte, fiel sie in Reichsacht.

1664 eroberte der Mainzer Erzbischof Erfurt und übernahm die Stadtherrschaft. Den Petersberg ließ er zur Zitadelle und Zwingburg ausbauen.

Es war ebenfalls ein erzbischöflicher Statthalter, Karl Theodor von Dalberg, der im letzten Viertel des 18. Jh. als ein Vertreter des aufgeklärten Absolutismus eine Reihe von Gelehrten und Geisteswissenschaftlern an seinen Hof zog, darunter Johann Wolfgang von Goethe und Christoph Martin Wieland, Friedrich Schiller, Wilhelm von Humboldt und den Erfurter Pharmazeuten Johann Bartholomäus Trommsdorff.

1808 rückte Erfurt noch einmal in das weltpolitische Blickfeld: Als französische Enklave des napoleonischen Kaiserreichs inmitten der deutschen Lande sollte es Ort der Begegnung Napoleons mit den Herrschern der Rheinbundstaaten, Preußens und Österreichs – zwei Kaiser, vier Könige und 18 Fürsten – sowie geheimer Treffpunkt des französischen Kaisers mit dem russischen Zaren werden. Dieses Ereignis warf jedoch ein Licht ganz anderer, kultureller Art auf die Stadt: Die Comédie-Française spielte im Ballhaus und hatte alle Literaten Erfurts und Weimars zu Gast.

Seit der Mitte des 18. Jh. wandte man sich in Erfurt immer intensiver dem Gartenbau zu. Der Erfurter Christian Reichart hatte daran großen Anteil, und er schuf mit seinem mehrbändigen »Land- und Gartenschatz« ein erstes wissenschaftsförderndes Kompendium. Den Handel und die beginnende Industrialisierung förderte die 1754 gegründete Kurfürstlich-Mainzische Akademie nützlicher Wissenschaften in Erfurt.

Im Befreiungskrieg erlitten 1813 das Kloster und die Festung auf dem Petersberg wie der Dom und die Severikirche schwere Schäden. Auch der Domplatz war unter Geschoßhagel geraten. Das schon einmal 1802 Preußen zugeschlagene Erfurter Gebiet wurde 1814 erneut preußisch und zwei Jahre später endgültig eigener preußischer Regierungsbezirk. Die Schließung der Universität 1816 setzte einen Schlußpunkt unter Erfurts große mittelalterliche Tradition.

1847/48 erhielt die Stadt mit dem Bau der Ferneisenbahn Halle–Bebra den Anschluß an das neue deutsche Verkehrswegenetz. Mit der nun rasch einsetzenden Industrialisierung wuchs die Einwohnerzahl bis 1914 auf 100000. In diesem Jahr bestanden in Erfurt 1280 industrielle und handwerkliche Fertigungsstätten. Wohnbauten drängten sich in die leeren Flächen, die mit dem Abriß der mittelalterlichen Festungswerke und dem Zuschütten der Wilden Gera an der neuen Ringstraße entstanden. Mietshäuser für Arbeiter wurden nord- und ostwärts errichtet, während sich südwärts ein Wohnbezirk für Beamte und ein Villenviertel ausbreiteten.

1887 hatte es in Erfurt, wie auch in Gotha und Suhl, große Volksversammlungen gegen die Bismarcksche Politik des Sozialistengesetzes gegeben. Nach dessen Aufhebung kamen im Oktober 1891 in den Erfurter Kongreßsälen 255 Delegierte aus allen deutschen Ländern zum Programmparteitag der Sozialdemokratischen Partei Deutschlands zusammen. 1919 verfügten SPD und USPD über die Mehrheit im Erfurter Stadtparlament. Der Kapp-Putsch wurde 1920 mit dem Generalstreik der Erfurter Industriearbeiter beantwortet. Metall- und Maschinenbauindustrie bestimmten nun das Profil Erfurts, das zum thüringischen Eisenbahnknotenpunkt im preußischen Regierungsbezirk geworden war.

Mit dem Ende des Zweiten Weltkrieges, in dem die Stadt nur relativ geringe Schäden erlitt, begann die zweite thüringische Geschichtsepoche Erfurts: 1949 übersiedelte die bisher in Weimar ansässige Thüringer Landesregierung nach Erfurt. 1952 wurde es als größte thüringische Stadt Metropole des Thüringer Bezirks Erfurt. Heute kennzeichnen landwirtschaftliche und gartenbautechnische Forschungs- und Industrieeinrichtungen, metallverarbeitende Industrie, Maschinenbau, Schuh- und Bekleidungsindustrie sowie elektrotechnischer und elektronischer Gerätebau, insbesondere der Büromaschinenbau, Erfurts Wirtschaft. Die iga, seit 1961 Internationale Gartenbauausstellung, ist aus der ersten Erfurter Gartenbauausstellung von 1838 hervorgegangen. Mit ca. 220 000 Einwohnern lebt ein Hauptteil der Bevölkerung des mittleren Thüringen in der Stadt Erfurt. Seit den 60er Jahren wird unter Einbeziehung der städtebaulichen Substanz und der historischen Denkmäler das Stadtbild systematisch erneuert.

Hat der Besucher Erfurts den Hauptbahnhof verlassen, so empfängt ihn ein langer schmaler Platz im Vorfeld des Bahnhofsgebäudes, eine für die Eisenbahnepoche typische städtebauliche Komposition. Der Uhrturm vor einem klassizistisch-gotisierenden Gebäude, das der freien Fläche seine Schmalseite zukehrt, zieht den Blick auf sich: Es handelt sich um den alten, ersten **Bahnhofsbau**, 1847/48 vom Architekten August Mones geschaffen. Erst als der enge Raum zwischen den Festungswällen – jenseits des Bahnhofs ist noch der **Festungsgraben** zu erkennen – und diesem Gebäude keine Gleiserweiterungen für den anwachsenden Schienenverkehr mehr zuließ, verlegte man die Gleise auf die Wälle, verbreiterte diese und baute 1887–93 den jetzigen Hauptbahnhof mit Insel- und Empfangsgebäude. Dem etwas gedrungen wirkenden Backsteinbau der Empfangshalle stehen die repräsentativen Hotelbauten des Jahrhundertbeginns gegenüber, die man 1904/05 mit barocken Anklängen ähnlich einer Schloßanlage gestaltete und 1914–16 mit einem pilastergegliederten Anbau seitlich erweiterte. Die später eingebauten Arkaden leiten in die enge Bahnhofstraße. Sie verschwindet vom schmalen Rand des Vorplatzes aus südwärts im breiten Tunnel unter dem hochliegenden Gleiskörper des Bahnhofs und führt von Norden in die Stadt hinein.

Durch diese historische Gasse – ganz im Gegensatz zu den sonst im ausgehenden 19. Jh. bevorzugten breiten Achsen – gelangt man zwischen Hotel- und Geschäftsbauten zum Stadtzentrum. Zunächst legt sich das breite Band des Juri-Gagarin-Ringes wie ein Riegel über die Bahnhofstraße. Hier verlief die mittelalterliche Stadtmauer mit dem Wassergraben der Wilden Gera. Zur Stadtmitte hin standen ehemals das Augusttor und die Albanikirche. Nur wenige Schritte weiter zeigt sich östlich die Doppelturmfront der gotischen **Reglerkirche.** Ihr Name leitet sich ab von den regulierten Augustiner-Chorherren, zu deren Kloster sie gehörte. Vom romanischen Ursprungsbau verblieben der Südturm und das Westportal. Die dreischiffige Basilika entstammt dem 14. Jh. Sie dürfte 1366 aufgemauert gewesen sein, erhielt aber erst später die hölzerne Wölbung. Bedeutendstes Stück der Ausstattung ist der spätgotische *Altar* von 1440/50. Man vermutet unterschiedliche Meister in den Bildern seiner zweifachen Wandlung: Im geöffneten Mittelschrein erscheint

Erfurt, auf dem Anger

die Marienkrönung; die Flügelreliefs deuten auf einen niedersächsischen Meister hin. Auf den geschlossenen Innenflügeln finden sich gemalte Passionsszenen, darüber gleichfalls bemalte Arkadenaufbauten. Die realistische Übersteigerung und Bewegtheit lassen an mittelrheinische Bildtradition denken, während die auf die Außenflügel gemalten Heiligen und Architekturen typisch für Erfurt sind, vergleicht man sie mit der Gestaltung des Altars in der Barfüßerkirche. Die Predella zeigt Reliefs zur Katharinenlegende, im Gesprenge steht die Strahlenkranzmadonna.

Zwischen Bürgerhäusern aus dem 19. Jh., neben denen sich nur wenige modernere Fassaden erkennen lassen, mündet die Bahnhofstraße in den langgestreckten Straßenraum des **Angers** (Farbabb. 4). Erst mit Betreten des Platzes erkennt man den ursprünglichen Rang des Waid- und Handelsmarktes auch in der Architektur. An der engen Einmündung der Bahnhofstraße erscheint die Seitenfront des ehemaligen **kurmainzischen Packhofs** recht unauffällig. Zum Anger hin aber entfaltet der dreigeschossige Bau mit 14 Achsen seine ganze Pracht. Den breiten Mittelrisalit mit reicher plastischer Dekoration fassen Pilasterbänder, und der balkongeschmückte große Mittelerker trägt einen nicht minder ornamentierten Giebel, in dem der städtische Schutzpatron St. Martin thront. Gottfried Gröninger aus Münster schuf diese Bauzier. Der Packhof entstand 1705–11 nach Plänen des kurmainzischen Baumeisters Maximilian von Welsch, dessen Bauten wir in Erfurt

101

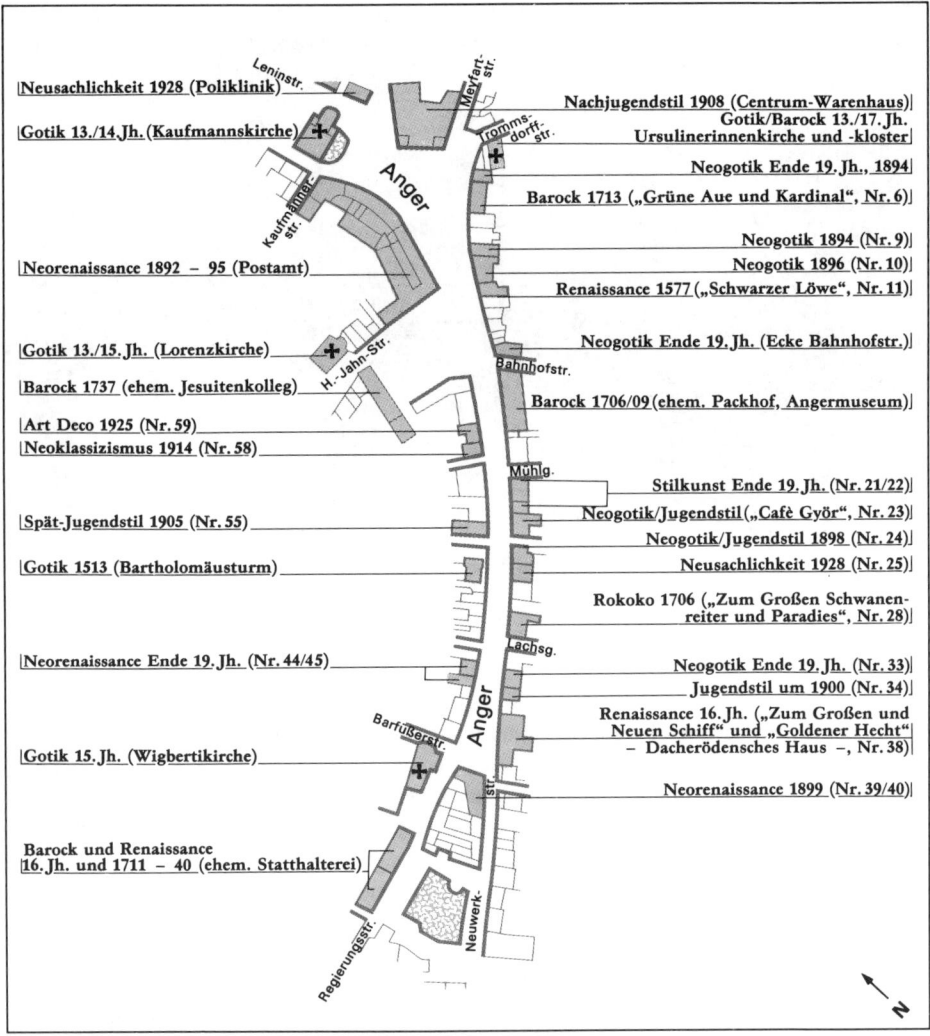

Erfurt, Architekturstile am Anger

noch mehrfach begegnen werden, unter dem Statthalter Philipp Wilhelm von Boyneburg als kurmainzisches Waage- und Akziseamt. Seit 1883 wird das Gebäude als Museum genutzt, heute birgt es die Kunstsammlung des *Angermuseums*. Die Ausstellungen zeigen neben der Landschaftsmalerei des 19. und 20. Jh. die regionale Bildkunst des Mittelalters und Thüringer Fayencen des 18. Jh. Interessant sind ferner die im Erdgeschoß erhaltenen

102

expressiven Wandmalereien von Erich Heckel aus dem Jahre 1922. Lebensform und künstlerische Ambitionen des Erfurter Bürgertums zwischen dem 16. und 18. Jh. vermittelt schließlich eine ganze Raumflucht.

Ostwärts weitet sich der Anger zu einem dreieckigen Platz, den die beiden großen Gebäude des Hauptpostamtes und des Warenhauses begrenzen. Während die gotisierende Klinker-Terrakotta-Sandsteinarchitektur des **Postamtes,** das der Baumeister Klamodt 1892–95 schuf, auch heute ein wenig befremdend wirkt, folgt der 1908 von Albert und Ernst Giese gestaltete **Kaufhausbau** mit seiner fenster- und stützengerasterten Fassade zwischen Ecktürmchen der monumental-traditionellen Bauhaltung aus dem Anfang des Jahrhunderts. Schlicht und modern erscheint daneben das 1928 von Heinrich Herrling errichtete **Poliklinikgebäude.** Seine abgerundeten Fensterbänder leiten den Blick weiter zur gotischen **Kaufmannskirche.** Sie steht an der Stelle eines mittelalterlichen Siedlungskernes mit einem möglicherweise noch älteren Markt. Ende des vorigen Jahrhunderts ist die zwischen 1291 und 1368 errichtete Basilika erneuert worden. Ihre Ausstattung aber überrascht in der Geschlossenheit der Spätrenaissanceformen und ist eine Schöpfung der Bildhauerfamilie Fridemann. Den *Hochaltar* in spätmittelalterlicher Schreinform mit reichem Gesprenge, Knorpel- und Beschlagwerk schufen 1625 Hans d. J. und Paul Fridemann, während auf Hans d. Ä. die *Kanzel* von 1598 und der *Taufstein* von 1608 zurückgehen. Östlich an die Bahnhofstraße schließen historische Bürgerbauten an, hinter denen das noch heute von Ursulinerinnen genutzte Kloster liegt. Durch das barocke **Haus Anger 6** ›**Grüne Aue und Kardinal**‹ von 1713 gelangt man zu einer schlichten **Saalkirche** aus dem 13. Jh. Hier wird eines der herausragenden Bildwerke der deutschen Kunst des 14. Jh. verwahrt: das der Naumburger Pieta nahestehende *Vesperbild* aus der Zeit um 1320/30 (nicht öffentlich zugänglich). Etwa 1577 entstand das **Haus Nr. 11** ›**Schwarzer Löwe**‹. Mit seinem schönen Portal bewahrt es etwas von der architektonischen Pracht der Platzumbauung des 16. Jh.

Nach Westen erstreckt sich der Anger zunächst über gut 200 m als schmaler werdender Straßenzug. Dann erweitert sich der Raum wie das östliche Platzende – gleichsam spiegelbildlich – in dreieckiger Gestalt. Den Kopf des Platzes bildet auch hier ein Bau der letzten Jahrhundertwende, welcher den Straßenlauf aufzufangen scheint, ihn teilt und in die schmalen Gassen weiterlenkt. Das mit mehreren Erkern geschmückte viergeschossige **Geschäftshaus** erbaute 1899 Wilhelm Schwerthelm. Er schuf durch die dekorativen Erker- und Fenstergestaltungen an der Haupt- und den beiden Seitenfassaden eine elegante Renaissance-Retrospektive. Solchem historischen Bezug folgt auch der schon 1890 auf dem Platzdreieck aufgestellte **Obelisk** mit dem Florabrunnen vom Bildhauer Karl Stockhardt. Der westliche Anger bietet das lebendigste Beispiel für die sich durch Erfurts Geschichte ziehende Stadterneuerung. Von der mittelalterlichen **Bartholomäuskirche** ist der Turm erhalten, der heute aber eingeklemmt zwischen den weit jüngeren Geschäftshäusern steht. Er ist geschmückt mit einem *Ölbergrelief,* in seinem Obergeschoß befindet sich ein 1979 in Apolda gegossenes *Glockenspiel,* das größte hier geschaffene. Die einschiffige spätgotische **Wigbertikirche** bildet den nordwestlichen Abschluß des Platzes. Aus der

103

Straßenflucht zurücktretend, gibt sie den Blick auf die Renaissance- und Barockbauten der Regierungsstraße frei. Im Kircheninneren findet man unter dem schönen Sterngewölbe eine reizvolle *Barockausstattung*, die – wie die ganze Kirche – in den 70er Jahren unseres Jahrhunderts restauriert wurde. An der südlichen Platzecke blieb das dreigeschossige **Doppelhaus ›Zum Großen und Neuen Schiff‹** und ›**Goldener Hecht‹** aus der Renaissancezeit erhalten. Es ist das einzige nur wenig veränderte Gebäude aus dem 16. Jh. am Anger. Im frühen 19. Jh. gehörte es dem Kammerpräsidenten von Dacheröden – daher auch Dacherödensches Haus genannt –, der nach Aufgabe seines preußischen Amtes hier als Freund des Statthalters Karl Theodor von Dalberg das geistige und wissenschaftliche Gesellschaftsleben auf sein Haus zu lenken wußte. Seine Tochter wurde die Gattin Wilhelm von Humboldts, und zu den häufigen Gästen im Hause gehörte Johann Wolfgang von Goethe.

Nur wenige Häuser ostwärts erstrahlt die Rokoko-Fassade des **Hauses Nr. 28/29 ›Zum Großen Schwanenreiter und Paradies‹** in ihren hellen Farben. Zwei große Giebelerkerbauten zieren sie. Wie an vielen anderen traten auch an diesem Haus im vorigen Jahrhundert die neuen kaufmännischen Einrichtungen mit großen Schaufenstern zutage. Überhaupt frischte im ausgehenden vorigen Jahrhundert die ursprüngliche Handelsfunktion des Angers auf: Die neuen Gewerbe versinnbildlichten sich zugleich in einer neuen Architektur, die in ihrem Reichtum an Stilen den ästhetischen Vorstellungen und den Ambitionen des reichen Handelsbürgertums und kapitalkräftiger Finanzunternehmen entsprach. Anger 23 mit dem ›**Café Györ‹** vermittelt jene phantasiegetragene Dekorationskunst, die zwischen Neogotik und Art nouveau schwankte und zudem repräsentatives gutbürgerliches Wohnen mit dem modernen Geschäftsleben in einem Haus zu vereinigen trachtete. Die gleiche Idee von malerischer Gestaltung in der Architektur offenbart auch **Nr. 33,** wo die beiden Hauptgeschosse schon ganz in Glas aufgelöst sind. Konsequenter an die architektonische Tradition hält sich das **Haus Nr. 25,** der Sparkassenbau, dessen Kolossalordnung aus ionischen Halbsäulen die Neoklassik der 20er Jahre außen wie auch im Inneren repräsentiert.

Diese vielfältigen Fassadenstile vierer Jahrhunderte lassen den Anger beim Durchschreiten zum Erlebnis werden. Am Ende der 20er Jahre versuchte Heinrich Herrling, mit zwei Bauten den Platz einzubinden: Als Antwort auf die neusachliche Poliklinik am Nordostende des Angers gestaltete er in gleichem Stil 1930 an der Einmündung der Neuwerkstraße im Südwesten das sechsgeschossige **Geschäftshaus.**

Während sich also im östlichen Anger neben den wenigen älteren Häusern deutlich die Bautradition des beginnenden 20. Jh. zeigt – nicht zuletzt unterstrichen durch die verzweigten Schienenwege der Straßenbahn –, ist der enge Westteil weit mehr von der Geschichte geprägt. Zwar stellt die 1977–79 errichtete schmucklose Vorhangfassade des Reisebüro-Stahlskelettbaues einen wenig freundlichen Kontrapunkt zum Packhof dar, beide für ihre Epochen signifikanten Architekturen rahmen indes den baukünstlerisch überaus vielfältigen Platz ein. Mit der zunehmenden Motorisierung immer mehr zur Verkehrsschneise ›verkommen‹, wurde er 1975–78 den Fußgängern weitgehend zurückgegeben und ist damit wieder in seinem Zusammenhang als Platz zu empfinden. Die privaten und öffentlichen Transportmittel – bis auf die Straßenbahn mit ihrem Schienenband – sind in das Ringstraßensystem abgedrängt. Der Anger bietet jetzt wieder Raum zum Flanieren, so daß vom mittelalterlichen Turm über das Kaufherrenhaus aus Renaissance- und Barockzeit bis zum Kaufhaus- und Bankgebäude jüngerer Prägung die Nutzungs- und Gestaltungsgeschichte städtischer Architektur erlebt werden kann. Vieles wurde im Verlauf der Jahrhunderte – besonders des unseren – erneuert, ergänzt, verändert, bisweilen im Detail, oft in Gänze. Fast alles hat Ende der 70er Jahre nach einer zusammenhängenden denkmalpflegerisch orientierten Erneuerung wieder an Attraktivität gewonnen, wenngleich sich die Spuren der Umwelteinwirkungen im Erfurter Klima auch ohne dichten Kraftfahrzeugverkehr immer wieder zeigen.

Neben dem Geschäftszentrum des 19./20. Jh. ist in der Regierungsstraße die barocke **Statthalterei** als äußerlich geschlossener Bau erhalten geblieben (Abb. 18). Maximilian von Welsch schuf die Pläne für das zwischen 1711 und 1720 errichtete Haus. Der Baumeister bezog das alte *Eckhaus ›Zum Stolzen Knecht‹* von 1540 mit seinem prachtvollen Renaissance-Erker als rechten Seitenflügel in das barocke Gebäude ein und beließ damit auch der *Büste* des Steinmetzen Valten Wild am Renaissancehaus ihren stolzen Platz. Wie am Packhof ist auch am Statthalterpalais Gottfried Gröninger als Bildhauer tätig gewesen und verlieh dem roten Stein barocke Vielgestalt. Während sich die rückwärtigen Flügel der Statthalterei um den großen Innenhof gruppieren, konzentrieren sich die repräsentativen Räume auf den Hauptbau. Der Italiener Johann Peter Castelli stuckierte den *Festsaal,* der als einziger original erhaltener Repräsentationsraum in den 70er Jahren restauriert wurde. 1772–1802 residierte hier als letzter kurmainzischer Statthalter Karl Theodor von Dalberg, ein aufgeklärter und hochgebildeter Politiker, von dem Johann Wolfgang von Goethe zu sagen wußte, er sei »stets rührig, teilnehmend und fördernd« gewesen, womit er auch das Wirken des Statthalters für die Stadt umschrieb. Als Napoleon im Hause Quartier bezog, kam es am 2. Oktober 1808 zu der von Goethe beschriebenen Begegnung beider, von welcher der Dichter gesteht: »... daß mir in meinem Leben nichts Höheres und Erfreulicheres begegnen konnte ...«. Zwei kleine *Wachhäuschen* flankieren noch den Platz vor der Statthalterei; sonst wurde vieles ›preußisch‹, wie dieses Gebäude selbst: 1818 zog die preußische Provinzialregierung ein und ließ das Innere bis auf den 200 m² großen Festsaal gründlich verändern. Regierungsgebäude und Regierungsstraße bestehen seither als Zweitbezeichnung für das Ensemble, das jetzt als ›Haus der Kultur‹ dient.

Mit dem Blick auf die große innerstädtische Baustelle für ein neues Kulturhaus- und Festsaalgebäude gelangt man vom westlichen Ende des Angers zur Langen Brücke. Über die Gera-Arme hinweg führt sie zum größten, ältesten und bedeutendsten Markt Erfurts, zum **Domplatz.** Wie eine Krone der Stadt erheben sich Dom und Severikirche auf der westlichen Anhöhe (Farbabb. 3, Abb. 19). Im Norden säumt der Petersberg mit seinen alten Festungsmauern den Platz – eine königliche Stätte an der mittelalterlichen *via regia.* Hier stehen sich zugleich die erzbischöflichen Prachtbauten und die Stadtanlage mit ihren verschiedenen

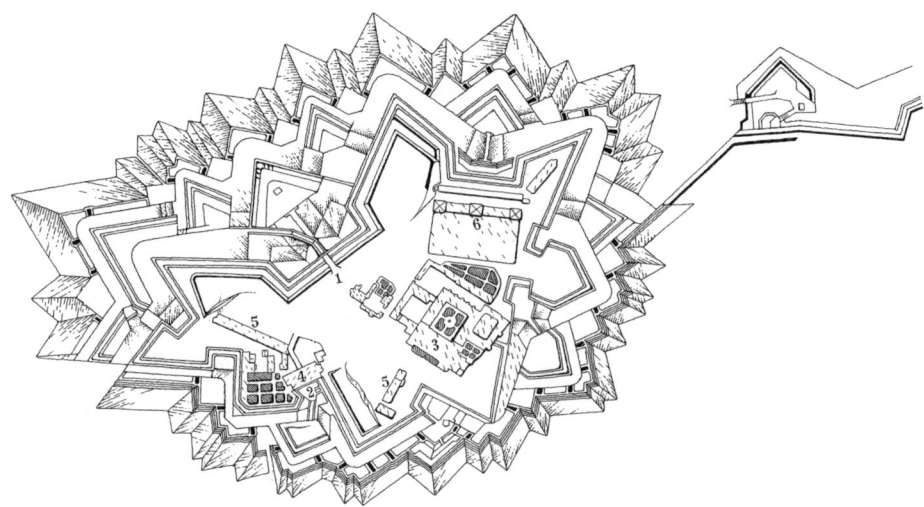

Erfurt, die Festung Petersberg, nach einem Prospekt von 1701
1 Nördlicher Festungszugang mit Brücke   2 Peterstor   3 Bauten des ehem. Petersklosters
4 Kommandantenhaus   5 Kasernenbauten   6 Neue Kaserne

Architekturbildern gegenüber: Der Kontrast der majestätischen Chor- und Türmefronten zu den vielteiligen gedrängten Fassaden an der östlichen Platzseite ist überdeutlich; den sich tief öffnenden Kavaten – den mittelalterlichen Substruktionen für den Domchor – und dem perspektivisch so wirkungsvoll angelegten ›Graden‹ – der großen Freitreppe – liegen die schmalen engen Straßenzugänge zur Stadt genau gegenüber. Hier hat sich ein von der mittelalterlichen Gesellschaft geprägtes architektonisches Ensemble bewahrt.

Der Rundblick um den Platz bleibt auf einem hellen Giebelhaus an der schmalen Südseite haften: Es ist eines der geschichtsträchtigsten Erfurts: Das Haus ›**Hohe Lilie**‹ ging aus dem Baukörper eines Zisterzienserinnenklosters hervor, das hier im 13. Jh. gestanden hatte. Einst war es sächsisches Geleithaus, und gegen Ende des Mittelalters stellte es schon eine Art Nobelherberge dar. Nach dem großen Stadtbrand von 1472 wurde es ausgebaut und erhielt 1538 bei einem völligen Umbau die neuen Renaissanceformen. Seine Neugestaltung war erforderlich, denn als Unterbringungsort für hohe Gäste sollte es dieser Bedeutung innen und außen entsprechen. Hier, unmittelbar unterhalb des Domes, kehrten Bischöfe und Könige ein. Nicht so sehr Martin Luthers und Philipp Melanchthons Übernachtungen, sondern vor allem der Einzug des Schwedenkönigs Gustav II. Adolf 1631 brachten der ›Hohen Lilie‹ Glanzzeiten. Diese Epoche literarisch wiederzuerwecken versuchte Gerhart Hauptmann; sein 1937 konzipiertes Opus blieb jedoch unvollendet. Die gründliche Restaurierung des Hauses während der 60er und 70er Jahre trägt der einstigen Bedeutung Rechnung und schuf die Voraussetzung dafür, daß es wieder als gastliche Stätte geöffnet werden konnte.

Versuchen wir nun, der Geschichte des Platzes zu folgen, muß der Weg zunächst auf den **Petersberg** führen. Auf dem bereits frühgeschichtlichen Burghügel wird die älteste vorstädtische Siedlung vermutet, über der Gera-Niederung relativ sicher gelegen. Die Gründung des Petersklosters, welche für 706 vermerkt ist, gab der Anhöhe ihren Namen. Die Bezeichnung als *palatium publicum* zu Beginn des 9. Jh. nimmt Bezug auf einen der sieben Hügel, auf denen die Stadt Rom erbaut wurde, und deutet damit rege Siedlungstätigkeit auch in Erfurt an. Nach den Wirren des Dreißigjährigen Krieges, in dem sich die Einwohnerzahl Erfurts von ca. 19000 auf etwa 13500 verringert hatte, mußte sich die Stadt dem erzbischöflichen Mainzer Diktat beugen, welches 1665 der Leipziger Vertrag zwischen dem wettinischen Ernestinerhaus und Mainz besiegelte. Der Bau der **Zitadelle** auf dem Petersberg hatte schon ein Jahr zuvor begonnen. Die Pläne des Festungsbaumeisters Antonio Petrini sahen eine Anlage im neuitalienischen System mit acht gewaltigen Bastionen, ausgedehnten Vorbefestigungen mit Glacis und Ravelins sowie Wehrbauten innerhalb der sternförmigen Gesamtanlage vor. Die vorhandenen Stadtwehren wurden in die großartige Konstruktion einbezogen. 1707 übernahm der mainzische Baumeister Maximilian von Welsch den weiteren Ausbau der Festung – er engagierte sich auch als ein erster ›Stadtbaumeister‹. Zwischen 1814 und 1868 erfuhr die Festung Petersberg schließlich ihren letzten Aus- und modernisierenden Umbau zur preußischen Stadtfestung, die dann 1873 in großen Teilen geschleift wurde. Dennoch stellt der Rest der Anlage das umfangreichste historische Festungswerk innerhalb einer Stadt der mitteldeutschen Kulturlandschaft dar.

Durch das barocke *Festungstor* – vermutlich von Maximilian von Welsch selbst entworfen – gelangt man auf das ausgedehnte Gelände des Festungshofes. In der etwas über 200jährigen Festungsgeschichte entstanden hier die Kasernen- und Verwaltungsbauten. Zwischen ihnen verblieb als einziger großer Bau aus früherer Zeit die Substanz des Erdgeschosses der 75 m langen *Benediktiner-Klosterkirche St. Peter und Paul*. Es handelt sich dabei um den hirsauischen Nachfolgebau einer frühromanischen Kirche, in die 836 die Reliquien des hl. Severus überbracht worden waren. Allein dies unterstreicht schon den damaligen Rang Erfurts im thüringischen Raum. Das von Kloster Hirsau festgeschriebene, genau geregelte kluniazensische Bausystem der Pfeilerbasilika, die nach dem Brand des Klosters im Jahre 1080 zwischen 1103 und 1147 fertiggestellt wurde, ist noch erkennbar. Mit dem Teilabbruch der Kirche nach 1813 und dem folgenden Umbau zum Militärmagazin wurde das Bauwerk unzugänglich. Die 1973 begonnene Neuerschließung des gesamten Festungsbereichs wird künftig das historische Erlebnisfeld der Zitadelle erweitern.

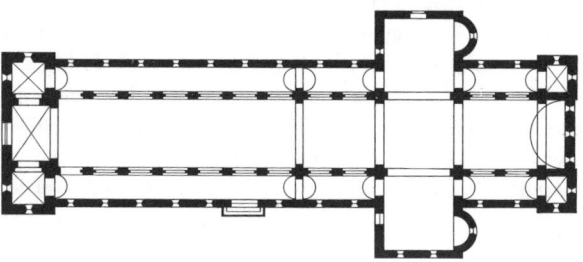

Erfurt, ehem. Benediktiner-Klosterkirche St. Peter und Paul auf dem Petersberg, Grundriß des romanischen Baus

107

Von der historischen Trasse der *via regia* zwischen Petersberg und Domhügel führte ursprünglich die schmale Severnhof- und Domgasse zu den beiden Kirchen. Die großartige, sich nach oben verjüngende, ›perspektivische‹ Treppe ist in ihrem unmittelbaren Bezug auf den Triangel-Zugangsbau zum Dom erst in der ersten Hälfte des 14. Jh. entstanden. Von dem ersten Bau auf dem hohen Hügel über dem frühstädtischen Siedlungsraum ist kaum etwas bekannt. Einziger Anhaltspunkt ist die Gründung des Bistums Erfurt 742 durch Bonifatius. Die Geschichte des heutigen **Dombaues** läßt sich in drei große Abschnitte teilen. Sie nahmen ihren Ausgang jeweils von Einstürzen, in denen man vielleicht auch forcierte Abbrüche vermuten kann. Aus den Trümmern des ersten Kirchenbaues erfolgte 1154 der Neubau einer romanischen Basilika. Von ihr erkennt man Teile in den unteren Turmgeschossen der gotischen Kathedrale. Im Inneren zeugt das schmale, dem gotischen Chor vorgelagerte *Sanktuarium* von dieser Bauphase. Der nicht vollendete romanische Chorschluß zeigt sich in der Westwand der heutigen Krypta. Der zweite große Bauabschnitt konzentrierte sich auf die Fertigstellung des *Domchores*. Ihn kennzeichnet der bereits hochentwickelte gotische Baustil. Da die romanische Basilika bis unmittelbar an den Hügelrand heranreichte, wurden für den Chorneubau Substruktionen erforderlich, wollte man dem hohen gotischen Bauanspruch Rechnung tragen. Diese gewaltigen *Kavaten-Bögen* darf man zu den großartigen technischen Bauleistungen des Mittelalters zählen, so schlicht auch ihre Formen im Vergleich zum aufgehenden hochgotischen Chorhaupt erscheinen mögen. In den 20er Jahren des 14. Jh. begonnen, waren sie 1349 zur Aufnahme des Chorneubaues bereit. Unverkennbar in der Gestalt des Chores ist das Vorbild eines königlichen Baues der hohen Gotik, der Sainte-Chapelle des Pierre Montereaux von 1243 an der französischen Königsburg auf der Seine-Insel in Paris. Das Wort des Kunsthistorikers Karl Woermann zu jenem Kleinod, das »mit seinen großen, die ganzen Wände füllenden farbenprächtigen Fenstern wie ein Haus aus Rubinen und Saphiren in einem Steingerüst von edelsten Verhältnissen« wirkt, läßt sich durchaus auf den 100 Jahre jüngeren Erfurter Domchor übertragen. Es bestätigt sich beim Anblick des Rauminneren mit den farbenreichen mittelalterlichen Fensterverglasungen. Zusammen mit dem Choraufbau entstand unter diesem bis 1353 die zweischiffige Unterkirche. Vor dem Zugang im nördlichen Seitenschiff wurde im Anschluß an die Domtreppe der figurengeschmückte *Triangel* errichtet. Sein zweigeschossiger Bau über dreieckigem Grundriß erscheint in der Tat wie ein Kollier vor den glatten romanischen Wandteilen. Auch hier wird in den Bildwerken der späte Einfluß der klassischen französischen Kathedralbaukunst oder doch zumindest deren Vermittlung über in Frankreich geschulte Meister deutlich. Am Nordwestportal bestimmen die klugen und törichten Jungfrauen (Abb. 23), Ecclesia und Synagoge und der Gnadenstuhl im Tympanon, am Nordostportal (Abb. 21) Maria und die zwölf Apostel mit der Kreuzigungsgruppe im Tympanon das ikonographische Programm. An der vorspringenden Ecke findet man die Figuren der Heiligen Bonifatius, Adolar und Eoban. Erst zwischen 1849 und 1854 erhielt die hohe *Dreiturmgruppe* über dem Querhaus ihre jetzige Gestalt, das seinerzeit gotisierend gestaltete Dach wurde 1967 abgetragen und durch einen Aufbau in der ursprünglichen spätgotischen Form ersetzt.

Dom und Severikirche in Erfurt, Ansicht vom Marktplatz aus, Holzstich von 1853

Von den Bildwerken und der reichen Ausstattung des Doms sollen hier nur die bedeutendsten Stücke Erwähnung finden, wie auch der Hinweis auf den Domschatz genügen mag, von dessen vielen herrlichen mittelalterlichen und barocken Bildwerken, Reliquiaren, kunsthandwerklichen Arbeiten und Gewändern einige in einer Ausstellung zu bewundern sind. Zu den großartigen Plastiken im Dominneren gehören die romanische *Stuck-Madonna* aus der Zeit um 1160 (Abb. 22) sowie die gleichfalls romanische *Leuchterfigur* des hl. Wolfram. Mit dem Chorneubau entstand das *Chorgestühl* um 1350/60 (Abb. 24), die farbigen *Fensterverglasungen* werden in die Zeit zwischen 1370 und 1420 datiert. Gleichfalls in diese Epoche gehört das *Grabmal* eines der Grafen von Gleichen. Aus dem spätgotischen 15. Jh. stammen das *Heilige Grab* in der Unterkirche (1420/30) sowie der *Flügelaltar* mit einer Darstellung der Einhornjagd (1460). Im westlichen Nordschiff steht das turmartige *Sakramentshaus* von Hans Friedemann d. Ä. (1594). Hans Friedemann d. J. schuf im ausgehenden 16. und frühen 17. Jh. einige der *Grabdenkmäler*, andere davon sind in der Nürnberger Vischer-Werkstatt gefertigt. 1697 wurde der barocke *Hochaltar* in den Chor eingebaut. Europas größte *Glocke*, die Gloriosa, läutet vom Turm des Domes. Zu den neuen Bildwerken im Dom zählen *Fenster* von Carl Crodel im Langhaus.

Die gotische **Severikirche** wendet ihre Dreiturmfassade dem Domplatz zu. Westlich schließt sich der fünfschiffige Hallenraum aus dem späten 13. und 14. Jh. und an diesen wie an die Turmfassade je ein Chor an. Auf den massig wirkenden Türmen wurden 1495 die eleganten Spitzhelme errichtet. Der heutige Kirchenbau ist der dritte an dieser Stelle. Seine beiden romanischen Vorgängerbauten gehen auf das 1121 erwähnte Augustiner-Chorherrenstift zurück. Bereits 836 waren die Reliquien des hl. Severus in das Kloster auf dem Petersberg gelangt. Der um 1365 dafür geschaffene *Severus-Sarkophag* befindet sich heute im Inneren der Severikirche und gehört hier zu den hervorragenden Kunstwerken. Sein Bildschmuck stellt die Severus-Legende dar: Als sich der Tuchmacher Severus in Ravenna als Zuschauer der Bischofswahl zugesellt hatte, ließ sich auf seinem Haupt eine Taube nieder (Abb. 16); man nahm dies als ein Zeichen des Herrn und verlieh ihm den Bischofsrang. Die an der Ostwand aufgestellte Deckplatte des Sarkophages zeigt den Heiligen mit Frau und Tochter. Besondere Beachtung verdienen außerdem das *Madonnenbild* aus der Mitte des 14. Jh., die spätgotischen *Flügelaltäre* des frühen 16. Jh., vor allem aber das *Alabasterrelief* mit der Darstellung des hl. Michael als Drachentöter aus dem Jahre 1467 (Farbabb. 28). Der *Taufstein* und sein Überbau aus der gleichen Zeit (Abb. 14), die *Kanzel* von 1576 und der barocke *Hochaltar* von etwa 1670 prägen den weiten Kirchenraum zwischen den schlanken Säulen. Nordöstlich des Chores steht ein Turm der Bischofsburg des 12. Jh.; in ihn ist die *Bonifatiuskapelle* eingebaut, welche in gotischer und barocker Zeit mehrere Erneuerungen erfuhr.

Beim Verlassen der Kirchen bietet sich vom Domberg ein herrlicher Blick über die bunte Dachlandschaft der Altstadt, die selbst in der neuen ›Ummauerung‹ mit gewaltigen Betonbauten der 80er Jahre noch durch ihren Turmreichtum besticht. Im Mittelalter beherrschten mehrere Dutzend kirchlicher Bauwerke die Stadtlandschaft. Sie setzten die Zeichen für den überaus großen geistigen Reichtum, der von der Geistlichkeit getragen wurde. Schon

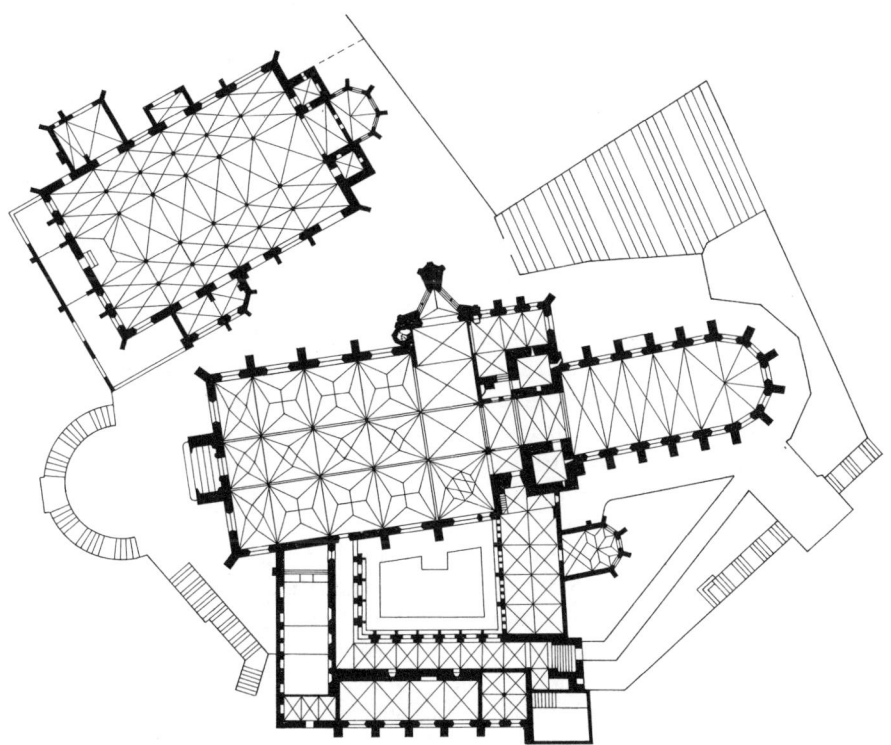

Erfurt, Dom (vorne) und Severikirche (hinten) auf dem Domberg, Grundrisse

im 13. Jh. entstanden hier die ersten Ordensschulen, denen sich im folgenden Jahrhundert weitere Ausbildungsstätten anschlossen. Um 1300 predigte Meister Eckhart am Dominikanerkloster und bediente sich dazu der deutschen Sprache, wenngleich dies einem revolutionären Aufbegehren gegen die Scholastik gleichkam und schließlich verketzert wurde. Das Jahrhundertende brachte die Universitätsgründung.

Beim Durchstreifen der von schmalen Häusern aus dem 17. und 18. Jh. gesäumten Marktstraße stoßen wir auf die Allerheiligenkirche. Sie scheint die Straße zu teilen, denn ihr Bau schiebt sich trapezförmig zum Westturm vor. Nach rechts lohnt ein Schritt in die Große Arche, die Verlängerung der Langen Brücke. In den 80er Jahren konnte dieses traditionsreiche altstädtische Viertel in großem Umfang saniert werden. Besonders zwei Gebäude sind damit wieder in den Mittelpunkt gerückt und der öffentlichen Nutzung zugeführt worden: Das **Renaissancehaus ›Zum Sonnenborn‹** von 1546 bildet mit seinem reichver-

111

zierten Portal und dem Fachwerkgiebel den Blickfang in der sich verbreiternden Straße; hier zog das Standesamt ein. In dem sanierten, westwärts anschließenden Hof steht der Winkelbau des großen **Waidspeichers,** der zum Theatersaal für die Erfurter Puppenbühne ausgebaut worden ist. Nordwärts begrenzt die Rückfront des **Hauses ›Großer Pflug und Großer Siebenbürgen‹** den Hof, die barocke Fassade ist der Markstraße zugewandt. Dieses Gebäude dient heute als Bibliothek. Die kleine **Magdalenenkapelle** steht inmitten des Arche-Viertels, das zur Zeit saniert wird.

Links der **Allerheiligenkirche** – sie birgt ein spätgotisches *Vesperbild* und einen schönen *Barockaltar* – führt die Allerheiligenstraße in einen Stadtbezirk, der noch einiges von seiner spätmittelalterlichen Atmosphäre bewahrt hat. An die Kirche schließt unmittelbar der Hof der **Engelsburg** an: Auf Klostermauern aus dem 12. Jh. entstanden seit dem 16. Jh. die Häuser, in denen sich die Erfurter Humanisten, geistige Vordenker und Lehrer an der Universität, trafen. Ob sich dieser Ort mit der berühmt gewordenen »Elegie der Trunksucht« des Rhetorikers und Poeten Eobanus Hessus in Verbindung bringen läßt, muß dahingestellt bleiben. Unbestritten ist, daß der Meister zu den bedeutendsten Humanisten Erfurts zählte und einer der streitbaren Anhänger Martin Luthers war, den er in Erfurt empfing. Dieses Stadtgebiet zwischen Marktplätzen und der Pergamentergasse, die im Zuge der *via regia* angelegt worden war, prägte durch das gesamte Mittelalter hindurch neben dem geistigen Leben auch der Handel. Davon zeugen die hier erhalten gebliebenen Bauten der großstädtischen Phase Erfurts aus spät- und nachmittelalterlicher Zeit.

Gegenüber der Engelsburg entstand auf dem Platz einer frühen Burgfestung neben der **Pergamentergasse** die vom Handel bestimmte **Turniergasse.** Wie vielfach in Erfurt tragen auch hier die Häuser noch immer ihre alten Eigennamen. Beim Haus ›*Windmühle*‹ aus der zweiten Hälfte des 16. Jh. haben sich die großen Speichergebäude mit den Zugängen zu den Höfen der Marktstraße erhalten. Fast noch mittelalterlich erscheint das Ambiente der Gassen, welche am ›Blumenstein‹ in die Turniergasse münden. Hier blieben die prächtigen Patrizierbauten ›*Haus zum Turniere*‹, ›*Hirschsprung*‹ und ›*Blaue Lilie*‹ bestehen; aus dem 16. Jh. stammen ihre Hauszeichen und das Baudekor. Insbesondere die beiden Häuser ›*Zum Güldenen Sternberg*‹ von 1533–37 und ›*Zum Güldenen Stern*‹ mit dem spätgotischen Erker von 1479 ragen hier heraus und sind vor wenigen Jahren restauriert worden.

Die Allerheiligenstraße mündet neben der mittelalterlichen Michaeliskirche in die Michaelisstraße. Gegenüber erkennt man die Reste des **Collegium maius** der 1392 gegründeten Erfurter Universität. Ausgerechnet dieses geistige Zentrum des alten Erfurt trafen 1944 die Fliegerbomben des Zweiten Weltkrieges, so daß heute nur noch das dekorative spätgotische *Portal* und die späteren *Flügelgebäude* stehen. Das Collegium maius und die **Michaeliskirche** sind nicht nur von ihrer Baugestalt her im Zusammenhang zu sehen. Als die romanische, aber Ende des 13. Jh. gotisch umgebaute Pfarrkirche Universitätskirche geworden war, mußte sie um ein Seitenschiff erweitert werden. Um 1500 erhielt die

25 WEIMAR Zentralbibliothek der deutschen Klassik ▷

26 Weimar Goethe- und Schiller-Denkmal vor dem Nationaltheater

27 Weimar Schloß Belvedere

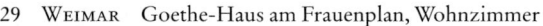

28 WEIMAR Stadthaus und Cranach-Haus am Marktplatz
30 WEIMAR Van-de-Velde-Bau der ehem. Bauschule, heute Hochschule für Architektur
29 WEIMAR Goethe-Haus am Frauenplan, Wohnzimmer

31 Gedenkstätte Buchenwald

32 APOLDA Eisenbahn-Viadukt

33 ARNSTADT Neidecksturm der Schloßanlage

34 ARNSTADT Galerien des ehem. Tuchgaden am Markt

35 ARNSTADT Marktplatz mit Rathaus und Bach-Denkmal

36 ARNSTADT Portal am Bürgerhaus Markt 3

37 ARNSTADT Rathausportal

39 ARNSTADT   Bach-Kirche, Orgel
◁ 38 ARNSTADT   Waidhaus an der Liebfrauenkirche
40 SCHLOSS BURGK   Jagdsaal

41 ARNSTADT Liebfrauenkirche

42 Lauscha im Thüringer Wald ▷

44 SAALFELD   romanischer Wohnturm, im Hintergrund die Türme der Johanniskirche
43 SAALFELD   Rathaus

unmittelbar anschließende *Dreifaltigkeitskapelle* den bildgeschmückten Chorerker. Ostwärts führt die Michaelisstraße, im Mittelalter ein Hauptweg, zur Krämerbrücke. An der Ecke zum Fischmarkt wurden Reste der Synagoge des 14. Jh. freigelegt. Neben der Waagegasse sind die Bauten der ›**Kleinen und Großen Waage**‹ aus dem 15. und 17. Jh. verblieben – dahinter die Speicherbauten an der Waagegasse. Die Häuser ›**Güldener Kröhenbacken**‹, unmittelbar an der Dreifaltigkeitskapelle, und ›**Goldener Schwan**‹ zählen zu den beeindruckendsten Bauwerken der ausklingenden Gotik und bereits klassischen Renaissance der 60er Jahre des 16. Jh. in Erfurt. Westwärts und in Richtung Augustinerstraße hat sich aus der gleichen Zeit die ›**Große Arche und Engelsburg**‹ erhalten. Ihr folgt in der Augustinerstraße als eine der spätmittelalterlichen Studentenwohnstätten die **Georgenburse**, in der Martin Luther während seiner frühen Erfurter Jahre Quartier fand.

Durch die Augustinerstraße, welche die Fortsetzung der Pergamentergasse bildete, gelangt man über die Gera und am mittelalterlichen Nikolaiturm vorbei zum **Augustinerkloster**. Sie markiert auch den Weg Luthers zwischen dem Collegium und dem Kloster, in dem er zwischen 1505 und 1511 als Mönch lebte. Heute befindet sich hier eine der großen Luther-Gedenkstätten. Von der alten Pfarrkirche St. Philippi und Jacobi blieb nicht viel erhalten. Die Augustinereremiten, die sie 1266 übernahmen, begannen 1277 mit dem Neubau der langgestreckten Basilika, die zusammen mit dem Kreuzgang 1334 fertiggestellt war. Der *Glockenturm* kam erst 1434 hinzu. Nur wenige Jahre danach waren das *Winterrefektorium* und das *Alte Priorat* vollendet. Der zweigeschossige Bau des *Bibliotheksgebäudes* mit hohem Satteldach entstand in den Jahren, als Luther hier lebte; 1511 waren die Arbeiten abgeschlossen. Seit 1669 kamen die Flügel des *Waisenhauses* mit ihren offenen Galerien hinzu; sie bildeten nun eine eigene Hofanlage innerhalb des Klosterbereichs. Im Westen schließt sich der *Komturhof* aus dem 16. Jh. an. Bauschäden führten zu einer gründlichen Erneuerung des Augustinerklosters zwischen 1840 und 1846, die unter der Leitung von Karl Friedrich Schinkel stand. Dabei konzentrierte man sich neben der Renovierung der Kirche vor allem auf den Neuausbau des Westflügels, des Winterrefektoriums und des Priorats. Erneute Schäden brachte der Zweite Weltkrieg; bis in die 60er Jahre blieb das Kloster eine Ruine. Seit 1968 erfolgte dann die langjährige denkmalpflegerische Rekonstruktion, die alle historischen Aus- und Umbauten weitgehend berücksichtigte. Auch der mittelalterliche *Glasfensterzyklus* mit der Legende des hl. Augustinus, der durch rechtzeitigen Ausbau vor der Kriegszerstörung bewahrt worden war, konnte wieder eingebaut werden. Auf Martin Luther ausgerichtet, birgt das Kloster neben der Mönchszelle als Veranschaulichung klösterlichen Lebens eine Reihe mittelalterlicher Kunstwerke und die anschauliche Exposition zur Reformationsepoche.

Verlassen wir nun dieses humanistisch geprägte Viertel der Erfurter Altstadt, an dessen Bauten noch so manches auf die Universität und ihren Rektor Crotus Rubeanus verweist – sei es als Inschrift oder als Zier. Hier wurden die ›Dunkelmännerbriefe‹ unter der Feder

◁ 45 HUMMELSHAIN Jagdschloß

Ulrichs von Hutten und Crotus Rubeanus verfaßt und auf den Druckstöcken in den Häusern ›Zur Großen Arche‹ und ›Zum Schwarzen Horn‹ an der Michaelisstraße vervielfältigt. Entlang den Gera-Armen mit den erhalten gebliebenen und jüngst restaurierten alten **Studentenbursen,** die am Kreuzsand direkt ins Wasser gebaut zu sein scheinen, und dem restaurierten Bau des 1484 gegründeten **Universitätshospitals** an der Horngasse führt der Weg zurück ins ›Reich der Kaufleute‹.

Pons rerum venalium, **Krämerbrücke,** wird im 12. Jh. der Übergang über die Gera genannt; er war eine Brücke der Kaufleute. Was sich heute an dieser Stelle über die schmalen Wasserstränge spannt, ist eine der wenigen noch erhalten gebliebenen bebauten Brücken – nördlich der Alpen die einzige überhaupt (Abb. 20). Das bescheidene Flüßchen dürfte im Mittelalter durchaus wilderen Charakter gehabt haben – was hätte sonst Anlaß gegeben, unmittelbar bei einer Furt eine Brücke anzulegen, wenn der niedrige Wasserstand ständig eine Flußüberquerung erlaubt hätte? Der mittelalterliche Handelsweg erforderte Stabilität, was wiederum Schlüsse auf seine Bedeutung für Erfurts Märkte zuläßt. Eine erste Holzbrücke wird schon für das 8. Jh., die Zeit der vorstädtischen Siedlung also, vermutet. Die nachfolgenden, gleichfalls hölzernen Konstruktionen verbanden dann den Fischmarkt im Westen und den Wenigemarkt im Osten des Flusses miteinander. Zwischen 1156, dem Datum jener ersten Erwähnung der Krämerbrücke, und dem beginnenden 14. Jh. entstand schließlich die steinerne Bogenkonstruktion, die man heute erst bei genauerer Betrachtung unter den ausladenden hölzernen Unterkonstruktionen für die Brückenhäuser entdeckt. Sicher hatten die ehemals zwei Kirchen über den Brückenköpfen ur-

Erfurt, Krämerbrücke, Ansicht aus Richtung Augustinerkloster

130

sprünglich mehr als nur sakrale Funktion. Beide 1110 erwähnten Bauten dienten – zieht man Rückschlüsse von anderen mittelalterlichen Brücken – als Wegekapellen, Fortifikation und Zahlstellen für Händler. Bestehen blieb jedoch nur die östliche Ägidienkirche, die westliche Benediktikirche wurde 1810 abgetragen. Der Bau der *Ägidienkirche* spannt sich mit dem Durchlaßbogen über die Brückenrampe und wird von dem hohen Turm überragt. Obgleich die Kirche nach einem Brand der Brückenanlage 1325 neu errichtet wurde, hat sich hier die ursprüngliche mittelalterliche Situation nahezu erhalten. 1472 brannten die Bauten auf der Brücke erneut nieder, und mit dem Wiederaufbau erhielt das Gotteshaus den spätgotischen Chorerker. Nachdem es 1827 zu einem Wohnhaus umgebaut worden war, dient es seit 1959 wieder sakralen Zwecken.

Dem Brand von 1472 waren alle Krambuden zum Opfer gefallen; es handelte sich durchweg um Holz- und Fachwerkbauten. Der merkantilen Bedeutung des Ortes und insbesondere des hochwassersicheren Überganges trug der rasche Ausbau der Brücke Rechnung. Die Pfeiler erhielten Verstärkungen, um die breiten Sprengwerke aufnehmen zu können, über denen alsbald 62 bis zu dreigeschossige Fachwerkhäuser neu errichtet wurden. Es sind die letzten noch spätmittelalterlich geprägten Wohn- und Handelshäuser – die nächste Generation schon schuf in der Stadt palastartige Renaissancebauten. Die denkmalpflegerische Sicherung der Brückenkonstruktion, die Sanierung und schließlich die Rückkehr zur ursprünglichen Nutzung der Häuser erforderten mehr als zwei Jahrzehnte; sie haben der Stadt Erfurt eines ihrer markantesten Geschichtszeugnisse erhalten und erschlossen.

Den historischen **Fischmarkt** schmücken – umgeben von weiteren alten Bürgerbauten – zwei der schönsten und reichsten Erfurter Bürger- und Handelshäuser: das Haus ›Zum Breiten Herd‹ (Nr. 13) und das Haus ›Zum Roten Ochsen‹ (Nr. 7). In jeweils fünf Geschossen bauen sich Fassade und Giebel übereinander, in dieser Form noch der Tradi-

tion der Spätgotik verhaftet, in der üppigen architektonischen und figürlichen Dekoration aber bereits der Renaissance zuzuordnen. Das gesamte Bild des Platzes aber überragt das neogotische **Rathaus**, dessen quergestellter Kopfbau sich in drei hohen Spitzbogenarkaden zum Markt hin öffnet (Abb. 17). 1870/75 wohl als ein städtebauliches Symbol verstanden, fügt es sich doch in die Gesamtanlage des Platzes ein. Das *Treppenhaus* in seinem Inneren schmücken historisierende Gemälde von Eduard Kämpfer, die 1878 entstanden. Zehn Jahre früher schuf Peter Jansen die Gemälde im *Festsaal*. 1904 wurde durch einen Anbau der *Ratshof* eingeschlossen und 1934/35 in schlicht dekorativem Stil mit großem Walmdach der Zweckbau für eine Bank angefügt.

Hinter dem Rathauskomplex, der die ursprüngliche Platzgestalt wesentlich veränderte, steht an der schmalen Stadtmünze und Rathausgasse das Haus ›Zum Paradies und Esel‹ aus der Zeit um 1469/70. Rechter Hand des Rathauses erblickt man den ›**Breiten Herd**‹ (Farbabb. 7). Seiner Renaissance-Giebelfront fügte 1892 der Architekt Karl Frühling in fast minutiöser Anlehnung an das bestehende Haus den Erweiterungsbau an. Dabei erhielt auch das Erdgeschoß des ›Breiten Herd‹ seine jetzige Dekoration. Darüber aber variiert mit jedem Geschoß der goldfarbene Schmuck von 1584. Er folgt deutlich niederländischen Dekorations- und Bauentwürfen, und man schreibt die Ausführung in Erfurt auch niederländischen Handwerkern aus den Familien Fridemann und van der Mulen zu. Besonders reich zeigen sich die Fensterbrüstungen des Hauptgeschosses, in deren Reliefs die fünf Sinne dargestellt sind. Das Haus befand sich ursprünglich in Besitz einer Waidhändlerfamilie. Ein Gang in den Hofraum überrascht: Hier trifft man auf einen reizvollen barocken Sommerhausbau. Gleichfalls barock, aber weitaus bescheidener nimmt sich das Nachbarhaus ›Zum Güldenen Löwen‹ links vom ›Breiten Herd‹ aus, das 1740 erbaut wurde.

Unmittelbar dem Rathaus gegenüber, hinter dem Roland-Standbild von 1591, befindet sich das **Haus ›Zum Roten Ochsen‹** (Farbabb. 6). 1562 ließ der Waidhändler Jacob Naffzer dieses Gebäude mit einer Renaissance-Fassade versehen, die zu den reichsten der in Erfurt erhaltenen zählt. Wie am ›Breiten Herd‹ tritt auch hier neben der antikisierenden Säulenordnung ein reicher Figurenfries als Hauptelement der Dekoration hervor. Die Fassade wurde etwa zwei Jahrzehnte früher als die des ›Breiten Herd‹ geschaffen und könnte so für deren Gestaltung als Vorbild gedient haben. Wie dort lassen sich neben Nürnberger vor allem niederländische Anregungen feststellen. Die zwei großen Schaufenster wurden später in die Giebelfront gebrochen. Mit dem benachbarten Haus ›Güldene Krone‹ und dem Haus ›Halbe Eiserne Tür‹ an der Südseite des Fischmarktes – beide entstammen gleichfalls dem 15. und 16. Jh. – schließt sich die Bebauung an diesem bedeutenden merkantilen Zentrum innerhalb der mittelalterlichen Großstadt.

Im Anschluß an die weit jüngere Straßenbrücke neben der Krämerbrücke überqueren wir den Wenigemarkt, der im Laufe der Jahrhunderte im Gegensatz zum Fischmarkt stärkere

Das alte Rathaus in Erfurt, Holzstich von 1876 nach einer Zeichnung von J. Rockstroh ▷

bauliche Veränderungen erfuhr. Dann biegen wir in die **Futterstraße** ein, wo die Bürgerhausfassaden das Bild des 18. Jh. bewahrt haben. Die Bauten tragen sämtlich klangvolle Eigennamen, so das prächtige Haus ›Zum Gekrönten Löwen und Kleinen Wachsberg‹ (Nr. 12) mit großem figurengeschmücktem Portal im Mittelrisalit, das Haus ›Zum Würzgarten und Aaron‹ oder das noch auf das 15. Jh. zurückgehende ›Haus zum Rebstock‹. In völligem Neuaufbau befindet sich gegenwärtig das langgestreckte Gebäude der ehemaligen **Kongreßsäle,** in denen 1891 der SPD-Parteitag den Sieg über die Sozialistengesetzgebung feiern konnte.

Fast versteckt im Dreieck zwischen Futter- und Leninstraße liegt eine der historisch bedeutendsten Erfurter Kirchen, Zeugnis der Missionstätigkeit irischer und schottischer Mönche während des 11. und 12. Jh.: die 1136 vom Kloster St. Jacob in Regensburg gegründete **Schottenkirche.** Ihre bewegte Geschichte spiegelt sich in der Vielgestaltigkeit des Bauwerks wider: Von der kreuzförmigen Basilika des 12. Jh. zeugen die kraftvollen, gebündelten Pfeiler mit ihren Halbsäulen und Schildkapitellen. Den westlichen Teil der Basilika ersetzten im frühen 13. Jh. zwei gotische Joche. Als 1472 ein Brand große Bauteile zerstört hatte, kam es zu einem durchgreifenden Neubau, in dessen Zuge auch der spätgotische Chor sowie neue Arkaden errichtet und der Südwestturm erneuert wurden. In der Barockzeit erhielt die Kirche 1711–29 neue Mittelschiffsgewölbe und die Westfassade, als deren Schöpfer Maximilian von Welsch gilt. Im spätmittelalterlichen Brandschutt verborgene Pfeilerbasen konnten bei der Restaurierung des Baues im Jahre 1964 wieder freigelegt werden. Sie verleihen dem Raum seine romanischen Proportionen zurück.

In der **Leninstraße** treffen wir auf ein weiteres Ensemble großartiger Renaissancehäuser. Zunächst steht hier das **Haus ›Zum Stockfisch‹,** das in seiner breitgelagerten dreischossigen Fassade von 1607 die spätere Renaissancehaltung zu erkennen gibt. Aus dem schachbrettartig gequaderten Erdgeschoß wächst der reich dekorierte schlanke Erker mit spitzem Giebel vor die Dachschräge empor. Die Asymmetrie der Fassade heben die beiden unterschiedlichen Portale noch hervor: links die große, rundbogige Durchfahrt für die Wagen des Waidhändlers Paul Ziegler, der das Haus errichten ließ, rechts, zwischen den unterschiedlich gestalteten Fenstern, das reiche Säulenportal für den Hauszugang. Die Bildhauerarbeiten führte die Familie Fridemann aus, der auch der Baumeister entstammte. Seit 1969 befindet sich im Haus ›Zum Stockfisch‹ das *Stadtgeschichtliche Museum.* Nahezu ebenso vielgestaltig zeigt sich das Erdgeschoß des benachbarten **Waidhändlerhauses ›Zum Mohrenkopf‹.** Der Erker reicht gleichfalls bis über die Traufe, nur sind hier die beiden Obergeschosse in unverputztem Fachwerk sichtbar. Gleichzeitig mit dem ›Stockfisch‹ erbaut, fand es zu seiner Linken im spätgotischen Haus ›Mühlhaue‹ eine wiederum steinerne Eingrenzung. Vermitteln diese Häuser noch eine Vorstellung vom Straßenbild des 17. und 18. Jh., so erscheinen die anschließenden Neubauten im Vergleich zur alten Substanz nicht sonderlich einfallsreich, obgleich sie an diese angeglichen wurden. Gewissermaßen einen historischen Akzent am Beginn der dichten Straßenbebauung setzt das **Fachwerkhaus ›Zum Grünen Sittich und Gekrönten Hecht‹** (Nr. 178). Der dreischossige Baukörper des Eckhauses geht wie die anderen genannten Renaissancebauten auf etwa 1600 zurück, bleibt aber in der Dekoration weit verhaltener. Beeindruckend aber ist die Fachwerkkonstruktion mit den Mann-Figuren in der hohen Giebelwand und an der Fassade.

Unternehmen wir einen kurzen Abstecher zum fast parallel verlaufenden Juri-Gagarin-Ring, so gelangen wir zum **Museum für Thüringer Volkskunde.** Es birgt eine der größten ethnographischen Sammlungen des Landes, die den Zeitraum von der Frühgeschichte bis zum 19. Jh. umfaßt.

An der Kaufmannskirche vorbei, kommen wir wieder auf den östlichen Teil des Angers, von wo aus uns die Hermann-Jahn-Straße zu zwei weiteren bedeutenden Kirchenbauten Erfurts führt. Hier ›zwängt‹ sich die Straßenbahn durch eine der belebtesten Geschäftsstraßen. Fast einander gegenüber stehen links der barocke Bau des einstigen **Jesuitenkollegs** von 1737, an dem sich noch ein *Portal* vom Vorgängergebäude aus der Zeit um 1612 befindet, und rechts die **Lorenzkirche** aus dem 13./14. Jh., die dem innerstädtischen Hauptweg ihre spätere Schaufront zuwendet. Im 1964 restaurierten Innenraum sind zwei schöne *Altäre* aus der ersten Hälfte des 15. Jh. erhalten; der Schrein mit den Darstellungen der Maria, der Heiligen Katharina und Laurentius entstand um 1430, der Hochaltar ist eine Lübecker Arbeit von 1448.

Am südlichen Gera-Ufer erbauten seit 1221 Franziskanermönche die langgestreckte Basilika der **Barfüßerkirche.** Nach den Luftangriffen auf Erfurt im Jahre 1944 brannte die Kirche nieder, nur der einschiffige Chor aus dem frühen 14. Jh. konnte wiederhergestellt werden. Glücklicherweise wurden die mittelalterlichen Scheiben der *Kirchenfenster* noch im Zweiten Weltkrieg sichergestellt, so daß man sie wieder im Chor einbauen konnte. Sie berichten aus der Leidensgeschichte Christi und dem Leben des hl. Franz von Assisi, der den Franziskanerorden begründete. Die Färberzunft besaß eine enge Verbindung zu dieser Kirche: Sie stiftete 1460 ein *Kreuzigungstriptychon;* und der in der Südkapelle aufbewahrte *Schlußstein* aus dem einstigen Seitenschiff zeigt drei Färber, die in einem großen Kübel rühren. Den gotischen *Hochaltar* mit Marienkrönung schufen 1445/46 die beiden Bildschnitzer Hans von Schmalkalden und Jacob von Leipzig; Michael Wiespach und ein zweiter Meister aus Göttingen bemalten die Tafeln; eine Zutat aus dem vorigen Jahrhundert ist das Gesprenge. Beachtung verdienen die beiden *Grabplatten* für Zinna von Vargula und den Weihbischof Albert von Beichlingen von etwa 1370/71.

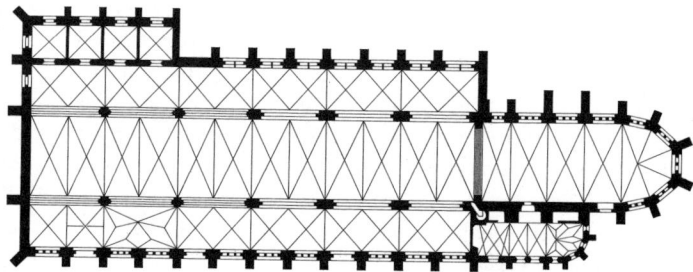

Erfurt, Barfüßerkirche, Grundriß

135

Nahezu parallel zur Barfüßerkirche steht am nördlichen Ufer die **Dominikaner- oder Predigerkirche.** In ihr predigte Meister Eckhart. In der Tradition der geistlich-geistigen Haltung stehend, die vor allem durch Thomas von Aquin verbreitet wurde, gehörte er zu den großen Vertretern der Mystik. So wirkte er wohl auch prägend auf das Bild dieser ehemaligen Klosterkirche. Ihr Inneres bietet noch immer einen der beeindruckendsten gotischen Räume (Abb. 15). Zwischen 1278 und 1380 entstand die langgestreckte, äußerlich schlichte Basilika. Die schlanken Proportionen der Säulen und ihre Reihung über 15 Joche verleihen dem Raum nicht nur den Eindruck von großer Höhe, sondern auch von immenser Längsdehnung. Wie ein haltgebietender Riegel trennt der 1410 eingebaute *Lettner* das Langhaus vom ebensoweiten Chor. Trotz der Höhenunterschiede von Mittel- und Seitenschiffen kommt es zu einem hallenartigen Eindruck des durchgehend hellen Raumes. Nachdem das Dominikanerkloster 1588 aufgehoben worden war, nahm die Predigerkirche den Rang der städtischen Hauptkirche ein. Die *Konventgebäude* wurden in der Barockzeit bis auf den Ostflügel abgetragen. Veränderungen vor allem der Ausgestaltung brachte das frühe 19. Jh. Durch die denkmalpflegerische Erneuerung nach mittelalterlichen Befunden erhielt das Kircheninnere in den 60er Jahren seine heutige Gestalt. Dabei konnte auch das in die Westwand der *Chorschranken* eingefügte Bild des Kalvarienberges aus der Zeit um 1350/60 restauriert werden. Gleichfalls an den Schranken befindet sich die wohl parallel zur Darstellung des Kalvarienberges entstandene Madonna, eines der elegantesten Bildwerke des sogenannten Weichen Stils in Erfurt, gleichermaßen graziös und realistisch gestaltet. Ähnlich idealisierende Realistik spiegelt auch der *Hochaltar*, insbesondere in den Gemälden zu Christi Leidensgeschichte, wider.

Im Südwesten der spätmittelalterlichen Altstadt hatte sich seit dem 18. Jh. ein eigenes kleines Zentrum um den heutigen Karl-Marx-Platz entwickelt. Hier stand im Mittelalter ein Kirchenbau, aus dem 1731–35 die barocke **Neuwerkskirche** hervorging; markant ist der barocke Aufbau auf dem Ostturm. Neben der reichen Barockausstattung mit stukkierter Architektur und bemalter Decke findet man gotische Bildwerke. Das *Madonnenbild* der mittelalterlichen Neuwerkskirche, das 1370 geschaffen wurde, kann heute im Angermuseum betrachtet werden.

Am Rande eines kleinen Parks nördlich dieser Kirche steht das **Schauspielhaus,** das über den Klostergang zu erreichen ist. 1897 nach Plänen des Baumeisters Georg Weidenbach als Vereinshaus errichtet, wurde es 1949 seinem jetzigen Verwendungszweck zugeführt und dafür gründlich umgebaut. In einer neuerlichen Umgestaltung in den Jahren 1974–78 versuchte man, die neobarock geprägte Außenarchitektur weitgehend zu bewahren. An der Theaterstraße war schon 1867 der Fachwerkbau für ein **Sommertheater** entstanden. Dieser wurde 1894 zum klassizistischen Gruppenbau umgestaltet, wobei er den antikisierenden Dekor erhielt. Schließlich trifft man an der Kartäuserstraße nahe beim 1925 erbauten katholischen Krankenhaus auf das Gelände des einstigen **Kartäuserklosters.** Die 1375 mit dem Kloster erbaute *Kirche* wird schon seit dem vorigen Jahrhundert nicht mehr genutzt. Ihre barocke Fassade geht wie die der Schottenkirche auf den Baumeister Maximilian von Welsch zurück.

Verläßt man hier das Stadtgebiet in Richtung Hochheim, so schneiden die Wege den **Dreienbrunnenpark.** Diese um 1900 in der Gera-Flußaue geschaffene Anlage erstreckt sich über 3 ha und weist einen interessanten Baumbestand auf. Nordwärts von Flußaue und Cyriakstraße schließt das Gelände der **Internationalen Gartenbauausstellung** an, zu dessen seit 1961 ausgebauten Gartenflächen man durch den eigenwilligen Eingangsbau an der Gothaer Straße gelangt. Die iga – wie das Kürzel für die Dauerausstellung und Schau lautet – umschließt auch das Terrain des ostwärts abfallenden Hanges, wo seit 1123 das Nonnenkloster St. Cyriakus stand. An seiner Stelle wurde seit 1480 die **Schutzburg** für den Handelsweg und Hauptzugang zur Stadt errichtet. Unter der schwedischen Herrschaft erfuhr sie seit 1631 einen Umbau zur Festung, die dem Mainzer Erzbischof Johann Philipp von Schönborn zugute kam, während er die Stadt bedrängte. Als im Oktober 1813 die napoleonischen Truppen Erfurt verteidigten, fielen dem Beschuß durch die Verbündeten die Stadtteile unterhalb der Festung Petersberg, insbesondere die Häuser um den Domplatz zum Opfer. Aber auch der Dom und die Severikirche erlitten Schäden. Die beiden Festungen Petersberg und Cyriaksburg blieben nach der Eroberung Erfurts zunächst in französischer Hand; erst im Mai 1814 zogen ihre Besatzungen ab. Auch die Cyriaksburg wurde nun preußische Kaserne, und 1824 begann man, sie entsprechend umzubauen. Seit 1873 sind die noch erhaltenen Teile der Zitadelle zugänglich; heute finden hier Ausstellungen statt, auch eine Gaststätte befindet sich in den Kasematten.

Südwärts der Eisenbahnstrecke beginnt mit dem 1908–12 angelegten Stadtpark ein weit ausgedehntes und erst im vorigen Jahrhundert erschlossenes Stadtgebiet, in dem vor allem Wohn- und Verwaltungsbauten unseres Jahrhunderts dominieren. Ein ästhetisch nicht sonderlich ansprechendes, aber bautechnisch und bereits historisch interessantes Gebäude ist die am Stadtrand nahe beim Stadion gelegene **Thüringenhalle.** Ihren 40 m breiten Innenraum überspannen freitragende hölzerne Binderkonstruktionen. 1939 entstanden, stellt sie zugleich ein bauliches Zeugnis jener Epoche unmittelbar vor dem Zweiten Weltkrieg dar. Das neue Erfurt der 60er, 70er und 80er Jahre wuchs nord- und nordostwärts mit umfangreichen Wohngebieten in das städtische Umfeld. Verläßt man die Stadt ostwärts, beginnen nach kaum 2 km die Felder des fruchtbaren Umlandes.

Weimar

»Wählen Sie Weimar zu Ihrem Wohnort – wo finden Sie auf einem so engen Fleck noch so viel Gutes!« Das mag gestimmt haben zu Goethes Zeiten, und es mag des Dichters Überzeugung gewesen sein, was er hier zu Johann Peter Eckermann sprach. Es ist sogar heute noch nachzuempfinden – konzentriert man den Blick auf das Schöne in und an Weimar. Hat der Reisende die industrialisierten, unfreundlich wirkenden vorstädtischen Räume durchquert, öffnet sich ihm eine lebendige Stadt, alt zwar, aber mit weiten Gärten und breiten Alleen durchsetzt. Er gelangt zu einem Ring, der an drei Seiten umschließt, was der Dichter besang und beging: einen von engen, gewundenen Gassen durchzogenen, dicht bebauten Stadtkern. Man sieht Weimar den Aufstieg vom ›Flecken‹ neben dem fürstlichen Sitz an und spürt jenen Hauch der Klassik, welcher um die Wende des 18. zum 19. Jh. durch ein paar Jahrzehnte so fruchtbar wirkte und dessen Tradition am Ende unseres Jahrhunderts noch immer über Weimar schwebt. Heute ist die Stadt Goethes und Schillers, Wielands und Herders, der Charlotte von Stein und Corona Schröter, der Herzogin Anna Amalia und des Großherzogs Carl August Sitz der Nationalen Forschungs- und Gedenkstätten der klassischen deutschen Literatur, einer wissenschaftlichen Forschungsinstitution von weltweiter Bedeutung.

Eigentlich ist Weimar zweigeteilt: Da ist einerseits die Siedlung am Ilm-Bogen, die in ihrer Grundstruktur mittelalterlich ist und sich klassisch aufgefrischt flußaufwärts durch die Parkaue entlang der Ilm und bis zum Schloß Belvedere erstreckt. Andererseits sind da die Raster der nach Süden und Norden gewachsenen Stadträume. In ihrer noblen Villenbebauung wie in den repräsentativen Verwaltungsgebäuden wird der Bedeutungsanspruch der Residenz in nachklassischer Zeit deutlich, und auch jene zwölf Jahre als Landeshauptstadt von 1933–45 lassen sich erkennen – wenngleich ihre Spuren am heutigen Karl-Marx-Platz durch die neue Bebauung inzwischen schon verwischen. Doch welche Stadt kann schon ihre Geschichte verleugnen?

Für die erste Erwähnung der Burg über der Ilm bot 975 ein Hoftag Ottos II. Anlaß. 1254 ist Weimar als *civitas* bezeugt und stand seitdem unter dem Schutz der Grafen von Orlamünde. Als ihr Geschlecht ausstarb, gelangte der Ort 1373 in den Besitz der Wettiner, und bei deren Herrschaftsteilung 1485 wurde er zum ernestinischen Territorium geschlagen. Als ältesten mittelalterlichen Siedlungskern muß man das Gebiet rings um die Jacobskirche ansehen, das sich zwischen dem heutigen Karl-Marx-Platz und dem Graben erstreckt. Darauf deutet ebenfalls die Gründungsinschrift an der Jacobskirche von 1168 hin. Vermutlich lag hier im Bereich des jetzigen erweiterten Rollplatzes auch ein Markt. Doch die große Ost-West-Handelsstraße, die *via regia*, führte in großem Abstand zur Burg weit im Norden jenseits des Ettersberges vorbei. So scheint die Gründung der Stadt unmittelbar bei der Burg im 13. Jh. eher auf die gewachsene Bedeutung dieser Befestigung als auf den Markt zurückzuführen zu sein. Westlich der Stadtkirche, die zwischen 1245 und 1249 erbaut wurde, entstanden regelmäßig angelegte Viertel; zur Markt- und Schloßgasse hin dehnte sich die Siedlung dagegen frei aus. Die Rittergasse verweist im Namen noch auf die ursprünglichen Anwohner, und auch die Stadtstruktur deutet auf eine Burgsiedlung hin. Erst mit der städtischen Erweiterung seit dem Anfang des 14. Jh. bildete sich dann ein Marktplatz an der heutigen Stelle. Er liegt inmitten des neuen Stadtgebietes zwischen Marktstraße und Schiller- und Puschkinstraße im Süden und markierte nun ein stadtbürgerliches Umfeld, das schließlich auch die Westseite der Siedlung des 13. Jh. bis zum heutigen Goetheplatz sowie den Graben umfaßte. Von der etwa gleichzeitig errichteten Stadtbefestigung ist gegenüber dem Hauptpostamt der Kasseturm erhalten geblieben – eines der wenigen Denkmäler des alten Festungswerkes. Die erste Siedlung um die Jacobskirche jenseits des Grabens blieb indes aus dem Stadtgefüge ausgeschlossen. Nachdem 1424 die Burg und die halbe Stadt einem Brand zum Opfer gefallen waren, entstanden im

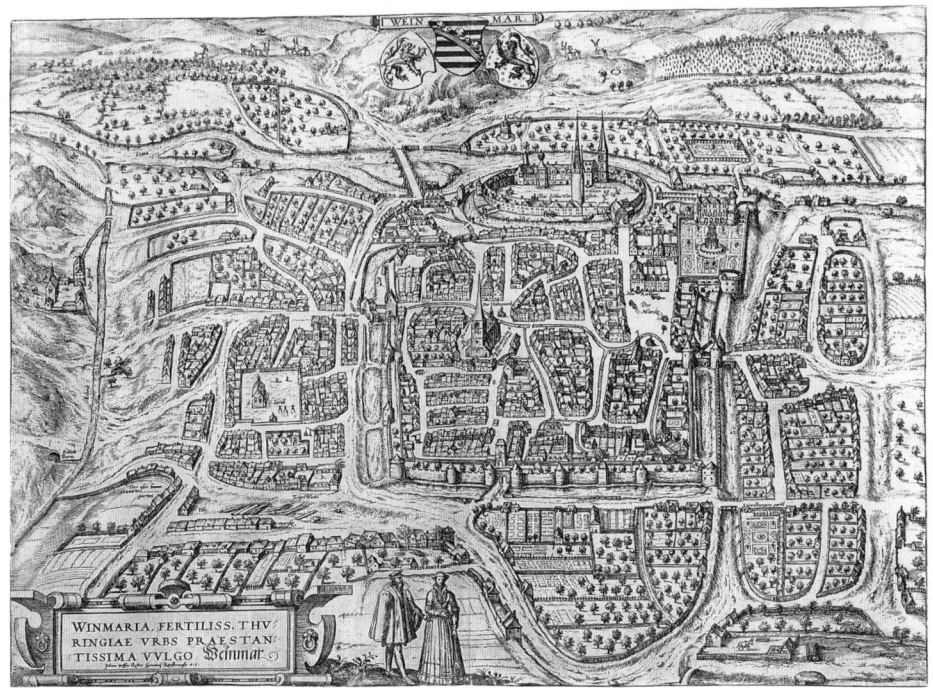

Weimar nach dem Städtebuch von Braun und Hogenberg 1593, 1569 entworfen von Johannes Wolf und gezeichnet von Veit Thiem

15. Jh. die ersten großen städtischen Neubauten von Stadtkirche und Rathaus. Auf eine inzwischen rege merkantile Tätigkeit deutet die Waidhandelsordnung von 1456 hin. Der Wiederaufbau der Burg – man könnte auch von einem ersten Schloß sprechen – dauerte bis weit in das 16. Jh. hinein. Johann der Beständige, Bruder des Kurfürsten Friedrich des Weisen, residierte 1513–25 in der Stadt und bereitete der Reformation einen guten Boden. Von 1547 an blieb Weimar bis 1918 ständige Residenz und veränderte bis zur Goethe-Zeit seine Ausdehnung kaum, wohl aber seine bauliche Gestalt.

Gleich, ob man heute über die Autobahn von Süden oder mit der Eisenbahn von Norden nach Weimar kommt – man muß in die Stadt hinabfahren, die sich im Ilm-Tal ausbreitet. Von Süden passiert man zunächst unmittelbar nach der Autobahnabfahrt **Gelmerode,** ein kleines Thüringer Dorf, das in der Kunst Berühmtheit erlangte: Als Lyonel Feininger Lehrer am Bauhaus war, hielt er den schlanken Helm der kleinen *Dorfkirche* nach einer ganzen Reihe von Vorstudien als kristallin-kubistisches Linien- und Farbengerüst in einem seiner expressiven Bilder fest. Damit ist nach Spätmittelalter und Reformation sowie der Goethe-Zeit ein dritter bedeutender Geschichtsabschnitt Weimars angesprochen.

139

Tritt man aus dem **Bahnhof** – einem neoklassizistischen ästhetischen Zweckbau aus der Zeit des Ersten Weltkrieges und den folgenden Jahren –, befindet man sich auf einem quergelagerten Vorplatz in der Achse der zur Stadt führenden Allee. Mit dem darauffolgenden, gleichfalls quergelagerten Platz der 56 000 sowie einem dritten vor dem einstigen Landesmuseum wird das Gefälle des Geländes gleichsam städtebaulich rhythmisiert – freilich in relativ bescheidenen Bauformen. Point de vue und Pendant zum ersten Bahnhof hoch oben über der Stadt war der prachtvolle Neorenaissancebau des **Landesmuseums,** der 1865/66 nach Plänen des Architekten Josef Zitek errichtet worden war. Mit dem Museumsbau wurde eine Gartenanlage geschaffen, der Karl-August-Platz, der die breite Talsenke mit dem zum Jacobsviertel ansteigenden Gelände verband. In dieser interessanten städtebaulichen Struktur des 19. Jh. ist die Idee von der repräsentativen ›Bahnhofstraße‹, wie wir sie aus Gotha kennen und der wir ähnlich auch in Altenburg begegnen werden, unverkennbar. In den 30er Jahren unseres Jahrhunderts ist die Anlage allerdings zerstört worden: Weimar war als thüringisches Zentrum der nationalsozialistischen Bewegung zu einer Art Symbol des deutschen Faschismus geworden. So sollte das Landesmuseum durch ein riesiges Gauforum für die damalige Landes- und Gauhauptstadt verdrängt werden. Dazu beseitigte man den Garten und errichtete im typischen neoklassizistischen Stil der 30er Jahre eine Hofanlage, die mit ihren langen Gebäudefronten, einer riesigen Halle am Ostende und dem Querbau im Westen an barocken Schloßbauten orientiert war. Im Zweiten Weltkrieg wurde die riesige Halle zerstört, ihren Torso baute man 1968 zu einem Mehrzweckgebäude aus. Heute sind hier die Seminarräume und Institute der Fach- und Hochschulen Weimars untergebracht. Dieses historisch wie baulich unglückliche Monument zerschneidet und blockiert die nördliche Stadthälfte. Somit ist die große, seit den 40er Jahren des vorigen Jahrhunderts entstandene axiale Anlage zwischen Bahnhof und Goetheplatz, deren Dreh- und Angelpunkt das Landesmuseum mit seinen vier Eckkuppeln bildete, verloren, entschließt man sich nicht für den Wiederaufbau des inzwischen verfallenen Museums und den Abriß der massiven Blöcke aus den 30er Jahren.

Der Weg durch die Karl-Liebknecht-Straße führt vorbei an dem spätbarock-klassizistischen Gebäudekomplex des **Bertuch-Hauses.** Diesen Bau ließ 1780–1803 der Verleger, Schriftsteller und Unternehmer Friedrich Justin Bertuch errichten. Im Verlauf der 23jährigen Bautätigkeit wuchsen die drei einzelnen Häuser zu der einheitlichen fünfgliedrigen Gruppe zusammen. Heute ist hier das *Stadtmuseum* eingerichtet, dessen historische Sammlungen auch Auskünfte über den Erbauer vermitteln. In der Person des großherzoglichen Schatullenverwalters Bertuch verband sich ein literarisch künstlerischer Geist mit jenem vorausdenkenden Geschäfts- und Unternehmersinn, der in der Stadt zur Gründung einer Reihe neuer handwerklicher Einrichtungen führte. Bertuchs Drang auf Veränderung Weimars unterstreicht eine Notiz in der 1796 in Leipzig verlegten Schrift »Reise durch Thüringen, den Ober- und Niederrheinischen Kreis«: »Unter den 11 000 Menschen, welche die Stadt bewohnen, ist bei weitem die größere Zahl eine Rasse von kleinstädtischen

Weimar, historisches Landesmuseum, Aufriß und Grundriß ▷

140

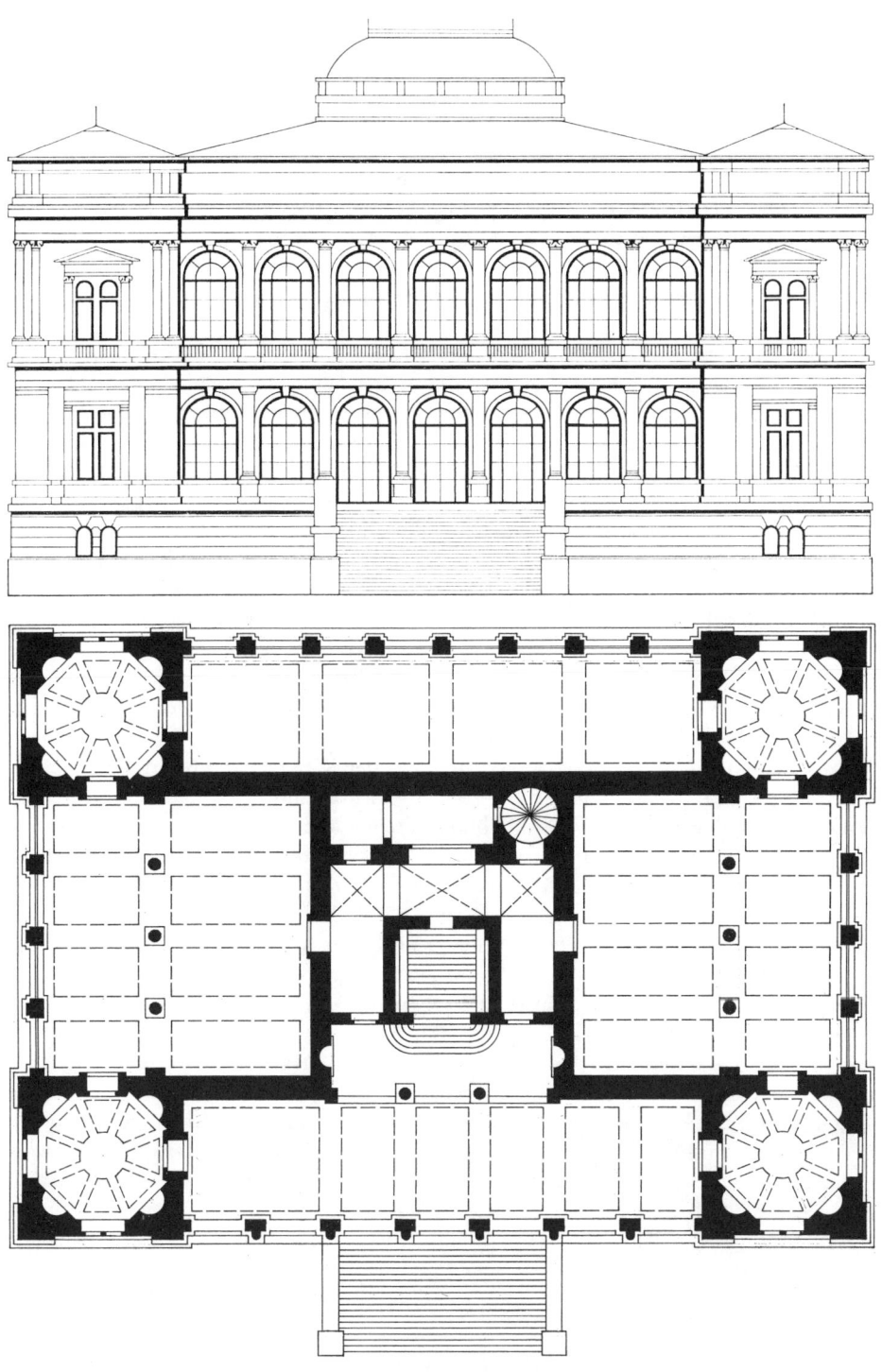

Spießbürgern, welchen man weder die Verfeinerung einer Hofstadt noch sonderlichen Wohlstand anmerkt. Alles lebt vom Luxus eines eingeschränkten Hofs, dessen geringer Adel zum Teil arm ist, zum Teil aus gelehrten und schönen Geistern besteht, welche zu philosophisch denken, um des Hofes wegen Aufwand zu machen. Weimar besitzt weder Fabriken noch Handel noch Passage. Zwar hat das Industriecomptoir des Herrn Bertuch den Namen Industrie seit einiger Zeit in Weimar in Gang gebracht, aber dies ist auch das einzige, was hier von Industrie existiert.«

Keine 30 Jahre später jedoch lobt der 1825 erschienene Führer durch Weimar: »Und wohl bist Du es wert, kleines freundliches Weimar, daß Nahe und Ferne zu Dir wallen und gern in Deinen Mauern verweilen; zwar sind es nicht Deine stolzen Paläste, nicht prunkvolle Tempel oder ein majestätischer Fluß mit bunten Wimpeln geschmückt, die Alle so mächtig anziehen, denn stolz darfst Du fragen, wo ist das unsterbliche Genie, wo der Mann von einem in Deutschland gefeierten Namen, der nicht auf eine längere oder kürzere Zeit in Weimar einheimisch war?« Aus dem ›Dorf‹, von dem Mme. de Staël 1882 in Paris noch berichtete, hatte sich die ›Wallfahrtsstätte‹ der Klassik zu entwickeln begonnen!

Unmittelbar hinter dem Bertuch-Haus steht seit 1933 die **Weimarhalle**. Den Entwurf für dieses Gebäude hatte der Architekt August Stark geschaffen. Wie das Bertuch-Haus ist auch die Weimarhalle kein homogener Baukörper, sie spricht aber eine völlig andere Architektursprache. Glattflächig und dekorlos stehen ihre kubischen Einzelkörper aneinander, monumentalisiert durch die beinahe gitterhafte Säulenfront: Noch bleibt der neoklassizistische Monumentalismus der folgenden Jahre fern zugunsten der versachlichenden Funktionsästhetik. An der Stelle der heutigen Gartenanlage vor dem Gebäude befand sich ursprünglich ein Park, der Frorieps Garten hieß.

Wählt man den Weg vom Karl-Marx-Platz links der Karl-Liebknecht-Straße durch die schmale Rollgasse, so gelangt man nach wenigen Schritten zu Weimars ältestem Siedlungsplatz unmittelbar neben dem Jacobskirchhof. In seiner Mitte steht die barocke **Jacobskirche**, 1712/13 von Johann Müntzel und Johann Adolf Richter als einschiffiges Gotteshaus mit Zwiebelhaube über dem Turm geschaffen. Sie ersetzt den mittelalterlichen, wohl weit bescheideneren Vorgängerbau. Nach dem Ausbau der Stadtkirche verlegte man 1530 den Friedhof von dort auf das Gelände um die Jacobskirche, wo er bis 1818 genutzt wurde. Hier fanden Weimarer Berühmtheiten ihre letzte Ruhestätte: Die *Grabplatte* mit dem Bildnis des großen Renaissancemalers Lucas Cranach d. Ä., der 1553 in Weimar starb, ist heute in die Südwand der Kirche eingefügt. Einen weiteren bedeutenden Weimarer Maler, den einstigen Direktor der Freien Zeichenschule, Georg Melchior Kraus, sowie den Märchenerzähler und Gymnasialdirektor Karl August Musäus und Christiane von Goethe trug man hier zu Grabe. Das *Kassengewölbe* an der Südostecke des Kirchhofs, öffentlich verwalteter Bestattungsort für Familien ohne eigenes Erbbegräbnis, nahm 1805 Friedrich Schillers sterbliche Überreste auf, bis sie später auf Wunsch des Herzogs Carl August auf den neuen Hauptfriedhof gebracht wurden. Durch das Gitter des Kassengewölbes kann man die Namen vieler hier bestatteter Männer und Frauen lesen, die mit der Geschichte Weimars verbunden sind.

Weimar, Stahlstich

Aus diesem ältesten Teil Weimars gelangen wir über den Rollplatz – der Name erinnert an die einst hier befindliche Färbermangel, die Rolle – durch die kleine Kirchgasse mit einer Anzahl unscheinbarer, aber zu den ältesten in Weimar zählenden Gebäuden zum Graben. Dieser nördliche Abschnitt des spätmittelalterlichen **Befestigungsringes** ist noch an den Mauerbebauungen ablesbar; verschwunden sind die terrassierten Wasserläufe, die sich im Graben zur Ilm hin absenkten und den Stadtzugang unpassierbar halten sollten. Auch vom Jacobstor blieb nichts, doch die Innere Jacobstraße bietet um so mehr Historisches, und die enge Luthergasse führt zu einem der traditionsreichen Plätze: Unmittelbar an der Stadtmauer steht der **Luther-Hof.** Hier sollen der Reformator, wenn er sich in Weimar aufhielt, und später Christoph Martin Wieland gewohnt haben. Zu Beginn des vorigen Jahrhunderts wurde es durch Johannes Falk zum Waisenhaus ausgebaut. Im südlichen Winkel der Luthergasse wuchs in dem kleinen Vulpius-Häuschen Christiane auf, die spätere Lebensgefährtin Goethes. Nebenan verbrachten der Maler Ferdinand Jagemann und die Sängerin Caroline Jagemann ihre Kindheit.

Gesellig-kultureller Mittelpunkt Weimars zur Goethe-Zeit war das **Kirms-Krackow-Haus** an der Jacobstraße, das seinen Namen von dem Hofbeamten und Theater-Geschäftsführer Franz Kirms und dessen Bruder Carl sowie deren Nichte Charlotte Krakkow erhielt. Ihr, die das Haus bis 1915 bewohnte, ist vor allem die Bewahrung des

143

klassischen Hauszustands zu verdanken. Johann Wolfgang von Goethe und Friedrich Schiller, August Wilhelm Iffland und August Kotzebue verkehrten im Hause Kirms, später wohnte Hans Christian Andersen hier, und die Komponisten Johann Nepomuk Hummel und Franz Liszt bereicherten das musische Klima. Heute ist das Gebäude Museum; es bietet Einblick in das Leben des ›höfischen‹ Bürgertums der Stadt und widmet seine Ausstellung gleichermaßen dem Wirken Johann Gottfried Herders in Weimar.

Fast unmittelbar an das Haus und die Jacobstraße schließt der **Herderplatz** an, den ein *Denkmal* von 1850 für den Prediger und Religionsphilosophen ziert. In der Mitte des Platzes, des ehemaligen Kirch- und zugleich Friedhofes, erhebt sich die Stadtkirche. Als der Friedhof zur Jacobskirche verlegt worden war (s. o.), rückten die ringsum errichteten Adels- und Ritterhäuser nun in den neuen städtischen Rang einer Platzumbauung. An der Ostseite sticht der hellgraue Giebel des **Deutschritterhauses** von 1566 hervor, das im Namen den Sitz des Ritterordens noch zu erkennen gibt. Den akanthusgeschmückten Giebelaufbau bekrönt die vergoldete Ritterfigur. Gegenüber in der westlichen Platzecke blieb mit dem ›**Sächsischen Hof**‹ der Stadtsitz der schwarzburgischen Grafen erhalten. Hervorgegangen aus einem mittelalterlichen Wohnturm, gehörte das mehrfach umgestaltete Gebäude ebenfalls dem Deutschen Ritterorden, ehe 1469 die Schwarzburger hier einzogen. Aus dem 16. Jh. stammt der Renaissance-Giebel. Auch Goethe wohnte hier nach seiner Ankunft in Weimar als Gast des herzoglichen Kammerpräsidenten Johann August Alexander von Kalb vom 7. November 1775 bis zum Beginn seiner amtlichen Tätigkeit im darauffolgenden Jahr. 1810 entstand die Gaststätte ›Sächsischer Hof‹ im Schwarzburger Hof.

Nördlich hinter der Stadtkirche steht das **Herder-Haus.** 1776 berief der Weimarer Herzog den Ostpreußen Johann Gottfried Herder aus Bückeburg als Generalsuperintendenten und ersten Prediger an die Stadtkirche. Vermittler war der von Herders Schriften begeisterte Goethe gewesen. Er gehörte dann auch zu den häufigsten Gästen im Pfarrhaus hinter der Stadtkirche, das Herder bezogen hatte. Nebenan, entlang der Chorseite der Kirche, steht das **Alte Gymnasium.** Zu seinem Tor führt eine barocke Doppeltreppe hinauf. Unter Mitwirken Herders entwickelte sich diese Schule zu einer der traditionsreichsten Bildungsstätten Thüringens. Das Gebäude selbst geht auf das 14. Jh. zurück und erhielt im Barock seine heutige Gestalt.

Die **Stadtkirche,** die den Heiligen Peter und Paul geweiht ist, trägt seit Herders Zeit auch seinen Namen. Ihr spätgotischer Hallenbau entstand 1498–1500 an der Stelle eines älteren Gotteshauses von 1248. Nach dem barocken Umbau von 1735–45 zeigt er nur noch wenig Spätmittelalterliches. Chor und Turm lassen zwar jene ältere Bauepoche erkennen, die dem Platz zugewandte Südseite wie das lichte Innere sind jedoch deutlich barock geprägt. Der Innenraum wurde mit dem Wiederaufbau der 1945 durch Bomben schwer getroffenen Kirche erneuert. Dabei konnten auch einige Teile der mittelalterlichen Ausmalung wiederhergestellt werden. Besonders bemerkenswert ist der große *Flügelaltar* Lucas Cranachs d. J. Auf dem 1555 vom Meister vollendeten Mittelbild erkennt man unterhalb des Gekreuzigten die Porträts Martin Luthers und Lucas Cranachs d. Ä., des Vaters des

Malers. Ihn trifft der Blutstrahl aus Christi Wunde mitten aufs Haupt – ein Hinweis auf die besondere Verehrung des soeben verstorbenen Alt-Meisters. Es folgen in den Seitenflügeln die Darstellungen des Stifters Kurfürst Johann Friedrich, seiner Gemahlin und der Söhne. Unter den *Wandgräbern* sind die Epitaphe für Herzog Johann Wilhelm an der nördlichen Chorwand und der Grabstein für Lucas Cranach d. Ä. besonders bemerkenswert.

In den westwärts anschließenden Gassen um die Geleitstraße und das Geleitshaus blieb eine Reihe alter Bürgerhäuser erhalten, darunter das schöne Fachwerkhaus am Bornberg. Ein Fachwerkgebäude aus dem frühen 17. Jh. bestimmt nach wie vor die Ecke an der Marktstraße auf der nördlichen Marktseite. Im Eckhaus an der Puschkinstraße wohnte zeitweise Johann Peter Eckermann, am Haus Marktstraße 9 weisen Erker und historisches Portal auf die Zeit um 1580 zurück, und im Haus Nr. 13 wurde 1816 Carl Zeiß geboren. Reizvoll erscheinen auch die Bauten an der Schloßgasse.

Der Wechsel der Geschichte hat den **Marktplatz** geprägt. Im Zweiten Weltkrieg wurde die Architektur an der Nordseite und damit das geschlossene Bild des Platzes zerstört. An dieser Seite entstanden 1990 die historischen Gebäude nach alten Fotos neu. Im Mittelalter fanden auf der Freifläche ritterliche Turniere statt. Erst in den 30er Jahren des 16. Jh. gewann er seine Gestalt und Bedeutung als städtischer Handelsplatz. Von jener renaissancehaft bunten und vielgestaltigen Umbauung vermittelt die Ostseite noch einen Eindruck (Abb. 28). Das älteste erhaltene Gebäude ist das **Cranach-Haus** an der Südostecke; 1547–49 ließ es der Kanzler Christian Brück vom Weimarer Baumeister Nikolaus Gromann errichten. Brück war Schwiegersohn Lucas Cranachs d. Ä. Nachdem der Maler 1552 mit dem Kurfür-

Weimar, der Marktplatz um 1928

sten Johann Friedrich die Schlacht bei Mühlberg erlebt hatte, richtete er in diesem Haus sein Weimarer Atelier ein. Er hatte wohl gerade das Altarbild für die Stadtkirche angelegt, als er hier 1553 verstarb. Das kirchliche Kunstwerk vollendete dann sein Sohn. Das Doppelhaus ist mit den beiden Dacherkern und Portalen, den Muschelschalen, Ranken und Delphinen zwischen Rundbogenornamenten und Säulen reich dekoriert. Mit der denkmalpflegerischen Rekonstruktion erhielt es seine ursprüngliche Farbgebung zurück. Eine komplette Neuschöpfung dagegen ist das nördlich angrenzende **Stadthaus**. Nach fast völliger Zerstörung im Krieg wurde es 1970 hinter seiner erhaltenen, noch spätgotisch geprägten Marktfront neu erbaut, wobei es in der Gestaltung des Erdgeschosses und des hinter der Fassade stehenden Baukörpers dem heutigen Zweck Rechnung trägt.

Die Südseite des Marktplatzes ist die eigentlich ›gastliche‹, standen hier doch schon früher gleich drei historische Gasthöfe nebeneinander: Das einstige **Hotel Erbprinz** wurde 1749 gegründet und hieß später Parkhotel. Hier stiegen 1807 Napoleon und zwei Jahrzehnte danach Wilhelm von Humboldt ab. Bildkünstler und Musiker gaben sich in den Räumen nicht nur ein Stelldichein, als sich Richard Wagner als flüchtiger Revolutionär aus Dresden hier verbarg; Carl Maria von Weber, Felix Mendelssohn Bartholdy, Niccolo Paganini, Anton Rubinstein, Hector Berlioz, Franz Liszt und Hans von Bülow standen in den Gästelisten. Nicht minder berühmt ist der ›**Elephant**‹ nebenan, in dem Thomas Mann Teile seines Romans »Lotte in Weimar« spielen läßt. Auch Christian Friedrich Hebbel und Franz Grillparzer wußten das Haus zu schätzen. 1561 erstmals genannt, war es seit 1696 Nobelherberge der Kaufleute. Freilich ist kaum noch etwas Altes am ›Elephanten‹ erhalten, zu gründlich wurde das Gebäude schon in den 30er Jahren unseres Jahrhunderts und dann beim Umbau zu einem Interhotel während der 60er Jahre erneuert. Wenigstens ein Stück Renaissance verblieb jedoch am dritten und ältesten Gasthof, dem ›**Schwarzen Bären**‹ aus der Zeit um 1540.

Ein wenig fremd im Platzbild erscheint auch heute noch das neogotische **Rathaus**, das 1842 nach Plänen des Baumeisters Heinrich Heß vollendet wurde. An seiner Stelle hatte das erste Weimarer Ratsgebäude gestanden. Das ursprüngli-

Schloß Weimar 1654, Zeichnung von Christian und Wilhelm Richter

che Baudatum von 1583 vermeldet die heute wieder eingesetzte Türinschrift im Oberge-schoß. Wie die gegenüberliegenden Bauten war das Haus im Stil der Renaissance errichtet; mit schmalem Giebelvorbau ragte es in den Platz hinein. Auch das heutige Gebäude besitzt einen Vorbau, der jedoch weit akademischer erscheint. Eine stadtgeschichtliche Fund-grube ist noch immer im Rathaus untergebracht: das Stadtarchiv.

An der engen Kollegiengasse – hinter Stadt- und Cranach-Haus – erstrecken sich die Fronten des Gelben Schlosses und zum Marktplatz hin die des Roten Schlosses. Folgt man der südöstlichen Straßenbiegung vom Markt zu den drei Renaissance-Giebeln des Roten Schlosses, das 1574 als Witwensitz für die Hofdamen errichtet wurde, so gelangt man ins höfische Weimar, das während des 18. Jh. im einstigen Lustgarten des Schlosses entstand. Um diesen Teil Weimars jedoch in der historischen Folge zu erleben, bietet die nördliche Marktabzweigung den besten Einstieg: In der Achse der Gasse Am Markt erhebt sich der älteste Bauteil des *castrum Wymar*, als welches das **Schloß** 1214 erwähnt ist. Nachdem die mittelalterliche Burg abgebrannt war, erfolgte seit 1424 der Neuaufbau. Der untere Teil des mittelalterlichen Turmes blieb bestehen, neben ihm errichtete man die ›Bastille‹. Dieser ehemalige Hauptzugang zum Burgschloß war 1439 vollendet, wie die Wappentafel ver-meldet. Das Renaissance-Portal entstand erst mit dem Umbau durch Nikolaus Gromann in den Jahren 1545–52 und bildete den künstlerischen Auftakt zur nun entstehenden Burg

147

Hornstein. – Der Name ›Bastille‹ für diesen heute so romantisch anmutenden eigenständigen Bauteil des Schlosses geht übrigens auf das spöttelnde Gerede von Hofdamen über dieses ›alte Gemäuer‹ zurück.

Nachdem die Burg 1618 abermals abgebrannt war, zog man für ihre Erneuerung einen im Schloß- und Festungsbau als erfahren geltenden Italiener heran: Giovanni Bonalino entwarf eine völlig neue Vierflügelanlage für das künftige Schloß Wilhelmsburg nördlich des bisherigen Zuganges. Übrig blieb von diesem Idealplan ein großer dreiflügeliger Bau, dessen Errichtung der Weimarer Baumeister Johann Moritz Richter leitete und der sich nun entsprechend neuesten französischen Vorbildern zum Park hin öffnete. Den weiten Innenhof umzog der dreiseitige Baukörper, der sich im Erdgeschoß in rustizierten Arkaden öffnete – hier wird deutlich, daß die Anlage als Vorbild für den Gothaer Schloßneubau diente, und in der Tat entstand in Weimar das erste große, italienischen und französischen Barockanregungen folgende Schloß im mitteldeutschen Raum.

Der mittelalterliche Turm erhielt 1728 von Gottfried Heinrich Krohne einen neuen barocken Aufbau. Doch schon 1774 brannte das Schloß wiederum bis auf die Umfassungsmauern nieder. Den nun folgenden Neuaufbau, der über 25 Jahre andauerte, leitete zunächst der Hamburger Baumeister Johann August Arens. Auf ihn geht die Ostfassade mit der oberen Säulenhalle und der Durchfahrt zurück. Die beiden nachfolgenden Hauptbaumeister, Nikolaus Friedrich Thouret aus Stuttgart und der schlesisch-preußische Heinrich Gentz, ein Schüler von Gontard, wurden auf Anraten Goethes nach Weimar gerufen. Thouret, der seit 1798 tätig war, gestaltete vor allem die Innenräume. Unter Gentz wurde das Schloß seit 1801 vollendet. Er baute das klassisch durchhellte obere Treppenhaus im Ostflügel aus. *Festsaal* und *Falkengalerie* entstanden unter seiner Leitung in Zusammenarbeit mit dem Bildhauer Friedrich Tieck, dem der gleichfalls klassizistische Bildschmuck zu verdanken ist; den Westflügel des Schlosses stellte schließlich der Weimarer Clemens Wenzeslaus Coudray 1840 fertig.

Als 1913/14 der südliche Querflügel mit dem Hauptdurchgang errichtet wurde, verschwand die eigentliche Struktur der großen Hofanlage. Der in klassizistischen Formen vollendete barocke Grundgedanke, nach dem Architektur und Landschaft ineinanderfließen, ging verloren. Das Schloß erhielt eine kastellartige Vierflügelgestalt, wie sie ursprünglich einmal angestrebt war. Der vorgelagerte Teil des Parks mußte dem breiten Platz und den Verkehrsstraßen weichen, und wie auf einem Tablett steht nun die ›Bastille‹ neben dem Schloßgeviert – immer noch und immer wieder beeindruckend, wie auch dem Südflügel des Weimarer Schlosses keinerlei negative Wertung angediehen sei.

Im Schloßinneren sind heute die *Nationalen Forschungs- und Gedenkstätten der klassischen deutschen Literatur* untergebracht. Sie entstanden 1954 mit der Zusammenfassung der in Weimar und dem Thüringer Land befindlichen historischen Zeugnisse und Denkmäler, Archive, Sammlungen und Museen deutscher Klassik. Das Goethe-Nationalmuseum, das Goethe-Schiller-Archiv, das Institut für deutsche Literatur und die Zentralbibliothek der deutschen Klassik bilden die vier Kernzellen der NFG, wie man in Weimar den langen Namen zu kürzen weiß. Über 800 000 Dokumente, Handschriften und literarische Zeugnisse, ein Bibliotheksbestand von über 110 000 Büchern, dazu die Fülle der Forschungsarbeiten und Neuveröffentlichungen bestätigen die Ausstrahlungskraft dieser großen wissenschaftlichen und kulturellen Institution.

Als zweite, kaum minder bedeutende Einrichtung befinden sich im Schloß die *Staatlichen Kunstsammlungen Weimar*, hier auch als Schloßmuseum bezeichnet. Ihr Kernstück bildet deutsche Kunst, darunter natürlich insbesondere Werke der klassischen Epoche des ausgehenden 18. und frühen 19. Jh. sowie der Weimarer Malerschule, welche die Freilichtmalerei auf ganz eigene Weise kultiviert hat. Nicht zu vergessen ist die Sammlung von Zeugnissen des Bauhauses, eine der bedeutendsten in deutschen Museen. So zurückhaltend majestätisch sich der Schloßbaukörper äußerlich zeigt – fast könnte man sagen ein wenig karg –, so reich und ganz im Sinne der kunst- und kulturfördernden Tradition des großherzoglichen Weimarer Hofes strahlt aus dem Schloßinneren in neuer interpretativer Sprache Klassisches weit über Weimarer und deutsche Grenzen hinaus.

Hinter dem Schloß verborgen bleibt der **Marstall,** ein Neorenaissancegebäude mit flach überkuppeltem Portalbau aus den 70er Jahren des vorigen Jahrhunderts. In ihm befindet sich heute das Staatsarchiv. Blickt man nordostwärts zum Talhang jenseits der Ilm, so erkennt man den neoklassizistischen Baukörper des **Goethe-Schiller-Archivs,** der sich über die Baumwipfel erhebt. 1893–96 erhielt das Archiv diesen Platz, an dem es das klassische Weimar wie ein Symbol überragt; das Gebäude entwarf der Architekt Otto Minkert. Über eine der ältesten Ilm-Brücken, die **Kegelbrücke,** gelangt man dorthin.

Südwärts vom Schloß führt der Weg sanft ansteigend über den mittelalterlichen Burgplatz, den späteren höfischen Lustgarten und jetzigen Platz der Demokratie. Weiter östlich steht am Ilm-Ufer das barocke **Reithaus,** 1803 von Heinrich Gentz klassizistisch umgebaut. Wenden wir uns wieder der Freifläche zu, wird unser Blick eingefangen von barocken Schloßgebäuden. Hier, an der höchsten Stelle des altstädtischen Raumes, nahm der Aufstieg Weimars zur Klassikerstadt seinen Ausgang. Nicht von ungefähr beherrscht also das **Denkmal des Herzogs Carl August** den Platz. Eher Donatellos Reiterstandbild des Gattamelata verwandt als Verocchios venezianischem, herrscherhaftem Colleoni, erscheint das Imperatorenbild des Weimarer Herzogs, das der Bildhauer Adolf von Donndorf 1875 geschaffen hat: Erhaben hoch zu Roß und doch als Mensch unter seinesgleichen, als Freund und geistiger Gefährte Goethes und Förderer des geistig Neuen seiner Zeit – die Sicht des Rietschel-Schülers Donndorf hat heute allgemeine Anerkennung gefunden.

Die ältere Architektur wurde zum Rahmen dieses und dreier anderer Denkmäler am Rande des Platzes: Ältestes davon ist der **Ildefonso-Brunnen** an der Hofseite des Roten Schlosses zur Rechten. Möglicherweise auf Anregung Goethes wurde hier die Nachbildung des antiken Bildwerkes aufgestellt. Am Bibliotheksturm steht seit 1949 das **Puschkin-Denkmal** vom Dresdner Bildhauer Johannes Friedrich Rogge. Schließlich findet man am Parkeingang das **Bildnis des Lyrikers und Erzählers Louis Fürnberg,** der zu den frühen Förderern der Nationalen Forschungs- und Gedenkstätten zählt.

In der Mitte des Platzes steht, gleich einem Querriegel, das Landschafts- oder **Fürstenhaus.** Der Landbaumeister Johann Gottfried Schlegel errichtete es 1770–74 an der Stelle

149

des mittelalterlichen Franziskanerklosters. Nachdem die herzogliche Familie aus dem Haus in das Residenzschloß übergesiedelt war, wurde es zum Amtssitz Goethes, der hier als Minister residierte. Der Funktion als Herrschersitz ledig, erfuhr das Gebäude für unterschiedliche Verwendungszwecke Umbauten; unter anderem erhielt es 1889, als der thüringische Landtag und die Ministerien hier eingezogen waren, den Säulenvorbau als repräsentativen Zugang. Nach dem Zweiten Weltkrieg nahm es dann die *Hochschule für Musik ›Franz Liszt‹* auf, welche sich an Sommertagen klangvoll bemerkbar macht.

Rechts an der Westseite des Platzes erstreckt sich das schon vom Markt her sichtbare Rote Schloß, links bildet der **Bibliotheksbau** die Südostecke. Dieser ist das älteste Bauwerk hier, denn das heute kaum noch zu erkennende ursprüngliche Gebäude ließ der Weimarer Herzog bereits 1562–65 als Wohnhaus für seinen Bruder errichten. Baumeister war Nikolaus Gromann. Der Umbau zum Bibliotheksgebäude beseitigte weitgehend die Renaissance-Architektur, um die sich nun die durch weitgestellte Kolossalpilaster gegliederten barocken Außenwände ziehen. Darüber spannt sich ein mächtiges Mansarddach, welches wir ganz ähnlich am Fürstenhaus gesehen haben. August Friedrich Straßburger, Baumeister auch des Eisenacher Schlosses, schuf im Inneren den durch drei Geschosse reichenden ovalen *Bibliothekssaal,* dessen umlaufende Galerie Dichter- und Künstlerbüsten schmükken – eine der schönsten Raumschöpfungen der Rokokozeit (Abb. 25). Goethe, dem die Oberaufsicht über die Bibliothek oblag und der hier eng mit seinem Schwager Christian August Vulpius zusammenarbeitete, regte den Verbindungsbau zum Turm der mittelalterlichen Stadtbefestigung an, der oberhalb der Ilm stehengeblieben war. Heinrich Gentz lieferte den Bauentwurf, nach dem die Lücke 1803–05 geschlossen und damit der Turm in die Bibliothek eingebunden wurde. In das Turminnere verbrachte man eine Wendeltreppe aus der Osterburg in Weida mit einem durchgehenden hölzernen Mittelpfeiler. Turm, Lückenbau und die mächtigen Arkaden vom ersten Bau erkennt man von der Parkseite her. Diese ursprünglich grün gefärbten Bogen verliehen dem Renaissancewohnbau auch seinen Namen *Grünes Schloß,* der sich dann später auf die Bibliothek übertrug. Heute ist in diesem Gebäude die Zentralbibliothek der deutschen Klassik eingerichtet, die mit ihren über 600 000 Bänden zu den herausragenden wissenschaftlichen Büchersammlungen auf dem Gebiet der DDR zählt. Innerhalb ihres Bestandes bildet die Bibliothek der Shakespeare-Gesellschaft einen eigenen Wert: Es handelt sich dabei um die größte Sammlung von Shakespeare-Originalausgaben aus mehreren Jahrhunderten auf dem europäischen Kontinent. Aber auch mittelalterliche Schriften wie der Weimarer Codex der »Biblia pauperum« aus der Zeit um 900 sowie Minnesängerhandschriften birgt die Sammlung.

Nur wenige Schritte, zwischen Bibliotheks- und Musikhochschulgebäude hindurch, führen zum **Haus der Frau von Stein.** Eigentlich handelt es sich bei diesem zweigeschossigen Barockgebäude mit vorgezogenen Kopfbauten um ein altes Vorwerk. Auf diesem wurden später die Stallungen für die Weimarer Husaren eingerichtet, die 1777 auf Goethes Empfehlung zum heute noch erhaltenen Wohnhaus für den Oberstallmeister Josias Freiherr von Stein umgebaut worden sind. Die freundschaftliche Verbundenheit Charlottes von Stein zu Goethe, die auf einer sehr befruchtenden Geistesverwandtschaft beruhte, bot

Weimar, Goethes Gartenhaus an der Ilm, Stahlstich

seither Stoff für literarische und wissenschaftliche Erörterungen. Ein halbes Jahrhundert, bis zu ihrem Tod 1827, lebte Charlotte von Stein hier. Nicht nur geistig, auch räumlich war ihr der Dichter zwischen 1779 und 1781 wohl am nächsten, als er im benachbarten Haus Seifengasse 16 wohnte.

Am Eingang zur Parklandschaft an der Ilm steht ein Palastbau von 1885 im Stil der Neorenaissance. Er wird heute vom **Staatsarchiv,** einer der wissenschaftlichen Forschungsstätten Weimars zur Historie Thüringens, genutzt. Seine Mauern bergen 1000 Jahre Geschichte in Gestalt von Schriftstücken und urkundlichen Papieren.

Die Gartenlandschaft im **Ilm-Tal** aufwärts bis Oberweimar ist ein Stück Stadtbild Weimars, genau wie sie die klassische Geschichtsepoche der Stadt widerspiegelt. Wo soll man ihren Ausgangspunkt suchen? Hier an der *Ackerwand* nahe dem Haus der Frau von Stein, an der Kegelbrücke, im *Botanischen Garten* oder ostwärts der Ilm in *Goethes Gartenhaus?* Dieses dürfte in der Tat zumindest der geistige Geburtsort des heutigen Goethe-Parks sein. Als Herzog Carl August im April 1776 Goethe dieses kleine Stück Land um das bescheidene Gartenhaus überließ, von dem der neue Besitzer an Frau von Stein zu berichten wußte, es sei in seiner Natur noch recht ›ruppig‹, begegneten sich wohl die Vorstellungen des Dichters und des Herzogs. Goethe legte hier an dem kleinen steilen Hang am

151

Gartenhaus an, was sich schon wenige Jahre später in großem Stile und von verschiedenen Ausgangspunkten her im Ilm-Tal ausbreiten sollte: einen der reizvollsten städtischen Residenzgärten (Umschlagrückseite): »Wachset wie aus meinem Herzen – treibet in die Luft hinein! – Denn ich grub viel Freud und Schmerzen – unter Eure Wurzeln ein!«

Den vorhandenen ›Stern‹ unterhalb des Schlosses an der Ilm – einen kleinen barocken Lustgarten zwischen Fluß und Floßgraben – und den Garten an der Ackerwand – eine gleichfalls barock geprägte Anlage – verlangten Herzog und Dichter gleichermaßen in einer großen Landschaft zusammenzufügen. Das Vorbild, an dem sich die beiden Weimarer Parkgründer mit eigenen Augen orientierten, hatte der Fürst Franz von Anhalt-Dessau in Wörlitz geschaffen. Der ›Dessauer Stein‹ am Ilm-Bogen bezeugt die Patenschaft. 1778 hatte sich der Herzog für Goethes Vorschläge begeistert. Weimarer Gärtner – aber auch der Unternehmer Bertuch – halfen bei der Umgestaltung der noch kaum begehbaren Landschaft zu einem Park nach englischen Vorbildern. Ganz diesen romantisch geprägten Anfängen folgten die in sich geschlossenen Bereiche um das *Tempelherrenhaus*, die *künstliche Ruine* und das *Borkenhäuschen, Euphrosyne-Denkmal, Leutraquelle* und *Sphinxgrotte*. Bis 1782 bewohnte Goethe ständig das Gartenhaus und nahm von hier aus unmittelbar Anteil an den Arbeiten im Ilm-Tal. 1791–97 entstand nach Plänen des Schloßbaumeisters Johann August Arens das *Römische Haus* als Sommersitz für den Herzog. Goethe überwachte selbst den Bau und die Gestaltung seiner Umgebung. Die Hanglage begünstigt die eigenwillige, ganz auf klassisch-römischen Formen basierende Gestalt. Zum Park hin weist das Haus zwei Geschosse auf, von denen sich das untere zum säulengetragenen Durchgang öffnet. Weimarer Maler und Bildhauer gestalteten das Innere des herzoglichen Refugiums, und dem Blick aus den Fenstern öffnen sich die Landschaftsräume des Parks. Hier, wo die 55 ha große Gartenanlage in der Talaue endet, kündigt sich zugleich die neue Haltung gegenüber Natur und Garten an: Nicht mehr die romantischen, geschlossenen Parkräume werden bevorzugt. Der Ausblick, die Sicht durch gewachsene und nur vorsichtig umgestaltete Natur erlangt Vorrang, die Staffagen aus Bäumen und Büschen, Beeten und anderen ›Gartenbauten‹ verlieren ihren künstlichen Charakter. Den künstlerischen Neubeginn schufen mit dem Ausholzen und der Anlage großer, Garten und Stadt verbindender Sicht- und Wegschneisen seit 1844 Hermann Fürst von Pückler-Muskau und der ihm in Weimar ebenbürtige Karl Eduard Petzold.

Der Frauenplan, die Schillerstraße und der Theaterplatz wurden zur klassischen Achse Weimars. 1709 war das heutige **Goethe-Haus,** das langgestreckte Barockgebäude an der Südostseite des Frauenplans, welches mit seinen leicht abgewinkelten Seitenanbauten der alten Straßenführung folgt, für den Strumpfverleger und Kammerkommissar Georg Caspar Helmershausen erbaut worden. In das Obergeschoß zog 1782 Goethe ein, denn hier fand er die für seine höfischen Verpflichtungen erforderlichen repräsentativen Wohnräume. Er war zunächst jedoch nur Mieter; erst zwölf Jahre später überließ ihm der Herzog das Haus zu eigen. Bis 1832 blieb dann der Dichter samt seiner Familie ständig hier wohnen. Für den Um- und Ausbau des Hausinneren ließ sich Christian Friedrich Schu-

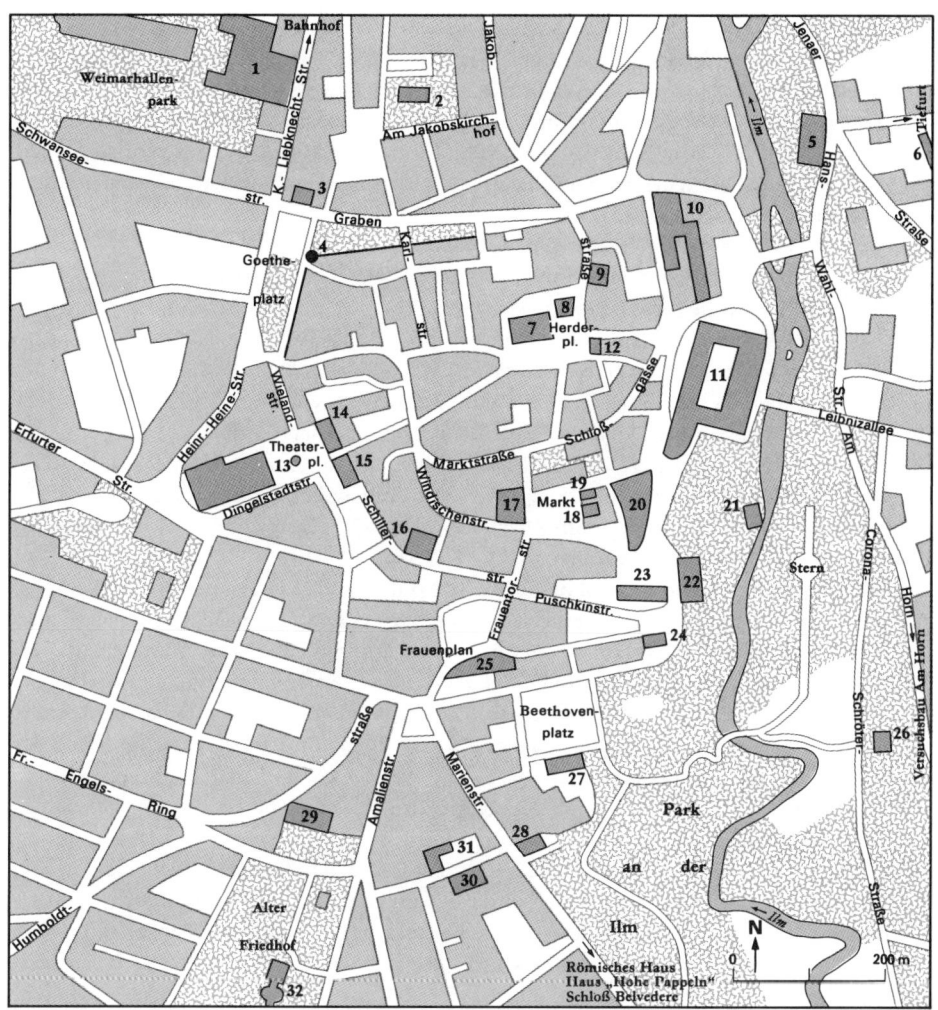

Weimar 1 Weimarhalle (Stadtmuseum) 2 Jakobskirchhof 3 Kunstkabinett 4 Stadtmauer und
Kasseturm 5 Goethe- und Schiller-Archiv 6 Johanniskirche 7 Stadtkirche (Herder-Kirche)
8 Altes Gymnasium 9 Kirms-Krackow-Haus (Herder-Museum) 10 Marstall 11 Schloß (Schloßmuseum) 12 Deutschritterhaus 13 Deutsches Nationaltheater und Goethe-Schiller-Denkmal
14 Kunsthalle 15 Wittumspalais (Wieland-Museum) 16 Schiller-Haus 17 Rathaus 18 Cranach-
Haus 19 Stadthaus 20 Rotes Schloß 21 ehem. Reithaus 22 Grünes Schloß (Zentralbibliothek der
deutschen Klassik) 23 Fürstenhaus (Franz-Liszt-Hochschule) 24 Haus der Frau von Stein 25 Goethe-
Haus (Goethe-Museum) 26 Goethes Gartenhaus 27 Staatsarchiv 28 Liszt-Haus 29 Museum
für Ur- und Frühgeschichte 30 Hochschule für Architektur 31 Van-de-Velde-Bau 32 Goethe-
und Schiller-Gruft

richt von Goethe beraten und folgte seinen Vorstellungen. So atmet das Haus – auch heute noch nach schweren Schäden im Zweiten Weltkrieg, dem Wiederaufbau sowie denkmalpflegerischen Erneuerungen – durchaus den Geist des Dichters und veranschaulicht wie kaum eine andere Goethe-Stätte intimes Leben und weltweites Wirken des Meisters gleichermaßen (Abb. 29). Sein Wort von der »edlen Einfalt und stillen Größe« vermag das seit 1885 öffentlich zugängliche Haus und heutige Goethe-Nationalmuseum zu veranschaulichen, getreu Goethes Inschrift:

»Warum stehen Sie davor?
Ist nicht Türe da und Tor?
Kämen sie getrost herein,
Würden wohl empfangen sein.«

Rechts schließen sich die **Vulpius-Häuser** an, kleine Wohnbauten aus dem späteren 18. Jh., in denen die Nachkommen der Verwandten Goethes wohnten. Linker Hand ist der ›Weiße Schwan‹ das älteste Haus am Frauenplan. Mit den Namen vieler berühmter Gäste verbunden, und nicht zuletzt durch Goethe selbst wurde es als historische Gaststätte berühmt. Friedrich Schiller wohnte 1787–89 am Frauenplan, Johann Peter Eckermann 1846–54, und die Kanonenkugel im ›Weißen Schwan‹ ist ebenso ein Stück Historie des Platzes – sie flog 1806 aus einer französischen Kanone.

Frauentor- und Schillerstraße bilden heute das pulsierende Geschäftszentrum Weimars. Als im späten 18. Jh. die mittelalterliche Befestigungsmauer abgerissen wurde, legte man auf ihrem Baugrund die **Esplanade** an, einen Flanierweg für die ›gute Gesellschaft‹ von Hof und Stadt. Sie verband das höfische Zentrum um das Fürstenhaus mit dem Redoutenhaus, wo nach dem Brand des Schlosses seit 1774 Theater gespielt wurde. So ist diese Straße schon im ausgehenden 18. Jh. zum Boulevard geworden, an dem sich fast im Sinne der großen Pariser Ringstraßen im eher dörflichen Weimar die Geschäftsleute ansiedelten. Jüngst ist dieses Stück der Stadt den Fußgängern zurückgegeben und damit ein historisches Erlebnisfeld gemäß zurückgewonnen worden.

In die Ursprungszeit der Esplanade versetzt uns das **Schiller-Haus** zurück – geistig kultureller Kern- und baulicher Knickpunkt des innerstädtischen Weges. Es entstand als Gartenhäuschen des an der Windischenstraße ansässigen Kaufherrn Johann Christian Schmitt 1777 – seine einstige Rückseite wurde also zur Schaufront! 1802 erwarb es Friedrich Schiller, bezeichnenderweise für einen Preis, der ihn in Schulden stürzte – und nicht wie Goethe als höfisches Geschenk. Drei Jahre – die freilich zu den fruchtbarsten seines Schaffens zählten – waren ihm in diesem begeistert beschriebenen Haus noch vergönnt. Am 9. Mai 1805 verstarb er hier. Schon um die Jahrhundertmitte übernahm die Stadt das Gebäude, um darin die Schiller-Gedenkstätte einzurichten. Wie Goethes Haus am Frauenplan trafen die Bomben des Zweiten Weltkrieges auch das Schiller-Haus, und wie jenes ist es ebenfalls sogleich nach dem Krieg unter schwierigen Bedingungen wiederhergerichtet worden. Seit 1988 schließt sich zur Windischenstraße hin der Neubau des *Schiller-Museums* an, in dem Zeit und Leben des Dichters, sein Werk und sein Wirken in Museumsräumen heutiger Prägung veranschaulicht werden. Gleich dem Frauenplan

154

schmückt auch den kleinen Platz vor dem Schiller-Haus ein *Brunnen*. Während er dort dem Herzog Carl August gewidmet ist, wie die Insignien CA erkennen lassen, bezieht er sich hier in seiner Form auf die bekannte Nürnberger Brunnenfigur des Gänsemännchens und wurde 1864 aufgestellt.

Blickpunkt der Schillerstraße bildet das **Wittumspalais** an der Ecke zum Theaterplatz. Es entstand 1767 als Wohnhaus des Hofrates Jakob Friedrich Freiherr von Fritsch. Der Maler Adam Friedrich Oeser und der Baumeister Johann Gottfried Schlegel schufen ein Gemeinschaftswerk spätbarock-klassizistischer Architektur und Raumkunst: Die Deckenbilder und die kunstvolle Wandgestaltung der *Salons* und des *Festsaales* gehören zum Schönsten, was Weimar aus dieser Epoche zu bieten hat. Nach dem Schloßbrand 1774 erwarb die Herzogin Anna Amalia das Haus als Witwensitz; damit erlangte das Wittumspalais als Treffpunkt aller musischen Geister Weimars und Ort ihrer berühmten Tafelrunde, die mit dem Bild des Malers Georg Melchior Kraus in die Kunst eingegangen ist, bis über die Jahrhundertwende hinaus literarisch-künstlerische Bedeutung. Seit 1963 ist in seinen Räumen das *Wieland-Museum* eingerichtet.

Dann öffnet sich der nahezu quadratische Platz vor dem **Deutschen Nationaltheater.** Zweifach spiegeln sich historische Ereignisse im Namen des Hauses wider: Hier gab sich am 11. August 1919 die erste deutsche Republik ihre Verfassung, jene Weimarer Republik, die in eben dieser Verfassung auch den Keim barg für die ihr folgende nationalsozialistische Diktatur. Eine Tafel am Theaterzugang erinnert daran. Zum anderen wurde das Haus zur Geburtsstätte klassischer deutscher Dramatik und Theaterkunst. Hier fanden die Uraufführungen von Schillers »Wallenstein«-Trilogie, »Maria Stuart«, »Wilhelm Tell« und Goethes »Tasso«, »Egmont« und »Faust« statt; auch Wagners »Lohengrin« erklang in diesem Haus zum ersten Mal.

Dreimal in seiner Geschichte ist das Nationaltheater aufgebaut worden: Nachdem mit dem Schloßbrand von 1774 der Ort für höfische Theateraufführungen zerstört worden war und das Provisorium der Redoute an der Esplanade sich als unbefriedigend erwiesen hatte, entstand am Platz schräg gegenüber dem Wittumspalais zuerst das Komödienhaus, in dem schon im darauffolgenden Jahr Theateraufführungen stattfinden konnten. Unter der Leitung Goethes setzte die erste glanzvolle Epoche für das recht schnell und einfach errichtete Haus ein. Als es am 22. März 1825 niederbrannte, gehörte der Dichter nur noch zu den mittelbar Betroffenen, denn er hatte inzwischen die Theaterleitung aufgegeben. In nicht einmal einem halben Jahr wurde in der theaterbegeisterten Stadt ein neues Gebäude an derselben Stelle errichtet, das nun auch als Musiktheater weithin Ruhm erlangen sollte. 1907 entstand es nach Plänen der Architekten Jacob Heilmann und Max Littmann, an klassische Theaterbauten anknüpfend. Doch auch ihm waren nur 38 Jahre Bestand vergönnt, dann zerstörten es die Bomben des Zweiten Weltkrieges bis auf die Fassade und einige Außenwände. Sein Wiederaufbau war 1948 vollendet. Das **Standbild** der beiden Dichter Goethe und Schiller, 1859 von Ernst Rietschel geschaffen, bildet vor dem Deutschen Nationaltheater gleichsam ein Symbol für Tradition und Bestand der deutschen Klassik (Abb. 26).

Clemens Wenzeslaus Coudrays altes **Kulissenhaus,** dem Theater gegenüber in klassizistischen Bauformen errichtet, steht auf den Grundmauern des mittelalterlichen Franziskanerklosters, von dem wie vom ehemals dahintergelegenen Zeughaus nichts mehr erhalten ist. Heute dient das Gebäude Kunstausstellungen.

Die von geschäftigem Treiben erfüllte Wielandstraße verbindet den Theaterplatz mit dem **Goetheplatz.** An diesen Ausgangspunkt des Rundganges zurückgekehrt, verdient der Platz eine Bemerkung: Nachdem die alte Stadtmauer abgebrochen und der hier angesiedelte Schweinemarkt aufgehoben worden war, entstand die Freifläche im Zuge einer Stadtverschönerung. In den Mittelpunkt des sich kreuzenden Verkehrs zwischen Bahnhof und Stadt und der Straße aus Erfurt gerückt, nahm sie neue, für das vorige Jahrhundert bedeutende kommunikatorische Bauten auf: Das Hotel ›**Russischer Hof**‹ wurde 1803 erbaut – im selben Jahr, in dem der Hof in den soeben vollendeten Neubau des 1774 abgebrannten Schlosses umzog, und ein Jahr vor der Heirat des Erbprinzen Carl Friedrich mit Maria Pawlowna, der Tochter des russischen Zaren Paul I. Dieses Haus sollte sogleich Treffpunkt und Herberge kulturtragender und kulturfördernder Gäste Weimars werden. In der Formensprache des ausgehenden 19. Jh. trägt das Postgebäude der Bedeutung des Platzes Rechnung. Schon 1859 war an der östlichen Platzseite in Gestalt eines klassischen griechischen Tempels ein **Lesemuseum** errichtet worden – eines der frühesten überhaupt. Der Säulengang verbindet es mit dem gleichfalls in klassischen Bauformen gehaltenen einstigen **Konzert- und Ballhaus,** welches nahe dem renommierten ›Russischen Hof‹ zugleich als erstes ›Kongreßzentrum‹ Weimars diente. **Kasseturm** und die von Clemens Wenzeslaus Coudray 1822–25 erbaute **Bürgerschule** bilden die nördlichen Eckpunkte des Goetheplatzes.

Ein Gang in die südliche Stadt sollte am Wielandplatz seinen Ausgang nehmen. Das **Wieland-Denkmal,** von Hans Gasser geschaffen, steht mitten auf der Freifläche. Durch die Amalienstraße, in der noch historisches Flair zu verspüren ist, geht es zum **Museum für Ur- und Frühgeschichte,** das sich am Ende der Straße im einstigen Poseckschen Gartenanwesen befindet. Es birgt die wohl interessanteste entwicklungshistorische Darstellung zur Kulturgeschichte des Menschen, insbesondere im mitteldeutschen Raum in Thüringen und läßt den Besucher an Hand von originalen Fundstücken 450000 Jahre zurückblicken.

Auf dem **Hauptfriedhof,** zu dem man geradewegs aus der Amalienstraße gelangt, liegen die Großen Weimars der klassischen und nachklassischen Zeit begraben. Nachdem der Jacobskirchhof als Bestattungsplatz aufgegeben war, wurde dieser Friedhof vor dem alten Frauentor angelegt. In seinem Mittelpunkt entstand 1822–27 die *Familiengruft der Weimarer Herzöge,* welche die sterblichen Überreste der herzoglichen Familie und ihrer seit dem 17. Jh. verstorbenen Ahnen aufnahm. Der Entwurf für diesen quadratischen Bau mit viersäuligem dorischen Portikus und einer achteckigen Laterne auf dem Dach stammt von Clemens Wenzeslaus Coudray. Coudray und Goethe hatten gemeinsam mit Carl August die Pläne abgestimmt. Der Herzog seinerseits wünschte, mit den Dichtern seiner Stadt auch im Tode vereint zu sein. So brachte man 1827 Schillers sterbliche Überreste aus dem Kassengewölbe am Jacobskirchhof hierher, 1828 starb Carl August, und 1832 wurde Goethe als letzter der drei großen Geister beigesetzt. 1859 entstand für die Großherzogin Maria Pawlowna die Grabstätte in Gestalt einer russischen Kirche.

Eines der expressivsten Monumente zur deutschen und Weimarer Geschichte befindet sich ebenfalls auf diesem Friedhof: Walter Gropius entwarf 1922 als Direktor des Bauhauses den ›Blitz‹, wie das **Märzgefallenen-Denkmal** ob seiner kristallin-kubischen Gestalt genannt wird, für die während des Kapp-Putsches gefallenen Arbeiter. In der Tat symbolisiert das Betonmonument hervorragend jenes blitzartige Niederschlagen des reaktionären Putsches. Nach der Zerstörung 1933 durch die Nationalsozialisten wurde es bereits 1945 neu errichtet.

Bauhaus ist zum Begriff geworden für das Überwinden der Stilkunst des 19. Jh. durch Sachlichkeit und Zweckmäßigkeit der Formen. Von Weimar nahm es 1919 seinen Ausgang. Walter Gropius gehörte gemeinsam mit Lyonel Feininger, Gerhard Marcks, Paul Klee, Oskar Schlemmer, Wassili Wassiljewitsch Kandinsky und anderen zu seinen Gründern. Wenngleich das Bauhaus schon 1925 vor dem konservativen und von präfaschistischen Einstellungen durchsetzten damaligen Weimarer Stadtparlament nach Dessau umsiedeln mußte, bleiben die Meisternamen doch durch Bilder und Gestaltungen eng mit Weimar verbunden. An der Geschwister-Scholl-Straße stehen die Gebäude, in denen das Bauhaus in Fortführung einer bereits bestehenden Tradition Aufnahme fand. 1905/06 war unter Leitung des aus Belgien kommenden Architekten Henry van de Velde die großherzogliche **Kunstgewerbeschule** errichtet worden. Die winkelig angelegte Baugruppe gibt noch die späte Jugendstiltradition zu erkennen, welche für van de Veldes künstlerisch-gestalterisches Schaffen ausschlaggebend blieb. Von dem Giebelbau an der Straße, dessen eigenwillig hufeisenförmige Gestalt bereits zwischen Art nouveau und Versachlichung vermittelt, ist die ganze Baugruppe beherrscht. Gegenüber errichtete van de Velde 1911 das langgestreckte Gebäude für die **Bauschule,** das heute Hauptsitz der Hochschule für

Weimar, Fassade der ehem. Kunstgewerbeschule von Henry van de Velde

157

Architektur und Bauwesen ist (Abb. 30). Die klassische Dreiteilung scheint das Bauwerk zu beherrschen: Mittelbau von drei Achsen mit etwas niedrigeren Seitenflügeln. Und doch zeugt es von einer anderen, neuen Idee: Die senkrechten Wandflächen zwischen den großen Fenstern wirken wie gewaltige Stützpfeiler, zwischen ihnen löst sich die Wand in fast zartgliedrige große Fensterglasflächen auf. Am Mittelbau greifen sie in die Dachhaut über, am rechten Seitenflügel ist der strenge Dreierrhythmus dieser oberen Fensterflächen breiter geworden, links abgeklungen. Funktionelles und Ästhetisches durchdringen einander; Jugendstilornamente an den Brüstungsgittern des Mittelbaus, die Treppenspirale im Eingangshallenraum sowie die Wandbilder von Herbert Bayer, 1923 eingefügt, später verdeckt und in jüngerer Zeit wieder freigelegt, bezeugen jenen Entwicklungsgang, der von van de Velde über das Bauhaus führte, heute in der Funktion des Hauses wiederaufgenommen und in seiner Gestalt bewahrt ist.

Die Geschwister-Scholl-Straße führt unmittelbar zum **Liszt-Haus** weiter, wo der Komponist 1869–86 wohnte und arbeitete. Es birgt jetzt das *Franz-Liszt-Museum.*

Zu den Zeugnissen von van de Veldes Wirken und der Ideen des Bauhauses in Weimar zählt das **Haus ›Hohe Pappeln‹** an der Belvedere-Allee 58, das van de Velde 1907 als Wohnhaus für sich selbst gestaltete. Der Baukörper über unregelmäßigem Grundriß erinnert an Schiffsformen. Ein Atelierhaus kam 1912 im Garten hinzu. Gleichfalls ein Bau van de Veldes ist das **Haus Henneberg,** Gutenbergstraße 1, das 1913 als bürgerliches Wohnhaus entstand. Es scheint die heutige Postmoderne vorwegzunehmen und gibt so deren Wurzeln zu erkennen. Ein interessanter Bau der frühen 20er Jahre ist das **Tusculum** an der Freiherr-vom-Stein-Allee 34, vom Van-de-Velde-Schüler Thilo Schoder 1923 als Wohnhaus errichtet und durch Aneinanderfügen geometrischer Bauglieder eindrucksvoll gestaffelt. Ebenso bemerkenswert ist das als Experimentalbau des Bauhauses 1923 konstruierte **Haus ›Am Horn‹** östlich der Ilm; es war als Vorbild für Serienhäuser gedacht. Sein eigentlicher Wohnraum liegt erhöht im Kern des Hauses; ihn umgeben ebenfalls in Form eines quadratischen Grundrisses einzelne niedrigere Räume für die unterschiedlichen Funktionen. Später wurde das Haus verändert, in den 70er Jahren aber restauriert.

Entlang dem Park an der Ilm führt die Belvedere-Allee zu dem **Rokokoschloß Belvedere** im Süden Weimars. An Oberweimar mit der mittelalterlichen Kirche, in der man die Grabsteine eines der Grafen von Orlamünde und seiner Frau findet, und an Ehringsdorf, dem Fundort vorgeschichtlicher Zeugnisse vorbei, steigt die alte Kastanienallee sanft zur Höhe hinauf. Das ›Bellevue‹ entsprang 1724 der ›Baulaune‹ des Herzogs Ernst August, und die Baumeister Johann Adolf Richter und Gottfried Heinrich Krohne vollendeten die Rokokobaugruppe bis 1732. Dem zweigeschossigen Mittelbau fügt sich über Risalit und Attika der Dachaufbau des eigentlichen Belvedere mit der Kuppel auf (Abb. 27). Durch die Verbindungsbauten zu den überkuppelten Rundpavillons führten die Einfahrten in eine barocke Gartenwelt. Zu beiden Seiten des Schlosses entstanden seit 1724 die symmetrisch angeordneten *Kavaliergebäude;* Reit- und Ballhaus, Orangerie und Zwinger umgaben einst samt einer schützenden Mauer den ganzen Belvedere-Bereich. Zur Zeit Carl Augusts und der Herzogin Anna Amalia wandte sich der Hof unter dem Einfluß Goethes von barocker Lebensweise und jener Rokoko-Kleinwelt ab. Im Zuge dieser Entwicklung wurde das Belvedere in den nun zum Landschaftsgarten umgestalteten Park eingebunden, dessen Grenzen fließend in die umgebende Landschaft übergehen. Als am Ende des 18. Jh. dem Erbprinzen Carl Friedrich und seiner Frau Schloß Belvedere zum ständigen Wohnsitz übereignet worden war, ließ Maria Pawlowna die Anlagen des *Russischen Gartens,* eines *Labyrinths* und des *Naturtheaters* gestalten, die noch barockes Flair ausstrahlen. Das Belvedere blieb als höfischer Festplatz vielgenutzt und entwickelte sich zu einer Sehenswürdigkeit. Es nimmt heute das *Rokoko-Museum* der Staatlichen Kunstsammlungen Weimar in seinem Inneren auf und stellt die Lebenswelt und das Kunstschaffen jener Epoche in vielen musealen Gegenständen und den reich gestalteten Räumen dar. Die *Orangerie* hat die ursprünglich schon große Pflanzensammlung bewahrt, und in der *Kutschenausstellung* können die herzoglichen Gefährte betrachtet werden. Was das 19. Jh. für den Park einleitete – Fürst Pückler gab auch hier die Anregungen –, und was in dieser Zeit an Städtischem in den Belvedere-Park übertragen wurde, das hat sich bis in die zweite Hälfte unseres Jahrhunderts fortgesetzt: In den Kavalierhäusern werden Schüler auf ein Musikstudium vorbereitet, als stadtnahes Ausflugs- und Erholungsgebiet bietet der Park neben den kulturellen Genüssen ebenso die elementaren Freuden der Erholung und Entspannung.

Tiefurt und Ettersburg

Zwei Schlösser aus Weimars klassischer Zeit bleiben noch zu besuchen: Durch das einstige herzogliche Jagdrevier des Webichtwaldes ilmabwärts gelangt man nach **Tiefurt.** Hier entwickelte sich aus dem Pächterhaus des barocken herzoglichen Kammergutes seit 1781 mehr als nur ein *Sommersitz* der Herzogin Anna Amalia. Sie ließ Bau und Räume nach eigenen Vorstellungen ›rustiziert‹ ausgestalten, um sich eine literarisch-künstlerische Umwelt zu schaffen, in der die großen Geister Weimars und alle höfischen Gäste Einzug halten sollten. Ist der Vergleich zum großen Versailles und dem dortigen ländlich-idyllischen Refugium der Marie-Antoinette gestattet, so möchte man Tiefurt als das ›Hameau Weimars‹ ansprechen. Hier gaben sich in einer Welt aus Rokoko und Klassizismus Dichter und Gelehrte, Theaterleute und Bildkünstler für zwei Jahrzehnte immer wieder ein Stelldichein. Der Tiefurter Abendkreis und die Aufführungen im Naturtheater sind literarisch und bildhaft überliefert als begeisternde, Geist und Kunst erneuernde höfische Ereignisse abseits des Hofes. Zu besichtigen ist im Museumsschloß die nahezu komplett erhaltene Ausstattung aus der Zeit zwischen 1760 und etwa 1850. Der kleine Park im Bogen der Ilm birgt wertvolle Bildwerke und zahlreiche Zeugnisse der Goethe-Zeit.

Die Straße nach **Ettersburg** führt nördlich aus Weimar hinaus über die Höhen, welche in unserem Jahrhundert in so schlechtes Licht geraten sollten. Zunächst zum *Schloß Ettersburg:* Es wurde 1706–12 als herzogliches Jagdschloß erbaut. Ein Vierteljahrhundert später gestalteten die beiden Weimarer Baumeister Johann Adolf Richter und Gottfried Heinrich

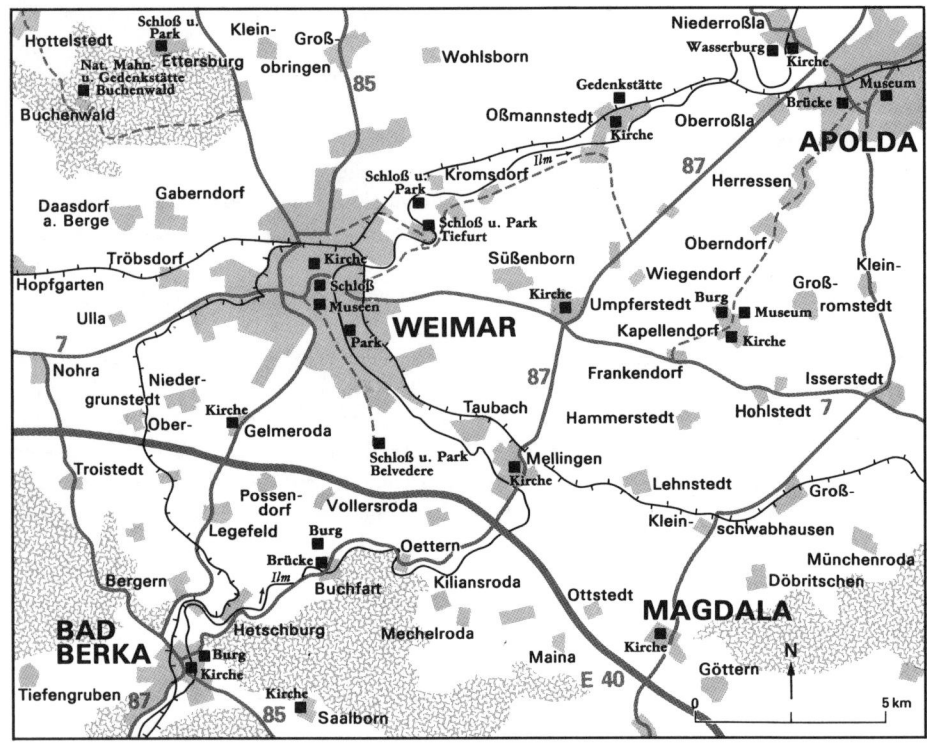

Umgebung von Weimar

Krohne die hufeisenförmige Anlage in repräsentativem Barock aus. Die Hofseite erhielt den geschwungenen Vorbau, die Gartenfront den kräftigen Mittelrisalit, den seit der neuerlichen Umgestaltung von 1842 die Freitreppe begleitet. Etwa gleichzeitig steuerte Hermann Fürst von Pückler-Muskau die entscheidenden Ideen für die Gestaltung des Landschaftsparks bei. Ähnlich Tiefurt erlangte auch Ettersburg literarische Anziehungskraft unter Anna Amalia und literarischen Ruhm durch Johann Wolfgang von Goethe und Friedrich Schiller, deren Dramen im kleinen Naturtheater aufgeführt wurden. Nur das Bauwerk blieb bis in unsere Tage erhalten. Seine Restaurierung steht an.

Buchenwald

Auf dem Ettersberg, von dem der Blick weit über das dunstige Weimar nach Süden gleitet, wo Goethe und Schiller wanderten und die ›wilden Höhen‹ Weimars ein Stück Natur bewahrt hatten, dort sollten nationalsozialistischer Ungeist und Barbarei ein Inferno

160

bereiten. Aufrechte Demokraten, Juden, Christen und Kommunisten, Deutsche, Polen und Niederländer, Tschechen, Belgier und Franzosen, Menschen aller Länder, die sich gegen das ›braune‹ Terrorregime und seinen Vernichtungskrieg auflehnten, wurden in Buchenwald gepeinigt und gemordet. Die Bilder der Befreiung im Jahre 1945 durch alliierte Truppen gingen um die Welt, die Bilder des Grauens folgten unmittelbar. Auf dem Ansehen Weimars lastet seitdem der Tod von 56000 Menschen aus 18 Ländern. 1954–58

Gedenkstätte Buchenwald

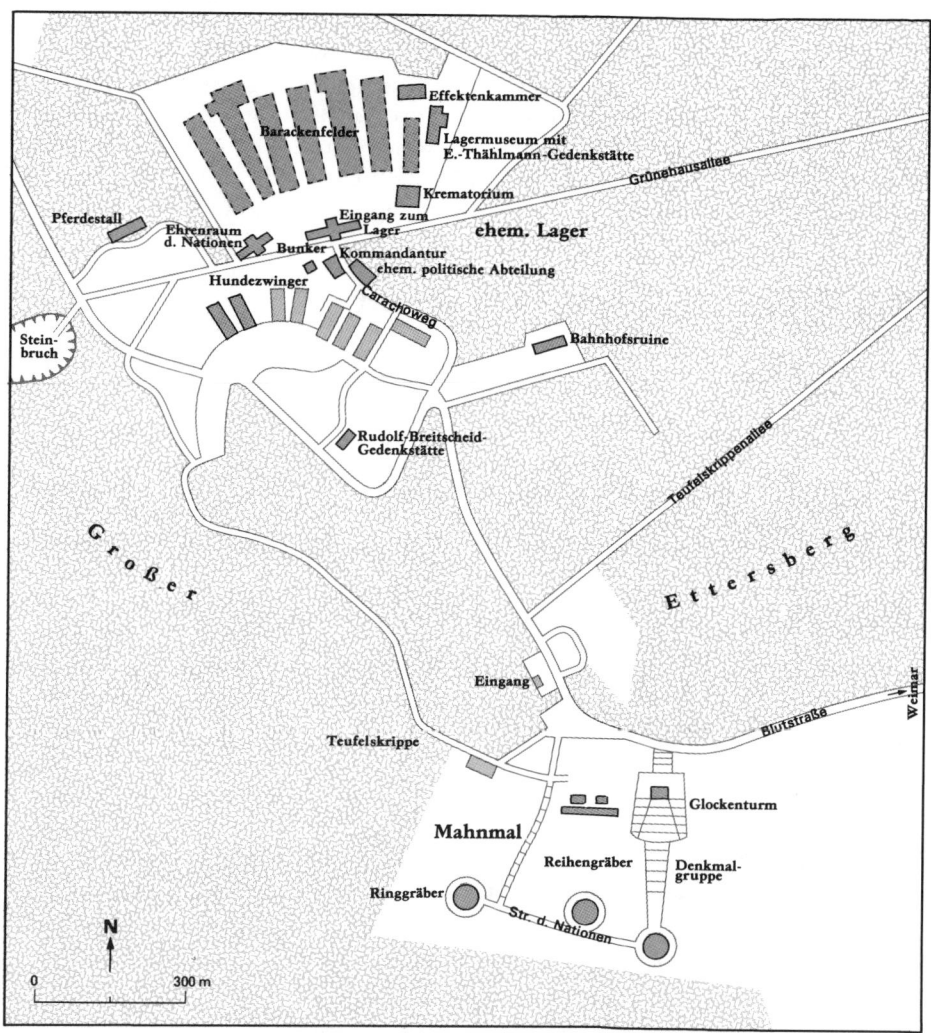

161

entstand am Ort des faschistischen Konzentrationslagers die **Gedenkstätte Buchenwald.** Wie ein mahnender Finger erhebt sich der Glockenturm weithin sichtbar über das Thüringer Land. Am Nordhang des 478 m hohen Berges wurde ein Teil des Lagers erhalten, um an Hand der originalen Stätten des Grauens das zu veranschaulichen, was das Buchenwaldmuseum für den Besucher aufgearbeitet, dokumentiert und interpretiert hat. Auf dem Südhang erstreckt sich, vom Glockenturm ausgehend, die Gedenkstätte. Von Stelen gesäumte Wege führen zu den drei runden Gräbertrichtern, welche die Straße der Nationen verbindet. Die künstlerische Gestaltung lag in vielen Händen; erwähnt seien nur Fritz Cremer, der Schöpfer der Figurengruppe am Fuß des Turmes (Abb. 31), und Waldemar Grzimek, welcher der Glocke und Bodenplatte im Turm die eindrucksvollen Formen zu geben wußte. Die Überlebenden von Buchenwald leisteten im Angesicht des Grauens und ihrer glücklichen Befreiung den Schwur, der auf der Wandfläche des Turmes wiedergegeben ist: »Die Vernichtung des Nazismus mit seinen Wurzeln ist unsere Losung! Der Aufbau einer neuen Welt des Friedens und der Freiheit ist unser Ziel.« Doch auch nach 1945 kamen hier Menschen zu Tode – es sollte ebenso wenig vergessen sein.

Oßmannstedt – Niederroßla – Kapellendorf

In **Oßmannstedt,** auf halbem Wege zwischen Tiefurt und Apolda an der Ilm gelegen, trifft man auf die Wohnstätte Christoph Martin Wielands. 1797–1803 wohnte er in dem *barocken Gutshaus,* das ehemals dem Grafen von Bünau gehört hatte. Auf diesen Vorbesitzer geht auch der kleine Barockpark zurück, dessen reizvolle Bildwerke sächsischen Einfluß verraten. Hier stehen die Grabstelen für den Dichter und seine Gemahlin, im Haus ist eine Gedenkstätte eingerichtet.

Zwei Wasserburgen zwischen Weimar und Apolda lohnen einen Besuch: Nahe der Stadt Apolda, in Niederroßla, liegt die erste nordwestlich der Stadt. Die zweite, zweifellos die umfangreichere und sehenswertere, befindet sich in Kapellendorf, von der Fernverkehrsstraße zwischen Weimar und Jena aus gut zu erreichen. Die **Burg in Niederroßla** besteht seit dem 13. Jh. und liegt über einer fünfeckigen Aufschüttung in einem Bogen der Ilm. Im 16. und 18. Jh. wurde sie aus- und umgebaut, verlor jedoch diese Erweiterungsbauten nach dem Zweiten Weltkrieg. Erhalten blieb der schlanke, 65 m hohe mittelalterliche Bergfried neben dem Zugang zum gleichfalls fünfeckigen engen Hof. Während der 70er Jahre wurde die alte Wasserburg zu Wohn- und Gaststättenzwecken ausgebaut und damit in einem Teil wieder zugänglich.

Die bereits im 12. Jh. angelegte **Wasserburg Kapellendorf** ist eine gleichfalls fünfeckige, aber weit umfangreichere Anlage. Die Stadt Erfurt ließ sie noch im Mittelalter zum Schutz der Handelswege befestigen und den weiterentwickelten Kriegswaffen entsprechend ausbauen. So sind drei der fünf Türme an den Ecken zur Aufstellung von Kanonen geeignete Schalentürme, welche zusammen mit der äußeren Burgmauer – umzogen vom Wassergraben – den inneren, ältesten Burgkern schützten. Diesen beherrscht heute die *Kemenate,* ein

Wasserburg Kapellendorf. In der Mitte älteste Ringburg mit Kemenate und Bergfried-Sockel; im Vordergrund Torturm und Brücke

spätmittelalterlicher Breitwohnturm von fünf Geschossen. An ihn fügen sich die Restbauten der alten *Burgküche* an, eng an die einstige Rundmauer geschmiegt. Vom gewaltigen runden *Bergfried* in ihrer Mitte blieben nur die Grundmauern. An die Kemenate schließen die Ausbauten des 15. und der späteren Jahrhunderte an und umziehen die halbe Burg, über deren Brücke – einst bebaut und mit einer Klappfläche abzusperren – man zum Burginneren gelangt. Das Museum im Kemenatenbau vermittelt ein genaues Bild der Geschichte der Burg – eine der besterhaltenen mittelalterlichen Festungsbauten dieser speziellen Art. Ihren letzten Zweck im ursprünglichen Sinne sollte sie 1806 erfüllen, wo sie im Kampf gegen die napoleonischen Truppen als preußisches Hauptquartier diente.

Von Apolda zur Neuenburg

Eine Stadt aus der Vogelperspektive zu erleben, ohne ein Flugzeug besteigen zu müssen, ist nicht allenthalben möglich. In **Apolda** wird diese Gelegenheit jedem Eisenbahnreisenden geboten, denn der Schienenweg verläuft über die im tiefen Geländeeinschnitt liegende Stadt hinweg auf einem der eisenbahngeschichtlich interessantesten Abschnitte zwischen Erfurt und Halle–Leipzig. Um an dieser Stelle das Tal zu überqueren, mußte ein etwa 20 m hoher Damm aufgeschüttet werden. In ihn eingebunden ist der 90 m lange, zum Teil zweigeschossige *Viadukt* (Abb. 32). Von hier aus wandert der Blick über das Schornsteinmeer des ›thüringischen Manchester‹. Mitten in der Stadt steht, alles überragend, der spitze Turm der *Luther-Kirche* aus dem vorigen Jahrhundert.

Apoldas Entwicklung zur Industriestadt begann sich schon 1713 abzuzeichnen. In jenem Jahr wies der Weimarer Herzog die Wirker und Strumpfwirker an, hier tätig zu werden. So wuchs die alte Kleinstadt, deren Kern um den Markt und das barock umgestaltete Renaissancerathaus noch erkennbar blieb, zur Fabrikstadt und schließlich zu einer kleinen Textilmetropole nicht nur für Thüringen heran. 1690 war in Apolda der erste mechanische Webstuhl aufgestellt worden!

Ein zwar etwas jüngeres, aber in der Ursprünglichkeit seiner Technik nur verhältnismäßig wenig verändertes Handwerk Apoldas trägt seinen Ruf laut und klangvoll über die Täler und Hügel: das Glockengießen. 1772 gegründet, stellte die Apoldaer *Glockengießerei*, durch Jahrhunderte in Familienbesitz, dann staatlicher Betrieb, im traditionellen Mantelgußverfahren die klingenden Bronzeriesen und -zwerge her. Über die Geschichte des drei Jahrtausende alten Handwerks, die Vielfalt und Vielgestaltigkeit der Glocken und die Gießtechnik selbst vermittelt das Glockenmuseum anschaulich an originalen Werkstücken Informationen. Interessant als baugeschichtliches Zeugnis ist das *Wohnhaus der Gießereifamilie Schilling* an der Auenstraße, ein Jugendstilbau, 1904 von der Architektenfirma Schilling & Gräbner erbaut. Ein zweites, in seinem Bestand und in der Originalität nicht minder einmaliges *Glockenmuseum* findet man im südlichen Sachsen-Anhalt etwa 40 km von Apolda entfernt in **Laucha** im Unstrut-Tal. Will man dorthin gelangen, fährt man mit dem Auto nordwärts zunächst auf der Fernstraße 87 und weiter von Eckartsberga über Bad Bibra. Der Bahnreisende wird in Naumburg auf die Unstruttalbahn umsteigen müssen und dabei eine landschaftlich reizvolle Fahrt erleben.

Eckartsberga mit der mittelalterlichen *Eckartsburg* – schon jenseits der Grenze des historischen Landes Thüringen – hatte im Zuge der *via regia* ebenso Bedeutung erlangt wie die beiden eng beieinanderstehenden mittelalterlichen Wegefestungen der Rudelsburg und Burg Saaleck, direkt über dem engen Saale-Durchbruch bei Bad Kösen.

Einige Kilometer vorher schon gelangt der Eisenbahnreisende in schöne Landschaft. Die Solequellen des am Ende des engen Ilm-Tales gelegenen thüringischen Städtchens **Bad Sulza** dürften bereits im 11. Jh. für die Salzgewinnung von Bedeutung gewesen sein. 1046 wird hier ein Burgwart verzeichnet und 1064 der Markt angelegt. Doch erst um 1600 setzte die technische Salzgewinnung neue Maßstäbe mit einer Saline. Der Bau der Thüringer Haupteisenbahn 1846 mitten durch das Siedlungsgebiet brachte den eigentlichen Aufschwung, denn nun entstanden um die Quellen Kurhäuser und Kuranlagen. Nahe dem Bahnhof erkennt man noch die alten Siedehäuser und den Salinengasthof, heute als technisches Museum erschlossen.

Der Durchbruch der Saale durch die Kalkfelsen vor Bad Kösen zeigt sich auch in unserem industrialisierten Zeitalter noch immer als landschaftlich beeindruckend. In nicht geringem Maße tragen dazu die beiden **Burgen Saaleck** und **Rudelsburg** bei, die 1140 bzw. 1170 erstmals verzeichnet sind. Hier, an der Grenze des Thüringer Landes zum späteren Sachsen-Anhalt, bildeten schon im Mittelalter beide Festungsanlagen einen Sperriegel für Wasser- und Landweg. Die *via regia* zweigte, aus Richtung Eckartsberga kommend, ins Tal ab, um nach Naumburg weiterzuführen. So dürften beide Burgen möglicherweise schon vor ihrer ersten Erwähnung bestanden haben. Die Markgrafen von Meißen ließen von den ›Burgen stolz und kühn‹ die Saale und die Landwege überwachen.

Zeitweise übernahm von der Rudelsburg herab auch der Bischof von Naumburg dieses Amt. Selbst heute, nachdem die einst umfangreichen Vorburgen, deren Gelände östlich der Rudelsburg noch zu erahnen ist, verfallen sind, bleiben die Festungsanlagen beeindruckende Monumente. Wundert es angesichts ihrer Lage, wenn die Romantiker mit der Besinnung auf die landschaftlichen Schönheiten an diesem Ort schwärmerische Gesänge anhoben?

Die Eisenbahn durcheilt den Kurort **Bad Kösen,** der sich um die 1681 entdeckten Solequellen ausdehnt. Im Park erkennt man die Kurbauten, zum Teil im Jugendstil errichtet, und neben der steinernen Saale-Brücke wird für einen Augenblick das *Kunstgestänge* sichtbar. Dieses technische Meisterwerk verdient genauere Betrachtung: Als Johann Gottfried Borlach 1731 begann, aus dem eigens abgeteuften Schacht die Sole zu fördern, legte er den Grundstein für den Kurbetrieb. 1780 entstand das 320 m lange Gradierwerk hoch über dem Saale-Ufer. Um nun von der Quelle neben dem Fluß das salzhaltige Wasser nach oben zu fördern, erbaute man ein kompliziert anmutendes und doch verblüffend einfach funktionierendes Fördersystem. Aus dem 173 m tiefen Schacht gelangt die Sole mittels Pumpen, von Wasserrädern über Doppelgestänge angetrieben, nach oben, wo das Doppelfeldgestänge dann das Wasser bergauf ›fließen‹ läßt. Dieses einzige Zeugnis von historischer Energieübertragung im Bergbau konnte nur dank der kenntnisreichen handwerklichen

Rudelsburg und Burg Saaleck über der Saale, Stahlstich

165

Kösen,
Holzstich von 1847

Restaurierung vor drei Jahrzehnten erhalten werden. Es steht mit weiteren alten wassertechnischen Anlagen in und an der Saale in Verbindung.

Am einstigen **Zisterzienserkloster Pforte** führen Straße und Schienen unmittelbar entlang. Berühmt wurde Schulpforte, als Moritz von Sachsen nach der Säkularisierung des Klosters im Jahre 1543 hier die fürstliche Landesschule einrichtete. Friedrich Gottlieb Klopstock, Johann Gottlieb Fichte und Friedrich Wilhelm Nietzsche gehörten zu den Schülern. Bekannt ist Schulpforte durch seinen kunstgeschichtlichen Wert. Die langgestreckte romanische *Basilika*, 1137 begonnen, erhielt nach 1200 ihre gotische Gestalt. Der Einfluß der ›modernen‹ französisch-klassischen Gotik zeigt sich besonders am Chor. Ebenfalls ein Zeugnis des 13. Jh. ist die *Abtskapelle* im Ostflügel der Klausur. Etwa gleichzeitig mit dem Bau des Naumburger Doms entstand die schlanke und eigenwillige Fassade der Kirche, vor allem im Bildschmuck trägt sie Naumburger Handschrift.

In der viertürmigen Gestalt des Naumburger Doms wird dieser besondere, im Kathedralbau zu Laon verankerte Naumburger Stil schon alsbald weithin sichtbar. Wie auf einem Plateau über dem Saale-Ufer ragt die historische Stadtsilhouette **Naumburgs,** die zu den eindrücklichsten zählt, mit Dom und dem mächtigen Turm der Stadtkirche St. Wenzel auf. Wenn auch nicht verwaltungspolitisch, so ist Naumburg doch stets landschaftlicher Zu- und Ausgang Thüringens geblieben. Hier stand die Burg der Ekkehardinger um das Jahr 1000, an diesem Ort vollzogen sich Übergänge und Auseinandersetzungen zwischen christlicher Kolonisation und slawischer Besiedelung. Die Rückverlegung des ostwärts weit vorgetriebenen Bistums Zeitz 1028 nach Naumburg bezeugt jenes Ringen um merkantile und letztendlich politische Vormacht im Elster-Saale-Raum. 1033 besaß der Ort

166

bereits Handelsfreiheit, 1042 wurde der erste Dom geweiht. Der spätere *Domneubau,* in dem sich romanische und frühgotische Bauformen so eindrücklich zu einem charakteristischen Gesamtbild verbinden, ist eines der klassischen Monumente deutscher Kunst geworden. Der neue konstruktiv-dekorative französische gotische Baustil verschmilzt hier mit bodenständiger romanischer Körperhaftigkeit. Im Dominneren tritt die ebenfalls vom Land der klassischen Gotik um die Ile de France hergeleitete, kraftvoll elegante und neue Bildsprache der Plastiken hervor (Farbabb. 27). Der Mauerring der Stadt neben der Domfreiheit ist später mit Grünanlagen umgeben worden. Der historische Stadtkern mit dem *Marktplatz,* der barock ausgestalteten, eigenwilligen spätgotischen Kurzhalle der *Wenzelkirche,* dem spätgotischen *Rathaus, Marientor* und *Renaissancehäusern* sollte bei einem Besuch erwandert werden.

Man vermeint eine Nachbildung des Naumburger Doms zu finden, kommt man nach einer schönen Fahrt durch das breite Taldreieck am Zusammenfluß von Unstrut und Saale nach **Freyburg.** Hoch oben über dem felsigen Kalkhang, eingerahmt von Weinbergen, erhebt sich die Neuenburg, der östliche Herrschaftssitz der Thüringer Landgrafen. Zu ihren Füßen liegt die kleine Stadt mit den beiden Symbolen ihrer mittelalterlichen Vergangenheit und heutigen Bekanntheit: Die Kirchtürme und der romanische Vierungsturm über der gotischen Halle der *Stadtkirche* sind unter dem Eindruck Naumburgs von Meistern der Dombauhütte in der ersten Hälfte des 13. Jh. geschaffen worden. Als ein vierter ›Turm‹ überragt die Gebäude der Freyburger Sektkellerei eine riesige Flasche – die Winzerstadt wird alljährlich während der Weinlese zum fröhlichen Festplatz der Verehrer ›Rotkäppchens‹, wie der Freyburger Sekt wegen der in rot-silbernem Stanniol gefaßten Flaschenköpfe genannt wird. Dem Turnvater Jahn hat man hier ein Museum gewidmet, da er drei Jahrzehnte in Freyburg lebte.

Nimmt man vom Naumburger Bahnhof den Fußweg nach Freyburg, so sieht man sich, nach Abstieg von der kleinen Flußfähre, bald dem *Markgrafenweinberg* gegenüber. Hier hat 1722 ein unbekannter Bildhauer überlebensgroße Reliefs in die hohe Felswand geschlagen, die auf den Weinbau bezogene biblische Szenen darstellen. Es folgt ein Weinhügel, den der Leipziger Maler und Bildhauer Max Klinger für seinen Sommeraufenthalt erwählt hatte. Das kleine Gartenhaus, das er errichtete, ist zugänglich geblieben.

Schon äußerlich läßt die *Neuenburg* ihre wechselhafte Geschichte erkennen. Ihre Gründung geht auf Ludwig den Springer zurück, der hier den Grenzpunkt seines Machtbereichs markierte. Entsprechend umstritten und umkämpft war die Burg in den Auseinandersetzungen mit den meißnischen Markgrafen oder den kaiserlichen Reitern Heinrichs IV. 1139 zerstörten die Heerscharen des Magdeburger Erzbischofs die Befestigungen, 32 Jahre danach weilte Friedrich I. Barbarossa auf der Burg. In den 90er Jahren des 12. Jh. residierte Landgraf Hermann I. auf dem befestigten Bergsporn, ehe er die Wartburg für seine Hofhaltung ausbauen ließ. Auf diese Zeit geht die Anlage der gewaltigen Vorburg mit dem Bergfried zurück, welche nun neben der engen romanischen Burg ein riesiges Heerlager aufzunehmen im Stande war. Nur der mächtige Rundturm der zweiten Vorburg, die sich

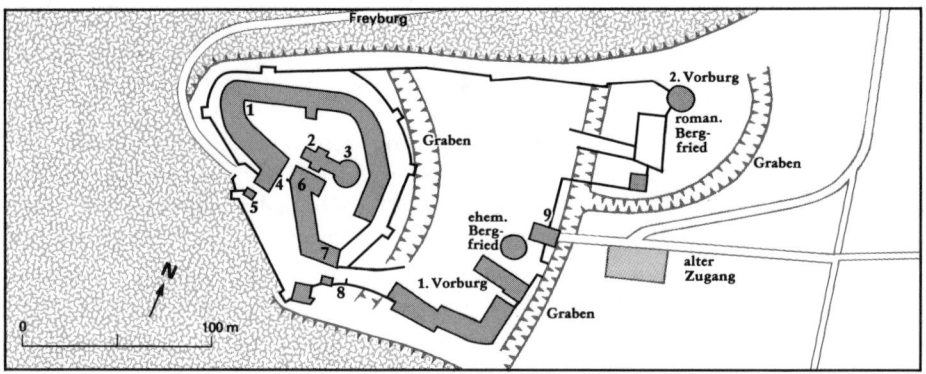

Freyburg/Unstrut, Neuenburg 1 Kernburg (Museum) 2 Doppelkapelle 3 ehem. Rundturm 4 Inneres Tor 5 Wohnturm 6 Wohnhaus, später Palas 7 Wohnbauten 8 Tor 9 Tor

nach Osten vorschiebt, überragt heute noch die Burg und ist weithin in der Landschaft sichtbar. Zu seinem Bau soll das Material des Bergfrieds der romanischen Kernburg verwendet worden sein. Gut erhalten aus der Romanik und Landgrafenzeit sind der Wohnturm unmittelbar am inneren Burgzugang und die beiden Geschosse der gotisch erweiterten Doppelkapelle. Mit der Teilung des Thüringer Landes war die Neuenburg in den Besitz der Markgrafen von Meißen gelangt. Während des Bauernkrieges diente sie als fürstliches Hauptquartier. Seit 1552 residierten die Merseburger Herzöge und seit Mitte des 18. Jh. die Herzöge von Sachsen-Weißenfels hier oben. Trotz aller spätmittelalterlichen und barocken Umbauten bewahrte die Neuenburg ihre Grundgestalt um den spitzovalen Hof der Kernburg, deren Bauten sich über gewaltigen Substruktionsmauern bis unmittelbar an den Felshang heranschieben. Auch die beiden Vorburgen, einst durch einen Graben noch vom Burgkern abgesetzt, blieben bestehen. Wie alt das Siedlungsgebiet über dem Unstrut-Tal ist, bekundet jener – schon erwähnte – Fund einer Figur aus der Keltenzeit, die man in den romanischen Wohnturm eingemauert findet (s. S. 24). Den hohen repräsentativen Rang, den die Burg immer behielt, offenbaren die beiden Kapellengeschosse mit romanischer Kapitellornamentik im unteren und der aus maurischen Gotikformen abgeleiteten Bauzier im oberen Kapellenraum aus dem ersten Viertel des 13. Jh. Die Bündelsäule in der Raummitte trägt die hohen Gewölbe.

Neuenburg und Wartburg markierten nicht nur Gebiet und Kultivierung des landgräflichen Thüringen, sie stehen auch heute noch als markanteste Punkte an beiden Enden jener aus den frühmittelalterlichen und noch älteren Handels- und Verkehrswegen hervorgegangenen modernen Kommunikationsroute, die sich quer durch Thüringen in einen wichtigen europäischen Bewegungsraum einfügt.

An Gera und Ilm

Thüringen steckt voller Überraschungen. Bisweilen sind es die kleinen Dinge am Wege, die von Historischem berichten: ein Wegekreuz, eine Tafel an bescheidener Hauswand, die auf die Anwesenheit Luthers oder Goethes, Müntzers oder Wielands, Bachs oder Regers verweist. Fährt man von Erfurt mit dem Auto nach Arnstadt, so trifft man an der Straße in Ichtershausen unvermittelt auf einen dreigeschossigen großen Fachwerkbau. Ein spitzer Turm markiert wie ein Achtungszeichen seine Ecke: die Nadelfabrik Ichtershausen. Seit dem vorigen Jahrhundert fertigt man hier Steck- und Nähnadeln. Ichtershausens Nadelwerk ist das einzige dieser Art zwischen Werra und Oder und bedient die halbe Welt.

Arnstadt

Nur wenige Kilometer weiter folgt der nächste Ort voller Einmaligkeiten, Arnstadt. In der Bach-Gedenkstätte im **Stadtgeschichtlichen Museum** am Markt ist der originale Spieltisch der Orgel zu besichtigen, auf welcher 1703–07 Johann Sebastian Bach als Organist der alten Bonifatiuskirche – nahe dem Marktplatz – spielte. Das **Schloßmuseum** im Neuen Palais birgt Kostbarkeiten reicher Porzellankunst aus Meißen und China und das einzig erhaltene Porzellankabinett aus der Barockzeit in einem Museum Thüringens, Bildtapeten aus Brüssel und die *Puppenstadt ›Mon plaisir‹*. Ihre 400 Wachsfiguren, die im Verlauf des frühen 18. Jh. entstanden, nehmen die Etage eines ganzen Flügels des Barockbaus ein. Man kann hier auch eine Sammlung lampengeblasenen Glases bewundern. Seit 1954 schuf Albin Schaedel diese herrlichen Stücke in Arnstadt. Am Neutor im Süden der Stadt steht das **Haus der Eugenie John,** die unter dem Namen Marlitt bekannt geworden ist. Jene Literatin, Autorin der »Gartenlaube« und einer langen Reihe von Bestsellern der letzten Hälfte des 19. Jh., wurde 1825 in Arnstadt geboren. Nach einem Gehörleiden mußte sie ihren Beruf als Sängerin aufgeben und begann, als Schwarzburg-Sondershausener Hofdame für ihre Zeit und ihr Umfeld liberale Gedanken schriftstellerisch zu vermarkten – mit Erfolg, wie die spätklassizistische Villa beweist.

Arnstadt gilt als eine der ältesten deutschen Städte. Mit der in Würzburg ausgestellten Urkunde wird sie 704 erstmals als Siedlung genannt. Am Fuß des Thüringer Waldes lag vermutlich schon in vorgeschichtlicher Zeit ein Siedlungsplatz unterhalb der **Alteburg.** Von dieser möglicherweise in der späten La-Tène-Zeit angelegten Burg haben sich auf dem Bergsporn südlich der Stadt Wälle erhalten, die eine große Fläche umziehen. Der Zusammenhang von Burg und erwähnter Siedlung mit dem gleichfalls schon frühgeschichtlichen Paßweg über den Thüringer Wald, der von Oberhof hier herabkam, gilt als erwiesen.

Die Bedeutung des Ortes wird noch durch die Reichsversammlung Ottos I. im Jahre 954 unterstrichen. Hier wurden, nachdem die ersten territorialherrlichen Verselbständigungsversuche gegen das zentralmächtige Kaisertum abgewehrt waren, die Heerscharen zusammengeschmiedet, um 955 die anstürmenden Ungarn auf dem Lechfelde zu schlagen. Möglicherweise gehörte Arnstadt damals schon zum Besitz der Reichsabtei Hersfeld; von ihr erhielt der Ort jedenfalls 1266 das Stadtrecht zugesprochen.

Um 1200 hatte der Bau einer ersten großen romanischen Basilika an der Stelle begonnen, wo heute die gotische Liebfrauenkirche steht. Damit zeigt sich der hochliegende Stadtbereich zwischen Liebfrauenkirche und Markt zugleich als städtische Kernzelle über dem Durchgangsweg der alten Süd-Nordstraße. Im Nordosten lag die hersfeldische Wasserburg, auf deren Gelände ab 1553 der Neideck, das **Renaissanceschloß,** erbaut wurde. Hier residierte Günther der Streitbare von Schwarzburg, der nun Stadtherr war. Geblieben ist außer einem *Torbau* nur der *Neideeksturm* (Abb. 33). Zwischen diesem nordöstlichen Eckpunkt und der südwestlich gelegenen Liebfrauenkirche entwickelte sich die mittelalterliche Stadt, getragen vom Waid- und Weinanbau und begünstigt durch den Handelsweg.

Östlich der Stadt haben sich im Ortsteil **Oberndorf** am Hang des Hügels der Käfernburg Reste einer romanischen *Pfeilerbasilika* erhalten, die auf das 11. Jh. zurückgeht. Im 16. Jh. bereits brach man die Seitenschiffe ab und gab dem Bau seine heutige Gestalt. Die Grafen von Käfernburg waren vermutlich schon im 11./12. Jh. vom Kloster Hersfeld zu Vögten über die Stadt erhoben worden – außer den schriftlichen Überlieferungen verblieb von ihrer Burg kaum etwas.

Arnstadt verändert sich heute – wie viele Städte – weit rascher als in vergangenen Jahrhunderten. Der nordwestliche Stadtteil beginnt bereits, eine völlig neue Gestalt anzunehmen. Historisches umgibt noch die Liebfrauenkirche, Markt und Ried – die beiden langgestreckten Plätze des Mittelalters – und den Holzmarkt samt dem östlichen altstädtischen Bereich. Folgen wir diesem Wegverlauf und damit zugleich den großen Geschichtsabschnitten der Stadt!

Arnstadt im 17. Jh., nach Merian

170

Ähnlich wie in den Domkirchen von Naumburg und Magdeburg durchdringen sich auch in der Arnstädter **Liebfrauenkirche** die Raum- und Gestaltungsauffassungen der romanischen und der gotischen Zeit (Abb. 41). Schwer und kubisch wirken noch die Turmunterbauten und Wände der um 1200 begonnenen Basilika. Schon 50 Jahre später aber änderte sich die Stilrichtung. Aus den Klöstern Maulbronn und Walkenried, in denen sich ein zierreicheres Bauen Bahn gebrochen hatte, kamen Bauleute nach Arnstadt und statteten Portale, Fensterlaibungen und das Langhausinnere mit gewirtelten Säulen und dekorativen Kapitellen aus. Die Südseite der Kirche und das Innere des Langhauses geben diesen baulichen Sinneswandel auch in der steilen Wölbung gut zu erkennen. Das Ende des 13. Jh. brachte einen erneuten Umschwung in der Baukunst: Es entstand der großartig angelegte gotische *Hallenchor,* dessen dekoratives Formengerüst man auf den Außenbau übertrug. Sicher war auch der Gewinn aus dem städtischen Handel und Gewerbe, den sich Stadtvögte und Abt teilten, eine Grundlage für diese neue Bautätigkeit. Als Grabkirche der schwarzburgischen Grafen erhob der Bau hohen Anspruch: Die *Doppeltumba* des Grafen Günther XXV. von Schwarzburg und seiner Gemahlin Elisabeth wurde nach des Grafen Tod 1368 in der seinerzeit bedeutendsten mitteleuropäischen Bau- und Bildhauerwerkstatt der Parler-Familie in Prag zumindest entworfen, wenn nicht sogar die Meister selbst hier in Arnstadt tätig waren. Nach zweimaligem Bauschaden erhielt die Liebfrauenkirche ihre heutige Gestalt: Nachdem 1813 die französischen Truppen den Kirchenraum als Magazin genutzt hatten, verstärkten sich die bereits vorher an den Türmen zutage getretenen statischen Mängel. Erst 1880–88 aber erfolgte die gründliche Erneuerung des Äußeren und Inneren der Kirche unter der Bauleitung von Hubert Stier. Er strebte eine akademische Re- und Neogotisierung des gesamten Baus an und errichtete über dem Querschiff einen alles überragenden gotisierenden Glockenturm. Das brachte etwa 70 Jahre später erneut stati-

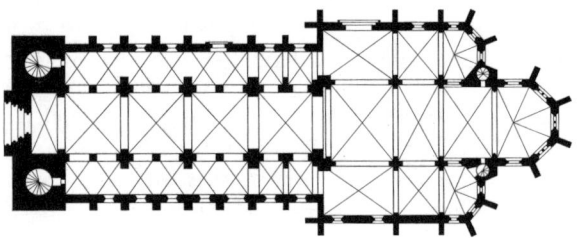

Arnstadt, Liebfrauenkirche, Grundriß

sche Probleme, so daß die ab 1956 vorgenommene denkmalpflegerische Restaurierung im Grunde eine ›Entrestaurierung‹ wurde. Viele der Zutaten des 19. Jh. entfernte man dabei, um den Bau und das Kircheninnere in den zeitlich unterschiedlichen Formensprachen wieder zur Geltung zu bringen.

Das schöne Fachwerk des alten **Waidhauses** (Abb. 38) dicht bei der Liebfrauenkirche leitet über zum 16. und 17. Jh., der nächsten im Stadtbild markierten Geschichtsepoche. Der aus einem Klosterbau hervorgegangene **Prinzenhof** – das Thomas-Müntzer-Haus – flankiert den Weg zum Markt. An diesem beherrscht das Rathaus die Nordostecke, während die am Ende des 16. Jh. als **Tuchgaden** erbauten Galerien an der Schmalseite des dreieckigen Platzes dominieren (Abb. 34). Später erst entstanden die Wohngeschosse über der grazilen Säulenarchitektur. Der Stadtbrand von 1581 vernichtete einen großen Teil der mittelalterlichen und nachmittelalterlichen Gebäude. Ein erstes Zeichen für den Neuaufbau setzte gewiß das **Rathaus** von 1583 (Abb. 35,37). Die niederländische Bau- und

Dekorationskunst war mit dem Schloßbau schon um die Jahrhundertmitte nach Arnstadt durchgedrungen. Ihrer Formen bediente sich der Baumeister des Rathauses, Christoph Junghans, um die Doppelgiebelfront mit dem Traufenhaus zu einem städtischen Prachtbau zu vereinen. Wohl aus der alten **Bonifatiuskirche** stammen die beiden Figuren der Heiligen Bonifatius und Maria am Ostgiebel. Diese spätgotische Kirche

Arnstadt, Bach-Kirche, Chor

172

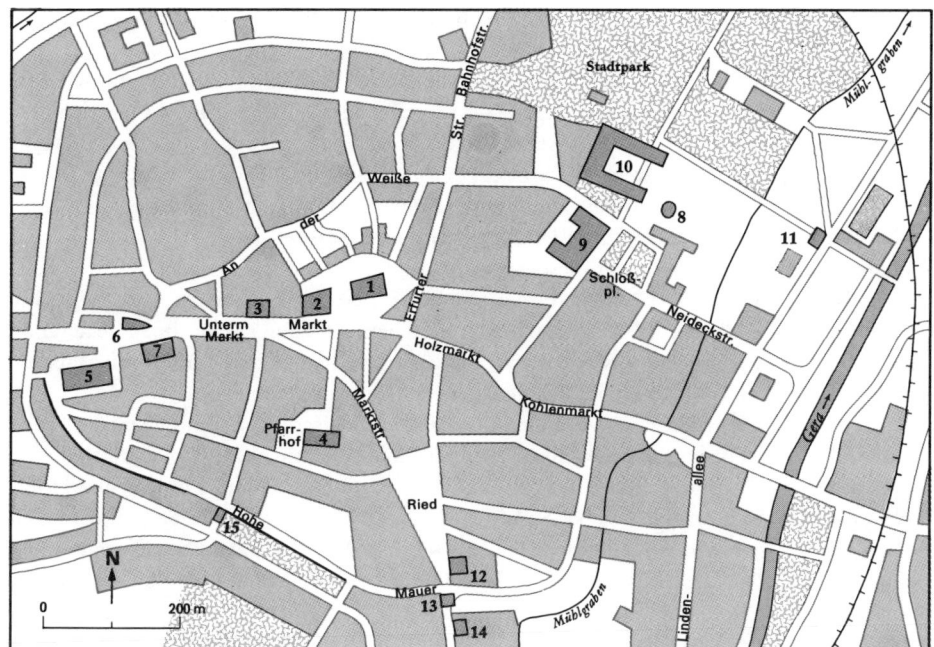

Arnstadt 1 Bach-Kirche 2 Rathaus 3 Bach-Gedenkstätte 4 Oberkirche 5 Liebfrauenkirche
6 ehem. Papiermühle 7 Thomas-Müntzer-Haus 8 Neidecksturm 9 Neues Palais (Schloßmuseum)
10 Verwaltungsgebäude (ehem. Vorburg) 11 Fischtor 12 Jakobsturm 13 Riedtor 14 Marlitt-
Villa 15 Neutor

auf eigenem Platz östlich des Rathauses erhielt 1676–83 ihre heutige barocke Gestalt. Bei
dem Umbau verwendete man die spätgotischen Außenmauern und fügte den neuen Emporenraum ein. Die gotische Dreifenstergruppe und den barocken Giebelaufsatz des Chores
ergänzt zeitlich das schöne **Brunnenbildwerk** mit der Ritterfigur aus den 70er Jahren des
16. Jh. Ebenfalls auf das 16.Jh. gehen die **Bürgerhäuser ›Zum Palmbaum‹** und **›Güldener
Greif‹** am Markt zurück, die aus der übrigen historischen Platzumbauung hervorstechen
(Abb. 36). Das erste birgt mit dem *Stadtgeschichtlichen Museum* auch die *Bach-Gedenkstätte,* die wir schon erwähnten. Die Bach-Kirche, wie heute die alte Bonifatiuskirche heißt
(Abb. 39), war die eigentliche Wirkungsstätte Johann Sebastian Bachs in den Jahren
1703–07, bevor er nach Mühlhausen wechselte.

Der dritte altstädtische Kirchenbau steht verborgen in den engen Gassen südlich des
Marktes: Die **Oberkirche** gehörte zum Franziskanerkloster und entstand als langgestreckter Emporenraum in der ersten Hälfte des 14. Jh. Ihren herausragenden Glockenturm

bekrönt der barocke Helm. Das farbkräftige Innere mit der bemalten *Holztonne* schmükken *Fürstenstand, Altar* und *Kanzel* aus der ersten Hälfte des 17. Jh.

Von der Kirche aus muß man nur eine schmale Gasse durchschreiten, um zum **Ried** zu gelangen. Im Zuge der mittelalterlichen Hauptdurchgangsstraße nach Erfurt hat sich dieser langgestreckte Platz direkt im Anschluß an das Riedtor zu einem der großen Waid- und Weinhandelsmärkte entwickelt. Davon zeugen noch die alten Händlerhäuser an seiner Westseite. Im Mittelpunkt stehen das **Haus ›Zum Großen Christophorus‹** mit einer Bildersequenz an der Fassade und das **Haus ›Goldene Sonne‹**, in denen sich etwas von früherer Gastlichkeit, aber auch Geschäftigkeit des händlerischen Treibens erahnen läßt. Die meisten Häuser hier besaßen diesen Doppelcharakter als Handels- und Gasthöfe. Stadtbürgerliches Wohnmilieu beinahe biedermeierlicher Prägung steht ihnen gegenüber. Alles überragen der Turm des **Riedtors** mit der barocken Haube und der gotische **Jacobsturm** mit dem nadelspitzen Helm, der Rest des einstigen Kirchenbaus.

Westwärts umzieht ein noch erhaltener Teil der mittelalterlichen Stadtwehr, die Hohe Mauer mit dem **Neutorturm,** die Altstadt bis zur Liebfrauenkirche. Ostwärts gelangt man durch die Riedmauergasse in den reizvollen altstädtischen Bereich um Kohlen- und Holzmarkt und durch die August-Bebel-Straße in das feudale Arnstadt zum Schloßplatz. Ihn beherrscht das große **Schulgebäude,** das der Architekt Max Schwarz 1915 als städtischen Repräsentationsbau gestaltete. Deutlich ist es in Beziehung gesetzt zu den Resten des Renaissanceschlosses, dem Vorwerk mit dem Barocktor und dem Neidecksturm. Das gegenüberliegende **Neue Palais** von 1728–30 birgt hinter seinen barocken Fassaden das Schloßmuseum – den Ausgangspunkt unseres Besuchs in Arnstadt.

Ein Bauwerk ist nicht zu übersehen, es steht hoch über der Stadt: Für die städtische Wasserversorgung wurde auf den nördlichen Höhen 1925/26 der **Reservoirturm** in expressiven Formen errichtet. Sein gefalteter Schaft trägt einer Krone gleich den flachen breiten Rundkörper mit einem kleinen überkuppelten Aufbau. Hier haben wir das Wahrzeichen einer neuen geschichtlichen Epoche vor uns, die Arnstadt den Wandel zur Industriestadt des 20. Jh. brachte.

Die Handelsstraße säumten im Mittelalter zahlreiche Burgen. Insbesondere am Ein- und Ausgang der ›Wildnis‹ des Thüringer Waldes dienten sie als Herrschersitze dynastischen und merkantilen Schutzinteressen gleichermaßen. Oberhalb von **Plaue** ließen die Schwarzburger Grafen 1324 die *Ehrenburg* errichten und den bereits vorhandenen Siedlungsflecken ausbauen, worauf die ursprünglich romanische *Kirche* hindeutet. Sie wurde in späteren Jahrhunderten mehrfach umgebaut. Von der Ehrenburg blieb der mächtige Wohnturm mit seiner hoch aufragenden Schildmauer erhalten. Der Zusammenhang mit der nur knapp 3 km westwärts erbauten *Burg Liebenstein* bestand seit Anbeginn, denn die Schwarzburger hatten diese Straßenwarte schon 1307 von den Herren der Käfernburg erworben. Mit den zwei Ruinen, die, zwischen hohen Bäumen verborgen, ihre einstige Bedeutung nur noch erahnen lassen, wird das Befestigungs- und Überwachungssystem der Käfernburg-Schwarzburger an diesem Straßenabschnitt noch erkennbar.

An der Straße zwischen den beiden Burgorten sprudeln noch einige der ergiebigen *Quellen*, deren Heilkraft man schon früh entdeckt hatte – das Plauer Wasser ist immer noch ein begehrtes Tafelgetränk. Ebenso besitzt auch die Porzellanherstellung, welche heute in Plaue eine wichtige Erwerbsquelle darstellt, historische Bedeutung, denn bereits 1816 wurde hier die erste Porzellanfabrik gegründet.

Ilmenau und Goethes Wanderweg

»Die Gegend ist herrlich, herrlich . . . ich führe mein Leben in Klüften, Höhlen, Wäldern, in Teichen, unter Wasserfällen, bei den Unterirdischen und weide mich aus in Gottes Welt . . .«

Aus Ilmenau schrieb Johann Wolfgang von Goethe diese Zeilen an Charlotte von Stein im Juli 1781. Wie und was würde er wohl heute aus Ilmenau schreiben? Durch Klüfte und Wälder verlaufen Autostraßen und Schienenstränge: das Ilm-Tal erst west- und dann südwärts unterhalb des Kickelhahn empor zum Kamm des Thüringer Waldes, an seinem Fuß nordwestwärts in eng gewundenen Steigungen nach Gräfenroda und weiter nach Ohrdruf. Wanderwege führen nach Süden zum Jagdhaus Gabelbach. Die ›Unterirdischen‹ leben und arbeiten schon seit einem Jahrhundert auf neuem Felde, denn Bergbau treibt man nicht mehr in Ilmenau. Ihm verdankte jedoch die mittelalterliche Stadt ihren Aufstieg: Seit dem frühen 14. Jh. grub man nach Silber und Kupfer, und um 1600 hatte sich der Ort zu einer Bergbaustadt mit Minen und Saigerhütte, Hammerwerken und Holzplätzen entwickelt. Heute, da Ilmenau eine Industriestadt geworden ist, zeigt es sich in ganz anderem Gewande. Aus der 1852 gegründeten Sophienhütte, in der Glas hergestellt wurde, sind die riesigen Komplexe für die Fabrikation des bekannten Henneberg-Porzellans und für technisches Glas im Nordosten der alten Stadt hervorgegangen. Das 1894 eingerichtete Technikum ist 1953 zunächst zu Hochschule für Elektrotechnik und später dann zur Technischen Hochschule aufgestiegen. An ihr studieren 2500 junge Menschen aus 30 Ländern – in der Stadt, die während ihrer ersten technischen Blütezeit 800 Bergknappen zählte. An der Pörlitzer Höhe im Norden der Stadt, auf dem Stollen, an der Öhrenstöcker Straße im Süden entstanden in den letzten 35 Jahren ausgedehnte Industrie- und Wohnviertel, und mittlerweile ist die Einwohnerzahl der Stadt auf 30000 angewachsen. Goethes Klüfte sind urbanisiert, die wilde Schwarza wurde bereits sechs Jahre nach Goethes Tod zum Kur-Gewässer ›zivilisiert‹, und die von der Industrie verdrängten Wälder beginnen zwischen den Fabrikanlagen als Aufforstungen ein neues Leben.

Es verlockt, die Geschichte Ilmenaus eng mit Goethe zu verbinden. Immerhin weilte er nicht weniger als 28mal hier – als schwärmender Dichter wie als offizieller Weimarer Beamter. Zunächst im Besitz der Grafen von Käfernburg und Schwarzburg, dann der Henneberger, gehörte Ilmenau seit 1661 zum Weimarer Herzogtum. Die Stadt geht bis auf das Mittelalter zurück. Zwei Burgen standen hier, die man allerdings schon im späten 13. und im 18. Jh. niederriß. Selbstbewußt zogen die Knappen ihre Siedlung den Hang empor zum kleinen Markt, wo 1426 ein erstes Rathaus bezeugt ist. Südlich davon steht die Stadtkirche. Im Bereich dieser beiden Punkte haben wir also die mittelalterliche Stadt einzuordnen, von der infolge mehrerer Brände seit 1353 nichts mehr vorhanden ist.

Nach einem der Feuer errichtete der Weimarer Baumeister Gottfried Heinrich Krohne 1758 die **Stadtkirche** in barocken Bauformen neu. Der großartige Innenraum weist *Doppelemporen* unter dem Spiegelgewölbe auf; die *Kanzel-Schauwand* ist dem Chorraum wie ein Kleinod eingefügt. Vor der Kirche erinnert das **Denkmal** von 1894 an die Einführung der Reformation im damaligen Henneberger Land. Das heutige **Rathaus** am leicht ansteigenden Marktplatz wurde 1768–86 erbaut; vor seinem hohen Mansarddach ragt der Uhrturm auf. Der achteckige **Marktbrunnen** mit der hennebergischen Henne stammt aus den 50er Jahren jenes Jahrhunderts. Schon 1616 war neben dem Vorgängerbau des Rathauses das fürstliche **Amtshaus** errichtet worden. An seiner Stelle entstand nach dem großen Brand von 1752 das heutige Barockgebäude mit seinem markanten, giebelbekrönten Mittelteil an der Fassade zum Platz. Hier nahm der Geheime Rat Goethe seine Residenz, von der aus er seit 1776 half, die durch den korrupten Rat heruntergewirtschaftete Stadt zu erneuern. Seine Bemühungen galten dabei besonders dem 1739 stillgelegten Bergbau, der nach seinen Vorstellungen wieder zum Leben erweckt werden sollte. Die ebenfalls untergegangene Glasfertigung des 17. und 18. Jh. ersetzte 1777 eine erste Porzellanfabrikation; doch war dieser kein langer Bestand vergönnt. Dennoch hatte die Goethe-Zeit für Ilmenau den Aufschwung vorbereitet, welchen dann die Industrialisierung im 19. Jh. mit sich brachte. Er setzte eigentlich ganz unindustriell mit der Einrichtung eines Bade- und Kurbetriebes 1838 ein. Zwei Jahre später begann man mit der industriellen Porzellanherstellung; das Entstehen einer neuen Glasproduktion mit der Gründung der Sophienhütte 1852 wurde schon erwähnt. 1879 erhielt Ilmenau den Eisenbahnanschluß, und 1898 veränderten 43 Fabriken das Stadtbild beträchtlich. Das ›**Neue Zechenhaus**‹ von 1859/60 an der Weimarer Straße vermittelt noch einen Eindruck von dem Ilmenau jener Zeit – später zog die Porzellanfabrik in das Gebäude. Und auch die **Glashütte** bewahrt mit ihren Bauten aus der Zeit um 1910 noch etwas vom Bild der industriellen Revolution.

Johann Wolfgang von Goethe sind wohl, abgesehen von Weimar, die meisten Stätten in Ilmenau gewidmet. Das Amtshaus vermittelt in seinen Räumen einen hervorragenden Überblick über das Wirken Goethes in und für Ilmenau und stellt zugleich die Zeugnisse der von ihm initiierten Fabrikationen vor. Das Haus der Rätin Blumröder an der Thälmannstraße 7, der **Gasthof ›Zum Löwen‹**, wo der 82jährige seinen letzten Geburtstag verbrachte, und der ›**Sächsische Hof**‹, in dessen Räumen Charlotte von Stein und Corona Schröter gewohnt hatten und Goethe 1784 mit den Ilmenauer Bergleuten die Wiedereröffnung der Schächte feierte, sind Erinnerungsstätten. Der ›Sächsische Hof‹ wird nach der 1610–1867 hier eingerichteten Thurn- und Taxisschen Poststation auch Posthaus genannt. In der **Oberförsterei** an der Bebelstraße 2 weilte Goethe an seinem 82. Geburtstag zum letzten Male als Gast beim Oberförster Friedrich August Freiherr von Fritsch.

Dann führt die Wegmarke mit der Goethe-Initiale ›G‹ auf dem ›**Goethe-Wanderweg**‹ zu den wohl berühmtesten – weil vielleicht auch romantischsten – Ilmenauer Goethe-

176

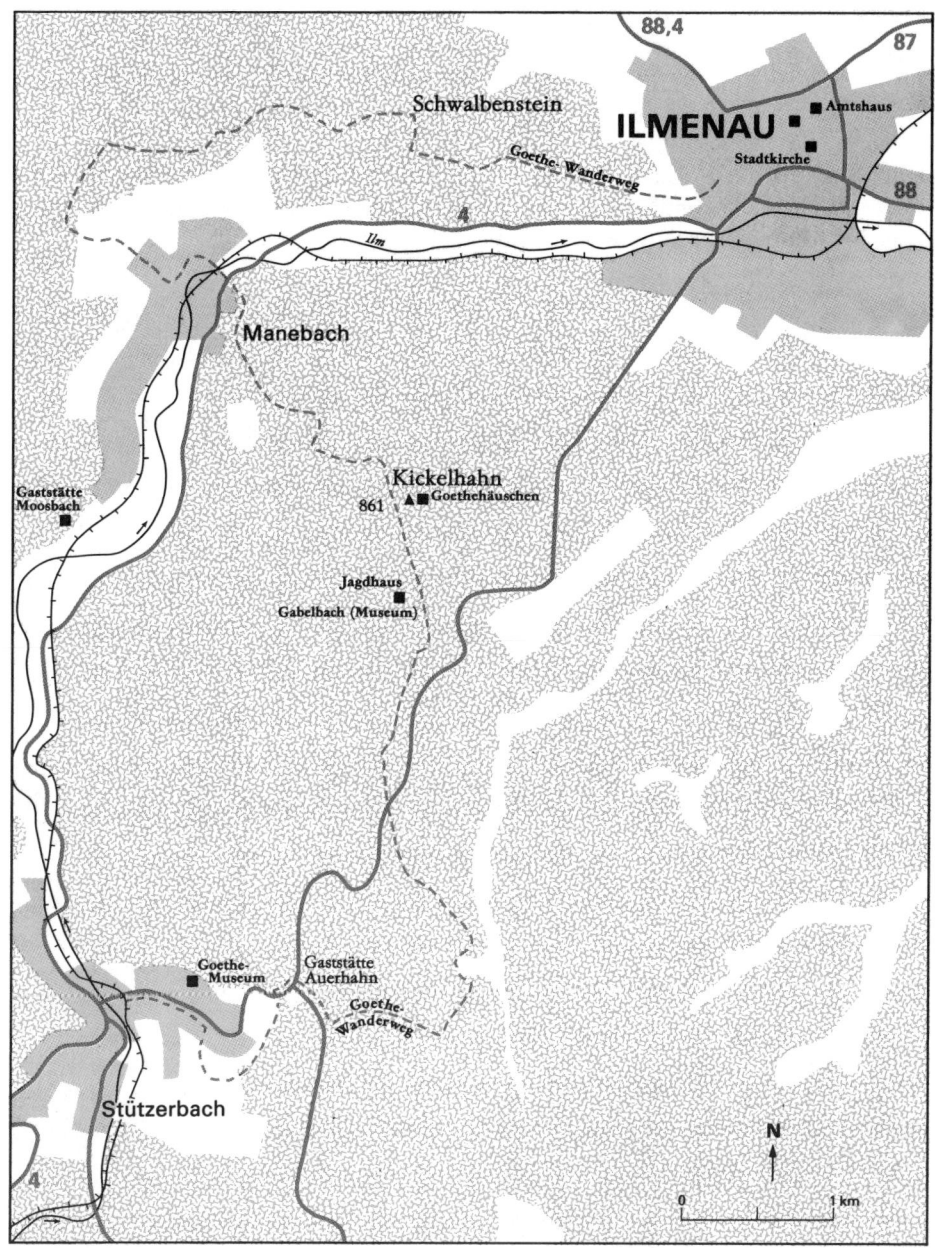

Umgebung von Ilmenau mit dem ›Goethe-Wanderweg‹

Stätten. An den Plätzen der naturkundlichen Entdeckungen und Forschungen Goethes entlang, von denen er zu Schiller schrieb: »Ich war immer gerne hier, ich glaube, es kommt von der Harmonie, in der hier alles steht: Gegend, Menschen, Klima, Tun und Lassen«, geht es zum *Berggraben,* zur *Bornwiese, Marienquelle, Helenenruh* und zum *Großen Hermannstein.* Die Naturdenkmäler bieten auch in unserer von Eile geprägten Zeit landschaftliche Eindrücke von beschaulicher Schönheit. Dann der **Kickelhahn** mit dem *Goethe-Häuschen:* Eigentlich eine Schutzhütte für Waldhüter, wurde es 1874 nach einem Brand in ursprünglicher Form wiedererrichtet. Hier schrieb Goethe am 6. September 1780 »Wanderers Nachtlied«, jene Zeilen, die vielleicht deshalb so unübertroffen populär geworden sind, weil sie so schlicht blieben. An Charlotte von Stein berichtete der Dichter: »Auf dem Gickelhahn (man beachte das hessisch-thüringische G!), dem höchsten Berg des Reviers, den man in einer klingenderen Sprache Alecktrüogallonax nennen könnte, habe ich mich gebettet!« Der Aussichtsturm überragt seit 1854 die Umgebung.

Talwärts liegt das **Jagdhaus Gabelbach,** 1783 für die Jagdgesellschaft des Weimarer Hofes und zu Ehren seines Gastes, des Herzogs von Kurland, in kurzer Zeit errichtet, danach bald verfallen. Ilmenauer bauten es in Verehrung des Dichters neu auf. So birgt das einfache zweigeschossige Holzhaus heute die Ausstellung der Nationalen Forschungs- und Gedenkstätten der klassischen deutschen Literatur; sie widmet sich zum einen dem höfischen Vergnügen der Jagd, zum anderen Goethes naturwissenschaftlichen Studien im Thüringer Wald.

Durch das ›Finstere Loch‹, Anregung für die romantischen Wasserfall-Gesänge des Dichters, wird **Stützerbach** erreicht. Hier weilte Goethe zwischen 1776 und 1780 13mal im *Haus des Glashüttenbesitzers* Daniel Gundelach – auch zusammen mit dem Weimarer Herzog, den Jagdausflüge hierher führten. Wie das Jagdhaus Gabelbach ist dieses Haus heute Museum und Gedenkstätte mit der Ausstellung der Nationalen Forschungs- und Gedenkstätten, den Aufenthalten Goethes, aber auch dem ursprünglichen Zweck des Hauses, der Glasherstellung, gewidmet.

Jagdhaus Gabelbach, Goethe-Gedenkstätte

Stützerbach, ehem. Gundelachsches Haus, heute Goethe-Gedenkstätte

Zwischen Ilm und Paulinzella

Um von Ilmenau nach Paulinzella zu kommen, benutzt man am besten die Fernverkehrs-straße 88, die entlang dem Thüringer Wald zunächst nach **Gehren** führt. Bereits im 12. Jh. ist der Ort genannt, und seit dem 15. Jh. gab es hier eine *Schloßanlage,* die 1720–40 dem Fürsten Günther I. von Schwarzburg-Sondershausen als Residenz diente. Nur noch Reste sind von ihr vorhanden. Nach einem Brand im Jahre 1933 verblieben im Park am Rande des Städtchens die Außenmauern von zwei der ursprünglich vier Schloßflügel, in dem die Puppensammlung ›Mon plaisir‹ angelegt worden war, ehe sie nach Arnstadt ins Neue Palais gelangte (s. S. 169).

Gleichfalls eine mittelalterliche Stadt ist **Königsee.** Eisenerz und Edelmetalle wurden hier gefunden und weiterverarbeitet. Im 12. Jh. hatte in Königsee möglicherweise eine königliche Gerichtsstätte bestanden – der Name jedenfalls läßt darauf schließen. Mitte des 15. Jh. wurde der Ort während der kriegerischen schwarzburgischen Auseinandersetzun-gen völlig zerstört. Was danach wieder aufgebaut war, versank in den Feuersbrünsten des Dreißigjährigen Krieges. Hernach verblieb die Stadt im Schatten von Hof und Wald. Erhalten ist am leicht ansteigenden Marktplatz das *Rathaus* aus dem 18. Jh. Erst in unse-rem Jahrhundert kamen mehr und mehr Urlauber in den Ort, so daß neben der vor allem nach dem Zweiten Weltkrieg aufgebauten Industrie die *Ferienquartiere* Königsee bekannt machten. Bei Rottenbach zweigt der Weg nach Westen ins Rottenbach-Tal und zum Kloster Paulinzella ab.

Etwas unterhalb der emporführenden Straße liegt, eingebettet in das sich verengende Tal, die Klosterruine **Paulinzella** (Farbabb. 17). Paulina, die Tochter des Truchseß Moricho, Hof-, Wirtschafts- und Küchenvorsteher Heinrichs IV., gründete hier das Kloster der Sage nach aufgrund eines Reiseunfalls. Sie ließ sich die Gründung persönlich im Jahre 1106 bei einem Besuch des Papstes bestätigen. Im Jahr darauf reiste sie zum Kloster Hirsau, um von dort Bauleute und Mönche nach Paulinzella zu bitten. Während dieser Reise verstarb sie. Die Mönche kamen, bauten aber wohl nicht, sondern zogen sich zunächst aus dem noch unwirtlichen Tal zurück in die Nähe von Querfurt. Dort hatte der Vater der Stifterin von König Heinrich IV. auf Vermittlung des Bischofs von Merseburg, der zugleich Morichos Bruder war, Ländereien übereignet erhalten. Der kaiserliche Beamte trat später dem Kloster Hirsau als Mönch bei. So entstand die Beziehung der beiden Klöster. Erst im Jahre 1114, als Heinrich V. die Gründung Paulinzellas bestätigte, begann vermutlich die Bautätigkeit. Auch hierzu kennt die Geschichte zwei Versionen: Nach der ersten soll Ludwig der Springer zum Vogt über die Ländereien des Klosters und seine weltlichen Angelegenheiten berufen worden sein, woraufhin die Arbeiten einsetzten. Nach einer zweiten habe der Vogt Sizzo – unter den Stiftern im Naumburger Dom zu finden – die Mönche ins Rottenbach-Tal zurückbeordert. Bereits 1124 erfolgte die Weihe der *Klosterkirche*, die nach dem Vorbild und den Regeln der Hirsauer Kirche St. Peter und Paul entstanden war. Auch wenn man das Jahr 1107, in dem die ersten Mönche aus Hirsau gekommen waren, bereits als möglichen Baubeginn ansieht und die zeitweise Abwanderung der Ordensbrüder nicht mit dem Bauablauf in Verbindung bringt, ist der Zeitraum für die Errichtung des baukünstlerisch meisterhaften Klosterkomplexes erstaunlich kurz. Langhaus, Querschiff und Chor der romanischen Basilika waren zum Zeitpunkt der Weihe vollendet, erst im Anschluß erfolgte die Fertigstellung der Vorkirche und der Westtürme. Der kreuzförmigen, flach gedeckten dreischiffigen Säulenbasilika im gebundenen System lag das Quadrat als Maßeinheit zugrunde. An das Querschiff schlossen das Presbyterium und die drei Schiffs- und zwei Querschiffsapsiden an. Geschaffen war eines der großartigsten Zeugnisse deutscher romanischer Baukunst, in dem die Hirsauer Reformgedanken, nach denen Liturgie und Bauformen in Einklang gebracht werden sollten, wohl am klarsten zum Ausdruck gelangten.

Nach der Reformation wurde das Kloster aufgelöst. Schon 1564 begann man, die Klausur im Süden abzutragen und den Nordwestturm niederzureißen. Seit 1679 dienten Chor und Presbyterium als Steinbruch und verschwanden schließlich ganz. Im 16./17. Jh. entstand das *Amtshaus* mit reichen Fachwerkgeschossen, das sich südlich an die Kirchenruine anschließt. Im 18. Jh. ließen die Schwarzburg-Rudolstädter Fürsten auf den Mauern des Abtshauses ein *Jagdschloß* errichten; der Plan, aus den Steinen der Klosterruine in Rudolstadt eine neue große Kirche aufzurichten, wurde indes nicht verwirklicht. Der Romantik und ihrem so ausgeprägten Verhältnis zu Geschichte, zu Natur und zu Verfallendem ist es

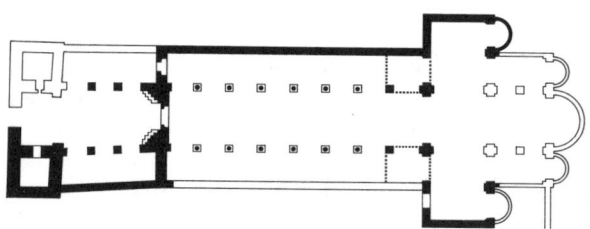

Paulinzella, Ruine der Benediktiner-Klosterkirche, Grundriß

180

Klosterruine Paulinzella, Lithographie nach einer Zeichnung von Carl Heyn

zu verdanken, daß der großartige bauliche Rest der Klosteranlage bestehen blieb. Schon Friedrich Schiller hatte 1788 das Bauwerk als Historiker wie als Dichter bewundert. Und wie die Wartburg wurde auch Paulinzella am Beginn des 19. Jh. als Denkmal erkannt. Was Johann Elias Schlegel und die Brüder Melchior und Sulpiz Boisserée mit der Wiederentdeckung des kunsthistorischen Wertes des Kölner Doms akribisch aufzuzeichnen begannen, das vollzog sich in Paulinzella auf romantische Art: Auf das Grab der Klostergründerin Paulina pflanzte man die Linde als ein Symbol, Paulinzella am Leben zu erhalten. Die denkmalpflegerische Sicherung der Ruine, die Veranschaulichung von Grundriß und Umfang der Kirche, der Aufbau der musealen *Ausstellung im ehemaligen Zinsboden,* dem Speicherbau für die Naturalienabgaben an das Kloster, und die neue Nutzung des Jagdschlosses verliehen der romantischen Ruine wieder Leben. Die eleganten Formen der Bauzier an Säulen und romanischen Schiffswänden, das romanische Säulenportal in der Vorhalle mit der Bogengalerie und dem hohen Giebel, der Kontext von lastiger Wand über den schildkapitellgeschmückten Säulenreihen und dem ansteigenden Raum – in seinem freien Verfliegen nach oben unbegrenzt – lassen Paulinzella zu einem der eindrücklichsten Kunsterlebnisse in Thüringen werden.

Die landschaftlich reizvolle Straße führt nun aus dem Rottenbach-Tal weiter westwärts, vorbei an dem 582 m hohen Singener Berg, nach Stadtilm.

Von Stadtilm nach Bad Berka

Das heutige **Stadtilm** erscheint als eine ›völlig normale‹ thüringische Mittelstadt, gekenn-zeichnet von Industrie und regem Verkehr zwischen Weimar und Ilmenau, Arnstadt und Saalfeld. Dem Verkehrsaufkommen trägt auch der 21bogige *Viadukt* Rechnung, den man als Talüberquerung 1890 für die Eisenbahnstrecke Saalfeld–Arnstadt erbaute. Beim Durchschreiten der Stadt stößt man jedoch auf einige Besonderheiten, die Fragen aufkom-men lassen: Es gibt einen erstaunlich großen Marktplatz, doch das Rathaus steht nicht hier sondern am westlichen Rand der Altstadt in einer Torsituation. Die Kirche zeigt sich als eine beachtliche frühgotische Anlage, jedoch ist sie nicht in einheitlichem Stil vollendet worden. Man baute an ihr über lange Zeit hinweg und immer wieder, so daß ihre Formen-sprache das ganze Mittelalter umfaßt. Ansonsten erscheint die Stadt viel jünger, betrachtet man die Häuser eingehender.

Die Geschichte gibt Auskunft: Stadtilm besaß in der Tat schon im 12. Jh. Bedeutung, denn es lag an dem alten Handelsweg, der sogenannten Kahlertstraße, die es über den Thüringer Wald hinweg mit Coburg verband. Außerdem durchschnitt den Ort am nord-östlichen Ende der Handelsweg von Erfurt nach Saalfeld. So erklärt sich die Existenz des großen Marktes und der prächtigen *Liebfrauenkirche*. Der Bau des Gotteshauses begann um 1200. Die ältesten Teile sind noch als Untergeschosse der Westtürme zu erkennen. Sie zeigen Formen, wie sie aus dem Kloster Maulbronn durch dort geschulte Bauleute nach Thüringen hineingetragen wurden und den romanisch-gotischen Übergangsstil kenn-zeichnen. Zwischen etwa 1280 und 1320 baute man das Langhaus in gotischen Formen weiter und behielt den geraden Chorschluß bei. Die zweite Hälfte des 14. Jh. brachte den Türmen ihre Aufbauten und dem Kirchenhaus die hohen Vorhallen für die Portale. Von diesen ist die nördliche besonders prachtvoll ausgeprägt; die südliche erhielt erst im vori-gen Jahrhundert ihren Giebel. Figürlicher Schmuck und Bauzier an Portalen, Vorhallen und Türmen geben der Kirche ein reiches Gepräge.

Stadtilm gehörte im Mittelalter zum Herrschaftsgebiet der Schwarzburg-Käfernburger Grafen. Als sich ihr Geschlecht im 13. Jh. in zwei Linien teilte, war Stadtilm in besonderer Weise betroffen: In der Folge der unterschiedlichen Interessenlagen bekam die Stadt 1275 zwei Herren und wurde zwischen den Käfernburgern und Schwarzburgern aufgegliedert. Obgleich geteilt, erhielt sie dennoch eine Ummauerung. Die städtische Entwicklung war Ziel der Käfernburger; im Schwarzburger Teil dagegen errichtete man auf der Westseite der Siedlung ein Kloster – die Liebfrauenkirche lag im Käfernburger Bereich. Als das Kloster infolge der Reformation verfallen war, entstand zu Anfang des 17. Jh. auf seinen Mauern das Renaissanceschloß für einen der zahlreichen Günther von Schwarzburg. Aus diesem Bau ging schließlich das Rathaus hervor. Ein Stadtbrand vernichtete 1780 fast alle alten Bürgerhäuser. – Aus dieser Entwicklung wird die Eigenheit der Stadt verständlich.

Als Vorläufer des heutigen *Rathauses* können Kloster und Schloß der Schwarzburger gelten. Gehen wir in den Ratskeller, so befinden wir uns gleichsam im Mittelalter: Die hohen gewölbten Räume blieben vom Klosterbau erhalten und waren einst das Refektorium. Das Aufgehende des Ratsgebäudes gibt sich trotz mancher Veränderungen noch als das spätere Schloß zu erkennen, das nur zwei Jahrzehnte als Fürstensitz gedient hatte. Aus der Bauzeit vom Anfang des 17. Jh. stammen die sechs Renaissance-Giebel und der Treppenturm. Wenig gefühlvoll verfuhr man mit einem Anbau am Beginn unseres Jahrhunderts. Die Räume im langgestreckten Haus nehmen auch das Museum der Stadt auf, welches eine stadtgeschichtliche Ausstellung zeigt.

Wie in Stadtilm stand auch in **Kranichfeld** ein *Renaissanceschloß*. Seit dem Großbrand von 1934 ist aber nicht mehr als nur die bauliche Hülle dieses einst bedeutenden Herrschersitzes in dem wohl meistumstrittenen und immer wieder im dynastischen Interessenfeld gelegenen Landesteil übrig. Im Mittelalter gab es hier zwei Burgen. Nach den Lehnswechseln gelangten die Herren Reuß von Plauen 1453 in den Besitz von Oberkranichfeld; Niederkranichfeld kam zwei Jahre später an die Grafen von Gleichen Blankenhain. Die Reußen begannen nach einem guten halben Jahrhundert mit dem Neuausbau der oberen Burg. Der ›Dicke Turm‹ und die Kapelle aus dem 12. Jh. wurden einbezogen, die Repräsentations- und Wohntrakte erhielten den hohen Renaissance-Giebelschmuck. Trotz dieser ›zivilen‹ und künstlerischen Gestaltung blieb Oberkranichfeld eine der großen thüringischen Festungsanlagen der Renaissancezeit. Die begonnene Renovierung könnte nach ihrer Vollendung wenn auch nicht den ursprünglichen Reiz, so doch ein für Thüringens Geschichte wertvolles Denkmal bewahren.

Die Straße nach Weimar führt durch **Bad Berka**. Seit 1813 ist der Ort mit seinen Mineralquellen Heilbad. Goethe nahm nicht teil an der Einweihung des Badeplatzes, er hielt nicht viel von dem schwefeligen Berkaer Wasser. Zu gut und reich waren wohl auch seine Erinnerungen an das Weimarer Hofbad Lauchstädt, wo mit dem 1802 vollendeten Theaterbau eine wirkliche ›Goethe-Spielstätte‹ geschaffen war. Dennoch setzte er sich beim Herzog für den Wiederaufbau des 1816 abgebrannten Städtchens ein. Der Weimarer Baumeister Clemens Wenzeslaus Coudray prägte die einheitliche Stadtanlage und die Kurbauten im Stil des Weimar eigenen Klassizismus; von dieser ersten großen Erneuerung zeugt das *Rathaus*. Eine zweite Bauwelle, die in den architektonischen Dimensionen gleichsam alles Vorhandene sprengte, erfaßte in den 50er Jahren unseres Jahrhunderts Bad Berka. Jetzt entstanden hier in Fortsetzung der 1898 errichteten Lungenheilstätte die riesigen *Sanatoriumsbauten*. In ihren architektonischen Accessoires, die ihren Ursprung in der klassizistischen Bautradition haben, bleiben sie teils dem Stil der vorausgegangenen Jahrzehnte anhänglich, teils deuten sie bereits auf das landschaftsbezogene Bauen hin.

Im Ort **Buchfart** gibt es noch eine der wenigen, früher in Thüringen vielfach üblichen *überdachten Holzbrücken*. Seit 1818 führt sie über die Ilm und ruht noch immer auf den alten Stützpfeilern. Vor zwei Jahrzehnten ist sie allerdings gründlich gesichert und verstärkt worden, um den Anforderungen des Kraftfahrzeugverkehrs auch weiterhin standhalten zu können. Ein kleines Zeugnis alter Technik stellt die *Wassermühle* nebenan dar. Die *Höhlen* im Kalkfels über dem Ort dienten schon in der Altsteinzeit den Menschen als Lager. – So eng beieinander liegt die Geschichte in Thüringen oft.

Von Sonneberg zum Saale-Tal

Sonneberg

Spielzeugland! Welch ein Reiz, welche Verlockung liegt immer wieder in diesem Wort. Das Zentrum des Spielzeuglandes ist Sonneberg. Es liegt oben – wie man in Thüringen sagt –, 400 m hoch unterhalb der Kuppen des Schiefergebirges, die es im Norden und Osten eng umschließen, während sich im Nordwesten die aus dem Thüringer Wald herabziehenden Täler zu der breiten Senke am Gebirgsfuß verbinden. Die Herstellung von Spielzeug besitzt hier eine lange Tradition, die bis in das 16. Jh. zurückreicht. Ebenso alt ist die Beziehung zu Nürnberg und seinem Handelsbürgertum. Erst seit 1913, als der Schienenweg über Lauscha und den Kamm des Thüringer Waldes befahrbar und die Fernverkehrsstraßen ausgebaut waren, führten dauerhafte und stabile Verkehrswege über das Gebirge und damit ins nördliche Mitteldeutschland. So sprechen die Sonneberger auch heute mit fränkischer Zunge. Daß Sonneberg nicht wie das nahe Coburg per Volksabstimmung zu Bayern gelangt ist, mag seine Ursache in der Zugehörigkeit zum Herzogtum Sachsen-Meiningen haben. Diesem Hause wurde 1699 die im Mittelalter hennebergische und dann Coburger Stadtsiedlung zugesprochen und ist seit 1735 fest in dessen Besitz geblieben.

Ein Hauch von Reichtum und Herzigkeit läßt sich im Sonneberger Spielzeug verspüren, und die Natur scheint diesen durch ihre Schönheit zu beflügeln. Doch wieviel Not und Entbehrung sich dahinter verbargen, kann man angesichts der ständig in Erneuerung befindlichen Dörfer nur noch ahnen. Hier war einmal das ›Armenhaus‹ Thüringens, und die Spielzeugherstellung ist ein Ergebnis jener Kargheit des Lebens.

Seit man neben Wetzsteinen und Schiefertafeln auch Holzgerät herstellte, tauchten Nürnberger Kaufleute auf. Das Schnitzhandwerk betrieben die Waldbauern nebenbei, und schon im 16. und 17. Jh. entstand eine hauswerkliche Produktion von Löffeln und anderen Gebrauchsgegenständen, die bunt bemalt wurden. Nürnberger Händler regten auch die Fertigung von ›Docken‹ an, Holzkörper von Puppen, die gleichfalls Bemalungen erhielten. Während der Absatz über Nürnberg erfolgte, entwickelte sich das Sonneberger Land zu einem regelrechten Herstellungsgebiet für diese Gegenstände. Doch der Dreißigjährige Krieg störte die engen Beziehungen zwischen Sonneberg und Nürnberg erheblich. Hinzu kam, daß Sonneberger Hersteller und Verleger, um der Armut zu entrinnen, ihr Heil im Ausland suchten. Von dort regten sie erneut, und nun mit weltweitem Erfolg, den Vertrieb der Sonneberger Ware an. Dazu trug insbesondere der ›Teig‹ bei, der seit den 30er

Jahren des 18. Jh. Bedeutung gewonnen hatte. Aus einem Gemisch von Schwarzmehl, Leim und Wasser ließen sich rascher und einfacher Puppen und anderes Spielzeug formen, als es bisher etwa bei den Puppen mit Porzellanköpfen vonstatten ging. Serien- und Massenware kam auf. Über Holzmodeln entstanden Puppen- und Tierkörper, die nur einen Nachteil hatten: Auf langen Transportwegen schmeckten sie kleinen Nagetieren vorzüglich. Trotzdem wurde Pappmaché der neue Rohstoff des ausgehenden 18. Jh. Was für französische Raumdekorationen, für den Schmuck des mecklenburgischen Schlosses Ludwigslust gut war, eignete sich auch hervorragend für die Puppenherstellung in Sonneberg. In Formen gepreßt von den ›Drückern‹ – einem eigenen Herstellerberuf –, lebendig bemalt und mit beweglichen Gliedmaßen ausgestattet, brachte eine solche Puppe auf der Londoner Weltausstellung 1851 den großen Erfolg für die Sonneberger Fabrikanten. Die Industrie prosperierte, die Fabrikarbeiterschaft von etwa 3800 Herstellerbetrieben im Raum Sonneberg begann, ihre Forderungen nach Lebensverbesserung vorzutragen, während in den Walddörfern auf althergebrachte Weise in Heimarbeit weiterproduziert wurde. Sonneberg entwickelte sich nun auch zum Handelszentrum. 1883 gründete man eine Industrieschule zur Ausbildung von Fachleuten für die Spielzeugindustrie und 1901 das Spielzeugmuseum.

Inzwischen ist vieles Spielzeug mechanisch hochentwickelt, es funktioniert mittels elektrischer Antriebe, wird elektronisch gesteuert. All das gehört heute ebenfalls zu den Sonneberger Produkten. Eine wesentliche Grundlage für diese Wandlung bildet die elektrotechnische und elektronische Industrie, die in Sonneberg mittlerweile einen Stammsitz hat.

Sonneberg ist eine Stadt des 19. Jh. Das alte Stadtbild hat der große Brand von 1840 vernichtet. In seiner Folge wurde neben der kleinen Dorfsiedlung Altenröthen im Tal des Röthenbaches und parallel zu diesem das neue Sonneberg planmäßig angelegt, das fast ausschließlich Wohn- und Werkstätten bestimmen. Im dreieckigen Grundriß schneiden sich alle Straßen im rechten Winkel. Wie auf dem Reißbrett entworfen erscheinen auch die beiden Hauptplätze: der aus der Zeit um 1900 stammende nahezu kreisrunde Juri-Gagarin-Platz beim Spielzeugmuseum und der Bahnhofsvorplatz. Hauptanziehungspunkt ist das Spielzeugmuseum. Es steht an der Beethovenstraße, einer der beiden sich am **Juri-Gagarin-Platz** kreuzenden Straßen. In ihrer Noblesse bezeichnen die mehrgeschossigen Villen- und Geschäftsbauten rings um die etwa 3000 m² große Freifläche die damalige merkantile Bedeutung und den einstigen Weltrang Sonnebergs als Spielzeugstadt. Immerhin war hier einmal ein Fünftel der Welt-Spielzeugherstellung beheimatet. Die Niederlassungen heimischer und ausländischer Handelsunternehmen zeigten sich bedacht auf Wirkung im Stadtbild.

Die Fassade des **Spielzeugmuseums** zieht sich entlang der vom Juri-Gagarin-Platz nordostwärts ansteigenden Straße. Zunächst als Industrieschule geplant und gebaut, nahm das Gebäude gleichzeitig die Gewerbeschau für die Spielzeugindustrie mit auf. Aus dieser ging schließlich das Museum hervor. Der Bezug auf barocke Schloßarchitektur ist unverkennbar, neobarock präsentiert sich der gesamte Baukörper mit dem vom Kuppeldach geschmückten Mittelbau und der Pilastergliederung an den giebelverzierten Seitenbauten.

Der Architekturstilist Albert Schmidt, bekannt auch durch seine Münchener neoromanischen und Neorenaissancebauten, schuf dieses Haus 1901, zu einer Zeit also, da Jugendstil und frühe Moderne auch in Sonneberg bereits anklangen. Das Innere des Museums bietet weit mehr als nur Sonneberger Produkte, wenn sie auch – mit Recht – im Mittelpunkt stehen. Sein durchaus repräsentatives Treppenhaus geleitet den Besucher ebenso in fernöstliche und historische Spielzeugwelten, um ihm dann am Schluß des langen Rundganges Weltausstellungsatmosphäre von 1910 zu vermitteln: Die seinerzeit in Brüssel mit großer Aufmerksamkeit bedachte ›Thüringer Kirmes‹ zeigt sich als vielfiguriges Diorama und hat nichts von ihrem einstigen Schauwert eingebüßt.

Der andere Hauptplatz Sonnebergs läßt großstädtische Ambitionen ahnen: Zwei Seiten des **Bahnhofsvorplatzes** beherrschen die mächtigen Fassaden des 1928 errichteten Rathauses und der fünfgeschossigen Poliklinik sowie das Postgebäude. Die gesamte Anlage ist auf Blickfang und Repräsentation ausgerichtet. Hier stellt sich die Stadt als wirtschaftlich starkes Gemeinwesen vor: Das **Rathaus** besitzt einen fünfachsigen säulen- und pilastergegliederten Mitteltrakt über dem Eingangsvorbau. Darüber erheben sich ein großer Segmentbogengiebel und ein hoher Uhrturm. Der links anschließende Klinikbau mit 16 Achsen spricht die Architektursprache des beginnenden 20. Jh., neusachlich mit neoklassizistischen Anklängen. Etwas zurück steht der funktionell-sachliche halbrunde Vorbau des **Postamtes** im Stil der 20er Jahre. Der **Bahnhof** gegenüber besteht aus unterschiedlichen Baukörpern, von denen jeder mit einem mächtigen Walmdach versehen ist. Der Platz scheint gleichsam durch die breite Karl-Marx-Straße in die Stadt hineinzufließen.

Zwei Bauwerke bleiben an dieser Stelle noch zu erwähnen: Nach dem Vorbild der Nürnberger Lorenzkirche – angesichts der traditionellen Verbindung nicht verwunderlich – schuf Carl Alexander von Heideloff die neogotische **Stadtkirche.** Mit ihr gestaltete der Verfasser der »Ornamentik des Mittelalters« und Restaurator der Nürnberger Frauenkirche einen der eindrucksvollsten, elegantesten akademisch-gotischen Räume des 19. Jh. in Thüringen. Ganz anders das zweite Bauwerk: Es steht nicht weit ab von der Kirche und ist ein spätmittelalterliches **Blockhaus** aus der Zeit um 1500. Vom ursprünglichen Standort Judenbach wurde es 1874 hierher versetzt als ein Denkmal für Martin Luther. Er soll 1530 in diesem Haus übernachtet haben – das **Luther-Denkmal** neben dem heute gastronomischen Zwecken dienenden Haus unterstreicht die historische Bedeutung.

Von Lauscha über den Thüringer Wald

Das Steinach-Tal aufwärts schlängelt sich die Straße nach Lauscha, parallel zu ihr verläuft der Schienenweg. Hüttensteinach, Hüttengrund und Blechhammer verraten in ihren Namen, was seit dem 14. Jh. mit Geräuschen das schmale Tal anfüllte: Eisenerzgewinnung und seine Weiterverarbeitung. In Steinach gab es am Beginn des 16. Jh. eine Gießerei.

Als markanter Bau empfängt der Bahnhof jeden Reisenden in **Lauscha.** Auf seinem schmalen Gelände müssen alle Züge ›Kopf machen‹, um von hier zum 769 m hoch gelege-

186

nen Bahnhof Ernstthal am Rennsteig auf dem Kamm des Thüringer Waldes emporzuklettern. Eingebettet zwischen den Bergkuppen, ziehen sich die komplett verschieferten Häuser der Stadt an den Hängen entlang (Abb. 42). Schon immer boten die um Lehesten gebrochenen Schieferplatten den sichersten Schutz gegen die Unbilden des rauhen Gebirgsklimas, das hier oben im Gegensatz zum heiteren Sonneberg herrscht. In Markttiegel – wo heute die große Schisprungschanze über dem Lauscha-Tal emporragt – hatten 1597 die Glasmacher Hans Greiner und Christoph Müller eine vom Coburger Herzog privilegierte Glashütte errichtet. Sie sollte für die nächsten drei Jahrhunderte ›profilbestimmend‹ für Lauschas Handwerk werden, und ihre beiden Besitzer begründeten die für den Ort so bedeutenden Glasmacher-Dynastien. 1895 gelang es Ludwig Müller-Uri in Lauscha, gläserne Ersatzkörper für das menschliche Auge herzustellen. Die hohe Entwicklung der künstlerischen und technischen Glasfertigung ließ den Ort weltbekannt werden, und noch heute ist er von der Glasproduktion geprägt. Das *Museum für Glaskunst* bietet einen guten Einblick in Tradition und Bedeutung der Glasbläserei im Thüringer Wald und insbesondere in Lauscha, in die künstlerische Gestaltung des Glases und in seine Bedeutung als technisches Erzeugnis für Wissenschaft, Forschung und Medizin.

Das nach wenigen Kilometern Gebirgsfahrt folgende **Neuhaus am Rennweg** ging ebenfalls aus einer Glashüttensiedlung hervor, die sich neben einem Schwarzburg-Rudolstädter Jagdhaus seit dem frühen 17. Jh. entwickelt hatte und in enger Beziehung zu Lauscha stand. Nach schweren Schäden im Zweiten Weltkrieg ist diese höchstgelegene Kreisstadt Thüringens gut zur Hälfte neu erbaut worden und zählt heute zu den bedeutendsten Orten der Elektrotechnik und Glasherstellung in Thüringen.

Bereits jenseits des Kammes, an der Nordseite des Thüringer Waldes, liegt **Oberweißbach**. Die kleine Stadt erlangte seit dem 17. Jh. Bedeutung durch die hier aus Pflanzenauszügen und auf andere, oft alchimistische Weise gewonnenen Heil- und Wundermittel. Diese ›Olitäten‹-Herstellung und ihr Vertrieb waren in den kammnahen Orten des Thüringer Waldes verbreitet, gerieten aber mit der Entwicklung von Medizin und Pharmazie allmählich in Verruf und wurden schließlich untersagt. So griff die Glasherstellung auch hier Raum. Nach dem großen Brand von 1857 entstand Oberweißbach fast völlig neu. Erhalten blieben aus früherer Zeit die *Barockkirche* von 1767–79 – mit 2000 Plätzen eine der größten ihrer Art im Thüringer Wald – und das alte Pfarrhaus. Das Kircheninnere prägen die drei Emporengeschosse, der monumentale, von Doppelsäulen und einem gesprengten Giebel eingefaßte Kanzelaltar, der beinahe schon eine Altarwand bildet, sowie die gleichfalls barocke Orgel. Im *Pfarrhaus* erblickte Friedrich Wilhelm August Fröbel das Licht der Welt. Der Pestalozzi-Schüler und -Mitarbeiter, beeinflußt vor allem von Friedrich Wilhelm Joseph Schellings Philosophie, begründete eine Kulturpädagogik, die sich vor allem dem Kind im Vorschulalter widmete. Fröbels Spielzeug und Beschäftigungsmittel haben im Grunde ihre Gültigkeit bis heute behalten. Ihm ist das Memorialmuseum in dem schönen Fachwerkhaus gewidmet; auch der 1890 auf dem Kirchberg erbaute *Aussichtsturm* trägt seinen Namen.

187

Eine technische Einmaligkeit – zumindest im deutschen Schienennetz – stellt die *Oberweißbacher Bergbahn* dar. Seit 1923 führt diese Standseilbahn über die 1360 m lange Steilrampe vom Bahnhof Obstfelderschmiede zum Oberweißbacher Ortsteil Lichtenhain. Mit einer Steigung von 1 : 4 zwischen beiden Stationen überwindet sie 325 m Höhenunterschied, die Strecke zählt damit zu den steilsten Schienenwegen der Welt. Während der 18 Minuten Fahrzeit bietet sich – gutes Wetter vorausgesetzt – eine wahrhaft bewegende Aussicht über das Schwarza-Tal und die jenseitigen Höhenzüge. Beide Bahnstationen stellen in ihrer landschaftsgebundenen architektonischen Bewältigung der technischen Herausforderung kleine bauliche Absonderlichkeiten dar.

Schwarzburg und Bad Blankenburg

Mitten im malerischen Schwarza-Tal, einem der landschaftlich schönsten Gebiete des Thüringer Waldes – genaugenommen des Thüringer Schiefergebirges –, liegt **Schwarzburg,** einst Residenz des gleichnamigen Grafengeschlechts, eines der mächtigsten in Thüringen. Die Sizzonen bilden nach Auffassung der Historiker den Familienstamm – der Name des Ortes Sitzendorf, durch welchen die Straße von Oberweißbach nach Schwarzburg führt, wird von ihnen abgeleitet. Auf dem Bergkegel im engen Talbogen steht seit 1736 das barocke *Schloß.* Von dem mittelalterlichen Herrschersitz, von dem aus die Besitzer Macht bis nach Nordthüringen ausübten, blieben nur Reste. Nachdem 1711 die Schwarzburger in den Reichsfürstenstand erhoben worden waren, mußten die Bollwerke – uneinnehmbare Festung und selbst im Dreißigjährigen Krieg sichere Zufluchtstätte – dem repräsentativen Barockbau weichen. Was heute noch majestätisch die Bergkuppe überragt, ist Ruine. Während des Zweiten Weltkrieges war auf Befehl Hitlers damit begonnen worden, das Schloß zu einem ›Reichsgästehaus‹ und einer ›Residenz für das belgische Königshaus‹ ausbauen zu lassen, das man dort internieren wollte. Die 1943 in großem Stil begonnenen Umbauten wurden nicht vollendet und hinterließen über riesigen Untergrabungen einen ›ausgeweideten‹ Baukörper.

Im ehemaligen Schloßgarten konnte das 1699–1719 errichtete *Kaisersaalgebäude* zu Beginn der 70er Jahre unseres Jahrhunderts in seinem ursprünglichen Zustand wiederhergestellt werden (Farbabb. 24). Ehemals Mittelbau eines kleinen Schlosses, steht es seit dem Einsturz des linken Gebäudeflügels im 19. Jh. einseitig frei. Das durch eine Voute turmartig erhöhte Gebäude weist eine fast schon klassisch strenge Fassadenordnung auf, ist aber farblich reich gegliedert. Es birgt die Schwarzburger Ahnengalerie. Der Innenraum wächst in drei Ebenen steil empor und verengt sich nach oben. Eigentliche Galerien sind die beiden oberen Raumzonen, von denen die erste 48 Kaiserbilder trägt, in zwei Reihen übereinander angeordnet. Die Stuckwölbung zum unteren Raumteil schmücken 99 Bildmedaillons. Sie runden die Zahl der Fürstenahnen auf, indem sie – in aller ›Bescheidenheit‹ – die römischen Kaiser und Julius Caesar einbeziehen. Durch die Fenster im oberen Teil fällt das Licht gleichmäßig in den ganzen Raum – ein Meisterwerk barocker Bau- und

Schloß Schwarzburg vom Trippstein aus gesehen, Holzstich von R. Stieler nach einer Zeichnung von W. Wollschläger

Repräsentationskunst. Die Ausstellung der Waffen aus dem Schwarzburger Zeughaus, das den Staatlichen Museen Heidecksburg in Rudolstadt angehört, vervollständigt den Gesamteindruck.

Wie Schwarzburg ist auch Bad Blankenburg ein beliebter Erholungsort. Dorthin führen von der einstigen Residenz 10 km Weg durch den romantischen Teil des Schwarza-Tals. Eine andere Straße verläuft über Rottenbach, von wo aus nach wenigen Kilometern Paulinzella erreicht wird.

Hoch über **Bad Blankenburg** liegt dessen Kernzelle, die Ruine *Burg Greifenstein*. Auf dem 390 m hohen nierenförmigen Felsplateau bestanden ehemals zwei Burgenbauten unmittelbar nebeneinander. Der ältere geht möglicherweise auf das 12. Jh. zurück. Erster bekannter Burgherr war Heinrich II., der 1236 starb. Die Schwarzburger bauten dann die Blankenburg – der Name Greifenstein ist erst seit der Mitte des 17. Jh. üblich – immer weiter aus und errichteten die zweite Burg, von der Palas und Turm erhalten blieben; beeindruckend sind auch die Festungswerke um den alten Burgzugang. Im Schutz der Burgen entstand seit dem 14. Jh. der Ort um einen quadratischen *Marktplatz*. Wie das Rathaus entstammen auch die älteren Bürgerbauten dem 18. Jh. Im Haus ›Über dem Keller‹ in der Johannisgasse richtete der Oberweißbacher Friedrich Wilhelm August Fröbel 1839 seine erste Spiel- und Beschäftigungsanstalt ein. Anläßlich des 200. Geburtstages dieses Mannes, der ebenfalls in Blankenburg den Allgemeinen Deutschen Kindergarten begründete, entstand hier 1982 das *Fröbel-Museum*.

Durch das Kurviertel Blankenburgs, das den Ort zur Straßensiedlung werden ließ, führt der Verkehrsweg fast geradeaus bis an das Ende des Schwarza-Tales. An der Mündung des Bergflusses in die Saale liegt **Schwarza**, Fundort bronzezeitlicher Hügelgräber, Reichsgut Ottos I. und im Mittelalter Residenz einer hennebergischen Linie. Heute ist die Stadt, nicht zu verwechseln mit dem gleichnamigen Ort zwischen Meiningen und Zella-Mehlis (s. S. 260), Standort der gewaltig erweiterten Chemiefaserfabriken, die aus der 1935 hier gegründeten Thüringer Zellwolle AG hervorgingen. Die ausgedehnten Werksanlagen beherrschen das Saale-Tal, das nicht nur unübersehbar industrialisiert, sondern durch die sich gleichfalls vor allem westlich der Saale weithin erstreckenden Wohnsiedlungen urbanisiert worden ist.

Entlang der Saale

Lobenstein – Ebersdorf – Saalburg

Bei **Hirschberg** tritt die Saale ins Thüringer Land ein. Im Mittelalter beherrschten hier drei Burgen in verhältnismäßig dichter Nachbarschaft die Saale-Übergänge: *Hirschberg, Sparnberg* und *Blankenberg*. Nur geringe Reste blieben von ihnen erhalten, in Sparnberg wurden sie gar nach dem Zweiten Weltkrieg noch beseitigt.

Man muß in Hirschberg die Autobahn verlassen, um zu einem der drei Orte zu gelangen, die so gern als Synonym für thüringische Kleinstaaterei benutzt werden: Wir meinen Greiz, Schleiz und Lobenstein. Und dann trifft man in **Lobenstein** auf eine noch immer reizvolle Kleinstadt, deren enger alter Kern sich dicht unter die Burg aus dem 13. Jh. schmiegt. Die Herren der Lobdeburg nahe Jena bewachten von hier aus den Handelsweg zwischen Leipzig und Bamberg. 1572 wurde der Ort reußisch und blieb es bis 1918. Die Stadt Lobenstein entstand aus der Burgsiedlung um den länglichen Markt – viel Mittelalterliches ist nach mindestens vier verheerenden Bränden nicht geblieben. Dennoch hat die in schlichtem Barock und Klassizismus geformte Kleinstadt ihr eigenes Flair. In dem *Neuen Schloß* aus dem 18. Jh. haben sich einige Räume aus der Bauzeit erhalten. Auf der Seite zur Stadt hin steht die klassizistische ehemalige Wache. Im Park befindet sich ein barocker Pavillon. Der Neubau an dessen Nordseite, 1952–54 als Kulturhaus errichtet, greift die barocke Bautradition des Ortes auf.

Die nächste Residenz, **Ebersdorf,** liegt knapp 5 km entfernt. Die Linie des Hauses begründete Heinrich X. 1678 – als letzter dankte Heinrich LXXII. 1848 ab. Es gibt viele Geschichten zu dem ›Mini‹-Fürstentum. Einer der Schloßherren soll seine Geliebte angewiesen haben, das Land in 24 Stunden zu verlassen, worauf sie ihm geantwortet habe, es bedürfe dazu nur einer halben Stunde! Mit Sicherheit handelte es sich hier nicht um Heinrich X. Seine Gemahlin Erdmuthe Benigna Gräfin von Solms-Laubach kam aus pietistisch strengem Hause und wurde in der kleinen Residenz Ebersdorf zur Begründerin der protestantisch reformerischen Bewegung, die um August Hermann Francke von Halle aus so weitreichende Bedeutung erlangte. An Franckes Pädagogium weilte der Sohn Heinrichs X., und die Tochter wurde mit dem Grafen von Zinzendorf vermählt. Aus der Ebersdorfer Hofgemeinde ging über diese Verbindung dann die Herrnhuter Brüdergemeine unter der Zinzendorfschen Schirmherrschaft hervor. Die Gründung eines Waisenhauses, der Bau des großen *Gemeinehauses*, des Kinderheims, Witwenhauses, Gasthauses und der Apotheke brachten um die Mitte des 18. Jh. der bis dahin einfachen Bauernsiedlung um das schlichte *Schloß* von 1690 einen Aufschwung: Die Residenz wurde zu einer fast 1000 Einwohner umfassenden städtischen Straßensiedlung, als welche sich Ebersdorf auch heute noch zeigt. Alle höfisch-gesellschaftlichen Bauten säumen in schlichten Barockformen die einzige Hauptstraße. Sie endet nicht an, sondern neben dem *Schloßpark*, der sich als Landschaftsgarten zur *Orangerie* – jetzt ein Gartenrestaurant – und zu der *Grabstätte* der Fürsten hinzieht, die Ernst Barlach 1931 gestaltete.

Im Ortsteil **Saaldorf** muß man sich zum einstigen *Jagdschlößchen Weidmannsheil* durchfragen – es ist heute Erholungsheim. Reizvoll über einer kleinen Schlucht gelegen, entstand es 1837 als neogotischer Bau mit turmartigem Mittelteil und zwei seitlichen Anbauten. Teile der ursprünglichen Ausstattung und der kleine Park sind noch erhalten.

Von Ebersdorf ostwärts gelangt man nach **Saalburg** und zur *Bleilochtalsperre,* der obersten der fünf Saale-Staustufen. 1926–32 erbaut, dient die Sperrmauer der Wasserregulierung in Saale und Elbe und schützt vor Hochwasser. Das Pumpspeicherwerk, das im Zusammenhang mit dem Talsperrenbau entstand, erzeugt 40 MW. Der Fluß ist hier auf 28 km aufgestaut und bildet den oberen Teil der künstlichen Saale-Seenlandschaft. Von der mittelalterlichen *Saalburg* bei der Siedlung blieb außer Mauerresten nicht viel, und auch das *Rathaus* am ansteigenden Marktplatz bewahrte nur seine barocke Grundgestalt. Während der Barockzeit erhielt die spätgotische *Kirche* ihre reiche Ausstattung mit Emporen, Fürstenloge, Altaraufsatz und Kanzel. Vom *Zisterzienserinnen-Kloster Heiligenkreuz* sind nur noch geringe Reste zu sehen.

Schleiz – Burgk – Ziegenrück

Der Name von **Schleiz** deutet auf slawischen Ursprung hin. Im frühen Mittelalter war das alte Slewitz wohl Zentrum der *terra Wisenta,* des Landes, das seinen Namen von dem Flüßchen erhielt, das an Schleiz vorbeifließt. Die Geschichte brachte drei wichtige Ereignisse für den Ort: Nachdem Schleiz 1590 den Herren von Reuß-Plauen zugesprochen worden war, erlangte es mit der Herrschaftsteilung des Hauses seit 1666 den Rang einer Residenz für Reuß-Schleiz. Mit dessen Erhebung zum Fürstentum 1806 wurde es Fürstensitz. Und 1919 bildete es einen der städtischen Schwerpunkte des nur zwei Jahre bestehenden Volksstaates Reuß. Von dieser historischen Bedeutung ist nur noch wenig in der heutigen Stadt spürbar, denn was zwei große Stadtbrände 1689 und 1837 von dem alten Baubestand nicht schon gründlich beseitigt hatten, das wurde beim Bombardement 1945 vernichtet. Das Schloß ging in Flammen auf und ist dann bis auf zwei Türme abgetragen worden. Rathaus und Stadtkirche baute man in veränderter Form wieder auf. Dennoch bewahrt der Innenraum der *Kirche* mit Netzgewölbe im Chor und dem barocken Altarauf-

1 GERA Rathausportal ▷

3 ERFURT   Dom und Severikirche
2 GERA   Marktplatz
4 ERFURT   Anger

5   ERFURT   Stadtübersicht ▷

7 ERFURT Haus ›Zum Breiten Herd‹
6 ERFURT Haus ›Zum Roten Ochsen‹
8 EISENACH Luther-Denkmal, im Hintergrund die Nikolaikirche und das Stadttor

10 WARTBURG Blick von der Burg
◁ 9 Im Thüringer Wald bei Oberhof
11 WARTBURG Innenhof

12 WARTBURG

13 SCHLEUSINGEN Schloß Bertholdsburg

14 Kloster Zella im Eichsfeld

16 DORNBURG Renaissanceschloß der Dornburger Gruppe

◁ 15 BORNHAGEN Burg Hanstein

17 PAULINZELLA Klosterruine

18 DORNBURG Rokokoschloß der Dornburger Gruppe

19 SCHMALKALDEN Fachwerkhäuser in der Altstadt

20 TREFFURT Fachwerkhaus von 1610

22 WARTBURG Festsaal
◁ 21 GROSSKOCHBERG Schloß Kochberg
23 RUDOLSTADT Schloß Heidecksburg, Roter Saal

24 SCHWARZBURG Kaisersaal am Schloß

25 SCHLEIZ Bergkirche

26 WALTERSHAUSEN Stadtkirche, Deckengemälde

satz noch etwas von seiner früheren Gestalt. In barockisierendem Stil errichtete man in den 30er Jahren unseres Jahrhunderts das schloßartige *Wisentahaus*, das Verwaltungszwecken dient.

Man muß die Stadt nordwärts verlassen, um zu der kunstgeschichtlichen Kostbarkeit der *Bergkirche* zu gelangen (Farbabb. 25). Sie steht hoch über dem Tal auf einem kleinen Hügel im leicht ansteigenden Hang. Schon in romanischer Zeit war hier eine Kirche vorhanden, in der man das geistliche Zentrum des kolonisierten slawischen Gebietes um Schleiz vermutet. Das Portal dieser frühen Kirche ist in den gotischen Neubau mit einbezogen worden. Aus der spätgotischen Bauzeit verblieben die Kanzel und der Sarkophag Heinrichs des Mittleren in der Turmkapelle; gleichfalls spätgotisch ist auch die südliche Annenkapelle mit ihrem Zellengewölbe. Seit 1630 erfolgte die prächtige Ausgestaltung des von einem weiten Netzgewölbe überspannten Schiff- und Chorraumes der Bergkirche zur herrschaftlichen Begräbnisstätte. Im Verlauf von mehr als 60 Jahren entstand dabei die prachtvolle Raumdekoration: Sie überzieht in barocker Formenvielfalt die Emporen, den Fürstenstand, den Ratssitz, Altar und Prunkepitaphe, um in der Ausmalung von 1899 Fortsetzung zu finden.

Zweier Namen sollte man sich in Schleiz erinnern, wenngleich die mit ihnen verbundenen Tätigkeiten nur bedingt mit der Stadt in Zusammenhang stehen: 1682 wurde Johann Friedrich Böttger hier geboren, der Erfinder des ›europäischen Porzellans‹, des Böttger-Steinzeugs. Der Rheinländer Konrad Duden, Schöpfer des ständig erneuerten und unüberbotenen Nachschlagewerkes für die Rechtschreibung der deutschen Sprache, leitete 1869–76 das Schleizer Gymnasium.

Eine Attraktion unseres motorisierten Zeitalters aber läßt Schleiz heute mehr als seine Geschichte gefragt sein: Seit 1923 werden auf drei Straßen im Süden der Stadt – dem *Schleizer Dreieck* – Motorrad- und Autorennen veranstaltet. Dieses Ereignis lockt in jedem Jahr Hunderttausende in die thüringische Stadt. Unübersehbar und auch von der nur 1 km entfernten Autobahn wahrzunehmen sind die Zuschauertribünen am Buchhübel und bei Oberböhmsdorf.

Schmale und verschlungene Wege führen zum **Schloß Burgk** westlich von Schleiz. Die Eisenbahn bringt den Besucher zumindest die Hälfte der Strecke dorthin – in ihrer Fortsetzung bieten die schattigen Wanderwege an den Hängen des Saale-Tales Entschädigung für die Anstrengung des Fußmarsches. Unvermittelt taucht schließlich das Schloß unterhalb der Zugangswege auf, es scheint über der Wasserfläche der gestauten Saale zu schweben. Der Fels, auf dem die nahezu dreieckige Wohn- und Wehrburg errichtet ist, ragt weit ins Tal vor. Einst war er zur Böschung an der Bergseite hin noch durch einen breiten Graben abgetrennt. Möglicherweise stand hier schon im frühen Mittelalter eine der Saale-Schutzburgen, welche sich im Besitz der Lobdeburger befand und die Kette der Wehranlagen von

◁◁ 27 NAUMBURG Dom, Westlettner
◁ 28 ERFURT Severikirche, St.-Michael-Relief

Hirschberg her fortsetzte. Die heute in ihrer baulichen Vielfalt beeindruckenden Anlagen entstammen dem frühen 15. Jh.; 1403 hatten die Arbeiten begonnen. Aus dieser Zeit sind die *Kemenate* – der für den südthüringischen Raum charakteristische Breitwohnturm – und die Kapelle erhalten. Die übrigen drei Flügel um den unregelmäßigen Hof entstanden mit dem Ausbau der Burg zum Wohnschloß während des 16. und 17. Jh. Dabei zwängte man um 1600 den halbrunden Bau der *Schloßküche* in die Ringmauer der Burg. *Zwinger* und *Torhaus, Gräben* und der sogenannte *Hungerturm* sind mittelalterlichen Ursprungs, ihre Fachwerkaufbauten tragen sie seit dem Barock. Während der Renaissancezeit erfuhren die Repräsentationsräume der *Kapelle* und des großen *Jagdsaales* (Abb. 40) die prachtvolle Ausgestaltung; insbesondere die Malereien an der Jagdsaaldecke und in der Kapelle verdienen Beachtung. Mitte des 18. Jh. statteten Stukkateure um den Meister Johann Georg Schmidt eine Reihe von Räumen mit reichen Rokokodekorationen aus, 1743 baute Gottfried Silbermann die Orgel in den frühbarocken Kirchenraum ein. Heute ist das Schloß Staatliches Museum: Eine Ausstellung zur Burggeschichte, Gläser und Zinn sowie Musikinstrumente können besichtigt werden, die eigentlichen Besonderheiten aber stellen die Exlibris-Sammlung und die buchkünstlerische Exposition im *Pirckheimer Kabinett* dar. Gedacht wird auch des Schleizer Gymnasiallehrers Konrad Duden und seiner Verdienste um die deutsche Rechtschreibung.

Das sich reizvoll im Saale-Tal erstreckende Städtchen **Ziegenrück** überragt auf der Bergspitze die Kemenate der alten *Burg*. Die anderen Teile des Gemäuers wurden schon im ausgehenden Mittelalter niedergerissen. Noch vor der Stadt liegt am Saale-Ufer die *Fernmühle*. Im Jahre 1900 entstand neben dem alten Mühlenhaus dieses erste Wasserkraftwerk an der oberen Saale, in den folgenden Jahrzehnten sollten weitere entstehen. Ursprünglich nur als Elektrizitätsquelle für eine Fabrik vorgesehen, vermochten die Turbinen weit mehr Strom zu erzeugen und verrichteten bis 1965 ihren Dienst. Seither ist die gesamte Anlage als erstes *Museum für Elektroenergieerzeugung* in Thüringen erschlossen worden. Die anschaulichen Zeugnisse technischer Weiterentwicklung sind im weiteren Saale-Verlauf zumindest von außen zu besichtigen: Unterhalb Ziegenrücks in der engen Saale-Schleife um den Conrodberg ließ die Firma Carl Zeiss Jena 1920 ein weiteres Kraftwerk bauen. Das Wasser wurde durch einen Stollen zu den Turbinen geführt, der den 16 m höher liegenden Saale-Abschnitt mit dem tieferen Teil hinter der engen Schleife und dem Conrod-Kraftwerk verbindet.

Saaleabwärts dehnen sich die großen Seen der *Hohenwartetalsperre* aus, deren geschwungene Staumauer dem Druck von 185 Mio. m^3 Wasser standhalten muß. Sie wurde in den Jahren 1936–42 errichtet und bezieht die beiden Pumpspeicherwerke Hohenwarte I von 1942–45 und Hohenwarte II von 1956–63 in ihr System ein. Durch die bis zu 700 m langen Rohrbahnen strömt das Wasser aus den Ausgleichsbecken auf die Turbinen in dem Kraftwerk am Fuß des Berghangs, die 320 MW erzeugen. Mit dem Stausee entstand hier eine weiträumige Erholungslandschaft, die neben dem Thüringer Wald zu den beliebtesten zählt.

218

Über **Reitzengeschwenda,** wo in einem 300 Jahre alten Bauernhof ein *Volkskundemuseum* für das Gebiet der oberen Saale eingerichtet wurde, führen die Wege zu den Talsperren und weiter nach Saalfeld.

Saalfeld

Dicht bewaldet fallen die hohen Hänge des Schiefergebirges in das Saale-Tal ab. An den steilen Felswänden von Loquitz- und Sorbitz-Tal führen Straße und Eisenbahn von Probstzella und Sonneberg auf den Grund des Tales. Vor Saalfeld schieben sich die Hochflächen dicht an den Flußlauf; sie tragen im Osten das barocke **Fachwerkschlößchen Eichicht** und im Westen das **Renaissanceschloß Eyba.** Asphaltweg und Schienenstrang ziehen sich eng am Fluß um den spitzen Hangvorsprung vor Saalfeld. Die Landschaft wird noch einmal zum Erlebnis, bevor sich die Fabriken und Industrien Saalfelds ausdehnen. Als *curia Salauelda* erstmals genannt, bestand hier im letzten Jahrzehnt des 9. Jh. ein

Saalfeld   1 Oberes Tor   2 Thüringer Heimatmuseum (ehem. Franziskanerkloster)   3 Blankenburger Tor   4 Johanniskirche   5 Rathaus   6 Stadtapotheke   7 Darrtor   8 Hoher Schwarm   9 Schlößchen Kitzerstein   10 Saaltor   11 Stadtmauer   12 Schloß

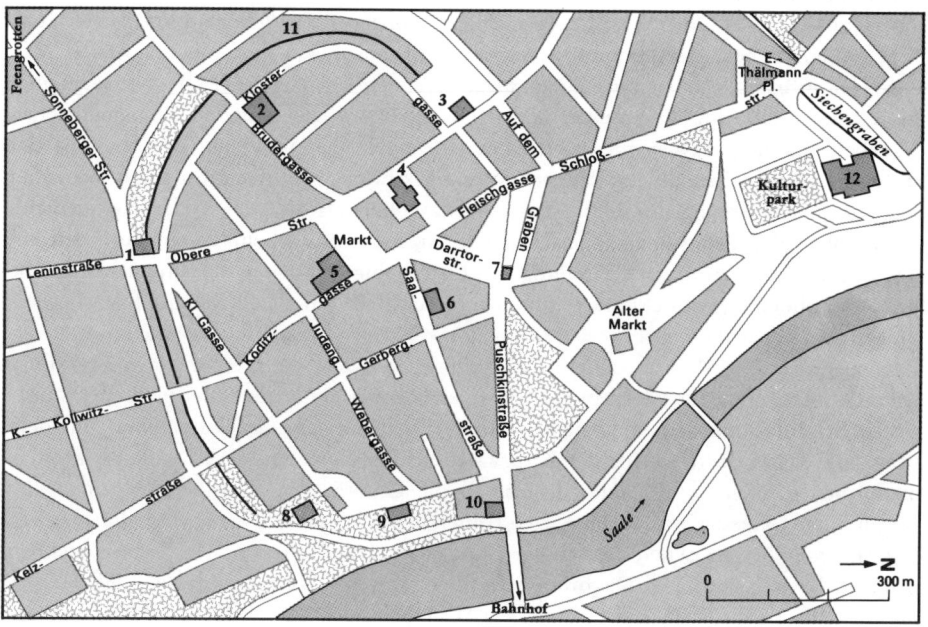

karolingischer Königshof. Im frühen 11. Jh. gelangte Saalfeld in den Besitz des Königs Heinrich II., bevor Friedrich I. Barbarossa es 1180 seinem Reich ›einverleibte‹. Schließlich wurde es 1198 durch den Thüringer Landgrafen Hermann zerstört.

Westlich über der Saale erstreckt sich fast im Halbrund die historische Altstadt. Der kaiserliche Hof und Verwaltungssitz lag jedoch nicht hier. Er befand sich weiter nördlich auf dem Terrain, welches jetzt das Schloß einnimmt. Vorher stand an dieser Stelle ein Benediktinerkloster. Östlich dehnen sich jenseits der Saale die nahezu unendlich erscheinenden Eisenbahnanlagen aus. Bereits 1871 war Saalfeld an die Elster- und Orlabahn aus Leipzig sowie an die Strecke aus Erfurt–Arnstadt angeschlossen worden. Seit der Fertigstellung der Saaletaleisenbahn 1874 und dem Anschluß an das bayerische Schienennetz über Probstzella 1885 ist Saalfeld der größte Eisenbahnknotenpunkt in Südthüringen. Und auf dieser Grundlage konnte es sich ebenfalls zum industriellen Mittelpunkt dieser Region entwickeln. Damit sind die wichtigsten historischen städtischen ›Flächendenkmäler‹ genannt.

Die älteste Stadtsiedlung liegt außerhalb des heutigen Zentrums. Im frühen Mittelalter verband sie den königlichen Burgplatz mit dem Saale-Übergang. Sie erstreckte sich über das hohe Ufer und den Alten Markt und wurde erst im vorigen Jahrhundert in die Stadt einbezogen. Die neue, jetzige Stadtanlage geht auf die staufische Zeit zurück. Ihr Ausbau hängt zweifellos zusammen mit ihrer Eingliederung in das Reich durch Barbarossa. Wie für die Stadtgründungen des 12. Jh. üblich, fügt sich ein regelmäßiges Straßengitter um den zentralen, hier rechteckigen Markt. Von dieser frühstädtischen Epoche gibt das **romanische Haus** Zeugnis (Abb. 44). Darin residierte zunächst der Stadtschultheiß, seit 1682 birgt es die Apotheke. 1882 brannte es nieder, wurde aber als so wertvoll erkannt, daß man es wieder aufbaute – sicher mit einigen idealisierenden Ergänzungen. Bewahrt blieb aber die Grundgestalt des Wohnturmes, der charakteristischen mittelalterlich-städtischen Eigenbefestigung. Zweiter mittelalterlicher befestigter Bau innerhalb der Stadt ist der **Hohe Schwarm**, ebenfalls ein Wohnturm, viergeschossig und mit zwei Dachtürmen an den Ecken. Zu Anfang des 14. Jh. entstand das Haus als Sitz der Vögte von Saalfeld. Unmittelbar über dem hohen Saale-Ufer gelegen, nahm es nach außen wie zur Stadt hin eine entscheidende strategische Stellung ein: Es war eingebunden in die Ringmauer um die Stadt und bildete deren Eckbastion, blieb aber zur Stadt hin gleichfalls durch Vorbefestigungen abgesichert.

Unter Kaiser Karl IV. war Saalfeld 1361 böhmisches Lehen der Grafen von Schwarzburg geworden. Das erklärt die ausgeprägten Formen böhmischer Kathedralgotik an der **Stadtkirche St. Johannis.** Ihr Neubau begann nur knapp zwei Jahrzehnte später mit dem Langhaus, das an der Westseite der Kirche deutlich vortritt und durch besonders kräftige Bauformen geprägt ist: Es handelt sich um die Unterbauten für einen Westturm, der jedoch nicht vollendet wurde. Hingegen behielt man die beiden Türme vom romanischen Vorgängerbau bei, zwischen die sich der Chor zwängt. Besonders am Außenbau zeichnen sich die klassisch gotischen Dekorationsformen ab, welche vermuten lassen, daß Meister aus der Parler-Hütte am Bau mitwirkten. Der Schmuck der *Außenempore* über dem

220

Westportal, vor allem aber das reich mit Figuren ausgestattete *Tympanon* bestärken diese Annahme. Auch Vergleiche zur Mühlhäuser Marienkirche liegen nahe. Zwischen 1449 und 1514 brachte man die Langhaus- und die Sterngewölbe des Chorraumes ein.

In diese Zeit, da die Kirche vollendet wurde, fällt der Aufstieg Saalfelds zum eigenständigen Gemeinwesen. Großen Anteil daran hatte der aufblühende Bergbau, denn im 15. Jh. fand man Eisen, Silber und Kobalt. So erhielt Saalfeld von den wettinischen Landesherren als ihr bedeutendstes Privileg 1549 die Bergfreiheit.

Der Ausbau der **Stadtbefestigung** und ihrer Tore war im 15. Jh. abgeschlossen – erhalten sind das *Obere*, das *Blankenburger*, das *Darr-* und das *Saaltor*. Der Reichtum aus dem Bergbau schlug sich auch in den Repräsentations- und Bürgerbauten nieder: Das **Rathaus** erhielt zwischen 1526 und 1537 seine frühen Renaissanceformen in noch recht malerischer Zusammenfügung mit hohen Giebeln und kräftigem Treppenturm an der Marktseite (Abb. 43). Ebenfalls in die frühe Renaissancezeit fiel der Neubau des Wohnschlößchens **Kitzerstein** nahe dem Hohen Schwarm. 1435 unmittelbar auf der Stadtmauer errichtet, gestalteten es die Bauherren, die Burghauptmannen vom Hohen Schwarm, zu einem wohnlichen Rechteckbau mit kleinen Flügeln. Noch spätgotisch erscheinen die hohen Ziergiebel und die Erkerdekorationen. Heute dient es der Musikschule als Domizil. Als weit prächtigerer Renaissancebau zeigt sich die **Stadtapotheke** in der Saalstraße. Die reiche Portalzier, Volutengiebel vor den Zwerchhäusern, der schöne Laubengang im Hof und noch erhaltene Ausstattungen von Räumen aus der Zeit um 1620 belegen den Besitzerstolz des bergstädtischen Patriziats. Aus dieser Epoche stammt auch das **Höhnsche Haus** nebenan. Nürnbergisch-spätgotisch erscheint das Chörlein am **Hiltmannschen Haus** in der Blankenburger Straße. ›**Das Loch**‹ erinnert an die Gelagefreuden in der Renaissancestadt.

Das ehemalige **Franziskanerkloster** bietet dem Thüringer Heimatmuseum Raum für die Ausstellung mittelalterlicher Bildwerke und vieler Zeugnisse zur Stadt-, Heimat- und Naturgeschichte. Das Innere der zweigeteilten frühgotischen *Kirche* überspannt eine reich bemalte Stuckdecke, die Johann Heinrich Ritter 1725 schuf. Im Obergeschoß finden heute Konzerte und Festveranstaltungen statt. Der spätgotische *Kreuzgang* ist für das Museum neu eingerichtet, und die barock umgestalteten *Klosterbauten* dienen Verwaltungszwecken.

Ein Besuch auf **Schloß Saalfeld** soll den historischen Rundgang beenden. An der Stelle der frühmittelalterlichen Burg begann der Baumeister Christian Wilhelm Gundermann 1677 den Neubau der barocken dreiflügeligen Anlage für die Herzöge von Saalfeld-Saalfeld. Die Arbeiten zogen sich bis 1720 hin, und so tritt auch die Formensprache des Rokoko recht deutlich im Schloßinneren in Erscheinung. Das prächtige weite *Treppenhaus* stuckierte der Italiener Giovanni Caroveri, und 1709–14 erhielt die *Schloßkirche* im linken Flügelbau nach den Plänen von Christian Richter die üppige Stuckdekoration und Ausmalung an Galerien und Decken durch Domenico und Bartolomeo Luchese und Carlo Ludovico Castelli. So entstand eine der großartigen thüringischen Schloßkapellen der Barockzeit.

221

Auch die Umgebung Saalfelds bietet vielfältige Sehenswürdigkeiten. Sie ist reich an Fachwerkbauten. Vor allem aber sind das **Renaissance- und Barockschloß Leutenberg** und das **Schloß Könitz** aus dem 15. Jh. sowie die *Herrenhäuser* aus der Renaissancezeit in **Eyba** und **Kaulsdorf** zu nennen. Die *Dorfkirche* zu **Aue am Berg** birgt neben einem romanischen Kruzifix einen spätgotischen Malaltar. In den barocken *Kirchen* von **Reichenbach** und **Lichtentanne** mit ihren mittelalterlichen Chortürmen findet man Bildwerke aus dem Mittelalter. Der Saalfelder Maler Johann Friedrich Fasold gestaltete im letzten Viertel des 18. Jh. die Decke der *Gertrudiskirche* zu **Saalfeld-Graba**.

Ein Bauwerk sollte noch Erwähnung finden: Als nach dem Ersten Weltkrieg im Süden Saalfelds ein *Sanatorium* eingerichtet wurde, entstanden dessen Bauten nach den Plänen William Lossows und Max Kühnes, der Architekten des Leipziger Hauptbahnhofs. Daneben erstreckt sich ein kleiner *Park* im ostasiatischen Stil mit entsprechend gestalteten Pavillons.

Schließlich verdienen die **Feengrotten** eine Bemerkung. In einem Alaunschieferschacht des alten Saalfelder Bergbaus wurden 1910/11 die Tropfsteinhöhlen entdeckt. Natürliche Oxidation bewirkt die Färbung der Minerale in den Kalkzapfen. Dieses reizvolle Naturschauspiel zieht große Besucherscharen an. – Saalfeld ist also doch mehr als nur eine Industriestadt.

Nördlich Saalfelds überragt der Kulm weithin sichtbar das breite Tal, in dem sich die Schwarza mit der Saale vereint. Die Heide – wie der Höhenzug genannt wird – bildet den westlichsten Vorsprung der Saaleplatte. In der breiten Senke südlich davor liegt **Unterwellenborn** – nicht nur durch die Schienenstränge eng mit Saalfeld verbunden. Die Industrie beherrscht hier Landschaft und Leben seit über einem Jahrhundert. 1872 wurde an der gerade fertiggestellten Eisenbahnstrecke eine Zweigstelle der Maximilianhütte des oberpfälzischen Rosenberg eingerichtet, um die Kamsdorfer Eisenvorkommen zu verarbeiten. Den Hochöfen folgten Walzstraßen, und 1931 begann der Flick-Konzern den Rüstungsbetrieb *Maxhütte* aufzubauen. Dann wurde das Werk einer der größten Formstahlproduzenten. Symbolisch für seinen Ausbau in den 50er Jahren und für die an Neoklassizismus und Sowjetarchitektur der Stalin-Ära gleichermaßen orientierte Bauhaltung dieser Zeit bleibt das *Kulturhaus,* das allzu wörtlich den Begriff des Musentempels in Bauformen übertrug.

Rudolstadt und Großkochberg

Nach der kurzen Fahrt zurück ins Saale-Tal, vorbei am zweiten riesigen Industriekomplex der Chemiefaserfabrikation in Schwarza, begleitet uns die urbanisierte Landschaft bis hinein nach **Rudolstadt.** Hoch über der Stadt, auf dem Sporn zwischen Saale- und Remda-Tal, liegt Schloß Heidecksburg. Einer Krone gleich überragt sein barocker Turm die langgestreckten Schloßflügel und die ganze Stadt. Von hier aus regierte die Fürstenlinie Schwarzburg-Rudolstadt ihr kleines Territorium. Die noblen Wohnstraßen der Residenz

Unterwellenborn, Maxhütte, Kulturhaus

führen bis ins relativ enge historische Zentrum um den Marktplatz, das sich unter den Schloßhang schmiegt.

An der Grenze zum slawisch besiedelten Gebiet der Saaleplatte gelegen, besaß der Platz schon im frühen Mittelalter Bedeutung. Hier standen zwei Burgen: eine untere neben der Stadtkirche, wo sich heute das Schloß Ludwigsburg befindet, und eine obere, an deren Stelle sich das Schloß Heidecksburg erhebt. Die Achse, auf der die historisch bedeutenden Bauwerke liegen, erstreckt sich quer durch die in annähernd regelmäßigen Vierteln angelegte spätmittelalterliche Stadt. Nach dem Brand der alten Heidecksburg erbaute man 1735 *Schloß Ludwigsburg* als städtisches Fürstenpalais östlich des Burgberges. Der große Dreiflügelbau zeigt eine karge Barockform – parallel zu seiner Fertigstellung begann der barocke Neuausbau der Heidecksburg. Benachbart steht die *Stadtkirche,* eine spätgotische Halle. Bei dem durchgreifenden Umbau 1634–36 erhielt ihr Inneres neue, höher liegende Gewölbe mit neuen Stützen – es wurde komplett zu einem Renaissance-Raum ausgestaltet. Beschlag- und Rollwerkmalereien überziehen Wände und Chorbogen, gemalte Äderungen an den Pfeilern täuschen Marmor vor. Ins Plastische übertragen erscheint diese Dekoration auch auf dem hohen Fürstenstuhl, auf Kanzel, Altar und Orgel. Knorpel- und Ohrmuschelwerk sind gleichfalls von überraschender Buntheit. Die Wiederherstellung dieses faszinierenden Raumbildes ist den denkmalpflegerischen Bemühungen in den 70er Jahren unseres Jahrhunderts zu verdanken.

An der Kirchgasse folgt das *Alte Rathaus* aus dem 16. und 18. Jh. und an der Marktecke das *Neue Ratsgebäude,* dessen dreigeschossiger Renaissance-Körper 1912 den hohen Verbindungsbau zu den benachbarten Häusern erhielt. Der zweigeschossige Erker ist weniger als architektonische Zutat anzusehen; er setzt vielmehr einen Akzent an der Platzfront.

Die Südwestecke des historischen Stadtkerns markiert das spätbarocke *Intendanzgebäude.* Friedrich Schillers ›Rudolstädter Sommer‹ 1788 und seinen späteren Aufenthalten sind die Gedenkstätten im Wohnhaus Charlotte von Lengefelds an der Schillerstraße und ebenda im Gasthof ›Zur Güldenen Gabel‹ sowie im alten Heißenhof und im Pfarrhaus des Ortsteils Volkstedt gewidmet. In Rudolstadt – so will es die Erzählung – habe der Dichter in der heute nicht mehr vorhandenen Glockengießerwerkstatt an der Jenaischen Straße die Eindrücke für seine poetische Umsetzung des Gießvorgangs gewonnen.

Will man die ausgedehnte Auffahrt des *Schlosses Heidecksburg* vermeiden, wähle man den Weg aus der Stadt direkt über die ›Lange Treppe‹, an der Alten Wache vorbei und, ganz ähnlich wie auf der Veste Coburg, durch einen Tunnel unter dem Südflügel hindurch

Rudolstadt, Lithographie von Ed. Pietzsch & Co., Dresden

mitten in den Schloßhof. Sein langgestrecktes Rechteck geht – durch Balustraden, Pferdeschwemme und Brunnen rhythmisiert – in den Schloßgarten über. In dessen Mitte steht das barocke ›Schallhaus‹. Nachdem das dreiflügelige Renaissanceschloß abgebrannt war, entstand seit 1735 die heutige Anlage. Ihr langgestreckter Südflügel barg die höfischen Wohnungen, im Westflügel befinden sich die eigentlichen Fest- und Repräsentationsräume, die sich bis in den kurzen abgewinkelten Nordflügel erstrecken. Die nördliche Hofseite flankieren das Marstallgebäude und die etwas zurücktretende Reithalle, an die sich der Horentempel anschließt. Die Pläne für den Neubau stammten von Johann Christoph Knöffel aus Dresden. Die Gestaltung der Festsäle (Farbabb. 23) übernahm 1743 Gottfried Heinrich Krohne. Im Gegensatz zur strengen äußeren Architekturordnung der Bauten Knöffels verlieh Krohne den Räumen beschwingt heiteren Rokoko-Charakter und Bewegtheit. Die Bereiche des Fürsten gestaltete er in Rot, die der Fürstin in Grün. Während der Turmaufbau 1744 vollendet war, zogen sich die Ausbauarbeiten im Inneren noch bis in die 70er Jahre des 18. Jh. hin. Unter den Händen des Mailänder Meisters Johann Baptist Petrozzi entstanden die Stukkaturen. Eine große Zahl ausländischer und heimischer Handwerker wirkte beim Bau und dessen Ausgestaltung bis nach 1800 mit. Der Dresdner Architekt Christian Friedrich Schuricht hatte kurz zuvor den klassizistischen Horentempel vollendet. Nach 1900 schließlich verlängerte man noch den Südflügel.

Schloß Heidecksburg ist heute eines der großen *Staatlichen Museen* Thüringens. Die Fest- und Wohnräume stellen gleichsam die umfänglichsten Exponate dar. Die Sammlungen umfassen Bildwerke, Möbel und kunsthandwerkliche Gegenstände. Im Südflügel findet man das ostasiatische Spiegelkabinett; es stammt aus dem beginnenden 18. Jh. und konnte vor dem Brand von 1735 gerettet werden. Aus dem fürstlichen Naturalienkabinett ging das *Naturkundemuseum* hervor, dessen Bestand weit über die einheimische Tier- und Pflanzenwelt hinausreicht. Schließlich gehört auch das *Volkskundemuseum ›Thüringer Bauernhäuser‹* zu den Staatlichen Museen Heidecksburg. Es liegt jedoch auf dem östlichen Saale-Ufer. Hierher, in den jetzigen Heinrich-Heine-Park, wurden 1914 zwei Fachwerkhäuser aus den Orten Birkenheide und Unterhasel umgesetzt, die 1667 und um 1700 entstanden. Sie sollten das geplante Freilichtmuseum begründen, blieben bisher jedoch die einzigen ›Transplantate‹.

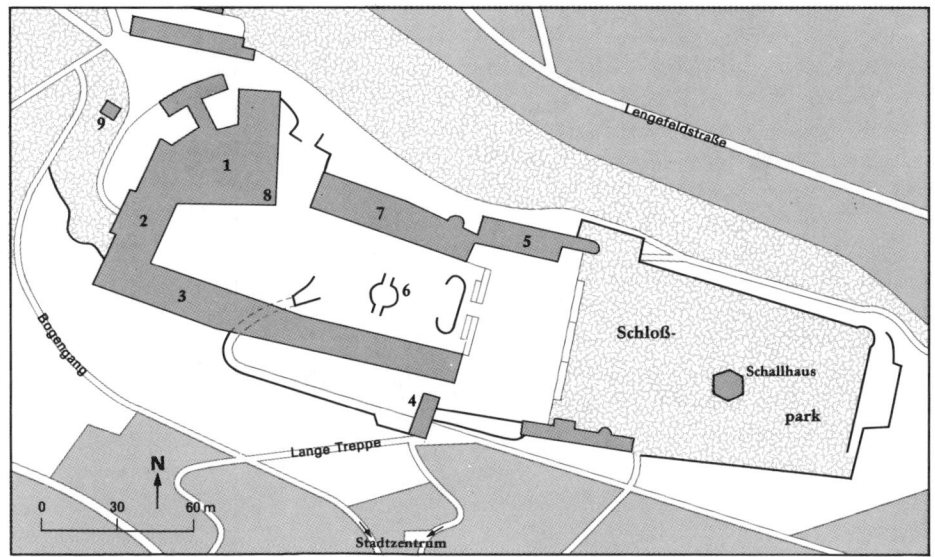

Rudolstadt, Heidecksburg   1 Naturkundemuseum, Historische Ausstellungen mit Waffensammlung 2 Fest- und Wohnräume   3 Kunstsammlungen   4 Alte Wache   5 Reithalle, Horentempel   6 Pferdeschwemme   7 ehem. Marstall   8 Brunnenkeller   9 ehem. Teehaus

»Hinter den Bergen« fand Goethe **Großkochberg** – und man muß auch heute noch um diese Berge herumfahren, um zu jenem *Renaissanceschloß* zu gelangen (Farbabb. 21). Für den Dichter ging der Zauber des Schlosses von Charlotte von Stein aus, die hier Schloßherrin war. In der heutigen technisierten Zeit liegt sein Reiz in der Lage inmitten der Natur und in der schroffen Anordnung der Bauten des 15. und 16. Jh. zueinander auf der schmalen Insel. Barockes und Romantisches verbinden sich im Park in den Stern-Bosketten, in Grotte und Ruine; das beinahe majestätisch erscheinende Liebhabertheater läßt an Kur-

225

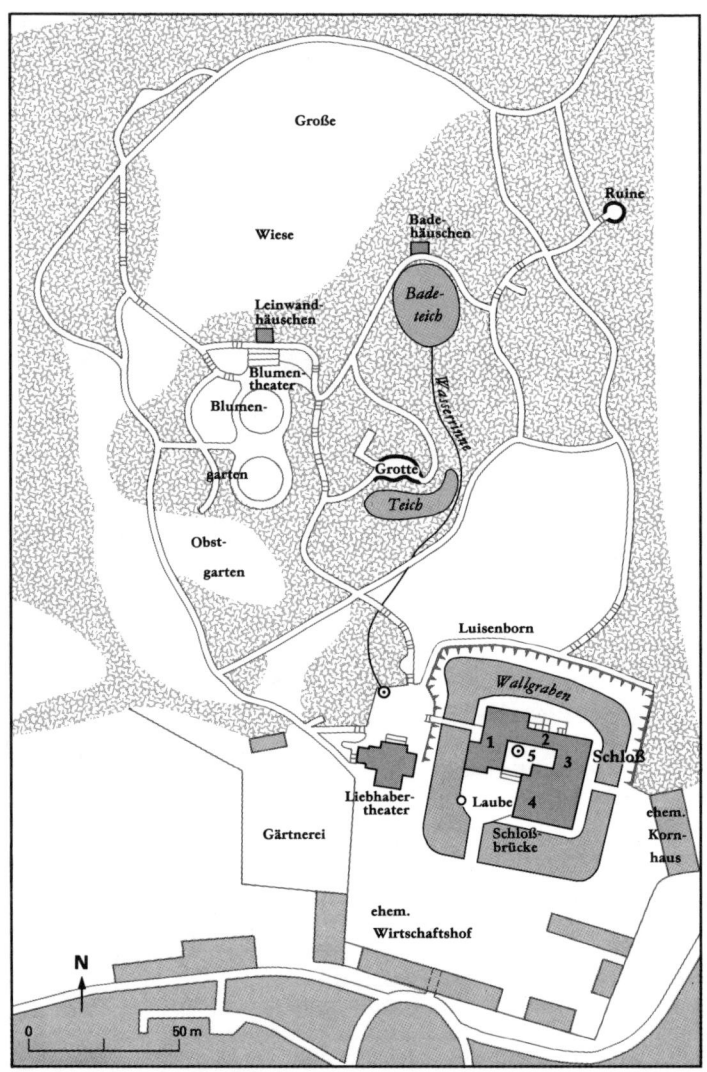

Großkochberg,
Schloß und Park
Kochberg

1 Westflügel
2 Nordflügel
3 Ostflügel
4 Hohes Haus
5 Innenhof

architektur denken. Erbauung und Erholung ist in Großkochberg angesagt – auch heute. Die Nationalen Forschungs- und Gedenkstätten der klassischen deutschen Literatur in Weimar haben das seit 1938 verwilderte und verfallende Kleinod wieder zum Leben erweckt. Seit 1733 gehörte es dem Freiherrn von Stein und bestand bis 1938 als Familiensitz fort. So blieb es stets mit dem Namen Goethes verbunden, obwohl die eigentümliche Beziehung Goethes zur sieben Jahre älteren Charlotte nach der Italienreise des Dichters erkaltete. Der Sohn Charlottes, Karl von Stein, pflegte die Erinnerung an die großen Tage von Kochberg. Und die Theateraufführungen, die nach seiner Zeit in Vergessenheit gerieten, sind mit der denkmalpflegerischen Erneuerung von Schloß, Park und Theater wieder möglich. Die Ausstellung in den Räumen der alten Schloßgebäude darf zu den eindrücklichsten Goethe-Stätten gezählt werden.

Rechts und links der Saale zwischen Orlamünde und Kahla

In **Orlamünde** hat sich vom Sitz des gleichnamigen Grafengeschlechts, eines der mächtigsten in Thüringen, nur der gewaltige Breitwohnturm erhalten. Er bildete den Kernbau der einstigen *Burganlage,* die wohl schon als Teil des Sperrburgensystems an der Saale gegenüber den slawischen Siedlungsräumen entstand. Mit seinen bis zu 3 m dicken Mauern stellte dieser Wohnturm ein Bollwerk an der Hauptflanke der Burg dar. Über 9 m hoch liegt der Zugang. Ein flaches Walmdach bedeckt heute den schmucklosen ›Kasten‹. Er dürfte in seiner Substanz aus dem frühen 11. Jh. stammen. Die Siedlung Orlamünde, 70 m über der Saale auf einem Bergsporn gelegen, wird 1071 erstmals genannt. Sie blieb immer im Schatten der Burg. 1519 hielt sich Thomas Müntzer einige Zeit bei dem Pfarrer des Ortes, Dr. Andreas Bodenstein, auf, der sich später als Verfechter der radikalen Reformation Karlstadt nannte. In Orlamünde soll es während der 20er Jahre des 16. Jh. auch zu heftigen Auseinandersetzungen mit Martin Luther gekommen sein. Ein streitbarer Ort also – mit nur wenigen Hinterlassenschaften.

Die Saaletalstraße führt geradewegs nach Kahla, das mit der Leuchtenburg auf dem spitzen Berg schon bald zu sehen ist. Ein kleiner Umweg soll uns hingegen zu drei interessanten Orten führen, bevor wir die Porzellanmacherstadt besuchen. Von Orlamünde ostwärts gelangt man ins Holzland. Die volksübliche Bezeichnung beschreibt recht gut das Plateau der Saaleplatte, deren Höhen noch heute von ausgedehnten Wäldern bedeckt sind. Nachdem sich die slawischen Stämme zurückgezogen hatten, blieb dieser Raum dünn besiedelt – Burgen, Städte und Dörfer konzentrierten sich entlang den Flußläufen. Seit dem 15. Jh. eines der bevorzugten Jagdreviere der Wettiner, kam das Gebiet im 17. Jh. in den Besitz von Gotha-Altenburg. Zwischen 1826 und 1918 erstreckte sich der Westkreis des Herzogtums Sachsen-Altenburg von Eisenberg im Nordosten bis vor die Tore Rudolstadts. Inmitten dieser weiten Jagdgebiete östlich Orlamündes ließen die Altenburger Herzöge an der Stelle eines alten Jagdhauses beim Ort **Hummelshain** 1880 ein großartiges *Schloß* errichten (Abb. 45). Sie beauftragten damit den Berliner Schloßbauleiter Ernst von Ihne, Architekt des Marstall- und des Staatsbibliotheksgebäudes, und als dessen Partner Paul Stegmüller. Es entstand ein Neorenaissancebau, der in seinem Formenreichtum das klassische Maß weit übertraf. Ihn überragt ein burgartiger Turm, der von einer beschwingten Haube bekrönt wird. Auch das üppige Schloßinnere ist hervorragend erhalten geblieben. In der Dekoration greift die Anlage den Renaissance-Manierismus auf, in der Verbindung von Architektur und Park erinnert sie an englische Landsitze.

227

Kleinleutersdorf, Jagdanlage Rieseneck, Pirschgang mit Blashaus und Mauer-Gängesystem

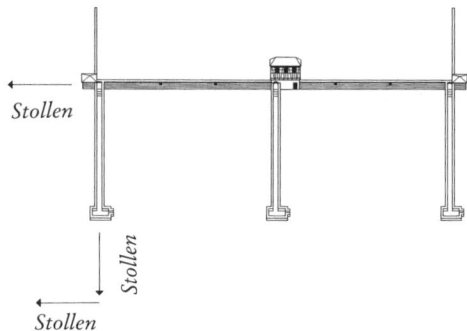

Ein wirklicher Renaissancebau dagegen ist das *Schloß ›Fröhliche Wiederkunft‹* in **Trokkenborn-Wolfersdorf,** etwa 7 km östlich von Hummelshain und gleichfalls ein altenburgisches Jagdschloß. Nach dem verlorenen Kampf im Schmalkaldischen Krieg war Kurfürst Johann Friedrich I. der Großmütige, Gründer der Universität in Jena, in kaiserliche Gefangenschaft geraten. Von dort wies er seinen Baumeister Nikolaus Gromann an, ihm in seinem Lieblingsrevier ein Jagdschloß zu errichten. Der Name des Schlosses nimmt Bezug auf die Feier, die Johann Friedrich I., nun allerdings der Kurwürde enthoben, hier zu seiner Rückkehr veranstaltete. Malerisch inmitten des Teiches zwischen sanften Waldhängen gelegen, ist die Wasserburg von den Altenburger Herzögen als Sommerresidenz wiederentdeckt worden. Der Zeit von 1858 entsprechend ließen sie das Bauwerk nach englischen Vorbildern im Stil der Neogotik erneuern. In dieser romantischen Grundhaltung fügt es sich harmonisch in das Landschaftsbild ein.

Auf dem Weg zurück nach Kahla ins Saale-Tal gibt es auf der Anhöhe vor **Kleinleutersdorf** nur ein kleines Hinweisschild auf *Rieseneck,* eine der größten und besterhaltenen barocken Jagdanlagen. Sie entstand im Revier des alten Jagdschlosses Hummelshain. Vom Parkplatz aus führt der Fußmarsch zunächst zu einer runden Waldlichtung. Pferdestall, Futterhaus, einfache Blockbauten, sowie das ›Grüne Haus‹ für die Jagdgesellschaft befinden sich hier. 1727 errichtet, diente das letztgenannte wohl als Schlechtwetter-Unterkunft und Speisesaal für hohe Jagdherren. Lange Alleen verbinden den Platz mit der eigentlichen Jagdanlage, dem Gehege und dem Hetzgarten. Von 1712 an ist dieses Gelände bis in die 30er Jahre des 18. Jh. baulich perfektioniert worden: An das sogenannte Blasehaus für die Hornisten und vielleicht auch die Jäger schließen sich nach beiden Seiten Mauern an, so daß eine hofartige Situation entsteht. Hier wurde das Wild von Hegern angefüttert, wodurch es sich an diesen Ort gewöhnte und in Jagdzeiten besser zusammentreiben ließ. Gänge, teils unterirdisch, sind in das Vorfeld der Mauern und des Blasehauses geführt worden, am Ende wiederum mit Schützenständen erweitert. Trieben nun die Hetzer auf diesem Wildacker zwischen den Gängen die Tiere zusammen, war es ein leichtes, aus den verborgenen Jagdständen heraus die Beute ›umzublasen‹. Erst seit 1830 gab man diese Art zu Jagen auf, wenn auch, wie der ›Herzogstuhl‹ bezeugt, noch zu Beginn unseres Jahrhunderts hier bisweilen Jagdfeste stattfanden. Die gut erhaltene Anlage wird als ein jagdkundliches Denkmal gepflegt.

Das mittelalterliche **Kahla** liegt eingebettet zwischen den Hängen des Leuchtenberges, ausgedehnten Industrieanlagen der Porzellanfabrikation sowie den anschließenden, neu erbauten Wohnvierteln. Von der alten *Stadtbefestigung* sind die Türme sowie Teile der Mauern erhalten. In ihrem Inneren erhebt sich der Stadtkern. Enge Gassen fassen den alten innerstädtischen Häuserblock im Anschluß an den quergebauten Markt ein. Nur im Kern noch mittelalterlich zeigen sich Rathaus und *Stadtkirche*. Die Krypta der Kirche mag einst als Durchgang zur Burg gedient haben – von dieser aber ist nichts mehr vorhanden.

Die *Leuchtenburg* auf dem 395 m hohen Bergkegel hingegen kündet von der Bedeutung der Lobdeburger Herren, die hier wie in Lobeda über dem östlichen Saale-Ufer ihren Sitz erbauten. Noch immer beeindrucken die mittelalterlichen Wehranlagen, obgleich die Burg im Laufe der Zeit mehrfach aus- und umgebaut wurde. Die Weiterentwicklung der Waffentechnik ließ im 15. und 16. Jh. die vier mächtigen Wehrtürme an den strategischen Flanken erforderlich werden. Die Türme wie die zwischen ihnen angelegten Mauern weisen Schießstände auf. Seit dem Ausbau zum Zuchthaus 1727 erfuhr die Anlage wiederum Veränderungen. Um den mittelalterlichen Bergfried fügt sich das Herrenhaus aus dem 18. Jh. Als das Gefängnis 1872 aufgegeben wurde, setzte die Erneuerung des Bauwerkes ein. Aus dem 19. Jh. stammt auch das Torhaus. Bereits seit 1919 wird die Burg als Jugendherberge genutzt. Was wir heute betreten können, ist nur noch die einstige Hauptburg, das gesamte Vorgelände wurde abgetragen.

Von Kahla soll uns ein weiterer Abstecher westwärts in den Reinstädter Grund führen. Seine Landschaft verengt sich schließlich zur tiefen Schlucht des Mordgrundes zwischen steilen Kalkfelsen, um dann auf der Hochfläche der Ilmplatte zwischen Weimar und Rudolstadt zu enden. Der Name der Schlucht geht auf ein Ereignis während des Dreißigjährigen Krieges zurück: Bauern, die das schwedische Heer hier überfallen wollten, sind im Tal niedergemetzelt worden.

Umgebung Orlamünde – Kahla – Stadtroda – Neustadt/Orla – Pößneck

Am Anfang des landschaftlich so reizvollen Tales liegt **Reinstädt.** In dem Fachwerkdorf haben sich die Reste eines der mittelalterlichen, für Thüringen charakteristischen Adelssitze erhalten. Schon von weitem sind die Kemenate und die spitzen Helme der Kirche zu erkennen. Ob der massive Wohnturm der *Kemenate* mit einer im 11. Jh. verzeichneten Burg identisch ist, läßt sich nicht belegen. Er trägt anderen frühen mittelalterlichen Keme-

230

naten in Thüringen vergleichbare Züge. Sie äußern sich im rechteckigen Grundriß, in der Geschlossenheit der Mauern wie auch im hoch liegenden Zugang. Auf eine relativ späte Ausbauphase weisen indes die Zinnen hin, die heute unter dem flachen Walmdach vermauert sind. Die lange Nutzung als Wohnraum bezeugen der Treppeneinbau aus dem 16. Jh. und ein durchgängiger großer Kamin in den drei Obergeschossen.

Gleichfalls ein wehrhafter Bau ist die zwischen 1450 und 1480 erbaute *Kirche*. Ihr Turm stand ursprünglich frei neben dem Gotteshaus und ist möglicherweise sogar älter als dieses. Seine fünf Spitzhelme stammen aus der Bauzeit der Kirche. Das gesamte Langhaus umzieht ein Wehrgang mit Zinnenkranz, der auch zum Turm führt. Schießscharten in den Langhauswänden dienten der Verteidigung. Über dem westlichen Portal befindet sich ein Gußerker, von dem aus Pech auf Eindringlinge herabgegossen oder auf andere Weise der Zugang zur Kirche verhindert werden konnte. In merkwürdigem Gegensatz zu dieser fortifikatorischen Gestaltung steht der Chor mit seinen großen maßwerkgeschmückten Fenstern. Die Herrschaftsloge und die bemalte flache Decke schmücken den Innenraum, der gegenwärtig restauriert wird. Die heutige Kirchhofummauerung läßt darauf schließen, daß hier einst eine Wehrmauer bestanden hat. Eine der interessanten befestigten Kirchen in Thüringen – was den mittelalterlichen Bestand anbelangt – blieb hier etwas abseits der kunsthistorischen Besichtigungswege erhalten.

Jena

Die 17bogige **Autobahnbrücke**, 1938–41 aus hellen Muschelkalkquadern errichtet, teilt unmittelbar bei Lobeda das breite Saale-Tal in ein südliches, offenes, mit der Leuchtenburg im Blick, und in ein nördliches, von neuen, vielgeschossigen Wohnbauten geschlossenes. **Jena-Lobeda** wurde seit 1968 für 42 000 Einwohner gleichsam auf den Talboden vor die Kalkhänge ›gestellt‹.

Im Angesicht dieser städtischen Großsiedlung scheint die **Lobdeburg** auf den Berghängen fast ganz zu verschwinden. Als Hauptsitz der Stadtherren von Jena war sie von umfangreichen Befestigungsanlagen oberhalb und unterhalb des Burgkerns umgeben (Abb. 48). Die Macht des verzweigten Herrengeschlechtes dehnte sich weit nach Ostthüringen und ins Elsterland aus. Damit hatte die Burg eine zentrale Stelle inne. Nach Süden reicht der Blick direkt zur Leuchtenburg und weit über diese das Saale-Tal hinauf. Ostwärts sieht man durch das Roda-Tal bis nach Stadtroda, wo die Herren von Lobdeburg im 13. Jh. als Klostergründer in Erscheinung traten. Nordwärts liegt Jena fast zu Füßen. Geblieben sind von der ursprünglichen Doppelanlage der unteren und oberen Lobdeburg die allerdings stattlichen Ruinen des *Wohnturms* und der *Kapelle* der oberen Burg. Teile ihrer Ringmauern mit dem Tor umgeben diesen klotzartigen Rest des schon um die Mitte des 14. Jh. verlassenen Herrensitzes.

Heute beherrscht die Industrie das Saale-Tal südlich von Jena. An windstillen Tagen legen sich die Abgase zahlreicher Fabriken über die ausgedehnten Arbeitersiedlungen und hüllen die Schottschen Glaswerke ein, welche unmittelbar an die Stadt heranreichen. Der Dunst hängt dann gleichsam fest im Tal zwischen den 200 m steil ansteigenden Rändern und läßt die »lieben schönen Jenenser Berge mit ihren weißen Kalkfelsen und blumigen Abhängen« – von denen der aus Potsdam zugereiste Ernst Haeckel so zu schwärmen wußte – in Grau versinken.

Das ist nicht anders, kommt man von Norden her nach Jena, denn auch hier zwängt sich die Industrie in dem engen Tal zusammen. Der Durchgangsverkehr scheint sich im Talkessel zu verwirbeln. Hier fließt alles in der alten Stadt zusammen und drängt gleichsam himmelwärts: Wie es der steile Johanniskirchturm im späten Mittelalter bereits andeutete, scheinen heute der riesige Zylinder des ›Turris Jenensis‹ der Universität (Abb. 46) und die Hochhäuser der Zeiss-Werke die Altstadt aus ihrem Grund nach oben zu reißen – fast möchte man glauben, sie haben die halbe Fläche der Stadtmitte leer- und in sich emporgesogen.

Die Geschichte dieser Stadt aufzuschreiben würde großen Raum beanspruchen. Zusammen mit der Erfurter ist sie sicher die ereignisreichste in Thüringen, ein paar Jahrhunderte kürzer zwar als diese, in vielem aber vergleichbar. Wie Erfurt zog Jena immer ›streitbare Geister‹ und ›helle Köpfe‹ an, und ebenso wie dort führte das auch hier zu wirtschaftlicher Prosperität und politischer Kontroverse. Wie in Erfurt gab es Einbrüche in der Entwicklung durch kriegerische Ereignisse, wohl intensiver noch als dort faßte in Jena die Industrie um die vorige Jahrhundertwende Fuß.

Den Herren von Lobdeburg schwebte im 13. Jh. ein festes Herrschaftsgebiet vor. Ihre Gründung Jenas an einer Furt dicht bei der Stammburg spielte dabei eine wichtige Rolle. Auf dem westlichen Saale-Ufer nahm eine erste Siedlung den aus Richtung Erfurt kommenden Weg auf. Sie entwickelte sich um die Kirche im Zuge der heutigen Johannis- und Saalstraße und wurde 1230 zur Stadt erhoben. Das nun ausgebaute Stadtgeviert um einen Marktplatz markieren noch heute drei der ursprünglich vier Eckbastionen: Am besten erhalten blieb der **Pulverturm** beim Johannisplatz, wenngleich nur sein oberer Teil in Erscheinung tritt. Von der Stadt kommend erkennt man, daß die hohe Bodenaufschüttung das Bauwerk ›verschluckte‹ – hier blieb es ein Stück weiter frei als an der Feldseite. Die **Anatomieturm-Ruine** an der Südwestecke der Stadt erhielt den Namen mit dem heute nicht mehr vorhandenen Aufbau für den Anatomie-Hörsaal der Universität. Auch dem **Roten Turm** gab ein Aufbau aus Ziegeln seinen Namen. Vom **Schloßturm** am Universitätsgebäude blieben nur noch die Grundmauern. Der so markierte historische Stadtkern fiel zu einem guten Drittel dem Zweiten Weltkrieg zum Opfer. Und was infolge des Bombenhagels verbrannte, ist hernach gründlich abgeräumt worden. So entstanden hier der ›Turm‹ und das ›Loch‹ von Jena, deshalb liegt der Markt an seiner Westseite frei, und die übriggebliebene nördliche Bebauung an der Johannisstraße ist Platzfront geworden.

Nur der östliche Teil des Stadtkerns gibt noch einen Eindruck von der mittelalterlichen Enge. Die wiederum erfährt eine gewisse Bekräftigung durch die zahlreichen großen Geschäfts- und Wohnbauten, welche im 19. und frühen 20. Jh. in die engen Gassen gedrängt wurden. Zwischen ihnen muß man die alten, kleinen Gebäude suchen. Das

Blick auf Jena von Osten, Farblithographie von F. W. Geiling, 1865

›Haus im Sack‹ von 1596 an der Oberlauengasse gehörte einem Weinbauern, das **Haus** ›**Zur Noll**‹ dicht dabei stammt etwa aus gleicher Zeit. Der ›**Grüne Hirsch**‹ in der Jenergasse trägt noch den Weintraubenschmuck neben der Inschrift von 1664.

Gekeltert und gebraut wurde in allen mittelalterlichen Städten, in Jena besonders. Weinbauern bestimmten Jenas mittelalterlichen Aufstieg. Die Kalkhänge speichern die Sonnenwärme, so daß man hier seit alters her Rebstöcke zog. In dieser günstigen Situation ist wohl auch ein Grund für den Wohlstand der Stadt und die Entwicklung ihres Weinmarktes zu sehen. Auch im Wappen führt Jena eine Traube. Der Weinanbau hielt sich in dem milden Tal, bis die Reblaus im 19. Jh. die Hänge befiel. Dann drängte ihn die Industrie endgültig beiseite.

Als die wohl ›jenensischste‹ aller Schankstätten darf ›**Zur Rose**‹ an der Johannisstraße gelten. Ihr Entstehen ist mit der Gründung der Universität verbunden, denn Lehrer und Studenten forderten vom Landesherrn die Einhaltung seiner Zusage, daß nun auch hier wie in Heidelberg, Erfurt und Wittenberg ein Bier- und Weinhaus eingerichtet werde. Seit 1561 gehört also die auch ›Rosenhainsches Haus‹ genannte Gaststätte zur Universität, und seither wird hier ausgeschenkt. Später mehrfach umgebaut und erneuert, ist sie doch eines der schönsten Renaissancehäuser Jenas geblieben. Die alten Weinkeller nahmen vor einigen Jahren den Studentenclub auf, die rückwärtigen Anbauten eine der Hochschulmensen. Akademisch ist auch die alte Hausmarke: Sie stiftete der Rektor der Universität, Caspar Sagittarius, 1683.

Aus dem 15. Jh. stammen die ältesten Bauteile des zweiten historischen Gasthofs: Direkt am Rathaus steht das **Haus ›Zur Sonne‹**. Ihm gegenüber und hinter dem ›Hanfried‹, dem Standbild für den Universitätsgründer Johann Friedrich den Großmütigen – 1858 von Johann Friedrich Drake geschaffen –, erstrahlt mit prächtigem Fachwerkaufbau und Giebel die ›**Göhre‹**, das einstige Mühlengebäude (Abb. 47). Hier floß um 1500 noch der Leutrabach mitten durch die Stadt und trieb die Marktmühle an. Tür und Fensterprofile weisen darauf hin, daß die beiden steinernen Hauptgeschosse um 1500 erbaut wurden.

Die südwestliche Ecke des historischen Stadtkerns nahm das im Jahre 1286 gegründete **Dominikanerkloster** ein, das heute vom Markt aus zu sehen ist. 1525 hatten aufständische Bauern das Kloster gestürmt, das daraufhin aufgegeben wurde. Doch schon bald erhielt es eine neue Bedeutung: Als Johann Friedrich der Großmütige 1547 die Schlacht bei Mühlberg gegen Kaiser Karl V. verloren hatte und im Anschluß daran mit der Kurwürde auch Kursachsen und die Wittenberger Universität einbüßte, gründete er – auf dem Wege in die Verbannung nach Würzburg – in dem ihm verbliebenen Jena ›seine‹ neue Universität. Dies geschah nicht so spontan wie es erscheinen mag. Schon 1527 und 1535 waren Professoren und Studenten Wittenbergs vor der Pest nach Jena ins leerstehende Dominikanerkloster ausgewichen und hatten hier die ›Hohe Schule‹ eingerichtet. Mit der kaiserlichen Bestätigung der Universitätsgründung 1557 wurden die Klostergebäude endgültig zum *Collegium Jenense*. Obgleich das Kloster oft umgebaut, die Kirche im Zweiten Weltkrieg zerstört und die anderen beschädigten Bauteile wiederhergestellt wurden, hat der Klosterkomplex seine alte Gestalt bewahren können. Noch heute dient er dem Anatomischen Institut der Universität als Hauptsitz. An der Stelle der Kirche steht seit 1952 ein Neubau. Die barocken Anbauten sind hervorragend restauriert. An der Treppenturmwand der *Klosterkirche* prangt das wettinische Wappen in prächtiger figürlicher Rahmung mit der Gründungsinschrift der Universität. Bei Restaurierungsarbeiten im Inneren sind in einer der *Mönchszellen*, die später als Karzer dienten – Jenas Studentenschaft war immer als eigenwillig und zu Turbulenzen neigend bekannt –, studentische Wandbilder freigelegt worden. Im ehemaligen *Refektoriumsflügel* konnte man eine Heißluftheizung ausgraben, die noch aus der Bauzeit des Klosters stammt. Jeder dieser Funde stellt auf seine Weise ein bedeutendes kulturhistorisches Zeugnis dar.

Bleiben noch die beiden städtischen Hauptbauten des alten Stadtkerns zu erwähnen: die Michaeliskirche und das Rathaus. Mit dem Bau des **Rathauses** begann man gegen 1380, zu einer Zeit also, da sich die Stadt unter der mittlerweile einem halben Jahrhundert währenden wettinischen Herrschaft wirtschaftlich konsolidierte. Das Gebäude besteht im Grunde aus zwei aneinandergestellten Einzelhäusern, von denen jedes ein hohes Walmdach über seinen zwei Geschossen trägt. Jedes der beiden Häuser weist im Untergeschoß eine zweischiffige Halle auf. Im Obergeschoß ist die Zwischenwand von drei hohen Arkadenöffnungen durchbrochen, so daß die riesige Diele als ein einziger großer Saal erscheint, in dem nur die Unterzüge für die schweren Balkendecken auf gedrehten schlanken Säulen ruhen. Die unteren Hallen öffneten sich ursprünglich in spitzen Bogen zu den Längsseiten des Marktes. Von Schmuck und Architekturzier ist nach Umbauten ebenso

234

wie vom einstigen Zinnenkranz nichts übriggeblieben. Dafür erhielt der Bau im 18. Jh. den *Uhrturm* und den ›*Schnapphans*‹, eines der ›Sieben Wunder Jenas‹. Dieses auf das späte 15. Jh. zurückgehende Figurenspiel bekam seinen Namen nach der Figur des Hans von Jene. Sein Mund schnappt stündlich nach einer Kugel, die ihm eine Pilgerfigur vorhält, und dann schlägt ein Engel die Glocke.

Die heutige **Michaeliskirche** besitzt zwei romanische Vorgängerbauten. Von diesen gehörte einer zum Kloster der Zisterzienserinnen, das sich nördlich anschloß. Nachdem das Rathaus fertiggestellt war, ließ der Rat etwa 1390 den Neubau der Kirche in Gestalt der spätgotischen Halle beginnen. Ein halbes Jahrhundert baute man am Chor, seiner Einwölbung und an der Südwand des Langhauses. Zwischen 1442 und 1474 herrschte Bauruhe. Für die Folgezeit ist ein Meister namens Peter Heierliß nachgewiesen, der den Turmbau in Angriff nahm und die Kirche bis 1506 fertigstellte. Den hochaufstrebenden Achteckturm über den beiden quadratischen Untergeschossen vollendete man erst 1556 – ein Jahr vor der Universitätsgründung. Die gesamte Südseite der Kirche wurde mit reicher Dekoration, vor allem um das *Doppelportal,* zu einer repräsentativen Schaufront gestaltet. Die dem Markt abgewandten Seiten blieben weitgehend schmucklos. Eine Einmaligkeit Jenas stellt der Durchgang unter dem Chor dar. Er führte im Mittelalter zum Kloster nördlich der Kirche, was auf eine sehr dichte Bebauung in diesem Stadtteil hindeutet. Im Zweiten Weltkrieg erlitt die Michaeliskirche wie der gesamte Stadtkern schwere Schäden. Der Turm trägt noch das Notdach; über dem Kirchenhaus wurde das zerstörte barocke Dach wieder durch ein dem mittelalterlichen ähnliches ersetzt und die reiche spätgotische Wölbung etwas vereinfacht rekonstruiert. Von den Kunstwerken im Inneren ist der *Angelus Jenensis* besonders bemerkenswert. Dieses hölzerne Standbild des Erzengels Michael entstand in der ersten Hälfte des 13. Jh. in einer Bamberger Bildschnitzerwerkstatt. Die *Grabplatte Martin Luthers,* 1549 vom Erfurter Glockengießer Heinrich Ziegler in Bronze gefertigt, war ursprünglich zur Aufstellung in Wittenberg vorgesehen. Sie verblieb aber in Jena, und eine Kopie gelangte nach Wittenberg.

Die Reformation hinterließ nicht nur dieses Monument in Jena. Die Stadt wurde zu einem Ort des Streites zwischen den Anhängern Luthers und denen des radikal-reformatorischen Karlstadt, dessen Name uns schon in Orlamünde begegnete (s. S. 227). Müntzers Aufrufe hatten in Jena ein breites Echo gefunden: »Antzeygung, wie die gefallene Christenheit widerbracht mug werden« hieß die hier gedruckte Rede des radikalen Predigers Martin Reinhart. 1524, im gleichen Jahr, da sie erschien, trafen Luther, Reinhart und Karlstadt am 22. August zu einem Disput im ›**Schwarzen Bär**‹ zusammen, ohne sich auch nur im Geringsten zu einigen. Die Aufstände der Bauern im Saale-Tal folgten fast unmittelbar darauf. Den traditionsreichen Namen trägt das Hotel am Lutherplatz noch heute.

Gegenüber, am Platz des mittelalterlichen Stadtherrensitzes und herzoglichen Schlosses, wurde 1908 das **Universitätshauptgebäude** eingeweiht, das der Münchener Theodor Fischer erbaut hatte. Die *Alma Mater Jenensis* feierte in diesem Jahr ihr 350jähriges Bestehen. Den ›heimlichen Stadtherren Jenas‹ widmete Ferdinand Hodler das *Monumentalgemälde*, in dem er den Auszug der Jenenser Studenten 1813 für die Befreiung von napoleo-

›Auszug der Jenenser Studenten 1813‹, Gemälde von Friedrich Hodler, Universität Jena

nischer Unterdrückung so unheroisch großartig darstellte. Bezeichnenderweise hatte man das Bild während der Nazizeit verschmäht; erst seit den 60er Jahren ist es wieder an seinem ursprünglichen Platz in der Aula der Universität an beherrschender Stelle erlebbar.

Eine Fülle von Bildnissen, Denkmälern und Erinnerungstafeln findet man in den Universitätsgebäuden und in der ganzen Stadt. Eine Jenenser Besonderheit stellt in diesem Zusammenhang die *via triumphalis* dar, zu welcher die Goetheallee vor der alten Stadtmauer seit dem Ende des vorigen Jahrhunderts ausgestaltet wurde. An ihr reihen sich die Denkmäler für die mit Jena verbundenen schöpferischen Persönlichkeiten – es ist eine Straße des Triumphs des Geistes, und nicht von ungefähr trägt sie Goethes Namen. Auf Wunsch des Weimarer Herzogs und wohl nicht minder aus eigenem Antrieb wandte sich der Hofrat und Dichter Jena zu. Er übernahm die Fürsorge für Bibliothek und Botanisches Institut und weilte oft in der Stadt. Die Gedenkstätte am **Botanischen Garten** befindet sich im Inspektorenhaus des Gartens, in dem Goethe wohnte. Friedrich Schillers Antrittsrede als Philosophie- und Geschichtsprofessor mit dem Thema »Was heißt und zu welchem Ende studiert man Universalgeschichte« wies weit in die Zukunft und löste nicht nur bei der Studentenschaft Begeisterung aus. Die Universität trägt seinen Namen. Die **Schiller-Gedenkstätte** am Schillergäßchen widmet ihre Ausstellung dem Zeitraum zwischen dem Revolutionsjahr 1789 und 1799, in dem Schiller in Jena lebte und arbeitete. Friedrich Schiller folgten Johann Gottlieb Fichte, Friedrich Wilhelm Joseph Schelling und Georg

236

Wilhelm Friedrich Hegel; Fritz Reuter studierte hier, Karl Marx und Kurt Tucholsky promovierten in Jena. Thomas Mann erhielt nach dem Zweiten Weltkrieg die Ehrendoktorwürde. August Wilhelm Schlegel, Friedrich Schlegel, Clemens von Brentano und Novalis schufen Jenas literarische Atmosphäre, die zu Beginn unseres Jahrhunderts den Verleger Eugen Diederichs anzog. Sein Haus trug die Namen von Hermann Hesse, Maxim Gorki, Ricarda Huch, Selma Lagerlöf und Martin Andersen Nexö in die Welt.

Von Anfang an lehrten an der Universität von Jena aber auch Mathematiker und Naturwissenschaftler. Die Namen Justus Christian Loder, Christoph Wilhelm Hufeland und Ernst Haeckel sind mit ihr verbunden, Ernst Abbe studierte hier Physik. Das **Phyletische Museum**, eine Sammlung und Darstellung zur Entwicklung der Lebewesen, stellt eine Besonderheit unter den deutschen Museen dar. Ernst Haeckel hat es 1907 gegründet.

Seit Karlstadt und Reinhart in dieser Stadt ihre Schriften vom Drucker M. Buchführer vervielfältigen ließen, blieb das Aufbegehren gegen Unterdrückung hier lebendig. Die Niederlage der preußischen Armee gegen Napoleon und sein Heer auf den Höhen im Nordwesten über Jena förderte letztendlich die bürgerliche National- und Befreiungsbewegung, der sich 1813 die Studenten anschlossen. Zwei Jahre danach gründeten sie in Jena die Burschenschaft. Fast genau ein Jahrhundert später, Ostern 1916, trafen sich erneut junge Menschen in Jena, um mit Karl Liebknecht gegen den Imperialismus und den Ersten Weltkrieg zu protestieren. Über dieses Ereignis informiert die **Karl-Liebknecht-Gedenkstätte** an der Zwätzengasse. Dem Widerstand gegen den Nationalsozialismus und den Männern, die ihn in Jena um den Lehrer Dr. Theodor Neubauer und den Tischler Magnus Poser tragen halfen, ist die **Gedenkstätte im Wohnhaus Posers** an der Karl-Liebknecht-Straße gewidmet.

Zum Revolutionären und zur geistigen und naturwissenschaftlichen Innovation, die von Jena aus befruchtet wurden, gesellt sich als drittes für die Stadt wesentliches Element die Industrialisierung in der zweiten Hälfte des vorigen Jahrhunderts. 1846 war der Mechaniker Carl Zeiss aus Weimar nach Jena gezogen und hatte hier seine optische Werkstatt für den Bau von Mikroskopen und die Wartung der technischen Geräte der Universitätsinstitute eingerichtet. Die Umstellung dieses Handwerksbetriebes auf industrielle Fertigung oblag dem Physiker Ernst Abbe, der seit 1866 eng mit Zeiss zusammenarbeitete. Ein dritter kam noch hinzu: Otto Schott. Der Rheinländer hatte in Jena studiert und baute 1884 ein erstes glastechnisches Entwicklungsunternehmen auf, das sogleich mit dem wissenschaftlichen Gerätebau von Zeiss und Abbe zusammenzuarbeiten begann. Jenas technisch-industrielle ›Kernfusion‹ war erfolgt. In der Tat ging nun die Entwicklung explosionsartig vonstatten. Nach Carl Zeiss Tod gründete Ernst Abbe 1889 die Carl-Zeiss-Stiftung und schloß in diese das inzwischen aufgebaute Schottsche Glaswerk mit ein. Der Eisenbahnanschluß Jenas seit 1875 öffnete dem ersten thüringischen industriellen Großunternehmen neue Transportwege. Die Stadt wuchs, die Zahlen der Beschäftigten bei Zeiss schnellten zwischen 1900 und 1913 von 1000 auf fast 4700 und bei Schott von etwa 360 auf weit über 1000. Die Werksanlagen von Zeiss drängten in die Stadt, die sich auszudehnen begann, so daß sie bereits seit einem halben Jahrhundert ›nach oben‹, in Hochhäuser, ausweichen müssen. Dem Schottschen Glaswerk blieb am Südrand der Stadt zwischen Galgenberg und Saale noch genügend Raum. Abbe hat mit der Gründung der Carl-Zeiss-Stiftung »den Mißbrauch unternehmerischer Macht« einzuschränken versucht. Sein Verdienst bleibt die enge Zusammenführung von industrieller Produktion und universitärer Forschung in Jena. Das Ergebnis seiner Bemühungen im sozialen Bereich ist vom erwähnten Galgenberg, dem Landgrafenberg oder dem Jenzig – den schönsten Aussichtsplätzen Jenas – zu erkennen: Rings um die enge Stadt wurden für die Mitarbeiter des Zeiss-Werkes ausgedehnte Wohn- und Siedlungsgebiete geschaffen, die sich weit im Tal und an den Hängen hinziehen.

Unmittelbar neben dem Botanischen Garten steht das **Zeiss-Planetarium,** das erste seiner Art, dessen Gebäude 1925/26 von den beiden Architekten Johannes Schreiter und Hans Schlag errichtet wurde. **Griesbachs Garten** schließt sich an. Das Grundstück des Theologen ließ die Weimarer Herzogin Maria Pawlowna zu einem Literaten- und Künstlertreffpunkt ausgestalten, und auf ihren Wunsch hin wurde auch das *Goethe-Denkmal* aufgestellt. Heute hat hier die Universitätsverwaltung ihren Sitz.

Nicht allzuweit entfernt flankieren die barocke **Friedens-** und die romanische **Johanniskirche** die Goetheallee. Von dort gelangt man am **Johannistor** vorbei und hinter dem Zeiss-Werk entlang zu drei weiteren Denkmälern: Auf dem Carl-Zeiss-Platz steht das **Abbe-Denkmal.** Diesen gloriettenartigen Achteckbau entwarf Henry van de Velde 1911 in verhalten monumentalisierenden Formen, wie sie sich in der Zeit nach dem Jugendstil entwickelten. Das flache Kuppeldach gipfelt nicht auf, sondern hegt ein, was hinter den pfeilergerahmten Öffnungen sichtbar ist. Der Belgier Constantin Meunier, der große pathetische Realist, schuf die *Reliefs ›Denkmal der Arbeit‹* im Inneren, sein deutscher Zeit- und Stilgenosse Max Klinger das *Abbe-Bildnis.* Als Zeugnis seiner Zeit besitzt das Abbe-Denkmal weit über Jena hinaus Bedeutung.

Ein weiteres Zeitzeugnis ist das **Volkshaus.** 1910–13 von Arwed Roßbach, dem Schöpfer von Leipziger und Dresdner Großbauten der Jahrhundertwende geschaffen, diente es für städtische Veranstaltungen. Das **Optische Museum** in der 1924 erbauten Optikerschule ist die dritte bedeutende Sehenswürdigkeit am Carl-Zeiss-Platz. Seine wissenschaftlich und künstlerisch gleichermaßen wertvolle Sammlung besteht aus über 13 000 Einzelstücken.

Nicht unerwähnt bleiben darf das **Romantikerhaus** neben dem Roten Turm mit der Gedenkstätte zur deutschen Frühromantik. Das schmucklose Gebäude, das Johann Gottlieb Fichte während seiner Jenaer Zeit bewohnte, birgt außerdem die Kunstsammlungen des Städtischen Museums. Von hier aus gelangt man über das **Paradies,** Jenas Stadtpark an der Saale, und über den Uferweg ins alte **Wenigenjena,** heute Jena-Ost. In der kleinen spätgotischen *Kirche* ließ sich 1790 Friedrich Schiller mit Charlotte von Lengefeld trauen – daher trägt das Gotteshaus seinen Namen. Die beiden östlichen Berge Jenas – weit ins Tal vorspringende Kalkfelsen – hat man fast unmittelbar vor sich. Während auf dem nördlichen **Jenzig** die große Ausflugsgaststätte aus dem Anfang unseres Jahrhunderts renoviert wurde, steht auf dem südlichen **Hausberg** neben dem auf das 12. Jh. zurückgehenden

Fuchsturm ein neues Restaurant. Von beiden Bergen bietet sich eine Fernsicht weit ins Saale-Tal, über Jena und zum dritten Jenenser Stadtberg, dem **Landgrafenberg** – gleichfalls mit Aussichtsturm und Restaurant. Von hier aus erstreckt sich das **Jenaer Schlachtfeld** von 1806 weit nach Nordwesten bis zum Windknollen mit dem *Napoleon-Stein*. Dort unterlag die preußische Armee dem Heer Napoleons. Das *Museum* in **Cospeda** stellt die historische Situation anschaulich dar.

Südlich unterhalb des Hausberges trifft man im Ortsteil **Ziegenhain** auf die *Wallfahrtskirche*. Sie birgt ein Marienbild, das schon vor dem spätgotischen Neubau des Gotteshauses aufgestellt gewesen sein soll. An dem Kirchenbau des 15. Jh. wirkte der Baumeister der Jenenser Stadtkirche mit. Doch der Teil zwischen dem Chor, in dem noch alte Ausmalungen zu sehen sind, und den beiden Turmgeschossen ist nie vollendet worden.

Die Dornburger Schlösser und Camburg

Verläßt man Jena nordwärts, so drängen sich Straße und Schienenstrang bei Dorndorf dicht an die aufragende Felswand heran. Eine steile schmale Straße führt am Hang empor nach **Dornburg.** Hier oben auf der ›Thüringer Lorelei‹, einem der schönsten Landschaftspunkte im mittleren Saale-Tal, lag wohl bereits in frühmittelalterlicher Zeit einer der wichtigsten strategischen Plätze an der Grenze zum slawischen Gebiet. Für das 10. Jh. ist eine Reichsburg bezeugt, und es sind vier Reichstage für die Jahre 965, 980, 999 und 1004 verzeichnet. Jedoch gibt es kaum noch architektonische Zeugnisse aus dem Mittelalter, denn 1521 wurde das *Alte Schloß,* das nördliche von den drei Dornburger Schlössern, auf den Mauern der alten Gebäude errichtet. Auch von einem romanischen Bergfried blieben nur wenige Teile, die man in das Renaissancegebäude einfügte. Das zweite, *südliche Schloß,* ebenfalls ein Renaissancebau, entstand 1539, nur wenige Jahre später als das nördliche, als Herrensitz bei einem Rittergut und wurde 1608 erweitert (Farbabb. 16). Der Treppenturm vor dem giebelgeschmückten Gebäude offenbart sich als Anbau. Nachdem es 1822 in Weimarer Besitz gelangt war, weilte Goethe mehrfach in diesem Haus; ihm zu Ehren wurde eine Gedenkstätte eingerichtet.

Die architektonische Perle zwischen diesen beiden Renaissancebauten ist das mittlere der drei Schlösser (Farbabb. 18). Der Weimarer Herzog Ernst August ließ es seit 1736 als Hauptgebäude einer *Rokoko-Schloßanlage* errichten. Als sich das Städtchen Dornburg ausweitete, wurden die Pavillons und anderen Nebenbauten, die das Schlößchen umgaben, abgetragen. Der Plan der Anlage ging auf Johann Adolf Richter zurück; den Schloßbau dürfte hingegen Gottfried Heinrich Krohne geschaffen haben, der auch die eigentliche Gestaltung von Schloß und Garten übernahm. Als Point de vue schob man das Haus so weit an den Steilhang heran, daß dieser durch Terrassen überbaut werden mußte. So bildet das Erdgeschoß auf der Seite zur Stadt eigentlich das Obergeschoß des Schlößchens. Diese bautechnische Leistung hob man keineswegs hervor, sondern überspielte sie durch die bewegte und ineinandergefügte Architektur mit Risaliten, Ausbauten, Kuppel- und

239

Mansarddächern, Pilaster- und Giebeldekoration, üppigen Fenster- und Türeinfassungen sowie Spalieren und Terrassen. Die schönen Rokoko-Räume im Inneren verbindet ein geschwungenes Vestibül; Stuckdekor und Möbel sowie die Ausstellung fügen sich zu einem Gesamtbild höfischer Welt des 18. Jh. und des Biedermeier. Bis an die beiden anderen Schlösser erstrecken sich die Terrassen, die das Rokokoschloß umziehen und zu einem zauberhaften Aussichtsplatz werden lassen. Nicht minder beeindruckend ist der Blick von der östlichen Talseite auf die Dreiergruppe der Dornburger Schlösser. Hier hinüber wechselt nun die Straße, die weiter über die Höhenrücken nach Camburg führt.

Auf das 11. und 12. Jh. geht die Teilung **Camburgs** in eine Thüringer und eine Meißner Seite zurück. Die Siedlung war in dieser Zeit zwischen die Interessensgebiete der beiden Herrscherhäuser geraten. Aus der Wettiner Linie, die sich hier ansiedelte, treten im Naumburger Dom als Mitstifter die Grafen von Camburg, Wilhelm, Gepa, Dietrich und Gerburg, in Erscheinung. Von ihrer *Burg* östlich über der Saale zeugt noch der mächtige Rundturm, die übrigen Bauten sind später ergänzt und andere Teile abgetragen worden. Camburg war im Mittelalter wohl nur ein Straßenmarkt, um den sich heute die Kleinstadt gruppiert. Westlich der Saale trifft man mitten im Wald auf die Ruine der *Cyriakskirche*, einer romanischen Pfeilerbasilika. Wie eng ihr Zusammenhang mit Siedlungen auf der Thüringer Seite war, bleibt noch zu erforschen. Über einem Saale-Arm hat sich noch eine *gedeckte Holzbrücke* erhalten. Während die Straße von Camburg auf nahem, direktem Wege nach Naumburg führt, verläuft der Schienenweg durch das Saale-Tal, trifft bei Großheringen auf die Strecke Leipzig–Erfurt–Bebra und erreicht, an der Rudelsburg und Burg Saaleck vorbei, über Bad Kösen die alte Domstadt.

Über den Thüringer Wald

Zwischen Waltershausen und Zella-Mehlis

Einem riesigen Wall gleich ragt der Thüringer Wald auf, nähert man sich von Gotha kommend Waltershausen. Die runde Kuppe des **Inselberges** ist die markanteste Erhebung im tiefen Grün der Bergkette. Mit 916 m Höhe bildet sie einen der höchsten Punkte der von Nordwest nach Südost verlaufenden Bruchscholle, als welche dieses Gebirge vor 100 Millionen Jahren emporgeschoben wurde. Da aber nichts alt genug sein kann, um nicht auch das Neueste zu tragen, recken sich hier oben Antennen und Beobachtungsgeräte für Funk- und Wetterstationen gen Himmel.

Seit 1929 verlaufen die schmalen Gleise der Thüringerwaldbahn neben der Straße; tatsächlich verkehren auf ihnen Straßenbahnzüge von Gotha direkt zu den beliebten Urlaubsorten Waltershausen, Friedrichroda und Tabarz. Am Fuß der Berge entwickelte sich schon im 9. Jh. dort, wo heute **Waltershausen** liegt, eine Siedlung. Hier kreuzte die Salzstraße, die aus dem Werra-Tal über den Thüringer Wald nach Erfurt führte, den Handelsweg nach Saalfeld, der bei Eisenach von der *via regia* abzweigte. Mit Rücksicht auf ihre eigenen Märkte unterbanden die Thüringer Landgrafen an dieser Kreuzung zunächst den Handel. Erst mit dem Bau von Schloß Tenneberg entwickelte sich Waltershausen im ausgehenden 12. Jh. zu einer ummauerten Stadt. Von der Wehranlage ist das *Klaustor* aus dem späten 14. Jh. erhalten. Der Rang der Stadt blieb im Schatten Gothas bescheiden. Im 17. und 18. Jh. erfuhr *Schloß Tenneberg* einen großzügigen Ausbau durch den Architekten des Gothaer Schlosses Friedrichsthal, Zorn von Plobsheim, der den großen Festsaal und die Schloßkapelle gestaltete. Die Festsaaldecke trägt eine großartige illusionistische Ausmalung, geschaffen von Johann Heinrich Ritter, der gleichfalls an der Gestaltung des gothaischen Hofes mitwirkte.

Beide Meister gestalteten 1719–23 unter Einbeziehung von Turmuntergeschossen eines Vorgängerbaus auch den zweiten Barockbau Waltershausens, die *Stadtkirche*. Mit ihrem leicht ovalen Innenraum und den drei Emporen ist sie das wohl bedeutendste protestantisch-barocke Kirchengebäude, das zeitlich kurz vor der Dresdner Frauenkirche von George Bähr entstand. Wie der Festsaal des Schlosses trägt auch die Kirchendecke eine illusionistische Ausmalung (Farbabb. 26); sie erweckt den Eindruck einer hoch aufragenden Kuppel. Gottfried Trost schuf zur gleichen Zeit die Orgel mit einem Prospekt aus drei Etagen über dem Kanzelaltar.

Empore

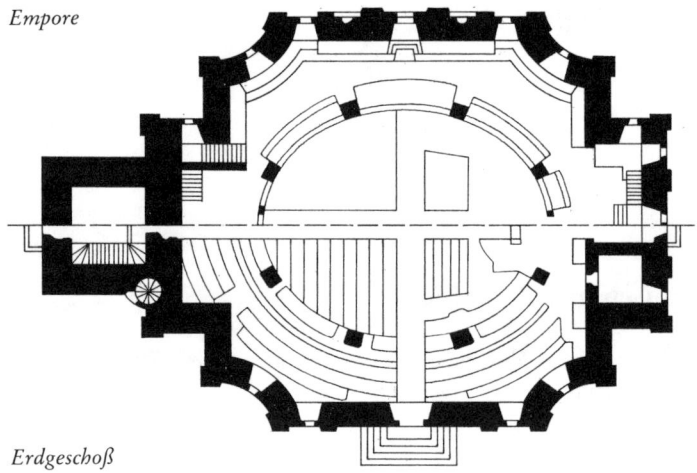

Erdgeschoß

Waltershausen, Stadt-kirche, Grundriß

An der Straße nach Friedrichroda liegt im Ortsteil **Schnepfenthal** die *Erziehungsanstalt* von Christian Gotthilf Salzmann. Für seine Kritik am Erziehungssystem des 18. Jh. fand der aus Sömmerda stammende Pfarrer und Professor des Philanthropiums Dessau Interesse beim Gothaer Hof. Es ging ihm um eine natürliche Ausbildung von Geist und Körper und eine vertrauensvolle Zusammenarbeit zwischen Lehrern und Schülern. Man bot ihm Gelegenheit, seine Vorstellungen zu erproben, die er mit der Schrift »Anweisung zu einer zwar nicht vernünftigen, aber doch modischen Erziehung der Kinder« 1780 niedergelegt hatte. Er kaufte das Gut Schnepfenthal und richtete hier die Erziehungsanstalt ein. Die später erweiterten Gebäude stehen oberhalb der Straße und bergen die *Gedenkstätte* für den Schulgründer. Südlich auf dem Hügel, an dem sich Schnepfenthal emporzieht, liegt der *Turnplatz* der Anstalt. Er stellte das Hauptbetätigungsfeld des Lehrers Johann Christoph Friedrich GutsMuths dar, Begründer von Turnsport und Gymnastik, ehe er sich der wehrhaften Körperertüchtigung verschrieb. Dieser älteste Turnplatz von 1785, durch GutsMuths 1801 erweitert, ist erhalten, die historischen Übungsgeräte konnten rekonstruiert werden.

Nach kurzer Wegstrecke folgt **Reinhardsbrunn.** 1085 gründete Ludwig der Springer in dem geschützten Tal das *Kloster Reinhardsbrunn*. Nicht weit entfernt lag die Schauenburg, sein Stammsitz, von dem nur noch Reste hoch über Friedrichroda erhalten blieben. Das Kloster bauten und besetzten Mönche aus Hirsau – vorhanden ist nichts außer der Mauer, die das Gelände umgibt, und den Fischteichen der Mönche. Auf den Grundmauern des Klosters entstand zunächst ein herzogliches Amtshaus und 1827–35 dann das heutige *Schloß Reinhardsbrunn* (Abb. 49). Den Entwurf für seinen neogotischen Bau lieferte der Architekt des klassizistischen Gothaer Marstalls, Gustav von Eberhard. Auch nach dem Neuausbau zum Hotel 1964 blieben die künstlerisch ausgestalteten Haupträume im Schloß erhalten: die neoromanische Kapelle von 1857–74, der Ahnensaal und die Hirschgalerie. Das englische Vorbild ist nicht nur für den Schloßbau selbst deutlich. Auch der Park wurde entsprechend dieser Tradition Bestandteil der Landschaft und birgt kostbaren Baumbestand.

Das ›über den Berg hinwegliegende‹ **Friedrichroda** blühte im Zuge des Tourismus in den letzten 150 Jahren als Urlaubsort auf. Seinen alten Ortskern überragen die riesigen Erholungsbauten aus den 50er und 70er Jahren unseres Jahrhunderts.

Gleichsam als Gegenzug zum ludowingischen Kloster in Reinhardsbrunn richteten die Käfernburger Herren in **Georgenthal** 1143 ein *Zisterzienserkloster* ein. Auf diese Weise wollten sie ihren Anspruch auf das Gebiet unterstreichen. Die Klosterbrüder bemühten sich in ihrer kolonisatorischen Arbeit vor allem darum, daß der Boden urbar gemacht und bewirtschaftet wurde. Die Reformation setzte dem Klosterleben hier wie in Reinhardsbrunn ein Ende. Einer der letzten jungen Klosterinsassen war der spätere Reformator Georg Spalatin. Geblieben sind das Kornhaus, in dem man auch eine Ausstellung zur Geschichte findet, und die Fundamente der dreischiffigen kreuzförmigen Basilika mit Stützenwechsel und gestaffeltem Chor. Um 1200 war sie als eine der ersten Kirchen in Thüringen eingewölbt worden. Ihre Grundmauern kann man im überwucherten Parkge-

Das Zisterzienserkloster Georgenthal im ausgehenden 15. Jh.

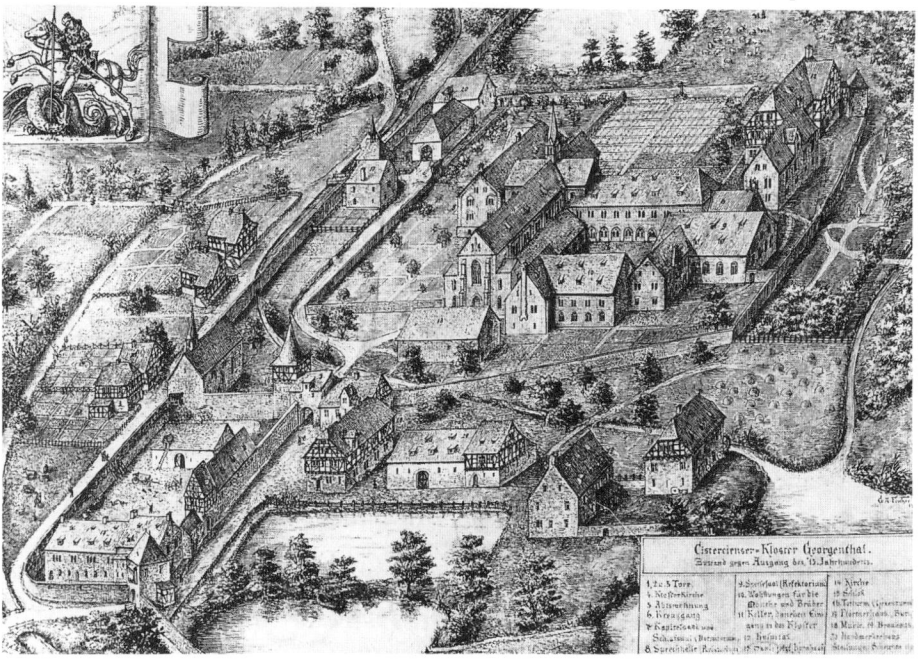

243

lände begehen. Es spricht für die Pietät der alten Verkehrsplaner, daß sie das Eisenbahngleis im Bogen um die Ruine herumgeführt haben.

Durch **Gräfenhain,** dessen helle *Barockkirche* von 1727 einen schönen Orgelprospekt und eine bemalte Decke birgt, gelangt man in das nahe **Ohrdruf.** Die Stadt dehnt sich entlang der Ohra von Nord nach Süd zwischen zwei gegensätzlichen Landschaften aus: Im Südwesten steigen bald die steilen Hänge des Thüringer Waldes an. Die Geländeflächen im Nordosten dagegen kennzeichnet ein seltsam zerfasertes Profil, das durch die Nutzung als Truppenübungsplatz entstand. Mit diesem schon historischen Trainingsgelände sind revolutionäre Kämpfe in den 20er Jahren verbunden. Seit dem 19. Jh. veränderten dieser Platz sowie die Industrie den Ort Ohrdruf. Die Ursprünge der Industrie sind freilich weit älter, denn vom 15. bis zum 17. Jh. baute man hier Erzvorkommen ab und verarbeitete sie an Ort und Stelle in Schmelzen und Hammerwerken entlang der Ohra. Bei Erdarbeiten in Ohrdruf entdeckte man 1954 eine Siedlung, die aus der Zeit des 1. Jh. v. u. Z. bis 4. Jh. u. Z. stammt. Dem Missionar Bonifatius wird die Gründung einer Kirche – wohl einer der ersten in Thüringen – zugeschrieben, die Datierung bewegt sich zwischen 722 und 725. Vermutlich stand das Gotteshaus an der Stelle des jetzigen *Schlosses Ehrenstein* und wurde schon im Mittelalter überbaut. Seit der Mitte des 16. Jh. residierten die Grafen von Gleichen im Schloß. Das Geviert bewahrt an Portalen, Giebeln und am reich rustizierten Vorbau des östlichen Hofflügels noch etwas von dem Renaissanceglanz. Der prachtvolle Rokoko-Saal zeugt von späterem Reichtum. Von der *Stadtbefestigung* des 16. Jh. blieben große Abschnitte sowie die Tore erhalten. Das *Rathaus* ist 1808 nach einem Brand überbaut worden. Aus dem Barock stammen die *Trinitatiskirche* und die *Siechenhauskapelle.*

An der Straße nach Oberhof ist der *Tobiashammer* ausgeschildert und schon durch die großen Parkplätze nicht zu verfehlen. Seit einem Jahrzehnt konnte dieses Hammerwerk als

Ohrdruf, Tobiashammer, das alte Hammerwerk mit Wasserrädern

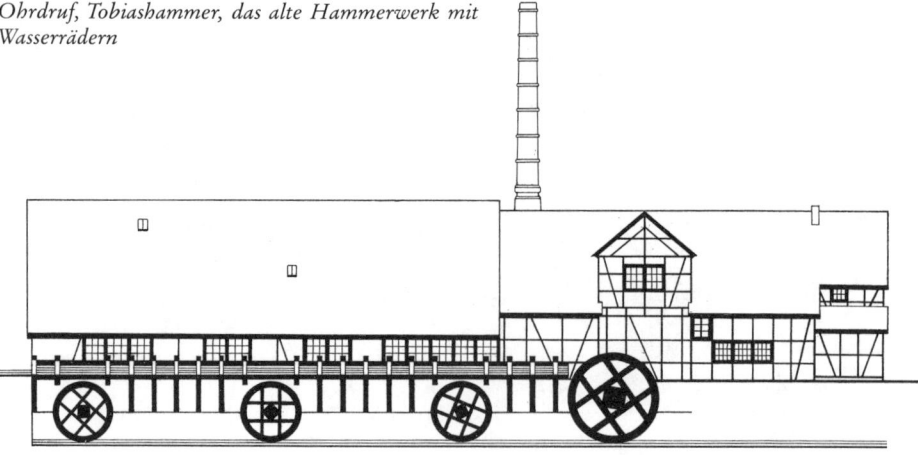

244

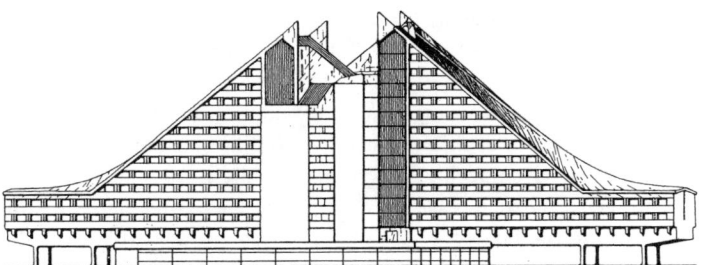

*Oberhof, Hotel
›Panorama‹*

Ausstellungsgelände erschlossen und zu einem hochinteressanten Technikmuseum erweitert werden, dessen Ausbau noch nicht abgeschlossen ist. Das Werk, das nach seinem Besitzer Tobias Albrecht benannt ist, besteht seit 1482. Später wurde es modernisiert und war bis 1977 in Betrieb. Den alten Arbeitsvorgang, bei dem vier Wasserräder die beiden Hammergestelle antreiben, kann man noch erleben. Ein Pochwerk und das 1851 beim Hammer errichtete Walzwerk – das einzige erhaltene aus dieser Zeit – gehören in den ersten musealen Komplex, zu dem es in den alten Wohn- und Betriebsgebäuden Ausstellungen zu sehen gibt. Neben diese Anlage setzte man vor wenigen Jahren eine historische Fachwerkscheune aus dem nordthüringischen Schlotheim. Sie bietet die baulich-museale Hülle für historische technische Großgeräte und Maschinen. Das Prunkstück unter diesen stellt die 12000 PS starke Großdampfmaschine aus dem Jahre 1920 dar. Der 305 t schwere Koloß lief bis 1985 in der Maxhütte Unterwellenborn, wurde dann zerlegt und hier wieder zusammengebaut – und funktioniert!

In dem langgestreckten Ferienort **Luisenthal,** dem der Gothaer Herzog Friedrich III. den Namen seiner Frau Luise Dorothee verlieh, beginnt der Anstieg zum Kamm des Thüringer Waldes. Der Weg bestand bereits in frühgeschichtlicher Zeit; Funde weisen sogar bis in die Steinzeit zurück. Auf dem zwischen 810 und 825 m ü. d. M. liegenden Paß wird 1470 eine erste Herberge erwähnt, der ›Obere Hof‹ einer Komturei des Johanniterordens. An ihn erinnert nur noch der Name eines neuen Hotels. Dem landgräflichen Geleithaus des 16. Jh. folgte im frühen 17. Jh. ein Jagdhaus des Herzogs Ernst I. von Sachsen-Weimar, das dem Dreißigjährigen Krieg zum Opfer fiel. 1830 entstand schließlich ein neues Jagdhaus bei der inzwischen hier vorhandenen Holzfäller- und Köhlersiedlung. Aus ihr entwickelte sich seit dem Ende des vorigen Jahrhunderts rasch der Luftkurort **Oberhof,** der sich in den Bauten des nördlichen, älteren Ortsteiles noch zu erkennen gibt. In den 20er und 30er Jahren kam der Wintersport in Mode, und damit begann für das schneesichere Oberhof der Aufschwung. Zwar unterbrach der Zweite Weltkrieg den Bauboom und den Gästezustrom, seit den 60er Jahren aber ist die moderne Ferienstadt unaufhaltsam zum Urlaubs- und Sportzentrum mit Hotels, Sportanlagen, Ferienheimen und umfangreichen neuen Verkehrswegen herangewachsen. Vor allem der Bau der Eisenbahn 1884 durch den Thüringer Wald – im eigentlichen Sinn des Wortes führen die Gleise mit dem 3069 m langen

Brandleitetunnel tatsächlich auch durch das gleichnamige Bergmassiv hindurch – förderte die Entwicklung Oberhofs. Der Bahnhof entstand etwa 280 m unterhalb des Ortes in 4 km Entfernung.

Der Kamm des Thüringer Waldes bildete immer eine Grenze. Vor einem dreiviertel Jahrtausend schied er thüringisches von fränkischem Stammesland, und auch von späteren dynastischen Grenzziehungen vermitteln die zahlreichen Grenz- und Dreiherrensteine noch einen Eindruck. Der mittelalterliche Jagd- und Reitpfad auf dem Kamm blieb bei späteren Herren beliebt – wir sahen es an Oberhof (Farbabb. 9). Als es zunächst romantische, dann natur- und heimatverbundene Bergfreunde hierher zog, wurde er schließlich zum Wanderweg. Der *Rennsteig* ist seit mehr als einem Jahrhundert beliebtester ›Pilgerpfad‹ aller Besucher des Thüringer Waldes, viel begangen, viel besungen, viel beschrieben. Eines seiner inzwischen asphaltierten Teilstücke befährt man bis zum Rondell südlich Oberhofs. Hier verzweigt sich die historische Paßstraße, um einerseits direkt talwärts, andererseits über den Bergkamm nach Suhl zu führen. Wir wählen die direkte breite Abfahrt, vorbei am Bahnhof Oberhof, nach **Zella-Mehlis**. Die heutige industrielle Doppelstadt entstand 1919 aus den beiden Orten Mehlis und Zella St. Blasii, der Gründung des Reinhardsbrunner Klosters. Bergbau und Eisenverarbeitung bildeten seit dem 15. Jh. die Grundlage für das Büchsenmacherhandwerk, welches bald mit dem Suhler verschmolz. Waffenherstellung und seit 1908 der Zuzug der Mercedes-Büromaschinenfabrik verliehen der Stadt ihr noch heute bestehendes Profil. Aus den Resten der mittelalterlichen Kirche Zella entstand 1768–73 die barocke *Blasiuskirche*, ein Saalbau mit Doppelemporen. Wie an ihr blieb auch an der zweiten Kirche der Stadt, *St. Magdalenen* von 1623, der spätmittelalterliche Turm des Vorgängerbaus erhalten.

Suhl

Auf das enge Tal von Zella-Mehlis folgt eine kurze steile Steigung auf den Paß, der die Straße und den Schienenweg ins Hasel-Tal entläßt. Nach Südosten dehnen sich die Südhänge des Thüringer Waldes aus, im Westen ragen seine Vorberge auf. Immer dichter wachsen die Siedlungsflächen der Hangdörfer zusammen, bis sie sich schließlich mit der aus dem Talgrund heraufdrängenden Stadt verbinden. Die Industrie mit ihren glatten Hallenbauten und Nutzflächen ließ den Wald schrumpfen.

Suhl, mit über 55000 Einwohnern größte Stadt Südthüringens, wurde 1952 Verwaltungszentrum des Bezirkes und veränderte seither ihr Gesicht und Umland stark. Wo sich das tief eingeschnittene Tal zu einem schmalen Durchlaß verengt, vom Domberg im Westen und dem Ringberg im Osten überragt, entstand im Mittelalter die Siedlung an der Hasel und der alten Handelsstraße. Die Henneberger Grafen verliehen ihr 1527 das Stadtrecht. Mit dem Aussterben ihrer Schleusinger Linie, die Suhl beherrscht hatte, kam die Stadt 1583 in Besitz der Wettiner und wurde schließlich 1815 preußisch, was sie als Bestandteil des Regierungsbezirks Erfurt bis 1945 blieb.

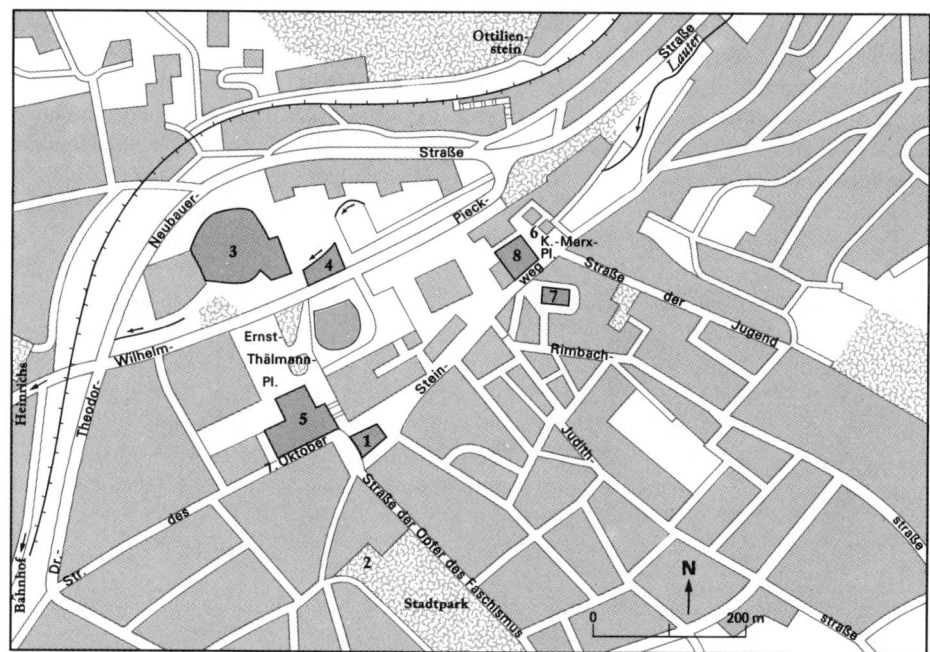

Suhl 1 Kreuzkirche 2 Gedenkstätte Rosa Luxemburg und Karl Liebknecht 3 Stadthalle 4 Waffenmuseum (Altes Malzhaus) 5 Kulturhaus 6 Marktbrunnen mit dem ›Waffenschmied‹ 7 Marienkirche 8 Rathaus

Daß Suhl zur Stadt ernannt wurde, hing mit dem Eisenerzabbau seit dem 15. Jh. zusammen. Denn dieser bildete die Grundlage für die Entwicklung des Rohrschmiede- und Büchsenmacherhandwerks, der seinerzeit hochmodernen Waffenfertigung also. Die Produktion war enorm, fast 20 000 Gewehrrohre wurden jährlich hergestellt – genau 19 458 sind für 1575 bereits verzeichnet. Als zweites Hauptgewerbe kam im 16. Jh. die Weberei hinzu. Kaum weniger leistungsfähig, wurde sie trotzdem nach der Mitte des vorigen Jahrhunderts aufgegeben. Genau zu dieser Zeit ergriff die Industrialisierung das Büchsenmacherhandwerk. Die alte Waffenschmiede von Suhl entwickelte sich zur größten Waffenfabrik zumindest Thüringens. Von den bekannten Unternehmernamen Haenel, Sauer und Simson prangt der letzte auch heute noch als Zeichen für Tradition an Suhler Erzeugnissen. In beiden Weltkriegen gewann Suhl als Standort der Rüstungsindustrie besondere Bedeutung. Jagdgewehre, Kleinkaliberwaffen und Kleinkrafträder fanden in den letzten drei Jahrzehnten ihre Wege rings um den Erdball. Das Werk nimmt heute den mehrfachen Umfang des historischen Stadtzentrums ein und erstreckt sich im Hasel-Tal zwischen Suhl und Mäbendorf.

247

Die Stadt hat sich baulich zweimal entscheidend verändert: zum einen nach dem großen Brand von 1634 während des Dreißigjährigen Krieges, zum anderen nach der Ernennung zur Bezirkshauptstadt 1952. Im Grunde verblieb vom alten Suhl nur der Steinweg mit einer Reihe historischer Gebäude. Er bildet heute das eigentliche Zentrum. Bergwärts anschließende Gassen bewahren ebenfalls spätmittelalterliche Struktur, die Häuser entstammen aber vorwiegend dem 19. oder späten 18. Jh. Es sind verschieferte Fachwerkbauten, wie sie bis in die 50er Jahre auch den gesamten Innenstadtbereich im Hasel-Tal prägten. Doch hier mußten sie dem Verkehrs- und Bauanspruch der Bezirksmetropole weichen.

Eines der ersten, in den 50er Jahren neu errichteten Repräsentationsgebäude ist das **Kulturhaus.** Während seine Fassade dem neu geschaffenen Hauptplatz an der Wilhelm-Pieck-Straße folgt, wendet es die Rückfront der altstädtischen Hauptstraße zu. Das Vorbild klassischen Theaterbaus – wie in Meiningen – ist augenscheinlich. Ab 1963 folgten dann an dem für die kleine Stadt riesig dimensionierten Platz der Hotelneubau, ein Wohnhochhaus und das Warenhaus. Die gegenüberliegende nördliche Platzseite rahmen vier kulissenartig versetzte Wohnhochhäuser und der Rundbau der 1972 fertiggestellten Stadthalle ein. Das 88 m hohe Verwaltungsgebäude steht in einem besonderen ›Spannungsverhältnis‹ zu dem langen, niedrigen **Malzhaus** in der Platzmitte (Abb. 51). Dieses schöne, aus der Mitte des 17. Jh. stammende Fachwerkgebäude ist eines der wenigen Zeugnisse der nach dem Dreißigjährigen Krieg wiedererstandenen Stadt. Für die Sammlung des *Waffenmuseums* wurde es neu eingerichtet. Obwohl dieser zentrale Platz teilweise gärtnerisch gestaltet ist, wirkt er unvollendet, und seine leeren Flächen dienen hauptsächlich dem ruhenden Verkehr.

Reizvoll dagegen erscheint der mehrfach veränderte **Marktplatz.** Er war Zentrum des alten Suhl. Hier wütete 1753 ein weiterer Brand; danach baute man diesen Bereich in strenger Ordnung und spätbarockem Stil wieder auf. Aus dieser Zeit blieb allerdings nur das Gerichtsgebäude erhalten, die andere Platzumbauung erfuhr später Umgestaltung und Erneuerung. Das **Rathaus** an der Ecke zum Steinweg wurde 1812 errichtet und 1913 neu barockisiert. Das 1927/28 vom Konsum-Verein erbaute jetzige **Kontakt-Kaufhaus** bewahrt im wesentlichen die seinerzeit interessante Architektur der ›runden Ecke‹. Mitten auf dem Platz erhebt sich seit 1903 der ›**Waffenschmied**‹ als städtisches Wahrzeichen auf einem Obelisken hoch über dem achtseitigen Brunnenbecken.

Seinen Namen erhielt der **Steinweg,** die alte städtische Hauptstraße zwischen den beiden Kirchenbauten, weil er die erste Pflasterstraße in der Stadt war. Im Blickpunkt der leicht ansteigenden Straße steht die barocke **Kreuzkirche** mit ihrem dreigeschossigen und laternengeschmückten Turm über der Fassade, die von Kolossalpilastern beherrscht wird. Das Gotteshaus wurde 1731–39 als Saalbau mit Westchor und Ostturm markant in das Stadtbild eingefügt. Innen zeigt es sich als Emporenraum. Er atmet kräftigen Barock in der Deckengestaltung wie dem *Kanzelaltar,* den korinthische Säulen und ein großer Strahlenkranz mit Gottesauge beherrschen. Über dem Altar erhebt sich der *Orgelprospekt* bis unter die Decke. Von einem Vorgängerbau stammt noch die *Kreuzkapelle,* die allerdings mehrfach verändert wurde. Die **Marienkirche** oberhalb des Marktes – gleichfalls ein

248

Barockbau von 1757–61 – liegt etwas außerhalb der Achse, welche der Steinweg bildet. Sie nimmt den Platz der ehemaligen spätgotischen Stadtkirche ein. Ihrem spätgotischen Chor wurde der Saalraum mit den dreigeschossigen Emporen angegliedert. Brüstungen, Decke und Triumphbogen schmückt feingliedriges Rocaillenwerk. Der *Rokoko-Kanzelaltar* und der *Orgelprospekt* stechen in dem hellgrün-silbernen Raum hervor (Abb. 50). Im Stadtbild tritt diese alte Hauptkirche mit der Barockhaube ihres Nordturmes weit weniger in Erscheinung als die Kreuzkirche. An den Straßenseiten findet man ein buntes Gemisch von Baustilen aus allen Epochen seit dem 18. Jh. Viele der Häuser, die sämtlich während der 70er und 80er Jahre restauriert worden sind, bewahren über den modernisierten Ladengeschossen noch die historischen Fassaden. Eine Reihe von ihnen zeigt wieder die Fachwerkkonstruktion. Rekonstruiert und modernisiert hat man das Haus der ›**Galerie am Steinweg**‹ (Nr. 33) dicht bei der Kreuzkirche. Ihm gegenüber steht das wohl schönste ältere Gebäude, das **Rokokohaus** (Nr. 26) mit giebelgeschmücktem Mittelrisalit und zartem Rocaillenwerk um die Obergeschoßfenster und an den Pilastern. Als Pendant zum Brunnen an der Kreuzkirche wurde 1984 auf dem kleinen Dreieckplatz im unteren Straßenbereich ein zweiter **Brunnen** mit der jagenden Reiterin Diana vom Bildhauer Waldo Dörsch geschaffen.

Am Bahnhof hat sich eine Gruppe von Fachwerkhäusern aus dem beginnenden 18. Jh. erhalten, die als Jugendfreizeitzentrum genutzt wird. Weitere schöne Fachwerkbauten befinden sich südlich des Bahnhofs im Ortsteil **Neundorf.** Hier steht zunächst das *Waisenhaus,* dessen Fachwerk die ›Wilden Männer‹ und die ›Thüringer Leiter‹ als charakteristische dekorative Konstruktion schmücken. Für das hennebergische Fachwerk besonders typisch sind die verzierten Kopfstreben, Balkenköpfe sowie reich geformte Füllhölzer. Während dieses Haus aus der Mitte des 17. Jh. stammt, geht der Gasthof ›*Zum Goldenen Hirsch*‹ auf die 30er Jahre jenes Jahrhunderts zurück. Weitere Fachwerkhöfe zeigen noch Bauteile aus der Renaissance, so z. B. der Hof *An der Hasel 133,* andere sind bei barocker Grundgestalt heutigen Wohnansprüchen folgend modernisiert worden. Die barocke *Kirche* des Ortsteils birgt eine Ausstattung aus ihrer Bauzeit um 1760.

Reich an Fachwerkarchitektur ist auch der Ortsteil **Heinrichs.** Mitten in dem langgestreckten Straßendorf steht das dreigeschossige *Rathaus* – wohl einer der schönsten und reichsten Fachwerkbauten im hennebergischen Südthüringen (Abb. 52). Geschweifte Andreaskreuze, Rosetten, Rauten und Mann-Figuren bilden gemeinsam mit den Schwellhölzern und Stielen ein fast grafisches Muster an der hohen Giebel-Schauseite und um die Längsseiten des Hauses. Wiederum typisch treten die bebeilten, plastisch gestalteten Hölzer hervor, welche den Eindruck einer fast rokokohaften Leichtigkeit erzeugen und die statische Konstruktion des Bauwerks aufzulösen scheinen. Das Renaissance-Erdgeschoß geht auf 1531 zurück, der Fachwerkaufbau entstand 1657.

Von Suhl führt die Straße nach Schleusingen in langem Anstieg zum Friedberg. Dort oben bietet sich ein weiter Ausblick über die sich kräftig verjüngende und wachsende Stadt. Das Erle-Tal abwärts verläuft die Straße dann durch den reizenden Ort **Hirschbach** mit einer kleinen Dorfkirche und im Talgrund vorbei an dem Hügel mit der *Spitalkirche St. Kilian.* Markant erhebt sich der noch spätgotische Turm an der Barockkirche aus den Ende des 17. Jh. erbauten Pfarr- und Hospitalhäusern. Fährt man mit der Eisenbahn von Suhl nach Schleusingen, so erlebt man eine der Steilstrecken des Thüringer Waldes mit Neigungen von 68 %. Die nächste Steilrampe erkennt man kurz hinter St. Kilian auf der Strecke von Schleusingen nach Ilmenau, in den Zeiten der Dampflokomotiven gab es hier sogar Zahnstangenbetrieb.

Schleusingen

Schloß und Stadt liegen hoch über dem Zusammenfluß von Schleuse, Nahe und Erle auf einem schräg ansteigenden Plateau. Seinen Sporn nimmt Schloß Bertholdsburg ein, burgartig und breit gelagert, mit mächtiger Türme-, Giebel- und Altanfront nach Süden; eine unregelmäßige Baugruppe, die einen engen Hof umschließt.

Schleusingen wird im 13. Jh. als Burg mit einer Stadt bezeichnet und war seitdem Sitz der Grafen von Henneberg. Im Mittelalter bildete die Burg eine Einheit mit der ummauerten Stadt, die fast einer riesigen Vorburg gleichkommt und auch als *castrum* bezeichnet ist. Der Stadtraum ist eng, der Weg vom Markt zur Kirche unmittelbar beim Schloß nur kurz, und die Auffahrt zur Stadt blieb auch Auffahrt zum Schloß. Den quadratischen **Marktplatz** umgeben historische Häuser des 17.–19. Jh. In diesem geschlossenen Ensemble nimmt das **Renaissancerathaus** von 1550 mit dem barocken, säulengestützten Erkervorbau am Giebel und der Barockhaube darüber eine besondere Stellung an der Straßenauffahrt ein. Auf dem Platz sprudelt der **Marktbrunnen** von 1600. Schloßturm und Turm der **Stadtkirche** prägen mit ihren Achteckaufbauten und flachen, laternengeschmückten Hauben die Stadtsilhouette. Die Kirche selbst trennt nur der Graben vom Schloß. 1498 fertiggestellt, erhielt sie später anstelle des gotischen Hauses den barocken Saalbau mit dreigeschossigem Emporenausbau, Kanzelaltar und Orgel. Der gotische Chor und der Nordturm blieben bestehen, letzterer trägt seit 1608 seinen Aufbau. Bemerkenswert sind die Ausstattung und die *Ägidienkapelle* mit figurengeschmückten *Grabsteinen* der Henneberger.

Schloß Bertholdsburg in der heutigen Gestalt entstammt in seinen Hauptteilen dem ausgehenden 15. und dem frühen 16. Jh. (Farbabb. 13). Die drei mächtigen Ecktürme rahmen den eigentlichen Residenzflügel und südöstlichen Baukomplex ein. Von den historischen Räumen ist der zweischiffige gewölbte *Saal* besonders bemerkenswert. Er enthält Wandmalereien aus der ersten Hälfte des 17. Jh., welche die Herkules-Sage illustrieren. Kreuzgewölbt blieb auch die alte *Schloßküche*. In den Obergeschossen sind die Sammlungen des *Naturhistorischen Museums* ausgestellt. Das Museum widmet sich vor allem der biologischen und geologischen Entwicklung des südthüringischen Gebietes und zählt zu den interessantesten seiner Art in Thüringen. Die regionalhistorische Sammlung birgt wertvolle Stücke, darunter eine Handschrift des 15. Jh.

Schloß Bertholdsburg in Schleusingen, nach einer Zeichnung von A. Schröder, 1869

Unterhalb des Schlosses steht der Fachwerkbau der **Alten Schule,** 1868 von seinem ursprünglichen Standplatz hierher umgesetzt. Mit steinernem Untergeschoß und kraftvoll dekorativem Fachwerkaufbau sowie hohem Walmdach zeigt er sich typisch hennebergisch. Die maskenverzierten Eckpfosten, Säulen, Rosetten, mit Zahnschnitt versehene Schwellen und bunte Balkenköpfe lenken die Aufmerksamkeit jedes Vorbeikommenden auf das schöne Haus. In den Gassen der oberen alten Stadt und der unteren Stadtteile stößt man noch auf manch anderen interessanten Fachwerkbau. Die mittelalterlichen **Mauertürme** in der Münz- und der Klostergasse tragen gleichfalls kleine Fachwerkaufbauten.

Das Werra-Tal

Eisfeld und Hildburghausen

Perlen auf einer Schnur gleich, reihen sich das Werra-Tal entlang kunst- und baugeschichtliche Sehenswürdigkeiten aneinander – einige bestehen noch in ihrer alten Pracht, andere verloren im Verlauf der Jahrhunderte oder in den letzten Jahrzehnten ihren Glanz. Kaum eine aber hat ihren Rang als Zeichen für die Geschichte dieser Landschaft und ihr Fortwirken eingebüßt.

Beginnen wir unsere Wanderung fast an der Quelle der Werra: **Eisfeld** ist eine alte fränkische Siedlung. Schon im frühen 9. Jh. erwähnt, entwickelte sie sich aus der Burg zu einem Marktort und einer Stadt an der alten Handelsstraße zwischen Nürnberg und Erfurt. Den mittelalterlichen Erzbergbau und die aus ihm hervorgegangene Metallverarbeitung brachte der Dreißigjährige Krieg mit der Zerstörung Eisfelds völlig zum Erliegen. Eigentlich erst mit dem Bau der Werratalbahn 1858 zog neues Leben ein, das nun von der Industrie bestimmt war. Die reizvoll zwischen Hügel gebettete Stadt setzte dem Dichter und Erzähler Otto Ludwig, der 1813 hier geboren wurde, ein zweifaches Denkmal: In den Räumen des alten Schlosses befindet sich das nach ihm benannte Museum, und im einstigen Gartenhaus des Dichters ist eine Gedenkstätte eingerichtet.

Zur Burg hin ansteigend, ist die Stadt zwischen die beiden baulichen und historischen Dominanten von Schloß und Stadtkirche eingebunden. Rings um den *Markt* und in den anschließenden Gassen bewahrt sie vieles ihrer Struktur und Substanz, wie sie sich nach dem Dreißigjährigen Krieg herausgebildet hatten. An der spätgotischen Kirche blieb das historische Ensemble mit *Pfarrhaus* und *Alter Schule*, Fachwerkbauten des 17. Jh., hervorragend erhalten. Eine Sehenswürdigkeit ist das ›*Schulmännle*‹ am alten Schulhaus; mit ihm verbindet der Volksglaube einen glücklichen Schatzfinder und Gründer der Schule. Die originale Sandsteinplastik wird im Museum aufbewahrt, ihre Kopie bleibt den Auspuffgasen an der Hauptverkehrsstraße ausgesetzt. Der *Kirche* wurde ihre lange Baugeschichte eingeschrieben: 1488 mit dem Turm begonnen, nach 1505 eingewölbt, 1601 abgebrannt, 1632 erneut ausgebrannt, zeigt sich das Äußere mittelalterlich, das Innere seit dem 17. Jh. erneuert. Im Kern mittelalterlich ist auch das *Burg-Schloß*. Nach der Wiederherstellung um die Mitte des 17. Jh. ist es in das Wehrsystem der Stadt einbezogen worden, wie die

Mauern rings um die Baugruppe aus Bergfried und ›Steinernem Haus‹ in der kleinen hufeisenförmigen Anlage noch zu erkennen geben.

Im Stadtkern **Hildburghausens,** auf einem Plateau am flachen Hang des breiten Werra-Tals gelegen, hat sich die relativ regelmäßige Anlage der mittelalterlichen Siedlungsgründung erhalten. Ihre Mauerzüge sind in großen Abschnitten ringsum – besonders an der Süd- und ehemaligen Schloßseite – zu sehen. Die alte Hauptstraße verläuft quer durch die Stadt und erweitert sich in deren Mitte zum rechteckigen *Marktplatz*. Während das Stadtbild Hildburghausens sonst im wesentlichen vom 18. und 19. Jh. geprägt ist, finden wir im *Rathaus* noch einmal ein älteres Gebäude. Es nimmt mit seinem großen Baukörper die nordöstliche Marktecke beherrschend ein (Abb. 54). Im Kern spätgotisch, behielt es die Gestalt des hohen Giebelhauses von 1595. An die mittelalterliche Burg, die einst an dieser Stelle stand, erinnert nur noch der runde Treppenturm. Seine barocke Haube greift den Schwung des Renaissance-Giebels auf. Gleichsam wie ein Rahmen für diesen schönen Bau wirkt die architektonisch geschlossene Platzumbauung mit ihren Fassaden im spätbarokken Zopfstil und anderen historischen Formen. Das ehemalige *Amtshaus* – jetzt Verwaltungsgebäude – weist barocke Fassadendetails auf. Im Inneren haben sich das Treppenhaus und die Rokokodekorationen der repräsentativen Räume erhalten.

Barock ist die *Christuskirche* in der südöstlichen Ausbuchtung des Stadtplateaus oberhalb des einstigen Schloßgartens. Der Baumeister und Mitgestalter der Residenz Karlsruhe, Friedrich von Keßlau, schuf 1781–83 den Zentralbau, dessen hohe Kuppel auf vier Pfeilern ruht. Gediegen wirkt die Stuckdekoration des Doppelemporenraumes; Altar, Kanzel und Orgel bilden eine Einheit. Eigentlicher Schmuck des schlichten Äußeren ist der doppelgeschossige Säulenvorbau am Portal. Durch ihre reiche Ausgestaltung im Inneren mit bemaltem Spiegelgewölbe fällt die *katholische Kirche* auf. Ebenso wie das für französische Exulanten zwischen 1717 und 1775 als Waisen- oder Neustädter Kirche erbaute Gotteshaus ist sie barock.

Gleichfalls während des Barock war für die aus der Teilung des Herzogtums Sachsen-Gotha hervorgegangene und bis 1826 bestehende Linie Sachsen-Hildburghausen das Schloß errichtet worden. Ein Luftangriff am Ende des Zweiten Weltkrieges zerstörte es fast völlig, die Ruinen wurden danach beseitigt. Ursprünglich war der Garten im französischen Stil angelegt, und ein aus der Werra gespeister Kanal schloß ihn ein. Dieser *Park* konnte als Grünraum für die Stadt erhalten werden. Veränderungen größeren Umfanges erfährt gegenwärtig das gesamte nördliche Altstadtgebiet, wo neue Wohnviertel in industrieller Fertigung entstehen.

Weit bekannter als das herzogliche Haus machte Hildburghausen das 1828 aus Gotha hierher übergesiedelte Bibliographische Institut von Joseph Meyer. Das Verlagsunternehmen zog zwar 1874 nach Leipzig, in Hildburghausen erschienen indes die ersten Exemplare von »Meyers Konversationslexikon«. Sein Redakteur Friedrich Hofmann gab später die »Gartenlaube« heraus. Im *Stadtmuseum*, das sich im Rathausgebäude befindet, kann man die wertvollen Erstausgaben des Meyerschen Hauses betrachten.

Gemäß den Vorbildern großer Residenzen entstanden noch nach Erlöschen des Hild-burghäuser Herzogtums an der *Bahnhofstraße* repräsentative Villenbauten und das Hotel ›Burghof‹, das in interessanter Mischung von Neorenaissance und Jugendstil 1902 errichtet wurde.

Zwischen Kloster Veßra und Meiningen

Durch das Werra-Tal zogen in den 20er Jahren des 16. Jh. die aufständischen Bauern. Die Aufrufe waren aus dem mainfränkischen und schwäbischen Raum gekommen. Dort hat-ten sich die ersten Bauernhaufen zusammengeschlossen, um gegen die kirchliche und fürstliche Willkür zu protestieren. Spuren der revolutionären Bewegung finden sich weit über das Werra-Tal hinaus bis ins nordthüringische und Mansfelder Land. Den Geist jener Zeit versinnbildlichen aber auch die Kunstwerke des ausklingenden 15. und frühen 16. Jh., die hier mit den Altären in Kirchen zu Bibra, Mihla, Themar und in anderen Orten erhalten geblieben sind.

In diesem Zusammenhang muß ebenfalls das **Kloster Veßra** erwähnt werden, das die aufständischen Bauern 1525 besetzten. Wo sich das Flüßchen Schleuse durch sein breites Tal der Werra nähert, gründete 1131 der Henneberger Gotebold II. dieses Prämonstraten-serkloster (Umschlagklappe vorn). Einmal mehr waren Hirsauer Bauleute und Mönche hier tätig, um nicht nur ein Bamberger, sondern auch ein neues Henneberger Machtzen-

Kloster Veßra

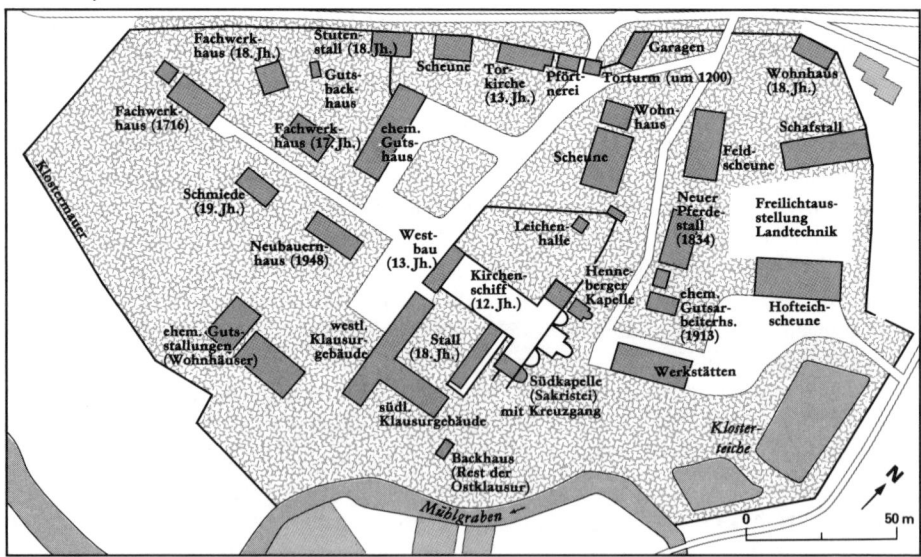

trum zu schaffen. Die Wichtigkeit für Bamberg zeigt sich schon in der Weihe des Klosters 1138 durch den dortigen Bischof Otto II. Und nachdem die Henneberger im 13. Jh. ihr Würzburger Burggrafenamt verloren hatten, erlangte es auch für sie besondere Bedeutung. So lassen sich der großartige Kirchenbau und die umfangreiche Klosteranlage erklären. Ihre Ausdehnung und Pracht sind auch heute noch zu erahnen, obwohl die große Pfeilerbasilika des 12. Jh. 1939 nach einem Blitzschlag völlig niederbrannte und die Chorpartie abgetragen ist. Am Nordende des Querschiffs blieb die *Grabkapelle* der Henneberger bestehen und dient seither als Dorfkirche. In ihr haben sich gotische Wandmalereien aus dem späten 15. Jh. erhalten. Als beeindruckendste Bauteile dürfen zweifellos zum einen der fünfgeschossige *Zweiturmriegel* mit den 1201 begonnenen Unterbauten und den Turmaufbauten aus den Jahren um 1300, zum anderen das romanische *Kloster-Torhaus* vom Ende des 12. Jh. mit anschließender Torkirche angesprochen werden. Klausurgebäude und Kreuzgang dienten seit der Säkularisierung der in Veßra eingerichteten Domäne.

Heute nimmt das *Agrarhistorische Museum* das gesamte, etwa 6 ha umfassende Klostergelände ein. Die agrartechnisch-historische Sammlung beansprucht den großen östlichen Bereich und ist teils in den Domänenscheunen untergebracht, teils in einer Freilichtausstellung präsentiert. Der naturkundliche und ökologische Aspekt ergänzt im reizvollen Klostergarten die landtechnische Schau und die kunsthistorische Impression. Im westlichen Geländeteil kommt als vierter der volkskundliche Komplex hinzu. Hier entsteht seit einigen Jahren das ethnographische *Freilichtmuseum,* zu dem bereits ein halbes Dutzend Fachwerkbauten aus südthüringischen Dörfern zusammengetragen worden sind. Dieses kulturhistorische ›Rundumerlebnis‹ findet seine landschaftliche Fortsetzung im gesamten Werra-Tal.

In **Themar** zeigt sich noch heute, wie vielgestaltig und zahlreich die Holz- und Fachwerkarchitektur im Werra-Tal mit seinen wehrhaften Städten und Burgen einst vertreten war. Aber auch die Zäsur wird deutlich, welche der Dreißigjährige Krieg mit seinen Verheerungen für die gesamte alte Kulturlandschaft darstellte. Und noch ein Drittes: Das Werra-Tal ist das Tal der Kirchenburgen. Durch ihre mittelalterliche Wehrhaftigkeit erlangten sie während der Bauernaufstände noch einmal Bedeutung und wichen dann bisweilen Schloßbauten.

Rings um Themar zieht sich noch die spätmittelalterliche *Wehrmauer* mit drei von ehemals sieben Rundtürmen. Das schönste Gebäude des Ortes ist zweifellos das alte *Amtshaus,* ein prächtiger Fachwerkbau von 1685, zweigeschossig und mit einem Zwerchgiebel über der Hauptfront. Die spätgotische *Stadtkirche* birgt vier Schnitzaltäre aus der Bauzeit, von denen der bedeutendste um 1500 von Hans Nußbaum aus Bamberg geschaffen worden ist (Abb. 53). Er zeigt ein Marienbild sowie die Heiligen Michael und Bartholomäus im Mittelschrein. In der gleichen Zeit entstanden der zweite Altar mit Vesperbild und der dritte mit Christus und den Aposteln. Noch aus dem 15. Jh. stammt der Altar mit der Christophorusgestalt. Die farbige Innenausstattung des Kirchenraumes aus dem 16. und frühen 17. Jh. wurde 1975 restauriert.

Die *Wehrkirche* von **Vachdorf** ging aus einer mittelalterlichen Wasserburg hervor und ist noch von dem umfangreichen Befestigungssystem umgeben. Im nachfolgenden Ort **Belrieth** wurde die Kirche gleichfalls in die mittelalterliche Burg eingebaut, wodurch der *Kirchberg* seine Bedeutung als ›Volksburg‹ erhielt. Die Tradition mittelalterlichen Brückenbaus bleibt hier in der fünfbogigen Werra-Brücke aus dem Jahre 1578 erkennbar. Gleich große Brücken führen in **Einhausen** – nach Kriegsschäden von 1945 ergänzt und erneuert – und in **Obermaßfeld** über den Fluß. Die 1534 vollendete *Obermaßfelder Brücke* mußte 1970 verbreitert werden, um dem gewachsenen Kraftfahrzeugverkehr Rechnung tragen zu können. Wie die anderen genannten Brücken folgt sie mit den zur Mitte beiderseits ansteigenden Bogen und den entsprechend geneigten Fahrbahnen römischen Vorbildern. Unmittelbar am ortsseitigen Brückenkopf steht noch die nachmittelalterliche kleine *Brückenkapelle* mit einem Glockentürmchen auf dem Giebel.

Das Ortsbild von **Untermaßfeld** beherrschen die mächtigen Festungswerke um die *Wasserburg* der hennebergischen Grafen. Die Mauern und Rundbastionen entstanden in der ersten Hälfte des 16. Jh. an der Stelle einer älteren Burg. Historisch schon ist das Baudenkmal Gefängnis, es ist auch heute verschlossen und nicht zu besichtigen.

Meiningen

»Hoch auf dem gelben Wagen« oder eines der anderen »Lieder eines fahrenden Gesellen« möchte man zum Einzug nach Meiningen anstimmen eingedenk eines Wahl-Meiningers: Ihr Dichter Rudolf Baumbach, aus Kranichfeld gebürtig, verbrachte bis zu seinem Tod 1905 zwei Jahrzehnte in der Stadt. Er wohnte am Schloßpark in einem der alten Fachwerkgebäude Meiningens, dem heutigen Baumbachschen Haus.

Wo sich die Stadt zwischen den zwei Gebirgen – dem Thüringer Wald und der Rhön – ins Werra-Tal fügt, rücken die Hänge dicht zueinander. Von ihnen herab eröffnet sich ein reizvoller Blick über das Tal. Aus dieser Perspektive offenbart sich auch der Zusammenhang zwischen der Landschaft, der Stadt und ihrem historischen Wachstum. Der alte Stadtkern rings um die spitzen Turmhelme der Stadtkirche wirkt weitgehend unberührt. Ein Grünstreifen, der dem weiten Werra-Bogen folgt, und die große Rechteckfläche des Goetheparks – fast halb so groß wie die alte Stadt – trennen das industrielle vom historischen Meiningen. Zwar durchschnitt 1858 das breite Eisenbahngelände mit seinen großen Werkstätten des Reichsbahnausbesserungsbetriebes einen Teil des Parks, zerstörte jedoch nicht das Stadtbild, denn die Gleise erstrecken sich oberhalb am Osthang, und selbst der Bahnhof scheint in den Park integriert zu sein. Die Stadt dehnt sich heute nach Süden und Norden aus und wächst die steilen Hänge empor.

Ursprünglich ein Königsgut und 982 erstmals erwähnt, wurde Meiningen im Mittelalter zunächst würzburgisch, dann hennebergisch und mit Schweinfurter Recht ausgestattet. Die Siedlung entwickelte sich im Werra-Bogen; ihre Ostseite sicherte ein Doppelgraben ab, den die Werrawasser speisten. Sein Name ›Bleichgräben‹ deutet auf die spätere Funk-

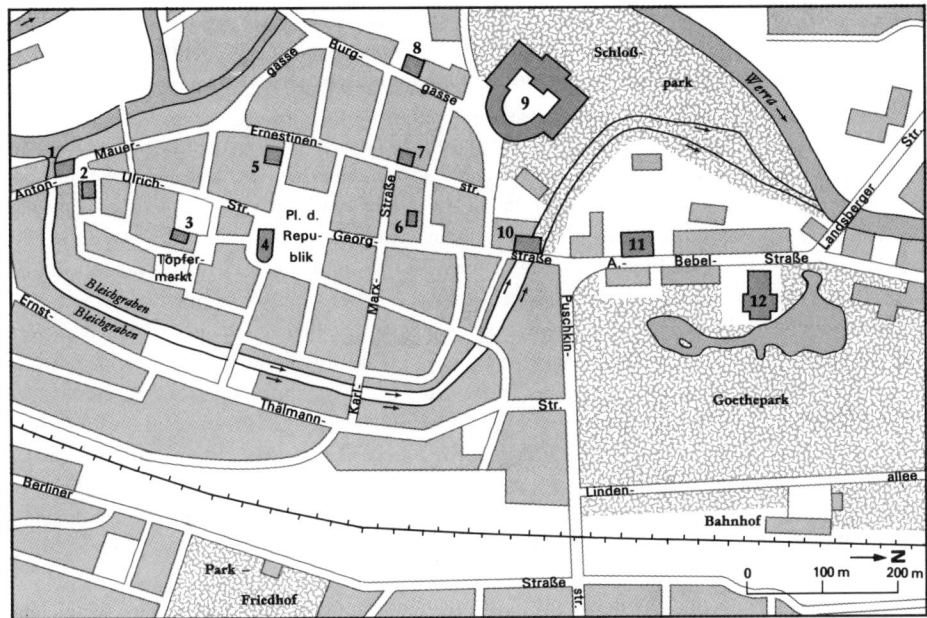

Meiningen 1 Wasserburg mit Pulverturm 2 Steinernes Haus 3 Haus von 1450 4 Stadtkirche 5 Schlundhaus 6 Büchnersches Haus 7 Alte Posthalterei 8 Baumbach-Haus (Museum) 9 Schloß Elisabethenburg (Museum) 10 Henneberger Haus 11 Kulturhaus 12 Theater

tion hin. Brände zerstörten 1475 und 1478 die mittelalterliche Bausubstanz. Aufstände gegen den Rat sowie während des Bauernkrieges im Bündnis mit den fränkischen Bauernhaufen gegen den Henneberger Grafen taten ein übriges. Nach dem Aussterben des Henneberger Hauses nahm die sächsische Linie hier ihren Regierungssitz. Als die Stadt durch Weberei und Handel gerade wieder aufzublühen begann, brach der Dreißigjährige Krieg über sie herein. In der Reihe der Herrscher folgte 1680 Herzog Bernhard I. aus dem geteilten Gothaer Haus. Dieser ließ nun in dem gebeutelten Meiningen als erstes ein großes Residenzschloß anlegen. Nur langsam erholte sich die Stadt.

Das heutige Bild des Stadtkerns zwischen Werra-Bogen und ›Bleichgräben‹ stammt aus zwei Epochen und hat großenteils seine historische Geschlossenheit bewahrt. Aus der ersten Epoche, der Zeit um 1600, sind die reichen Fachwerkbauten des **Büchnerschen Hauses** an der Georgstraße 20 (Umschlagvorderseite) und des **Pfaffenrathschen Hauses** an der Ernestinerstraße erhalten. In letzterem befand sich bis zum 19. Jh. die Posthalterei. Es bildet gleichzeitig den Blickpunkt der Karl-Marx-Straße. An dieser und der schon mittelalterlichen Haupt- und Durchgangsstraße findet man noch weitere Fachwerkhäuser des 16. und 17. Jh. Auch das zu den ältesten Meiningens zählende Häuschen von 1450 liegt nahebei an einem kleinen Platz. Die Nord-Süd-Achse ergänzten im Mittelalter zwei

Längsgassen und rahmten den Markt in der Stadtmitte ein. Erst allmählich entstanden die Querstraßen. Der südöstliche Stadtteil um die Reusengasse und den **Töpfermarkt** ist mit seinen schönen Fachwerkhäusern der noch ursprünglichste Altstadtbezirk. Hier steht das 1904 rekonstruierte **Steinerne Haus** aus dem Jahre 1571.

Den Beginn der zweiten Epoche, die das Stadtbild entscheidend prägte, löste wiederum ein Stadtbrand aus: 1874 fielen dem Feuer 202 innerstädtische Gebäude zum Opfer. So entstanden der nördliche Stadtteil und der nordöstliche Stadtkern neu. Die Fachwerkteile des von 1597 stammenden **Schlundhauses** – heute ein beliebtes Restaurant – wurden 1906 wiedererrichtet. Der gleichfalls prächtige Fachwerkbau der **Oberen Mühle** war schon vor dem Brand restauriert worden. Er blieb bei dem Feuer ebenso unbeschädigt wie der mittelalterliche **Pulverturm** der Wasserburg ganz in der Nähe, den man 1817 erneuert hatte. Die **Stadtkirche** auf dem Markt erhielt 1884–89 ihre jetzige neogotische Gestalt durch den Architekten Otto Hoppe. Der Bau des 19. Jh. steht gleichsam zwischen zwei älteren Kirchen: Von der spätgotischen Hallenkirche blieb der Chor bestehen und wurde – auch gestalterisch – in den Neubau einbezogen. Noch älter ist der untere Teil des nördlichen der beiden hohen Westtürme. Er stammt von einer ersten romanischen Kirche, der runde Treppenturm wurde 1594 hinzugefügt. Analog zu diesem Vorbild ergänzte Hoppe den südlichen Turm mit den hohen Aufbauten und vollendete sein Werk. Das schöne *Madonnenbild* im Kircheninneren stammt von 1430.

Ebenso phantasievoll gestaltete Eduard Fritze 1894–96 das **Henneberger Haus** am einstigen nördlichen Stadtzugang. Es besticht auch heute noch – und wieder – durch seinen fast üppigen Bildschmuck und die hervorragende Bauqualität. Neben diesem steht das ehemalige **Zeughaus,** das um die Mitte des vorigen Jahrhunderts ausgebaut worden ist.

Schloß Elisabethenburg erhebt sich auf dem Gelände einer mittelalterlichen Wasserburg (Abb. 56). In den Neubau der großen dreiflügeligen und dreigeschossigen Anlage von 1682 ist ein Teil der 1511 in spätestem gotischen Stil ausgebauten alten Burg einbezogen worden. Er bildet den Nordflügel des Schlosses und wird nach dem Herrn jener Wasserburg von Bibra ›Bibrasbau‹ genannt. Samuel Rust war der Baumeister der Barockflügel, aus denen zur Hofmitte das Treppenhaus vortritt. Den Hof schließt ein ursprünglich nur eingeschossiges halbrund ausschwingendes Gebäude, das bis zum vorigen Jahrhundert mehrfach umgestaltet und auf ebenfalls drei, allerdings flachere Geschosse erhöht wurde. Einfach, aber kraftvoll erscheint die Außenarchitektur des Schlosses; dazu trägt vor allem die Putzquaderung mit den rot gefaßten langen Fensterreihen bei. Im Gegensatz dazu steht der rokokohafte Reichtum in vielen Räumen, 1760 von Bernhard Hellmuth geschaffen. Der üppige plastische Schmuck der Felderdecke über der *Schloßkapelle* im Südflügel, die auf die Baumeister-Brüder Rust zurückgeht, ist das Werk italienischer Meister. Klassizismus und Neorenaissance geben vor allem den oberen Raumfluchten ihr Gepräge. Der *Marmorsaal* wurde sogar erst 1908 gestaltet. In diesen Räumen befinden sich die reichhaltigen und thematisch breit gespannten Sammlungen der *Staatlichen Museen Meiningen*. Die Schloßkirche ist jetzt Konzertsaal ›Johannes Brahms‹ und erinnert an Meiningens Musiktradition. Der Nordflügel des Schlosses dient der Musikschule ›Max Reger‹ als Domizil.

Nur wenige Meter südlich vom Schloß steht an der Burggasse das **Baumbach-Museum**. In dem doppelgeschossigen Fachwerkhaus aus dem frühen 18. Jh. wohnte Rudolf Baumbach, der Dichter vieler Volkslieder und Erzählungen. Nicht von ungefähr hatte sich der Literat hier niedergelassen. Meiningen war seit dem Ausgang des 18. Jh. eine der musischsten Städte Deutschlands geworden. Als Herzog Georg I. die Stadtbefestigung abtragen und durch seinen Hofgärtner Christian Daniel Zocher die Gartenanlagen des Schloßparks und den englischen Garten gestalten ließ, schuf er den äußerlichen Rahmen für diese Entwicklung. Zum Hof gehörte auch ein Liebhabertheater. Der musisch erzogene Sohn des Herzogs, Georg II., fand hier nicht nur die Erfüllung seiner künstlerischen Begeisterung, er heiratete 1873 auch die Schauspielerin Ellen Franz. Im gleichen Jahr begann jene Theatertournee, die den Meiningern europäischen Ruhm einbringen sollte und sich mit der von dieser Bühne und ihrem Gönner getragenen Theaterreform verband. Neben Schauspielern und Sängern zog Meiningen nun auch die großen Dirigenten jener Zeit an: Hans von Bülow leitete das Orchester 1880–85, ihm folgten Richard Strauss 1885–86, Fritz Steinbach 1886–1903 und Max Reger 1911–14. Dreieinhalb Jahrzehnte feierte die thüringische Residenz Welterfolge.

Diese schlugen sich baulich an der Repräsentationsachse der Stadt am englischen Garten nieder. Schon während der spätklassizistischen Epoche war diese Prachtstraße, welche die historische Stadtachse nach Norden fortsetzt, ausgestaltet worden. An ihr errichtete man seit 1821 das Theater, das Kleine und das Große Palais von Daniel Schaubach. Weltruhm und der Theaterbrand gleichermaßen führten hier nun wiederum zu Neubauten: 1909–14 schuf Otto Lessing wohl in engem Gedankenaustausch mit dem ›Theaterherzog‹ das neue große **Theater** mit klassischer Außengestalt (Abb. 57). Zeitlich parallel erweiterten die Bankhäuser, Villen und der Kaufhausbau in den 30er Jahren diesen ›Meininger Kurfürstendamm‹. Im heutigen **Goethepark** erinnert noch vieles an den englischen Garten: die künstlichen Seen, die romantische Gartenarchitektur und die Denkmäler, die neogotische *Gruftkapelle*, welche August Wilhelm Doebner 1839–41 als herzogliche Grabanlage schuf, die Steinbogenbrücke, das *Jean-Paul-Denkmal* von Münchens Bavaria-Schöpfer Ludwig Schwanthaler, das *Brahms-Denkmal* von Adolf von Hildebrand – um nur einiges zu nennen.

Nördlich der Stadt erhebt sich inmitten des auch in seiner urbanisierten Gestalt reizvollen Werra-Tals auf einem Bergkegel **Schloß Landsberg**. Herzog Bernhard II. ließ es am Platz der mittelalterlichen bischöflich-würzburgischen Schutzburg errichten. Diese war von den aufständischen Bauern im 16. Jh. zerstört worden. Später sprengte man sie dann, um Platz für den Schloßbau zu schaffen. Dabei blieb ein Turm umgestürzt liegen. Doebner, den wir soeben als Erbauer der herzoglichen Gruftkapelle kennenlernten, hat das Bauwerk in enger Anlehnung an Karl Friedrich Schinkels Entwürfe zu preußischen Schlössern gestaltet. Im Sinne der Burgenromantik fügt sich die Baugruppe aus zinnenbewehrten Häusern, spitz behelmten Türmen und mächtigen Bastionen zu einem malerischen Gesamtkunstwerk. Für manchen mag im Inneren die außen geweckte Erwartung noch übertroffen werden – vielleicht auch durch die in den 70er Jahren eingezogene

Gastronomie. Gleichzeitig mit dem Schloßbau 1836–40 entstand die *Meierei* im damals neu-modernen alpenländlichen Stil.

Rohr – Schwarza – Kühndorf

Ein kleiner Abstecher aus Meiningen ostwärts bringt uns zu einem der ältesten mittelalterlichen Bauzeugnisse dieser Landschaft ins Dorf **Rohr.** Hat man die steile Steigung aus dem Werra-Tal überwunden, führt die Straße in leichten Schwüngen abwärts ins Schwarza- und Hasel-Tal. Am Zusammenfluß von Hasel und Schwarza – letztere nicht zu verwechseln mit dem gleichnamigen Flüßchen im Thüringer Schiefergebirge (s. S. 188) – liegt Rohr, und mitten in dem reizvoll engen Fachwerkdorf erhebt sich der Kirchenhügel. Das 815 hier gegründete Benediktinerkloster bestand nur kurze Zeit. Im 10. und 11. Jh. folgte ein königlicher Hof, in dem 984 ein Reichstag stattfand. Die *Kirche* ist im Mittelalter mit einer ringförmigen Wehrmauer umgeben worden. Blickt man von der Nordseite auf sie, so wird die nur von winzigen Luken durchbrochene Kirchenmauer noch als Teil des ursprünglichen Baus, der karolingischen Pfalzkapelle mit kreuzförmigem Grundriß, erkennbar. Und in der Tat stammt das Kirchenschiff noch von jener Kapelle. Als ihr Querbau abgerissen wurde, erhielt die Südwand ab 1572 die gotischen Maßwerkfenster und der Turm seinen heutigen Aufbau. Das 17. Jh. brachte dem Kircheninneren die so reizvolle Ausstattung mit Emporen, Kanzelaltar und Orgel, zu denen im 18. Jh. noch die Südempore kam. Man muß unter die Kirche gehen, um in den ältesten erhaltenen Raum zu gelangen: Die Krypta stammt vermutlich aus dem 10. Jh. Sie wurde erst 1930 freigelegt und ist nach der denkmalpflegerischen Restaurierung der gesamten Kirchenburg 1961 wieder zu besichtigen. Unmittelbar aus den Pfeilern wachsen ihre wuchtigen Gewölbe, die auch eine Grabkammer umfassen. Mit diesen Räumen, der völlig erhaltenen Ummauerung und dem Torturm verblieb hier eine der bedeutendsten Kirchenburgen Südthüringens.

Das Schwarza-Tal aufwärts folgt, eingebettet in die idyllische Landschaft, **Schwarza** mit dem *Renaissanceschloß.* Dieses wurde in den 30er Jahren des 16. Jh. errichtet, im 18. Jh. umgebaut und ist seither leider nicht sonderlich gepflegt. Von der mittelalterlichen Wasserburg, die einst an dieser Stelle stand, hat sich der Kemenatenbau erhalten. Wie Rohr war auch Schwarza schon in vorgeschichtlicher Zeit ein herausragender Siedlungsplatz. In Rohr vermutet man einen solchen im Bereich der Kirchenburg, in Schwarza trifft man südlich des Ortes auf bronzezeitliche Hügelgräber.

Marisfeld liegt ein wenig abseits südlich von Schwarza. Das reizende Fachwerkdorf mit Renaissanceschloß und Park ist von einem Wassergraben umgeben. Von der befestigten *Wehrkirche* des Mittelalters blieb der Turm erhalten, das heutige Kirchenschiff entstand im Barock.

Der Weg von Schwarza zurück nach Meiningen führt durch **Kühndorf.** Seine Häuser drängen sich am Hang des 740 m hohen Dolmar zusammen, überragt von der alten Johanniterkomturei. Mit zwei rechtwinkelig zueinander angeordneten Kemenaten sowie

Rohr, Dorfkirche, Krypta aus dem 10. Jh.

quadratischem Bergfried und Torbefestigung hat sich der Kern der großen *Burg* des frühen 13. Jh. erhalten. Allein die Mächtigkeit der bis zu 2 m dicken Mauern spricht für die Bedeutung und Wehrkraft der Anlage. Das ausgedehnte Vorburggelände bleibt trotz mancher späterer Veränderung in den Scheunen-Umbauten noch gut erkennbar. Dem bedeutenden Bauwerk wäre eine sinnvolle neue Nutzung zu wünschen.

Walldorf – Wasungen – Breitungen

Von Meiningen das Werra-Tal abwärts zeigt sich unweit von Schloß Landsberg schon die **Kirchenburg Walldorf** (Abb. 58). Sie ist die in der Ursprünglichkeit ihres Bestandes besterhaltene solcher Anlagen in dieser Landschaft. Auf dem hohen Sandsteinfelsen am Ort ragen die bis zu 6 m hohen Schildmauern und Ecktürme aus dem heutigen Baumbewuchs heraus. Hier stand schon lange, bevor die Würzburger Bischöfe 1008 Besitz vom Ort ergriffen, eine Burg. Im 15. Jh. ist der Bergfried neben dem Burgtor mit einem neu errichteten Kirchenhaus verbunden worden. Seither diente die mittelalterliche Festung als Fluchtburg für die bäuerliche Bevölkerung. Im Dreißigjährigen Krieg mußte sie diesen

261

Zweck mehrfach erfüllen und wurde nach Zerstörungen wieder aufgebaut. Erhalten blieben nicht nur die interessante *Kirche* und die *Wehranlagen,* auch die alte Auffahrt ist neben der Dorfstraße noch begehbar. Im Ort findet man schöne Fachwerkhäuser des 16.–19. Jh.

Ein kulturgeschichtlich-technisches Zeugnis sind die Walldorfer **Sandsteinhöhlen.** Sie verdanken ihr Entstehen menschlicher Arbeit, denn ihre begehbaren Hohlräume entstanden durch den Abbau des Sandsteins, der zu Scheuersand verarbeitet wurde.

Die Fachwerkstadt **Wasungen** wirkt wie ein riesiges Straßendorf. Aus einem solchen des 12. Jh. ging sie auch hervor. Schon 874 wird ein Ort genannt, den man jedoch im Stadtteil westlich der Werra zu suchen hat. Das Stadtrecht ist alt und besteht seit 1308. Die heute karnevalsfreudigste Stadt im Lande war ursprünglich eine Burgmannensiedlung; der Adelssitz befand sich hoch über der Stadt auf der *Burg Maienluft.* Von dieser blieben im heutigen Ausflugs- und Erholungsgelände nur noch Reste bestehen. Seit dem 14. und 15. Jh. entstanden große Adelshöfe in der städtischen Siedlung. Sie haben sich im *Maien-* oder *Zweifelshof* von 1576, dem *Weyenhof* aus dem 17. Jh. und dem *Amtshof* aus dem beginnenden 17. Jh. im südöstlichen und südwestlichen Stadtbereich als Renaissance-Steingebäude mit reichen Fachwerkaufbauten erhalten. In solcher Gestalt zeigen sich auch das einstige Damenstift am Nordende der Stadt und das Rathaus. Das *Stiftshaus* von 1596 bekrönt gleichsam der Fachwerkaufbau über dem achteckigen Treppenturm (Abb. 55). An dem dreigeschossigen Fachwerkgebäude des *Rathauses* von 1533 markiert der Erkervorbau an der Ecke die besondere Bedeutung des Hauses und hebt es in der langen Reihe der anderen schönen Fachwerkhäuser des 17. und 18. Jh. an der Ortsdurchfahrt hervor. Auf dem *Friedhof* im Süden der Stadt findet man noch eine romanische Kapelle.

Wasungen, Rathaus von 1533

Im nahegelegenen **Schwallungen** verblieb die alte *Dorfschmiede* im schönen Fachwerk-Vorlaubenhaus direkt an der Hauptstraße.

Durch Wernshausen führt die Werratalstraße weiter nach **Breitungen**. Hoch oben am östlichen Hang des Werra-Tales liegt Schloß Herrenbreitungen, während der Ort sich westlich der Werra ausdehnt. Für beide, Ort und Schloß, sind Siedlungskerne des 10. Jh. bestimmend geworden. Während Königshof und Burg Breitungen an der Stelle des heutigen Schlosses seit 1112 eine *Benediktinerabtei* aufnahmen, wurde links der Werra in **Frauenbreitungen** 1150 ein *Prämonstratenserstift* gegründet, besetzt von Chorfrauen – daher Frauenbreitungen. Das durch beide Klöster gebildete Kolonisationszentrum des 12. Jh. sollte mit dem großen Bauernaufstand ganz andere Bedeutung erlangen: Es wurde zu einem Sammelpunkt der Bauernhaufen im Werra-Tal. Das brachte beiden Klöstern auch ihr Ende. 1554 ist die Benediktinerabtei im oberen Herrenbreitungen zu dem neuen hennebergischen *Residenzschloß* umgebaut worden. Noch ganz spätgotisch wirken dabei die beiden großen Schloßflügel, wozu vor allem die Vorhangbogenfenster beitragen. Seit Jahren zeigen sich die Baumängel an der gesamten Schloßanlage, zu deren Behebung Sicherungsarbeiten begonnen wurden.

Die heutige *Dorfkirche* ist 1615 aus den Resten der Klosterkirche Frauenbreitungen aufgebaut worden. Aufmerksamkeit verdient der große Schnitzaltar mit der Madonna sowie den Heiligen Barbara und Katharina. Er ist 1518 – bleibt man bei der aufgemalten Jahreszahl – in einer fränkischen Werkstatt nach Vorlagen Albrecht Dürers und Martin Schongauers entstanden. Das Ortsbild prägen die zahlreichen schönen *Fachwerkhäuser* aus dem 17. und 18. Jh. mit reicher Bauzier und Wappenkartuschen.

Schmalkalden

Um nach Schmalkalden zu gelangen, verlassen wir in Wernshausen das Werra-Tal ostwärts. Der Bahnreisende muß hier umsteigen. Im Schmalkalde-Tal breitet sich eine der wohl schönsten Städte mit ihren langgestreckten Siedlungen aus: Schmalkalden ist in seinem historischen Bestand im wesentlichen erhalten geblieben (Farbabb. 19).

Seit dem frühen Mittelalter war die Stadt – und ist es noch heute – erster und letzter großer Sammelplatz an der Paßstraße über den Thüringer Wald. Diese Position wurde bereits 874 mit der Bezeichnung der *villa Smalecalta* festgeschrieben. Hier lag zugleich der nördlichste Punkt des fränkischen Gebietes. Noch heute scheint sich jene Grenze in der Sprechweise der Menschen nachzuzeichnen, denn die echten Schmalkaldener bewegen die Zunge anders als die Thüringer. Nicht nur die Betonung ihres Ortsnamens auf dem ersten a – auch das l hat hier ganz eigenen Klang mit fränkisch-hessischem Einschlag. Und hessisch war die Stadt seit 1360 – zunächst im Doppelbesitz mit den Henneberger Grafen, ab 1583 dann rein hessisch. Sie blieb es bis 1866. Darauf wurde sie preußisch.

Die älteste Siedlung lag im Bereich der heutigen Stadtkirche. In den Kämpfen zwischen der kaiserlichen Zentralgewalt Heinrichs IV. und Rudolf von Schwaben erlitt sie wohl so

263

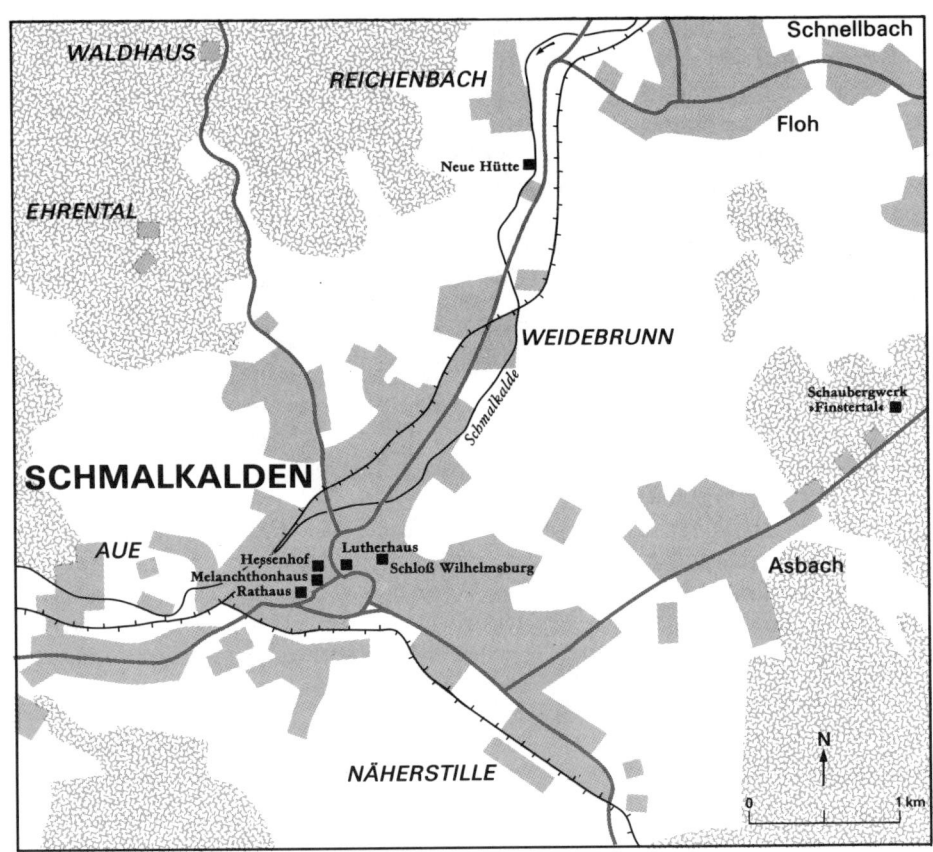

Umgebung von Schmalkalden

umfangreiche Zerstörungen, daß die im 13. Jh. einziehenden Thüringer Landgrafen im Norden eine neue Siedlung anlegen ließen: die Neustadt um den nahezu quadratischen Neumarkt. An ihm stehen noch die Unterbauten der ehemaligen **landgräflichen Vogtei,** auf denen sich heute der Hessenhof erhebt. In dem *Keller,* der in der Erbauungszeit ebenerdig gewesen sein dürfte und erst später in die Kulturschicht aus Bauschutt und anderen Aufschüttungen ›einsank‹ – trifft man auf die ältesten erhaltenen *Wandmalereien* nicht sakralen Inhalts im Thüringer Kunstraum. Die Bildfolge sollte den Angehörigen des Landgrafenhofes, die ja großenteils des Lesens unkundig waren, eine Geschichte um Iwein, den Ritter mit dem Löwen, aus dem Artus-Roman des Hartmann von der Aue

46 Jena Universitätsturm ▷

264

47 JENA Denkmal des Kurfürsten Johann Friedrich des Großmütigen am Marktplatz

48 Lobdeburg bei Jena

50 Suhl Marienkirche, Kanzelaltar und Orgel

49 Schloß Reinhardsbrunn

51 SUHL ehem. Malzhaus

52 SUHL-HEINRICHS Rathaus

54 HILDBURGHAUSEN Marktplatz mit Rathaus
53 THEMAR Stadtkirche, Marienaltar
55 WASUNGEN ehem. Damenstift

56 MEININGEN Schloß Elisabethenburg

57 MEININGEN Theater

58 WALLDORF Kirchenburg

60 BEDHEIM Dorfkirche

61 RÖMHILD Stadtkirche, Gruftkapelle der Grafen von Henneberg ▷

59 HELDBURG Veste mit ›Französischem Bau‹ und ›Hexenturm‹

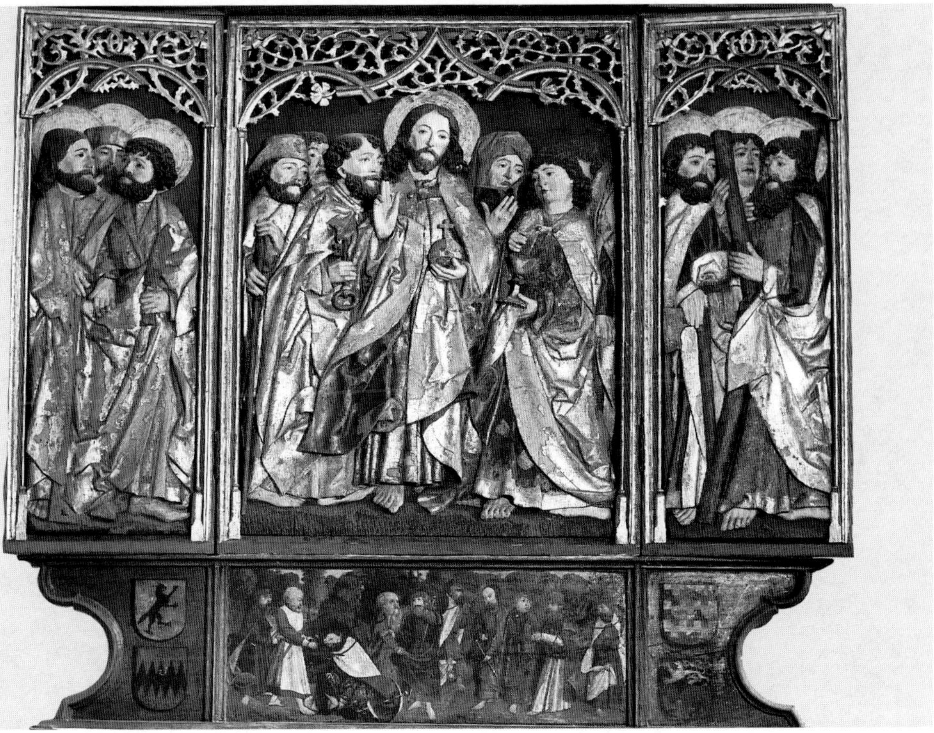

62 BIBRA Dorfkirche, Apostelaltar

63 BIBRA Dorfkirche, Verkündigungsaltar

64 BIBRA Dorfkirche, Grabstein des Hans von Bibra

veranschaulichen. Möglicherweise handelte es sich hier um einen Festraum, man bezeichnete den Ort als Trinkstube. Er ist dann in den Hessenhof, den Stein- und Fachwerkbau der hessischen Stadtherren, einbezogen worden. Damit aber befinden wir uns bereits im 16. Jh. Die beiden mittelalterlichen Siedlungskerne hatten sich bis zum 14. Jh. schon zu einem einheitlichen Stadtgefüge verbunden – seit 1315 ummauert – und in die Flußtäler von Schmalkalde, Stille und deren gemeinsamen Weiterfluß ausgedehnt.

Ein Zeugnis dieses Stadtausbaus stellt der **Henneberger Hof** im sogenannten Pfaffenviertel an der Pfaffengasse dar. Hier, unterhalb des Klosters, lag das geistliche Zentrum Alt-Schmalkaldens. Der hohe Kemenatenbau mit seinen Treppengiebeln dürfte im 13. Jh. als wehrhafte Anlage entstanden sein. In die gleiche Zeit reicht die **Große Kemenate** an der Weidebrunner Gasse zurück, die später allerdings umgebaut wurde.

Der **Altmarkt** bietet ein einziges historisches Panorama. An seiner Nordseite steht die spätgotische **Georgenkirche,** deren Bau 1437 mit dem Chor begonnen und 1570 mit den Türmen vollendet wurde, wobei der Südturm noch Teile der ersten romanischen Kirche birgt. An der Südseite des Chores ist ein Kopf angebracht; in ihm vermutet man das Bildnis des Baumeisters Jörg Meier. Den Innenraum prägen die schönen Netzgewölbe und moderne Glasfenster von Carl Crodel. Das **Rathaus** an der Westseite ging aus dem spätmittelalterlichen Kemenatenbau hervor, der seine Trauffront mit dem großen Segmentbogenfenster vor dem Audienzsaal dem Platz zuwendet; südwärts schließt sich der historisierende Rathausneubau von 1901–03 an. Während die Südseite des Platzes in unserer Zeit neu gestaltet wurde, öffnen sich auf der Ostseite zwischen den schönen Fachwerkhäusern und dem hohen Giebelbau der spätgotischen **Todenwarthschen Kemenate** aus dem frühen 16. Jh. historische Gassen. Eine ganze Reihe alter Fachwerkbauten des 16./17. Jh. umgibt die Stadtkirche nördlich vor dem anschließend völlig erneuerten Stadtviertel. Die Mohrengasse führt über den kleinen Platz um die **Salzbrücke** – gleichfalls von reizvollen Fachwerkhäusern und zum Teil auch von Bauten aus dem 19. und frühen 20. Jh. umgeben – in die Steingasse. Hier blieb mit dem Gebäude der **Rosenapotheke** ein weiterer und ursprünglich wehrhafter Kemenatenbau aus dem 15. Jh. erhalten, der im 16. Jh. durch die Einbauten großer Fenster und Tore verändert wurde. Den folgenden **Lutherplatz** beherrschen drei große Fachwerkhäuser. Ihre Giebel in hessischem Fachwerk mit vorkragenden Geschossen und einer kraftvollen Rähme-Konstruktion, welche die Vertikalität ausgleicht, gruppieren sich eindrücklich nebeneinander. Das mittlere der drei versetzt stehenden Häuser diente dem Reformator Martin Luther im Jahre 1537 als Unterkunft, als er während der Zusammenkunft des Schmalkaldischen Bundes in der Stadt weilte. Im Inneren haben sich später ausgestaltete Wohnräume und der Treppenaufgang in ihrer historischen Form erhalten.

Unmittelbar am Luther-Haus führt die steile Schloßgasse hinauf zur **Wilhelmsburg.** Auf dem Hügel über den drei zusammentreffenden Tälern und hoch über den Dächern war sie seit 1585 Sitz der hessischen Stadtherren. Wilhelm IV. von Hessen hatte die alte Burg

◁ 65 Greiz Sommerpalais

Schmalkalden, Schloß Wilhelmsburg, Hofportal

und eine benachbarte Stiftskirche abreißen lassen, um hier genau wie im fuldischen Roten-
burg und in Kassel einen Schloßneubau zu errichten. Man weiß aus den Überlieferungen
um den Kunstsinn des Landgrafen, und so dürfte er unmittelbar Einfluß auf das Bauge-
schehen genommen haben. Die Leitung lag in den Händen des Baumeisters Christoph
Müller und seines Sohnes Hans. Sie schufen den Vierflügelbau, der sich um den quadratischen Hof gruppiert. Schon 1586, ein Jahr nach Baubeginn, war die Innenausgestaltung im
Gange, wozu man den holländischen Stukkateur Wilhelm Vernucken und die Maler Jost
vom Hoff und Caspar van der Borcht, Georg von Ypern, Georg Kronhard und andere
Meister aus Kassel nach Schmalkalden geholt hatte. Mit der Restaurierung des gesamten
Bauwerks seit 1963 konnte der plastische und malerische Bildreichtum des Schloßinneren
zurückgewonnen werden. Prachtvoll und zart zugleich erscheinen Stuckverzierung und
Bemalung der sich durch drei Geschosse des Südflügels erstreckenden *Schloßkapelle*.
Neben den Bauten in Stuttgart, Torgau und Augustusburg in Sachsen gehört sie zu den
bedeutendsten Raumschöpfungen des protestantischen Kirchenbaus der Renaissance.
Erstmalig wurden hier Altar, Kanzel und Orgel übereinander angeordnet. Die Orgel ist
das älteste in Thüringen erhaltene Instrument. Den niedrigen *Riesensaal* überspannt eine
große farbige Kassettendecke, den *Weißen Saal* schmücken wiederum feingliedrige
Renaissance-Stukkaturen. In anderen Schloßräumen findet man zum Teil erhaltene, zum
Teil restaurierte und rekonstruierte Tür- und Fensterummalungen.

Das *Museum* der Wilhelmsburg bietet interessante Ausstellungen, darunter auch einen Überblick zur Geschichte der Schmalkaldener Kleineisenfertigung, für welche der spätmittelalterliche Bergbau die Grundlage geschaffen hatte. Im 17. Jh. entstanden rings um das Schloß *Terrassengärten*, die wie das *Tor-, Brau-* und *Backhaus* ebenfalls restauriert wurden. Neu erschlossen sind die *Kasematten* der Pfalz unter dem Schloß – als ›Pfalzkeller‹-Restaurant – und das *Marstallgebäude* aus dem 17. Jh. ›An der Hoffnung‹ nahe dem Marstall steht auch der *Pulverturm*, Bastion der Stadtbefestigung des 14. Jh.

Ein interessantes Baudenkmal zur Geschichte der Technik ist die **Neue Hütte,** die an der Straße nach Waltershausen 1835 neben dem alten Hammerwerk von 1656 errichtet wurde. Auf die frühe Bedeutung Schmalkaldens als Herstellungsort für Handwerksgerät wurde ja gerade verwiesen. Aus der frühindustriellen Entwicklungsphase dieser auch heute das Profil der Stadt prägenden Werkzeugfertigung blieb hier ein nahezu komplettes Werksgelände bestehen. Die Fachwerkarchitektur der ›Happelshütte‹, wie das Werk nach dem Gründer des alten Hammerwerkes auch genannt wird, umschließt einen 12 m hohen Holzkohle-Hochofen. In dem klassizistisch geprägten Bauwerk mit hohem Mittelaufbau wird ein *Technisches Museum* eingerichtet, das mit Kunstgraben, Wasserrad und Zylindergebläse sowie dem Hüttenmeisterhaus und anderen historischen Gebäuden Abrundung erfährt.

Bad Liebenstein – Bad Salzungen – Vacha

Der Kurort **Bad Liebenstein** verdankt sein Entstehen den Eisen- und Kochsalzquellen in den tief eingeschnittenen Tälern am Rande des Thüringer Waldes. Der Liebensteiner Herr vom Stein ließ die Quellen zu Beginn des 17. Jh. erstmals erschließen. Sein Sitz, die Burg *Liebenstein*, ist seit dem späteren 17. Jh. Ruine. In der Romantik wiederentdeckt, wurden ihr mächtiger, auf unregelmäßigem Grundriß gewachsener Palas und die einstigen Umfassungsmauern gesichert. Diese Restaurierung erfolgte zeitgleich mit dem Ausbau des Ortes zu einem Modebad durch die Meininger Herzöge. Seit 1800 entstand so die zunächst klassizistisch geprägte *Bäderarchitektur* mit Fürstenhaus, Brunnentempel, Kirche und Park. 1860 entwarf der Meininger Hofbaumeister August Wilhelm Doebner ›Haus Feodora‹ im Schweizer Landhausstil. Bis in die heutigen Tage ist Bad Liebenstein dann zu einem umfangreichen Kurort ausgebaut worden.

In den umliegenden Orten gibt es mehrere kleine Schlösser. Etwa 2 km nördlich von Bad Liebenstein liegt die ehemalige Sommerresidenz der Meininger Herzöge, **Schloß und Park Altenstein.** Aus dem mittelalterlichen Burggelände war schon im Barock eine Gartenanlage mit Schloß entstanden. 1887 baute Albert Neumeister aus Karlsruhe das Schloß in prächtiger Neorenaissance zweigeschossig und mit vielen Giebel- und Kaminaufbauten über der balustradenumzogenen Terrassenanlage aus. Nach dem Brand des Gebäudes 1982 ist nun die Erneuerung im Gange.

Bad Liebenstein im Herzogtum Meiningen, Stahlstich

Von den Bergen reicht der Blick in Richtung Westen über das breite Werra-Tal bis nach **Bad Salzungen** auf der jenseits ansteigenden weiten Fläche. Im Gegensatz zu Liebenstein ist Bad Salzungen als Stadt recht alt. Schon 775 als Krongut Karls des Großen mit Salzquellen verzeichnet, erhielt der Ort 1306 das Stadtrecht aus Fulda, und wie bereits in früherer Zeit wechselten auch danach die Hoheiten zwischen Fulda, Hersfeld und den Hennebergern. Dann kamen die Wettiner, und 1680 gelangten die Meininger in den Besitz von Salzungen. Wie in Liebenstein führten sie auch hier 1801 den Badebetrieb ein. Die Salzproduktion hat in Salzungen eine lange Tradition. 1525 verbündeten sich die Salzknappen mit den aufständischen Bauern, welche die Stadt eingenommen und zu einem Hauptquartier im Werra-Tal gemacht hatten. Die Salzförderung und Siederei blieb für einige Jahre in der Hand der Knappen, die eine erste Berggenossenschaft gegründet hatten. Zwei große Brände vernichteten 1707 und 1786 Salzungen nahezu, und fast alle Gebäude der Stadt stammen aus der Zeit danach. *Rathaus, Kirche* und das *Gerichtsgebäude* sind spätbarock-klassizistisch. Der *›Haunsche Hof‹*, Unter den Linden, aus dem 16. und 17. Jh. ist später mehrfach verändert worden. Die *Husenkirche* aus dem Anfang des 16. Jh., die noch ältere Bauteile enthält, blieb Ruine. Historisch ist auch die *Bäderarchitektur* mit den 1795 und 1892 in Fachwerk angelegten Gradierhäusern und Wandelgängen. Von 1868 stammt der

Bohrturm, und der Empfangsbau des *Bahnhofes* mit den Fachwerkaufbauten stellt ein Bauzeugnis der Jahrhundertmitte dar – er wurde 1858 errichtet.

Vor dem südlichen Hang der Salzunger Hochfläche liegt das eingemeindete Dorf **Wild-prechtroda.** An der tiefsten Stelle des Ortes steht das *Renaissanceschloß*. Es war ursprünglich eine Wasserburg; von den Gräben ist heute zwar nichts mehr zu erkennen, doch die isolierte Lage der Bauten läßt die einstige Struktur noch erahnen. Ehemals befand sich hier auch ein kleiner Park. Die zwei architektonisch unterschiedlichen Flügel des Schlosses umfassen einen winzigen Innenhof, aus dem ein flacher Treppenturm herausragt. Während der westliche viergeschossige Schloßflügel schmucklos und von kemenatenartiger Gestalt blieb, zeigt der zweigeschossige Ostflügel Renaissance-Charakter. Er besitzt je zwei Giebel über den Ecken, zwei davon vor den Zwerchhäusern an der Längsseite. In den Voluten der Giebel sind schon barocke Anklänge zu erkennen. Unregelmäßiges Quadermauerwerk, aber sorgfältige Eckquaderungen lassen auf einen ursprünglichen Putzbau schließen. Zu hoffen bleibt, daß dieses derzeit mangelhaft genutzte und doch so reizvolle Bauwerk ›revitalisiert‹ wird.

Westwärts tritt nun die Werra ins Kali-Bergbaugebiet um Tiefenort ein. Inmitten der breiten Talsohle erhebt sich der steile Bergkegel mit der **Krayenburg,** die als hersfeldische Befestigung die Landschaft weithin beherrschte. Die romanischen Burgruinen der fünfseitigen Festungsanlage haben sich erhalten, ein Teil von ihnen ist in den 20er Jahren für die Gastronomie ausgebaut worden.

Zwischen den ausgedehnten Bergwerksanlagen und Fördertürmen im Tal und den waldigen Hängen wollen wir **Vacha** als letzten Ort im oberen Werra-Tal besuchen. Ein fränkisches Königsgut wird hier unter dem 627 m hohen Öchsen für das 9. Jh. vermutet. Schon im Mittelalter zerstörten die Hochwasser des Flusses die Brückenbefestigung in dem fuldischen Ort. Mit der Umwehrung der Stadt – drei der *Mauertürme* haben sich erhalten – und der Burg Wendelstein suchte das Kloster Fulda als Stadtherr seine Besitzung zu sichern. Im 14. Jh. errichtete man bereits eine erste steinerne *Werra-Brücke*. Schönstes Bauwerk der Stadt ist die ›Widemark‹, der dreigeschossige Fachwerkbau des *Rathauses* über dem steinernen Renaissance-Unterbau von 1613 am Südende des langgestreckten Vachaer Marktes. Reiche Schnitzereien schmücken das Haus; sein zu einer Mansarde ausgebautes Dach bekrönt ein barocker Dachreiter. Der Name ›Widemark‹ geht auf Caspar Widemarkter zurück, der sich im gesandtschaftlichen Dienst des Kasseler Hofes und als Kommandant von Kassel dieses Wohnhaus bauen ließ und hier 1621 starb. Rot wie die alte Werrabrücke leuchtet auch das klassizistische Steingewand der Kirche neben dem Restbau des Schlosses. Beide Gebäude prägen die Stadtsilhouette im breiten Talgrund.

Durch das Grabfeld

Von Heldburg zu den Gleichbergen

Sucht man nach dem Ursprung des geographischen Begriffs ›Grabfeld‹, so wird deutlich, daß es sich eigentlich um einen biologisch-topographischen Landschaftsnamen handelt. *Carpinus betulus,* die wissenschaftliche Bezeichnung der Weißbuche, soll die Quelle des Namens sein: ein Landstrich einst ausgedehnter Wälder also, Bauernland im Windschatten von Rhön und Thüringer Wald, zu weit im Süden Thüringens, zu weit im Norden Frankens, um eine zentrale Stellung einzunehmen, zu lange – fast ein halbes Jahrhundert! – Grenzland, um überhaupt bekannt zu sein. Vielleicht ist das der Grund, weshalb sich gerade hier so viel Reizvolles, so Schönes erhalten hat. Die Dörfer sind Dörfer geblieben, die kleinen Städtchen werden zwar von Autokolonnen durchkreuzt, konzentrieren sich aber ebenso mehr auf ihren historisch gewachsenen Bestand als auf allzu Neues.

Von Hildburghausen oder von Heldburg her ziehen sich die Wege in die fast flach erscheinende Landschaft. **Heldburg,** 837 als fuldisch verzeichnet, geriet seit dem Mittelalter in hennebergischen, dann Nürnberger und schließlich wettinischen Besitz. Die Nürnberger Burggrafen unterstrichen ihren Einfluß mit der ›*Fränkischen Leuchte*‹ hoch oben auf dem 403 m emporragenden Bergkegel. Jene Burg sollte in wettinischer Zeit zwischen 1558 und 1563 durch Nikolaus Gromann – der in Weimar, Gera und Altenburg ebenso wirkte – zur Veste erweitert und umgestaltet werden (Abb. 59). Ernst der Fromme von Gotha ließ die Schloßkirche ausbauen. Noch burgartig in der Anlage zeigt sich der südwestliche Flügel mit der Zufahrt, welchen der im vorigen Jahrhundert bekrönte ›Hexenturm‹ überragt. Daran schließt nach Nordwesten der sogenannte Kommandantenbau an. Der nördliche Flügel birgt mittelalterliche Teile und die inzwischen verfallene Schloßkirche. Gromanns Werk ist vor allem der ›Französische Bau‹ an der Südostseite des Burghofs. Seine Hoffront wurde im Sinne eines Palastes gestaltet, wobei den beiden prächtig verzierten Erkervorbauten ein besonderes Gewicht zukommt. Französische und italienische Renaissance-Musterbücher dürften die Vorlagen für den fast üppigen plastischen Dekor geliefert haben. Ihn haben zwar die Restauratoren im vorigen Jahrhundert in einigen Details verändert, erhalten blieben trotz geringer Baupflege der großartige Gesamteindruck dieses Wohnflügels und seine prägende Kraft im Schloßhof. In den Innenräumen findet man noch die Ausstattungen aus der Renaissancezeit. Die kleine Bauernstadt am Fuße der Veste umgeben Teile mittelalterlicher *Wehren.* In ihrer Mitte steht die im vorigen Jahrhundert erneuerte spätgotische *Hallenkirche.*

Nordwestwärts rücken die beiden Gleichberge als landschaftsprägende Erhebungen ins Blickfeld. Ehe man zu den dort noch vorhandenen frühgeschichtlichen Zeugnissen gelangt, bieten sich in den Dörfern eine Fülle schöner alter Fachwerkbauten und interessante kleine Kirchen dar. Zwei Wege führen nach Römhild und zu den Gleichbergen. Der östliche verläuft über **Bedheim,** wo sich eine *Schloßanlage* des ausgehenden 16. Jh. erhalten hat. Über ihre zweigeschossigen Flügel ragt die Haube des runden Treppenturms empor; im Barock wurde besonders der nördliche Bauteil durch Giebel und Portale hervorgehoben. Noch bemerkenswerter ist die *Dorfkirche* (Abb. 60): Der barocke Saal entstand seit 1696 an dem Chorturm der älteren Kirche aus der Zeit um 1290; Ausmalungen aus jener gotischen Epoche sind noch in dem gewölbten Chor zu sehen. Den Gemeinderaum beherrschen die zweigeschossigen Emporen und der hohe Patronatsstuhl. Die Emporenbrüstungen schmücken Darstellungen biblischer Szenen, der Patronatsstuhl und die Felderdecke tragen ebenso reiche Bemalungen, die zum Teil als Marmorierungen angelegt sind. Aus der Erbauungszeit stammt auch die reich geschnitzte und bemalte Kanzel mit Schalldeckel; schräg über ihr und dem Chorbogen brachte man 1711 das Rückpositiv der Orgel auf der Westempore an – dekorativ wie akustisch recht wirkungsvoll.

Fachwerk prägte einst das ganze Grabfeld. Es ist auch noch in vielen Orten anzutreffen, wenngleich die Wünsche und Vorstellungen der heutigen Bewohner sich immer deutlicher in der veränderten Durchfensterung und in zahlreichen An-, Um- und Ausbauten markieren. An der ›Westroute‹ nach Römhild liegen die Dörfer Linden, Eicha, Gleichamberg sowie Milz, die wohl zu den besterhaltenen historischen Fachwerkorten zählen. In Giebelstellung präsentieren sich hier die Wohnbauten der alten Fachwerkhöfe am Dorfanger und an der Dorfstraße, fränkischer und hessischer Einschlag kennzeichnet Konstruktion und Gestalt der Häuser. Besonders in **Linden** ist die einstige Dorfstruktur mit *Teich* und *Backhaus* sowie der *Kirche* im Blickpunkt noch immer deutlich ausgeprägt. Wie hier wurde auch in **Gleichamberg** die spätgotische *Kirche* während der Barockzeit ausgestaltet. Ihre Emporen sind mit biblischen Szenen geschmückt und reich bemalt. Der Chorturm des spätmittelalterlichen Kirchenbaus überragt den Ort. Spätgotisch ist auch die von einer Wehrmauer umgebene *Kirche* zu **Milz,** wo man wiederum auf eine Reihe schöner Fachwerkbauten trifft. In Milz bestand wohl schon seit dem 8. Jh. ein *Kloster,* das laut urkundlicher Erwähnung im Jahre 800 mit einem Ort Rotemulte – zu vermuten ist Römhild – ausgestattet wurde.

Römhild und die Gleichberge

Wenngleich sich in **Römhild** neben der Landwirtschaft Industrie ansiedelte, bewahrt die Stadt doch ihr traditionelles volkskünstlerisches Handwerk der Töpferei. Der *Töpferhof* bildet den Ausgangspunkt für das Volksfest des Töpfermarktes in der Stadt – ganz ähnlich dem sächsischen Kohren-Sahlis.

In besonderer Weise war Römhild in seiner mittelalterlichen Geschichte dynastischen Wechselspielen unterworfen. Im 12. Jh. unterstand es zunächst den Hennebergern. Unter ihrer Herrschaft entwickelte sich Römhild zwischen dem Klosterort Milz und dem Burgort Haina am Ende des 13. Jh. zu einem Straßenmarkt, als den man noch deutlich die heutige Stadtmitte erkennt. Dann spalteten sich die hennebergischen Besitzerlinien mehrfach auf, und so waren die Interessen der Henneberg-Römhilder Linie, die inzwischen Herr auf dem Schloß Hartenberg neben dem Städtchen war, zeitweise bayerisch, zeitweise schleusingisch, dann würzburgisch, auch einmal mansfeldisch ausgerichtet. Mit den Ernestinern gelangten 1640 Sachsen-Altenburg und 1672 Sachsen-Gotha in den Besitz Römhilds. 1680–1710 bestand ein eigenes Herzogtum Sachsen-Römhild, ehe es über Coburg-Saalfeld und Gotha 1826 endgültig meiningisch wurde. Thüringer Geschichte im Spiegel einer Kleinstadt – und dieser Spiegel ist blitzblank: Die Römhilder *Stadtkirche* zeigt sich nicht nur hervorragend restauriert, sie birgt auch kunstgeschichtliche Sehenswürdigkeiten. Von einem ersten städtischen Kirchenbau blieb der Turm in der Nordostecke zwischen Chor und Langhaus bestehen. Mit der Gründung eines Kollegiatsstiftes durch die Henneberger Grafen 1447 begann der spätgotische Neubau der nur dreijochigen doppelchorigen Hallenkirche. Steinerne Emporeneinbauten, die ornamentale Doppelrippenwölbung sowie die Ausmalung und der Altar der 70er Jahre des 17. Jh. verleihen dem Kirchenraum seine prachtvolle Wirkung. In der südlich angebauten *Gruftkapelle* stehen die großartigen Henneberger Bronze-Grabmäler, die für den Grafen Otto 1488 sowie für den Grafen Hermann VIII. und seine Gemahlin Elisabeth von Brandenburg 1507–12 in der Werkstatt Peter Vischers d. Ä. in Nürnberg gegossen worden sind (Abb. 61). Nicht minderen Rang besitzen weitere sieben Grabsteine im Ostchor. Wenn auch ein Stadtbrand 1891 die Bauten Römhilds schwer in Mitleidenschaft zog, so hat sich doch rings um die Kirche und um das mit dem Giebel-Dachreiter hervortretende Rathaus das ursprüngliche kleinstädtische *Marktbild* erhalten. Den südlichen Stadtzugang markiert der *Stadtturm* aus der Mitte des 15. Jh. Der *Wappenbrunnen* von 1914 vervollständigt das historische Bild des Straßenmarktes.

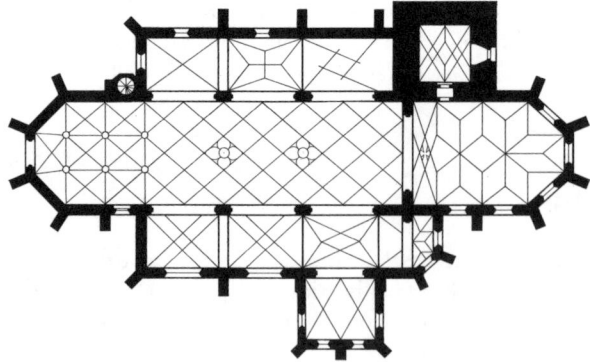

Römhild, Stadtkirche, Grundriß

288

Kilometerstein von 1912

Am nordöstlichen Stadtausgang liegt die Burg, die zwischen 1539 und 1546 zu einem Wohnschloß umgestaltet wurde. Einen weiteren Umbau erfuhr die Anlage 1676–80; als Baumeister ist Christian Richter II. genannt, der auch an dem Meininger Schloß arbeitete. In dieser Zeit erhielt das Schloß auch den neuen Namen Glücksburg. Die unterschiedlichen Bauphasen lassen sich in den noch mittelalterlichen Mauerteilen und im *Vorder- und Hinterschloß* gut erkennen. Die begonnene Restaurierung der eindrücklichen Gesamtanlage wird das Schloßensemble mit Sicherheit aufwerten.

Schnurgerade führt die Straße zu den beiden **Gleichbergen** ostwärts aus Römhild heraus. Schon in alten Schriften wurden die beiden flachen Kuppen *similes*, ›ähnliche‹ oder ›gleiche‹, genannt. Die auf dem Kleinen Gleichberg, der südlichen der beiden Erhebungen gelegene *keltische Burgsiedlung* fand eingangs schon Erwähnung (s. S. 22ff.). Insgesamt haben sich etwa 10 km Ringwälle erhalten. Aus Basaltbrocken aufgeschichtete Trockenmauern stellen noch immer eindrucksvolle Reste eines der kulturellen Kernpunkte des 8.–1. Jh. v. u. Z. dar. Bei Steinbrucharbeiten zwischen 1838 und 1927 wurden sie aus Unkenntnis zum Teil zerstört; erst die archäologische Erforschung des gesamten Terrains zu Beginn unseres Jahrhunderts gebot Einhalt. Ruine ist auch eine kleine mittelalterliche *Kapelle* auf der 642 m hohen Bergfläche. Den eindrücklichsten Gesamtüberblick zur Geschichte der Gleichberge und jener vorchristlichen Epoche vermittelt das *Steinsburgmuseum*, das im Einschnitt zwischen beiden Bergen am Fuße des einstigen Siedlungsplatzes 1928 eröffnet wurde, entworfen vom Baumeister des Meininger Theaters, Karl Behlert.

Auf der Nordseite des Großen Gleichberges liegt das schöne *Fachwerkdorf* **Dingsleben.** Entlang der Straße treten auch hier die Hausgiebel markant hervor. Der Kirchturm trägt eine geschweifte Haube. Ebenso reizvoll erscheint **Haina** mit dem spätgotischen sterngewölbten Chor der *Kirche* und einem kleinen barocken *Brunnenhaus.* Beachtung sollte der Innenraum der *Kirche* von **Wolfmannshausen** finden. 1615–18 entstand der Saalbau unter Einbezug des Chorturms einer älteren Kirche. Vor allem die profilierte Felderdecke gibt dem Raum sein Gepräge. Unter ihr wirken das schöne Rokoko-Gestühl sowie der reiche Altar und die Kanzel, um die Mitte des 18. Jh. eingebracht, als elegant verspielter Formenausgleich.

Noch wertvoller ist die Ausstattung der kleinen *Dorfkirche* in **Bibra.** Der Besucher wird durch die Zahl der Bildwerke und die hohe Qualität überrascht. Drei große Altäre entstanden in der Zeit des Neubaus der Kirche zwischen 1492 und 1503: Im Chor befindet sich der Kirchenväteraltar mit der Sitzfigur des Papstes Leo I. und Relief- sowie Malfiguren der Kirchenväter auf den Flügeln. An der nördlichen Ostwand des Kirchenraumes steht der Apostelaltar mit einer Abbildung der Schar der elf Jünger um Christus sowie dem Marienbild (Abb. 62). Der Altar an der südlichen Wand des Raumes trägt eine figürliche Darstellung der Verkündigung Mariens (Abb. 63). Die reich gestalteten Schreine werden der Werkstatt Tilman Riemenschneiders in Würzburg zugeschrieben. Auch die Konsolfiguren im Chor und der Grabstein des Hans von Bibra (Abb. 64) könnten in dieser Meisterwerkstatt entstanden sein. Die übrige Ausstattung der Kirche stammt gleichfalls aus der Erbauungszeit.

Bauerbach, ehem. Gutshaus der Familie Wolzogen, heute Schiller-Gedenkstätte

Die Herren von Bibra standen in enger Beziehung zum Bistum Würzburg. Kilian von Bibra war nicht nur Stifter der Kirche, sondern zugleich Dompropst zu Würzburg. Der Stammsitz der Herren von Bibra, die *Burg Bibra*, blieb jedoch nur in Teilen erhalten. Seit dem 12. Jh. war sie kontinuierlich zu einer mächtigen Anlage mit zwei Wehrmauern erweitert worden. In der Reformation schon ein Wiedertäuferzentrum, gelangte sie während des Bauernkrieges 1525 in Besitz der Aufständischen und wurde abgebrannt. Erhalten blieben die heute wiederhergestellte Kemenate und eindrucksvolle Befestigungswerke der einstigen inneren Mauer mit acht Wehrtürmen. Daneben wurde 1558 das *Neue Schloß* errichtet.

In **Bauerbach** erinnert das *Schiller-Haus* an einen Aufenthalt des Dichters. 1782 war er, 23jährig, auf Einladung der Frau von Wolzogen hierher gekommen, um für ein halbes Jahr Asyl auf dem Gut der Familie zu finden. Das einstige Gutshaus wurde durch die Nationalen Forschungs- und Gedenkstätten der klassischen deutschen Literatur in Weimar zu einer Schiller-Gedenkstätte eingerichtet. In dem Ort, wo Schiller »Kabale und Liebe« vollendete und »Don Carlos« begann, blieb dicht bei der Gedenkstätte auch das einstige Gutsverwalterhaus, das der junge Dichter bei seiner Ankunft in Bauerbach zuerst betrat, bestehen, und ebenso das später ausgestaltete Gasthaus ›Zum Braunen Roß‹.

Von der mittelalterlichen *Burg Henneberg*, die als Stammsitz des Grafengeschlechts für den südwestthüringischen Raum so weitreichende Bedeutung erlangt hatte, blieben nur Ruinen. Aus ihnen erkennt man neben zwei Rundtürmen mehrere bis ins 12. Jh. zurückgehende Bauabschnitte. Sie markieren die Kapellenreste sowie einige Gebäudegrundrisse mit beachtlichen Umfassungsmauern.

Das Felda-Tal

Ganz ähnlich dem Grabfeld war auch das reizvolle Felda-Tal in den letzten vier Jahrzehnten in eine Art ›Dornröschenschlaf‹ versunken. Nur den ›Rhönschnitzern‹ und ihren volkskünstlerischen Werken verdankte es eine gewisse Bekanntheit. Wer sollte, abgesehen von einigen Urlaubern und wenigen Reisenden, in das lange von einer Grenze bedrängte Gebiet fahren? Für einen Besuch ist der Kraftwagen erforderlich, obwohl bis Kaltennordheim eine Eisenbahnlinie führt. Ihre wenigen Personenzüge bieten eine landschaftlich schöne, aber eben langsame und von Anschlüssen abhängige Reisemöglichkeit. Nur die ›Kenner‹ der kunstgeschichtlichen Besonderheiten und Glanzpunkte dieses fuldischen Traditionsraumes fanden bislang hierher. Dabei birgt die Vorderrhön mit ihrer nur wenig berührten Idylle, klarer Luft und ruhiger Beschaulichkeit Reize, wie man sie an den frequentierten Thüringer Touristenrouten nicht mehr anzutreffen vermag.

Östlich von Kaltensundheim findet man in **Aschenhausen** einen alten *jüdischen Friedhof* vor. In **Kaltensundheim** selbst haben sich die mächtigen Mauern rings um die *Kirche* erhalten und geben ihr ein festungshaftes Aussehen. Der spätgotische Chorturm überragt die Mauern und das Renaissancehaus der Kirche, das im Barock seine Ausstattung, darunter die Orgel, erhielt; der Altar stammt aus dem späten 15. Jh. So steht die Kirchenburg über dem Ort, dessen Geschichte bis ins 8. Jh. zurückverfolgt werden kann. 1000 Jahre jünger sind die schönen *Fachwerkhäuser*, an denen sich Rokokoformen und hessisches ›Halbmänner‹-Fachwerk zeigen, so z. B. an dem Gebäude, welches heute die Bibliothek aufgenommen hat, einst aber als Backhaus für das Dorf diente.

Als die Burg von **Kaltennordheim** 1634 während des Dreißigjährigen Krieges abbrannte, erlitt die Stadt einen Niedergang. Auf den Ringmauern der Festungsanlage wurde um die Mitte des 18. Jh. das *Amtshaus* errichtet, und die Siedlung blieb in ihren neu entstehenden Bauten bescheiden. Zwischen Fachwerk- und Ziegelbauweise entdeckt man etwas Jugendstil, die *Kirche* zeigt sich in neoromanischen Stilformen der 60er Jahre des 19. Jh. Auf einer Anhöhe über der Stadt liegt die *Gottesackerkirche* aus dem 16. Jh.

Schon von weitem erhebt sich aus dem breiter werdenden Tal über dem Ort **Zella** die barocke *Propstei* mit der hohen Fassade der Kirche. Steigt man aus dem Tal zu ihr hinauf, so erweckt die emporwachsende Turmseite beinahe einen majestätischen Eindruck. Ihr übergiebelter Mittelteil schwingt leicht vor und ist am Dach von Voluten gerahmt, um

In Dorndorf an der Felda

schließlich in den schlicht quadratischen Turmaufsatz weiterzuführen. Schlank und doch kräftig erscheinen die Proportionen der Pilasterarchitektur, die von den vier großen Nischenfiguren am Haupt- und Giebelgeschoß beherrscht werden. Elegant wirken die schlanken Säulen im Inneren, welche die in den Raum schwingenden Wandvorlagen aufnehmen und in die Wölbung leiten. So entsteht ein heller und weiter, kräftig rhythmisierter Raum, den der farbige Stuckmarmor und die Altäre beleben. Der Baumeister Andreas Gallasini schuf 1715–32 diese Kirche, in der fuldischer Barockeinfluß unverkennbar ist. Die Gebäude der Propstei sind durch eine Durchfahrt im Osten zu erreichen.

Die *Kirche* in **Dermbach** gehörte ehemals zu einem Franziskanerkloster. Baumeister der barocken Saalkirche war Gallasini, der sie im Anschluß an seinen Bau in Zella 1732–35 errichtete. Ihre Fassade erscheint weniger bewegt, sie wölbt sich nicht vor, ist flächig und straff gegliedert durch die schlanken Pilasterbänder, die zum Giebel und zum verschieferten Dachreiter aufstreben. Auch die Innenwände schwingen nicht einwärts. Der Formenreichtum gibt den Altären ein weit kraftvolleres, voluminöseres und raumbeherrschendes Gepräge, das die dunkle Marmorierung noch unterstreicht. Unterhalb der Konventbauten erstreckt sich der Ort. Dazwischen liegt auf halber Höhe die *evangelische Kirche* von 1714, gleichfalls ein barocker Saalbau mit rechteckigem Chorraum. Der Westturm gibt zu erkennen, daß der Bau bereits auf eine ältere Anlage zurückgeht. Das Kircheninnere umziehen

Emporen; Kanzelaltar und Orgel entstammen gleichfalls dem 18. Jh. Auf den Ausbau des Ortes zu Beginn unseres Jahrhunderts deutet eine Reihe von Häusern aus dieser Zeit hin. Die Entdeckung des Felda-Tals für Wanderer und Urlauber in jenen Jahren verdeutlicht der Fachwerkbau des Gasthauses ›Sächsischer Hof‹ nahe der Kreuzung der beiden Hauptstraßen.

Alte Mühlen begleiten das Flüßchen im ganzen Tal. Verlassen wir es in Dermbach westwärts nach Geisa, so finden wir in Bremen und in Schleid – südlich von Geisa – zwei weitere Gallasini-Bauten: Die *Kirche* in **Schleid**, 1743–46 erbaut, steht gestalterisch der Dermbacher besonders nahe. Sie ist prächtig ausgestattet mit Altären und Gestühl. Außen schließt am Chor der noch mittelalterliche Turm an. Die gleichfalls einschiffige *Barockkirche* zu **Bremen** entstand 1730 zeitlich parallel mit der in Zella und weist ähnlichen Reichtum auf, wie ihn der Fuldaer Fürstabt durch seinen Baumeister in die Landschaft tragen ließ.

Stadtlengsfeld war seit 1136 hersfeldisch, geriet später in fuldischen Besitz und gehörte seit 1525 Ludwig von Boineburg, der hier nun eine *Wasserburg* erbauen ließ. Diese wurde im 17. und 18. Jh. mehrfach umgestaltet. Im 19. Jh. schüttete man die Wassergräben zu. Von der alten Burg blieben nur Teile erhalten, und die ganze Gebäudegruppe zeigt ein buntes Bild aus Stein- und Fachwerkaufbauten. Auch die *Pfarrkirche* gibt sich als Bau aus mehreren Jahrhunderten zu erkennen. Der Chorturm entstammt noch der romanischen Epoche – jedenfalls deuten seine Fenster darauf hin. Das Haupthaus mit dem Kirchensaal wurde um 1790 errichtet, man findet aber auch noch gotische Wölbungen im Kircheninneren. Die Ausstattung mit Kanzel und Taufbecken entstand 1730. Seit 1898 wird in Stadtlengsfeld Porzellan hergestellt, und diese Industrie gibt dem Ort auch heute sein Gepräge.

Damit verlassen wir durch ein nochmals reizvolles enges Talstück die schöne Landschaft an der Felda. **Dorndorf** zeigt das moderne Zeitalter in den ausgedehnten Kali-Industrieanlagen an, der Öchsen überragt im Westen die Landschaft; auf ihm befand sich in vorgeschichtlicher Zeit eine Siedlungsstelle. Gleich eindrücklich wächst nördlich davon die riesige grauweiße Halde des Kalibergbaus bei Heringen auf – ein Zeugnis industrieller Landschaftsveränderung unserer Tage.

Zwischen Vogtland und Saale

Greiz

Die erste dichtere Besiedelung des Landes an der Elster läßt sich für das 6.–9. Jh. nachweisen. Nachdem die in vorchristlicher Zeit hier ansässigen germanischen Stämme abgezogen waren, wanderten nun slawische Stämme ein und nutzten günstige Geländeformen, um dort große Stammes- oder Fluchtburgen zu bauen. Eine solche wird auf dem Greizer Burgberg über dem Elster-Tal vermutet, läßt sich doch auch der Ortsname Greiz mit dem altslawischen Begriff *grad* in Verbindung bringen. Er bedeutet soviel wie ›fester Platz‹, ›Zufluchtsort‹ und ist also mit ›Burg‹ gleichzusetzen. Slawisch war die Bevölkerung der 968 von Otto I. gegründeten Bistümer Merseburg, Zeitz und Meißen. Greiz blieb bei Zeitz, auch nachdem der Bischofssitz unter dem Zwang der noch unausgewogenen Machtverhältnisse nach Naumburg zurückverlegt werden mußte. Mit der christlichen Kolonisierung wanderten Siedler aus den oberfränkischen und thüringischen Gebieten zu. Gemeinsam mit den ansässigen Slawen bildeten sie schließlich jene Mischbevölkerung, die zu den Vorfahren der Vogtländer werden sollte.

›Vogtland‹ wurde das Elster-Gebiet im 12. Jh.: Als sich der Besitzstand der Vögte von Weida a. d. Unstrut unter Vogt Heinrich II. dem Reichen zu festigen begann, ließen sie sich auch an der Elster nieder – auf dem Veitsberg bei Weida (a. d. Elster; s. S. 299 f.). Nach der Aufspaltung des Herrschergeschlechtes kam Greiz schließlich in den Besitz des Hauses Reuß-Plauen. Der Name ›Reuß‹ geht auf Heinrich I., Vogt von Plauen, zurück: Dieser nannte sich, nachdem er sich um die Mitte des 13. Jh. in Rußland aufgehalten hatte – historische Quellen deuten auf eine russische Großmutter hin, Sagen wollen von seiner Entführung wissen – ›Ruthenus‹, was als ›Russe‹ zu verstehen ist und sich zu ›Reuß‹ wandelte. Bemerkenswert ist noch die weitreichende Zahlenfolge hinter dem reußischen Herrschernamen Heinrich: Zu Ehren des Kaisers Heinrich IV. nannten die inzwischen in den Reichsfürstenstand aufgestiegenen Vögte alle männlichen Nachfahren Heinrich.

Heinrich II. aus dem Hause Reuß-Plauen errichtete nun im 13. Jh. in Greiz eine erste Burg. Seitdem blieb die Stadt bis zum Erlöschen der reußischen Fürstentümer im Jahre 1918 Sitz dieser Linie der Dynastie, freilich mit einer Reihe von Erbteilungen und mit Unterwerfungen unter wettinische und böhmische Landesherrlichkeit sowie Zersplitterungen des Territoriums bis in dörfliche Einzelherrschaftsgebiete. Eine der ersten war die Teilung in die beiden Linien Hinteres und Vorderes Schloß 1426, die schon 1502 wieder aufgehoben wurde; 1564 entstanden Ober- und Untergreiz mit eigenen Sitzen im Oberen Schloß auf dem Berg und im Unteren Schloß in der Stadt. Damit sind wir jedoch der städtischen Baugeschichte vorausgeeilt. Mit dem Ausbau des Vogtsitzes im frühen 14. Jh. hat man auch eine erste Burgmannensiedlung unterhalb des Schloßberges auf dem rechten Elster-Ufer zu vermuten, aus der sich allmählich frühstädtische Strukturen entwickelten – ähnlich wie in Weimar (s. S. 138). So zeichnet sich kein regelmäßiger Stadtgrundriß ab, und ob einer ersten Stadterwähnung um die Mitte des 14.Jh. die Gründung einer Bürgerstadt schon lange vorausgegangen war, ist nicht exakt nachzuweisen. Möglich erscheint die Stadtgründung für das Ende des 13. Jh.

Für die Herrschaft Obergreiz wurden nach einem Brand der Burg 1540 auf dem Schloßberg neue Bauten errichtet. Seine heutige Gestalt erhielt das **Obere Schloß** im wesentlichen Ende des 17. Jh. Es handelt sich um eine unregelmäßge Anlage über elliptischem Grundriß. Allein daraus läßt sich ablesen, daß man zumindest die Grundmauern älterer Burggebäude beibehielt. Zu den frühen Neubauten ist der *Hauptturm* zu rechnen, der 1625 umgestaltet und mit der geschweiften Haube versehen wurde. Später entstand der Querflügel im Hof, und die Ostflügel erhielten ihre Ziergiebel. In den zahlreichen repräsentativen Innenräumen findet man Dekorationen aus der ersten großen Um- und Neubauphase, welche sich durch Renaissanceformen auszeichnen. Im 18. Jh. wurden dann vor allem die Räume in reizvollen Rokokoformen gestaltet. Große Teile des Schlosses dienen heute dem Staatsarchiv Weimar.

Die Geschichte des **Unteren Schlosses** ist relativ kurz darzustellen: 1564 mit der Bildung der Herrschaft Untergreiz als deren Sitz in Renaissancegestalt nahe der Elster errichtet, verlor es mit dem Aussterben der Linie 1768 diese Funktion. Die nun allein herrschende ältere Linie Reuß nutzte jedoch den Bau weiter und räumte der höfischen Verwaltungs- und Ämterhierarchie im Oberen Schloß Raum ein. Mit dem großen Brand von 1802, der nahezu die gesamte Greizer Alt- und Innenstadt vernichtete, kam auch das Untere Schloß zu Schaden. Es ist hernach in klassizistischen Formen erneuert worden und diente auch der Hofhaltung weiter, wovon noch Ausstattungen des Inneren künden. Erst 1885 erhielt es mit dem kurzen Zwiebelhaubenturm seine endgültige Gestalt. Die *Festräume* – der Weiße Saal war 1807 vollendet – sind heute in die Ausstellungen des *Regionalmuseums* einbezogen, welches sich das Haus mit der Musikschule teilt.

Seit 1650 bestand im Elster-Bogen westlich unter dem Schloßberg ein Lustgarten. Hier ließ die Herrschaft Obergreiz, nachdem sie das Untere Schloß übernommen hatte, 1779 nahe am Fluß den Bau des **Sommerpalais** beginnen. Nach zehnjähriger Bauzeit war der elfachsige und zweieinhalbgeschossige Baukörper vollendet (Abb. 65). Sein Architekturbild ist stilistisch zwischen spätem Barock und frühem Klassizismus einzuordnen und wird weniger durch den übergiebelten Mittelrisalit als vielmehr von zweckgebundenen Elementen geprägt: Die großen Fensteröffnungen im Erdgeschoß ermöglichten es, die Orangerie im Inneren unterzubringen. Das Hauptgeschoß birgt die Flucht der eigentlichen *Repräsentationsräume*. Die Säle wie die darüberliegenden Wohnräume sind im Zopfstil ausgestattet.

Bereits um 1800 begann man, die Landschaft um das Sommerpalais zu einem englischen Garten zu gestalten. Erst zwischen 1871 und 1885 jedoch folgte die große künstlerische Erneuerung zum *Landschaftspark*, für die der zugleich in Weimar tätige Carl Eduard Petzold die Pläne schuf. Ein halbes Jahrhundert lang lag die gärtnerische Gestaltung in den Händen seines Schülers Rudolf Reinecken. Die Gartenanlage ist auch im Zusammenhang mit einer verkehrstechnischen Neuerung zu sehen: 1875 wurde die Elstertalbahn eröffnet, und man führte sie in einem 270 m langen Tunnel unter dem Greizer Schloßberg hindurch. Das Gleis verläuft nördlich des Berges unmittelbar am Binsenteich und Park entlang und tritt danach im Süden aus dem Tunnelportal in die Stadt ein. So mußte sich der Park in das Gelände zwischen Elster, Berg, Gleis und Teich fügen. Durch Aufschüttungen erhielt der Teich einen neuen, unregelmäßigen Umriß und kleine Inseln, und die Hauptwege des Parks folgen den gestalterischen Dominanten; eine solche stellt die spätbarocke Rotunde mit der Figur des ›Sterbenden Kriegers‹ dar, die Karl Albiker 1925 schuf.

Das Sommerpalais birgt die *Staatliche Bücher- und Kupferstichsammlung* – sie gehört ob ihrer Einmaligkeit zu den beachtlichsten Thüringer musealen Einrichtungen. Ihren Grundstock bildete die fürstliche Bibliothek. Aber auch die von der Tochter des englischen Königs Georg III. zusammengetragene Auswahl von sogenannten Schabblättern, Porträts und karikierenden Personendarstellungen stellte einen wesentlichen Teil des Bestandes. Zunächst als Illustrationen zu historischen Schriften gedacht, ist aus den ca. 1200 Blättern inzwischen eine Karikaturensammlung hervorgegangen, bereichert durch französische und deutsche Darstellungen aus dem 18. und 19. Jh. Auch die Gegenwart ist eingeschlossen: Das ›Satiricum‹ als eigene Abteilung dieser Sammlung erfaßt seit 1975 neueste Cartoons. Beachtlich ist aber auch die literarische Kollektion: Sie enthält eine erste Gesamtausgabe der Luther-Bibel, 1534 in Wittenberg gedruckt, und französische Literatur des 18. Jh. Hinzu kommen graphische Werke von Albrecht Dürer und andern Altmeistern.

Die Bauten im Greizer Altstadtbereich rechts der Elster, die den Stadtbrand von 1802 überstanden, wirken bescheiden. Die Stile des 19. Jh. prägen die Neubauten insbesondere um den Markt, so auch das **Rathaus**. Der klassizistische Bau der **Hauptwache** geht auf einen Entwurf des Baumeisters Pöhl zurück und wurde 1819 vollendet. Auch die barocke **Stadtkirche** – in engem baulichen Zusammenhang mit dem Unteren Schloß – ist nach dem Brand von 1802 in klassizistischen Formen erneuert worden.

Die Greizer Neustadt links der Elster trägt fast geschlossen den Charakter einer ›Gründungsstadt‹ des vorigen Jahrhunderts. In ihrer Gestalt offenbart sich der neuere geschichtliche Wandel: Schon seit der Mitte des 18. Jh. begann sich in Greiz ein frühindustrielles Profil herauszubilden. Zuwanderer aus den Niederlanden und aus der Niederlausitz brachten die Zeugweberei hierher. Mit der Mechanisierung der ursprünglich noch auf handwerklicher Grundlage betriebenen Weberei – 1868 verzeichnete man bereits 200 mechanische Webstühle in Greiz – wandelte sich die Stadtstruktur von einer Hof- zu einer Arbeiterstadt. Zeitweise bedeutender als Plauen, trug Greiz wesentlich zur Förderung der vogtländischen Textilindustrie bei. Heute drängen sich die umfangreichen neuen Baugruppen von Textil-, Papier- und Kunststoffabriken in die schöne Landschaft des Elster-Tals – mit allen, und nicht nur den baulichen Nebenerscheinungen einer so umfassenden Industrialisierung.

Von Zeulenroda nach Weida

Zu einer Stadt des 19. Jh. und einem Industrieort wandelte sich auch das alte **Zeulenroda**. Wie in Greiz faßte hier schon um die Mitte des 18. Jh. zunächst die Strumpfwirkerei, dann die Textilmanufaktur Fuß. Von der nachmittelalterlichen Stadt – seit 1438 besaß Zeulenroda Stadtrecht und war entsprechend befestigt worden – hinterließ der Brand von 1790 kaum etwas. Im frühen 19. Jh. erfolgte die städtische Erneuerung. Die klassizistische Bauhaltung, die schon 1819/20 mit der *Saalkirche* demonstriert wurde, tritt 1825–27 mit dem *Rathausneubau* in für jene Zeit schon beinahe großstädtisch wirkendem Umfang in Erscheinung. Darin verdeutlichen sich zwei Aspekte: der industriell bedingte wirtschaftliche Aufschwung der Stadt sowie ihr Bedürfnis nach Selbstdarstellung neben den Textilindustrie-›Metropolen‹ Greiz, Gera und Plauen. Den Entwurf zu dem dreigeschossigen Ratsgebäude lieferte Christian Heinrich Schopper, der auch schon maßgeblich am Bau der Stadtkirche mitgewirkt hatte. Mitten auf dem leicht ansteigenden und gleichfalls klassizistisch umbauten Marktplatz erhebt sich das palazzoartige Gebäude und überragt alle übrigen Häuser weit. Vier eckturmartige Bauteile rahmen gleichsam die neunachsige Hauptfront und die nur dreiachsigen, schmaleren Seitenfronten ein. Säulen- und Halbsäulengliederungen heben den Eingang besonders hervor. Sie lockern auch das über der Attika angeordnete Dachgeschoß in eigener, enger Rhythmik auf. Diese Baugliederung kehrt am hoch aufragenden Achteckturm über der Gebäudemitte wieder. Auf seinem Kuppelstumpf symbolisiert die Themis-Statue – Themis war Zeus-Gemahlin und die Erst-Inhaberin des Orakels von Delphi – Recht, Ordnung und Sitte über der kleinen Stadt, dem hohen Anspruch der Repräsentationsarchitektur gleichsam als i-Punkt aufgesetzt. Die originale Farbigkeit des Gebäudes konnte mit seiner Restaurierung in den 60er Jahren wiederhergestellt werden. Auch der Rathaussaal mit der Säulengalerie zeigt noch die Gestalt von 1827.

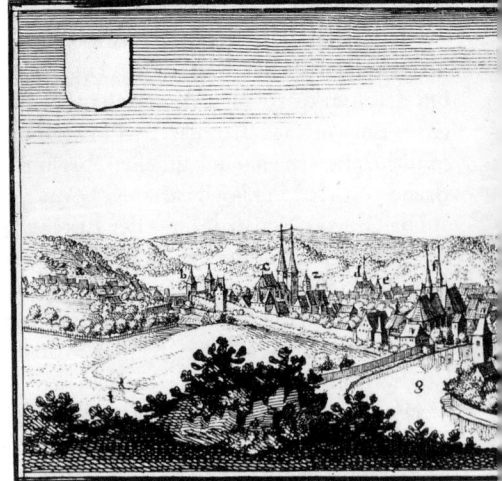

Weida im 17. Jh., nach Merian

298

Von Zeulenroda nach Weida sollte der Weg über **Hohenleuben** gewählt werden. Hier liegt die *Burg Reichenfels,* in nachmittelalterlicher Zeit allerdings verfallen und nur noch als Ruine vorhanden. Ihr alter Wirtschaftshof jedoch erhielt eine neue Bedeutung als *Museum zur Ur- und Frühgeschichte Thüringens.* Innerhalb der heimatgeschichtlichen Sammlung sind die Funde aus einer Grabung auf dem Preißnitzberg besonders interessant, denn sie vermitteln ein Bild von der Besiedelung der Landschaft während der frühen La-Tène-Zeit, also zwischen dem 5. und 3. Jh. v. u. Z. Auch die Geschichte der Sammlung sollte nicht unerwähnt bleiben, spiegeln sich doch in ihr typische, romantisch motivierte wissenschaftliche und heimatkundliche Forschungsintensionen wider. 1825 haben der Arzt Julius Schmidt und die beiden Pastoren Meißner und Alberti in Hohenleuben den Vogtländischen altertumsforschenden Verein ins Leben gerufen, angeregt durch die besonders in Sachsen und Thüringen einsetzende Organisierung von Heimatforschern. Die von jenem Verein zusammengetragene Bibliothek von etwa 16000 Bänden stellt allein schon eine beachtenswerte kulturgeschichtliche Leistung dar.

Über der Stadt **Weida** erhebt sich die *Osterburg* (Abb. 66). Den ursprünglichen Burgplatz und Sitz der elsterländischen Herren vermutet man auf dem Veitsberg nordöstlich von Weida (s. S. 295 f.). Die Verbindung mit einem dort schon ausgebauten slawischen Zentrum liegt nahe, wenngleich die darauf bezogene Darstellung im Altar der Veitskirche zu Wünschendorf einer späteren mittelalterlichen Bedeutungsadaption zugeschrieben wird: Hier erscheint der Namenspatron, der hl. Veit, mit einem Hahn, der auch als Attribut des slawischen Swjatowit gilt. Die Osterburg ist historisch auch als Neue Burg bezeichnet, und das könnte auf einen Neuausbau des Stammsitzes der Vögte hindeuten, der in der

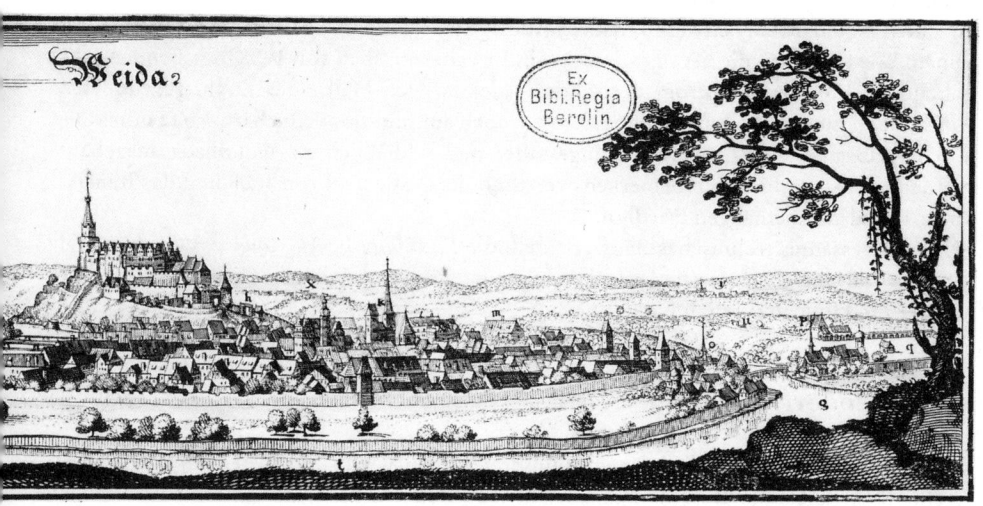

299

zweiten Hälfte des 12. Jh. hier angelegt wurde. Aus dieser Zeit stammt noch der Unterbau des runden Bergfrieds. Der sich anschließende giebelgeschmückte Bau geht auf die Spätgotik zurück. Im 16. Jh. erfolgten Umbauten, für die Nikolaus Gromann verantwortlich zeichnete. Auch hier verwüsteten die Ereignisse des Dreißigjährigen Krieges viel, so daß die Osterburg im 17. Jh. insgesamt baulich erneuert wurde. Dabei entstanden der doppelte Zinnenkranz und der Spitzhelm über dem Turm. Das in den Räumen der Burg eingerichtete *Heimatmuseum* läßt die Geschichte nacherleben.

Wo das Flüßchen Weida unterhalb der Burg am Fuße des Hanges eine enge Schleife zieht, entwickelte sich im Schutz des Gewässers um die Mitte des 12. Jh. eine Marktsiedlung. Sie erstreckte sich auf dem kurzen Stück zwischen der heutigen Stadtkirche und der einstigen *Widenkirche*. Letztere war die erste Pfarrkirche der mittelalterlichen Siedlung. Sie wurde um die Mitte des 12. Jh. in spätromanischen Formen errichtet. Zwei Westtürme sind erst zu Beginn des 13. Jh. hinzugekommen – möglicherweise im Zusammenhang mit dem Bau des Klosters Mildenfurth und von den dortigen Bauleuten ausgeführt. In den 40er Jahren des 14. Jh. entstanden der gotische Chor und die südliche Kapelle mit den zartgliedrigen Fensterrosen – die Bauformen des Chores zeichnen sich insgesamt durch Eleganz und hohe Qualität aus. Im Dreißigjährigen Krieg wurde die Widenkirche großenteils zerstört und ist seither Ruine. Die heutige *Stadtkirche* gehörte ursprünglich zu einem Franziskanerkloster. Sie stammt aus der Mitte des 13. Jh., brannte gleichfalls im Dreißigjährigen Krieg aus, wurde aber dann für die Stadt wiederaufgebaut. Ihren Emporenraum mit der barocken Ausstattung prägen die beiden Fürstenstühle und die Kassettendecke. Aus der Widenkirche wurde eine spätromanische Wandmalerei hierher übertragen.

Schon kurz nachdem sich die erste städtische Siedlung im Weida-Bogen gebildet hatte, erfolgte nördlich davon eine Stadterweiterung, von der Weida im Osten und dem Flüßchen Auma im Norden eingerahmt. Hier entstand in den 80er Jahren des 16. Jh. am langgestreckten Neumarkt neben der Pfarrkirche dieses Stadtteils das *Rathaus*. 1687 erhielt es mit seinem Wiederaufbau die heutige Gestalt, ein Erweiterungsbau von 1928 fügt sich zurückhaltend an. Von der Turmfront der schon in der zweiten Hälfte des 12. Jh. gegründeten *Kirche* blieb nur der Südturm stehen. Er ragt hoch auf und trägt eine barocke Haube. Die Kirche selbst ist später mehrfach umgestaltet und schließlich als Wohnhaus ausgebaut worden. Kunstgeschichtlich bemerkenswert sind die Pestkanzel von 1608 und das Renaissance-Portal am ehemaligen Friedhof.

Ein interessantes technisches Bauwerk stellt die *Eisenbahnbrücke* über das Oschütz-Tal dar. Die 1884 geschaffene stählerne Pendelpfeiler-Konstruktion mit Gitterträgern weist knapp 29 m Höhe und 185 m Länge auf.

Wünschendorf

Der *mons sancti Viti*, der Veitsberg, im Flußdreieck von Weida und Elster trägt die **Veitskirche**. Hier dürfte der Burgplatz zu suchen sein, welchen die späteren Vögte von Weida

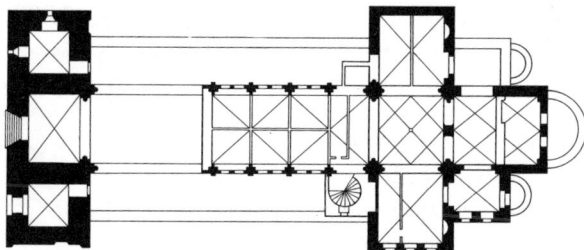

Mildenfurth, Grundriß der zum Schloß umgestalteten Prämonstratenser-Klosterkirche

zunächst innehatten. Die Überlieferung vermeldet eine Gründung für das Jahr 974, was sich zeitlich mit der ottonischen Grenzbefestigung entlang der Elster deckt. Der Kirchenbau mag auf das 11. Jh. zurückgehen, läßt sich aber sicherer in das 12. Jh. datieren. In den folgenden Jahrhunderten immer wieder umgebaut und erweitert, erhielt er schließlich die Gestalt der zweischiffigen Kirche mit romanischer Kapelle am Seitenschiffsende. Der Aufbau auf dem hohen *Westturm* des 15. Jh. vermittelt noch burghaften Charakter. Aus romanischer Zeit verblieben einige der *Chorfensterscheiben;* an Pfeilern, Gewölben und am Triumphbogen haben sich gotische *Fresken* erhalten. Der *Flügelaltar* und das *Kruzifix* entstammen dem ausgehenden 15. und frühen 16. Jh.

Eine **gedeckte Holzbrücke** führt über die Elster. Sicher schon im Mittelalter angelegt und für 1250 bezeugt, wurden ihre Strompfeiler im Laufe der Zeit mehrfach gesichert. Die hölzerne Fahrbahn und die Überdachung entstammen in ihrer jetzigen Gestalt dem Jahre 1786, und nach wie vor führt die Hauptstraße zwischen Weida und Wünschendorf über diese Brücke.

Im Ortsteil **Mildenfurth** lag einst das *Hauskloster der Vögte* von Weida, das Vogt Heinrich II. der Reiche 1193 gegründet hatte (s. S. 295). In der ersten Hälfte des 13. Jh. entstand eine kreuzförmige Pfeilerbasilika mit zweitürmigem Westbau. Nach der Reformation trug man das gesamte westliche Kirchenhaus ab, ebenso die Chorapsiden, so daß nur der kreuzförmige Bau von Querhaus, Chor und zwei Mittelschiffsjochen bestehen blieb. Aus dieser Restsubstanz erwuchs im 16. und 17. Jh. das *Schloß Mildenfurth,* das später als Amtshaus genutzt wurde und als einziger Bau der Anlage noch vollständig erhalten ist. Die noch immer imposante Baugruppe gibt sich indes nur Architekturkundigen als Rest eines der bedeutendsten spätromanischen Bauwerke in Ostthüringen zu erkennen. Viel deutlichere Spuren haben die Renaissance und spätere Zeiten hinterlassen. In den 70er Jahren unseres Jahrhunderts begann die Sicherung der historisch sehr wertvollen Substanz.

Triptis

Eine alte Landstraße nach Triptis führt über Niederpöllnitz im breiten Auma-Tal, wo die neuen agrartechnischen Monumentalbauwerke weithin die Landschaft beherrschen und den mittelalterlichen Wehrturm aus dem 13. Jh. im Ort übersehen lassen. Nicht übersehen sollte man hingegen in **Mittelpöllnitz** die *Kirche,* einen kleinen Zentralbau über regelmäßigem Sechseckgrundriß mit quadratischem Seitenturm und achteckigem Oberbau sowie kleinem Chor. Dorische Säulen stützen die beiden Emporen im Inneren. Der Weimarer Hofbaumeister Clemens Coudray hinterließ hier seine architektonische Handschrift.

Triptis, einst reizvoll ›verschlafene‹ Kleinstadt, heute Industrieort mit Porzellanwerk und metallverarbeitender Fabrikation, weist immer noch einige romantische Ecken auf. Die alte städtische Grundstruktur blieb durch die Jahrhunderte bestehen.

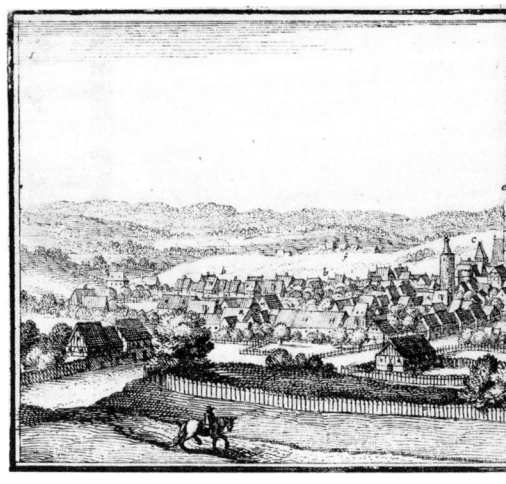

Neustadt an der Orla im 17. Jh., nach Merian

Eingebunden darin ist der hohe Bergfried der einstigen *Wasserburg* der Lobdeburger. Ganz in der Nähe befindet sich die barocke *Stadtkirche* von 1775–84; erst bei genauerem Hinsehen erkennt man, daß ihr Turm aus dem 19. Jh. stammt.

Verläßt man Triptis westwärts, kann man unmittelbar im Anschluß an die Autobahnunterführung nördlich der Fernverkehrsstraße im Ortsteil **Döblitz** ein winziges mittelalterliches Gebäude erkennen: Wie auf einer Insel steht zwischen zwei schmalen Armen der Orla eine kleine *Wehrkirche* aus dem 13. Jh. Sie birgt im Inneren noch gotische Wandmalereien, die vor wenigen Jahren bei einer Restaurierung freigelegt werden konnten.

Neustadt/Orla

Die *nova civitas,* die ›Neue Stadt‹, welche eine Urkunde von 1287 erwähnt, mag Neustadt an der Orla den Namen verliehen haben. Sie zeigt sich als eine mittelalterliche Gründung: Entlang der alten Handelsstraße des Orla-Tales entstand eine regelmäßige Stadtanlage mit sich rechtwinkelig kreuzenden Gassen. In der Mitte liegt der große Marktplatz. Nach mehreren Herrschaftswechseln zwischen ernestinischer und albertinischer Linie der Wettiner erlebte die mittelalterliche Kaufmannssiedlung erst im 19. Jh. einen größeren Aufschwung. Zu stark hatte auch der Dreißigjährige Krieg die Stadt getroffen, so daß vor allem die Bürgerhäuser neu errichtet werden mußten.

Von der einstigen Rolle als Handelsplatz zeugt der weiträumige Markt. Zwischen ihm und der mittelalterlichen – und auch heutigen – Hauptverkehrsstraße steht das **Rathaus** (Abb. 68). Seine Hauptfront ist dem Markt zugewandt. Auch im engen Straßenbild gibt es

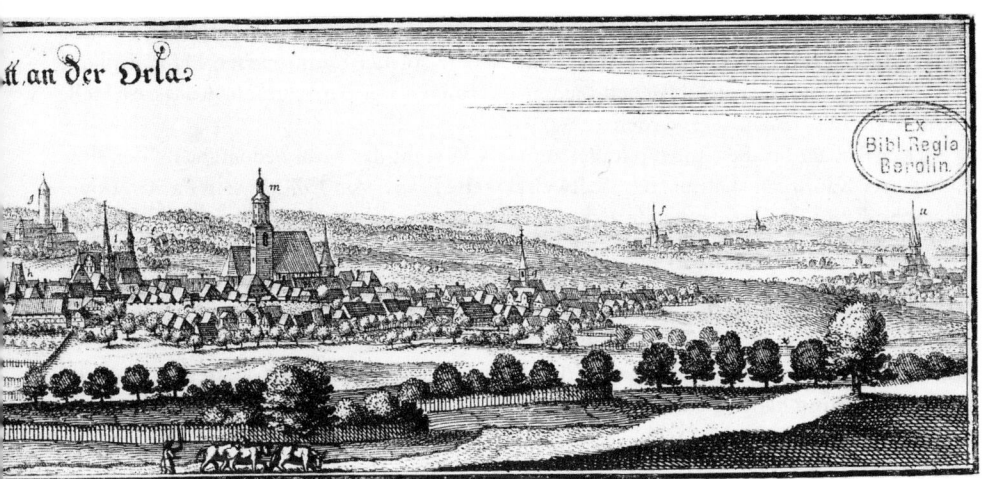

sich durch die hohen Giebel als eines der bedeutendsten spätgotischen Ratsgebäude in Thüringen zu erkennen. Es entstand zwischen 1495 und 1520 in zwei Bauabschnitten, die sich an der Marktfassade eindeutig nachweisen lassen: Der westliche Trakt des Gebäudes zeigt noch eine recht einfache Gestalt. Um 1500 muß dann der Entschluß zu wesentlich aufwendigerem Bauen gefallen sein, denn den östlichen Bauteil kennzeichnen nicht nur ein zweigeschossiger Erker und ein prächtiger Schmuckgiebel – noch ganz spätgotisch in den Einzelformen –, auch die Durchfensterung des etwas höheren Bauteils wirkt recht phantasievoll. So hebt das große gestaffelte sechsteilige Fenster den Rathaussaal hervor. Ähnliche Formen, mit spätgotischem Kielbogen besonders markiert, finden sich ebenfalls in den Erkerfenstern. Zartes Stabwerk überzieht die Wandflächen des Erkers, und auch das schmucklose obere Geschoß mit dem Spitzhelm müssen wir uns dekorativ bemalt vorstellen. Spätgotische Formen und Renaissance-Auffassung durchdringen einander in der großen Freitreppe, während das Portal wie von einem steinernen Gitter gerahmt erscheint. Dieses Gitterhafte prägt auch die beiden Südgiebel und den großen Ostgiebel des Rathauses. Hier läßt die architektonische Reihung ein horizontal ausgebreitetes, vertikal variabel aufsteigendes Giebelmuster entstehen. An der Südseite, die der Durchgangsstraße zugewandt ist, findet der Erker ein kleines Pendant. So verleiht das Ratsgebäude zusammen mit der spätgotischen Stadtkirche und alten Kaufmannshäusern dieser Straße, die sich bis heute in ihrer mittelalterlichen Gestalt erhalten hat, repräsentativen Charakter.

Mit dem Bau der Halle für die **Kirche** begann man 1470. Die Netzgewölbe waren 1540 eingezogen, der Turm, schon 1479 vollendet, erhielt noch seinen Achteckaufsatz. Im Inneren ist der *Hochaltar* sehenswert, der 1510–12 in der Werkstatt Lucas Cranachs geschaffen wurde; dort sollen auch die plastischen Schmuckteile gearbeitet worden sein.

303

Zwischen Markt und Kirche befindet sich der schmale Durchgang der alten **Fleischbänke,** die auf das 16. Jh. zurückgehen. Nur wenige solcher traditionellen Handelsplätze haben sich erhalten, da sie oft neuen Bauanforderungen weichen mußten. An dieser Stelle konnten sie 1977 restauriert werden.

An der Rodaer Straße östlich parallel zum Markt steht das wohl bedeutendste der alten Neustädter Kaufmannshäuser: das ›**Schweitzersche Haus**‹ von 1574. In sein Fachwerkgiebelgeschoß ragt der hochsitzende Erker hinein, dessen Schmuckformen an die des Rathauses erinnern. Es ist zu wünschen, daß dieses Gebäude wieder in das städtische Leben integriert wird.

Aus den Resten des spätgotischen Augustinerklosters entstand im Barock der **Schloßbau.** Zum Teil zeigt sich noch die kräftige Rustikaquaderung der Architektur. Im Inneren des dreigeschossigen Baus blieben die historischen Treppenaufgänge bestehen. Von der **Stadtbefestigung** haben sich Teile erhalten.

Oppurg und Oberoppurg

Oberhalb der Orla verlaufen Straße und Eisenbahnstrecke im breiten Tal südwestwärts. Verläßt man in **Oppurg** die Straße in Richtung Norden, gelangt man jenseits des Flusses zum *Schloß Oppurg.* Schon 1074 wird der Ort genannt. Doch erst 1354 errichteten die Ritter von Brandenstein aus der Burg Ranis hier einen weiteren Sitz, den sie Friedrichstein nannten. Nach einer ganzen Reihe von Erbteilungen brach die Herrschaft schließlich zusammen. Nachdem Oppurg 1703 in den Besitz der Witwe des kursächsischen Hofmarschalls von Einsiedel gelangt war, ließ deren Vater Graf Kayn von Rumohr, dänischer Diplomat in Dresden, für seine Tochter 1705 das barocke Schloß erbauen. Die Burg aus dem 14. Jh. wurde dabei bis auf einen Turm niedergerissen, und es entstand der hufeisenförmige dreigeschossige Neubau. Sein hohes Mansarddach schmücken Fenstergaupen, seine Längs- und Schmalseiten betonen Risalite mit runden Giebelbekrönungen. Meister, die auch am Schloßbau in Rudolstadt tätig waren, schufen die Stuckdekorationen der Fassaden. Nach Süden erstreckt sich ein weiter *Park,* in den Wassergräben der alten Burg einbezogen wurden. Im Schloßinneren haben sich Raumdekorationen aus der Erbauungszeit und ebenso von späteren Veränderungen, vor allem aus der Mitte des 18. Jh., erhalten.

Einer der früheren Besitzer von Schloß Oppurg ließ 1694–96 in **Oberoppurg** auf dem südlichen Hang des Orla-Tales die kleine *Dorfkirche* neu ausgestalten. Sehr gut hat sich hier der Chorturm mit einem Spitzhelmaufbau erhalten, den vier kleine Ecktürmchen flankieren. Spiegelgewölbe im Inneren, reiche Stukkaturen, Malereien und die Herrschaftsloge sind vor einigen Jahren restauriert worden.

Pößneck

Ähnlich wie Neustadt bewahrt auch Pößneck seine mittelalterliche Grundgestalt: Längs durchzieht eine Hauptstraße das Gitternetz der Straßen, und es hat sich ebenfalls eine

Reihe von historischen Bürgerhäusern erhalten. Diese wurden in den letzten Jahren zum Teil baulich, zum Teil ›kosmetisch‹ – das heißt, nur in ihrem Äußeren – erneuert. Etwas kleiner als in Neustadt erscheinen der Marktplatz und das **Rathaus** (Abb. 67). Letzteres stammt aber aus annähernd der gleichen Bauzeit wie das Neustädter und ist gleichfalls ein Übergangsbau von der späten Gotik zur Renaissance. Das noch vollständig spätgotische Giebelhaus wendet seine östliche Traufseite dem Markt zu. Der reich gestaltete Nordgiebel wurde um 1500, zur gleichen Zeit wie die Giebel des Neustädter Rathauses, aufgeführt; ein Jahrzehnt vorher war der etwas einfachere Südgiebel entstanden. Eigentliches Schmuckstück stellt die der Marktfront vorgebaute Treppe dar. Ihre Anläufe führen von beiden Seiten zum Rathausportal des Hauptgeschosses über dem hohen Sockel empor. Schildgiebel und Brüstungen, im Detail wiederum spätgotisch von feinem Maßwerk gegliedert, schmücken sie. In Pößneck konnte mit einer Restaurierung des Rathauses auch die ursprüngliche Vielfarbigkeit der dekorativen Architekturteile nachgewiesen und wiederhergestellt werden.

Die einschiffige **Stadtkirche** entstand seit 1390; erst 1488 wurde das Sterngewölbe in den Chor eingebracht und der Bau vollendet. An die Südseite fügt sich der fünfgeschossige Turm an. Das Kircheninnere erhielt im 18. Jh. eine neue Ausgestaltung. Auf das 15. und 16. Jh. geht die **Gottesackerkirche,** heute Museum, am westlichen Rand des historischen Stadtkerns zurück. Mit zwei Stadttürmen an den südlichen Altstadtflanken haben sich einige Reste der **Umwehrung** aus dem 15. Jh. erhalten.

Für die Stadt, die sich besonders in den letzten beiden Jahrzehnten durch Industrie und neue Wohngebiete im Osten ausgeweitet hat, besitzt der historische Stadtkern nach wie vor kleinstädtischen City-Charakter, was sich nicht zuletzt im Verkehrsaufkommen zeigt.

Ranis

In ein schmales Seitental eingebettet liegt das kleine Städtchen Ranis. Hoch über die Dächer der einfachen Häuser steigen die gewaltigen Felsen des langen Höhenzuges empor, welche die Bauten der **Burg Ranis** tragen. Im Fels unterhalb der Festungsanlage liegen in der *Ilsenhöhle* alt- und jungpaläolithische Fundstellen, die zu den reichsten Mitteleuropas gezählt werden. Sie sind in den 30er Jahren gründlich erforscht worden.

Die Burg selbst wird 1085 erstmals erwähnt. Sie spielte eine Rolle in der Sicherung des Reichsgebietes Kaiser Friedrichs I. einmal zu den noch slawisch durchsetzten Gebieten hin, zum anderen auch für das Land um Saalfeld, das ihm gehörte. Schon im späten 12. und frühen 13. Jh. geriet die Festung in dynastische Auseinandersetzungen und kam schließlich in schwarzburgischen Besitz. Zerstört wurde Ranis im Thüringer Grafenkrieg des 14. Jh., und am Kriegsende verkauften es die Schwarzburger an die Markgrafen von Meißen. Mit den Landesteilungen zu Beginn des 15. Jh. erhielt die Burg neue Bedeutung als Hofstätte und wurde ausgebaut. Hernach gelangten die Herren von Brandenstein, Verwandte des

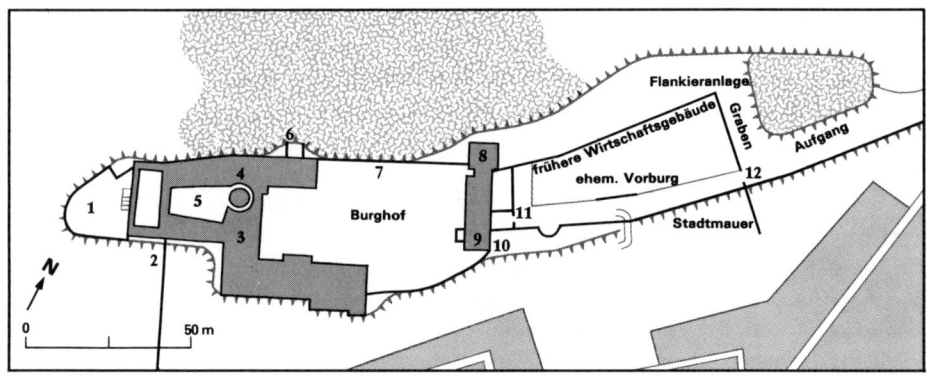

Burg Ranis   1 ehem. Würzgarten   2 Stadtmauer   3 Hauptburg (Museum)   4 Bergfried   5 hinterer Burghof   6 Flankierturm   7 ehem. Wehrgang mit Gebäuden   8 Hungerturm   9 Vorburg 10 Ilsenhöhle   11 Tor   12 Tor

Herzogs Wilhelm von Sachsen, in ihren Besitz, und schließlich kam sie als Lehen an die Familie von Breitenbuch und damit in den niederen Adelsbesitz.

Die Burg entstand in drei großen Bauabschnitten, die zugleich historischen Epochen entsprechen: Der *hintere Burghof* mit einem *Palas* und ursprünglich freistehendem *Bergfried* bildet die Kernzelle. In einer zweiten Bauperiode zwischen dem 13. und 15. Jh. entstanden die östlich anschließenden Teile der *Hauptburg,* an der Südseite ein neuer *Wohnflügel,* der später abgerissene Kapellenbau und die Torbefestigung mit Wallgraben und Zugbrücke, von denen ebenfalls nichts mehr vorhanden ist. In der wettinischen Epoche erfolgte dann der repräsentative Ausbau zum *Schloß,* von dem die Zwerchhäuser in den Dächern und die Giebelaufbauten zeugen. 1646 vernichtete ein Blitzschlag die Gebäude um den engen hinteren Hof. An ihrer Stelle errichtete man nun um den für die Hofhaltung nicht mehr repräsentativen ältesten Burgflügel einfache Wirtschaftsbauten.

Steigt man zur Burg empor, muß nach dem äußeren Graben zunächst das erste Tor zur Vorburg durchschritten werden. Das heute nur noch ummauerte Gelände wurde im Laufe der Zeiten den Waffentechniken baulich angepaßt, wie die Ausmauerungen zu erkennen geben. An dieses erste Burgtor schließt auch die Stadtmauer an, welche an der Südseite des hinteren Burghofes wieder endet, nachdem sie die Siedlung umzogen hat. Diese eindrucksvolle Wehr- und Wohnburg Ranis birgt ein interessantes *Museum* zur Baugeschichte, zu den ur- und frühgeschichtlichen Funden sowie eine geologische Ausstellung. Die unweit von Ranis liegende staatliche seismologische Station stellt sich in einer Reihe von Instrumenten und Dokumentationen vor. Von der Burgterrasse blickt man über das Orla-Tal bis zum Kulm, der mit seinem 482 m hoch gelegenen Aussichtsturm die südwestliche Spitze der Saaleplatte markiert – oft eingehüllt in die Rauchschwaden der Maxhütte Unterwellenborn. Auch hier lasten die Folgen der Industrieausweitung deutlich auf der Landschaft.

306

Vom Holzland ins Osterland

Für das waldreiche Gebiet der nach Norden auslaufenden Saaleplatte und die hochliegende flachhügelige Landschaft um Bad Klosterlausnitz und Hermsdorf trifft der Begriff Holzland auch heute noch zu. Die Nord-Süd-Autobahn Berlin–München verläuft mitten durch die weiten Wälder. Nachdem die letzte Anhöhe bei Eisenberg erklommen ist, wird das allmähliche Absinken der Saaleplatte zur Leipziger Tieflandbucht jedem Autoreisenden erlebbar.

Osterland indes ist ein historischer Begriff. Die *Marchia orientalis* umfaßte im Mittelalter das Gebiet östlich der Saale bis hin zur Mulde und unteren Elbe. Seit dem 14. Jh. kam die Bezeichnung Osterland für das Altenburger Land in Gebrauch und bezeichnete diesen Teil der wettinischen Lande einschließlich Mulde- und Elster-Tal. Später dann durch amtliche Namen ersetzt, bestand sie als ein historisches Relikt fort. Auf den Spuren der Geschichte sollten wir uns ihrer besinnen, umschrieb sie doch durch ein halbes Jahrtausend thüringisches, präziser ostthüringisches Gebiet.

Stadtroda – Bad Klosterlausnitz – Hermsdorf

Mitten im Holzland soll unser Exkurs beginnen – im alten Westkreis des Herzogtums Sachsen-Altenburg, zu dem das Gebiet der Saaleplatte fast ein Jahrhundert – genau von 1826–1918 – gehörte. Die Kolonisierung – auch im agrarisch-siedlungsgeschichtlichen Sinne – der mittelalterlich unwirtlichen und kaum bewohnten Hochfläche der Saaleplatte ging von den Lobdeburger Grafen aus. Sie gründeten um 1250 auf dem rechten Ufer der Roda im heutigen **Stadtroda** ein *Zisterzienserinnenkloster,* das sie zugleich zu ihrem Hauskloster mit Begräbniskirche erhoben. Von der alsbald errichteten Anlage ist nach der Säkularisierung im 16. Jh. lediglich die Ruine der Kirche verblieben. Es handelt sich um einen einschiffigen Saalbau mit einem seitenschiffartigen Anbau für die Gruft an der Nordseite, dessen weite Arkaden, von Rechteckpfeilern getragen, sich zum Saal öffnen. Von der Nonnenempore im westlichen Teil der Kirche stehen noch die Arkaden der Tragearchitektur. Der Chor lag sechs Stufen erhöht. Die Stadt erstreckt sich um den Marktplatz im Tal bis in die engen Seitentäler hinein und zieht sich an den Hängen empor. Neben der

307

achteckigen *Pfarrkirche* aus dem letzten Viertel des 16. Jh., die nach einem Brand in der zweiten Hälfte des nachfolgenden Jahrhunderts erneuert und dann barock ausgestaltet wurde, und dem *Rathaus* von 1479 ist noch der *Schloßbau* von 1663 zu vermerken. Als wohl ältestes Gebäude Stadtrodas sollte die *Heilig-Kreuz-Kirche* Beachtung finden. Ihr Bau geht auf die zweite Hälfte des 12. Jh. zurück, ist aber schon in der Gotik und dann im Barock neu gestaltet worden. Der Turmaufbau stammt sogar erst von 1826. Schließlich blieb am Töpferberg eines der mittelalterlichen *Stadttore* erhalten.

Der Kurort **Bad Klosterlausnitz** erfuhr vor allem in den 20er und 30er Jahren unseres Jahrhunderts durch damals moderne Kurbauten Erweiterung. Hier trifft man auf ein Stück Geschichte der Denkmalpflege: Alexander Ferdinand von Quast, Schüler Karl Friedrich Schinkels, bekannt geworden durch die Restaurierung der Trierer Liebfrauenkirche, des Aachener Münsters, des Erfurter Doms und der Stiftskirche Gernrode und seit 1843 erster Konservator der Preußischen Kunstdenkmäler, baute 1855–66 die romanische *Kirche des Augustiner-Chorfrauenstiftes* wieder auf. Der Bau der dreischiffigen Basilika mit Doppelturmfront war um die Mitte des 12. Jh. begonnen und 1185 geweiht worden. Nach der Reformation hatte die Kirche leergestanden und war verfallen, Türme und Langhaus waren völlig abgetragen worden. Nur die Querschiffs- und Chorpartie hatten die Jahrhunderte überstanden. Die Freilegung der Fundamente und die Rekonstruktion des Kirchenbaus nach damaligem Wissen dürfen als eine hervorragende konservatorische Leistung angesprochen werden. Innen befindet sich ein beachtenswerter Kruzifixus aus den 30er Jahren des 13. Jh.

Hermsdorf zeigt sich im Gegensatz zu Bad Klosterlausnitz als neuer Industrieort für Elektrotechnik und Holzverarbeitung. Neben den beiden Orten kreuzen sich die Nord-Süd- und die Thüringisch-Sächsische Autobahn im *Hermsdorfer Kreuz*, einem der ersten Autobahn-Großbauwerke, das 1937 fertiggestellt war. Der Baustil der 30er Jahre kennzeichnet gleichermaßen die Architektur der nahen Raststätte. Nur wenige Fahrminuten westwärts führt die Straße über die *Teufelstalbrücke*. Sie wird auch heute noch als brückenbautechnische Meisterleistung angesehen – und ihre ästhetische Formgebung verdient gleichermaßen hervorgehoben zu werden. Das aus zwei parallelen Bogenkonstruktionen bestehende Bauwerk war entstanden, um die Stahlbetonbauweise und ihre technischen Möglichkeiten zu demonstrieren: Die Fahrbahnen führen über die zwei 138 m weit gespannten Bogen, gestützt von jeweils zwölf Tragewänden auf jeder der vier Bogenseiten. 56 m hoch und 253 m lang, war sie 1936 die größte Brücke ihrer Art im entstehenden Autobahnnetz. Den Entwurf schuf Paul Bonatz, Erbauer des Stuttgarter Hauptbahnhofs; die Ausführung oblag Emil Mörsch, auf den viele Alpenbrücken zurückgehen.

Bürgel – Eisenberg – Krossen – Bad Köstritz

Wie auf einem Plateau in dem sich westwärts nach Jena und ostwärts nach Gera senkenden Tal liegt Eisenberg. Eine kurze Fahrt nach Westen führt in die alte Töpferstadt **Bürgel**.

Die Klosterkirche zu Thalbürgel bei Jena, Holzstich nach einer Zeichnung von L. Preller, 1867

Unterhalb am Talrand liegt weithin sichtbar die Kirche des einstigen *Benediktinerklosters Thalbürgel* im gleichnamigen Ort. Erhalten blieben das Langhaus und der südliche Seitenturm der kluniazensisch geprägten romanischen Kirche sowie Teile ihrer Vorhalle. Der Bau des 1133 gegründeten Klosters war um 1200 vollendet. Halb verfallen, wurden die noch bestehenden Teile 1863–90 und neuerlich in den 60er Jahren unseres Jahrhunderts restauriert. Dabei sind auch die Grundmauern des fünfapsidialen Staffelchores freigelegt und Reste des romanischen Lettners gesichert worden. Neben Paulinzella haben wir hier eines der schönsten Bauwerke aus dem 12. Jh. in Thüringen vor uns.

Das alte **Eisenberg** umgrenzen und überragen heute Industriebauten. Dennoch gibt sich die architektonische Geschlossenheit des Stadtkerns bereits aus der Ferne zu erkennen. Am Rande der altstädtischen Siedlung und der südlich anschließenden Neustadt liegt der Markt und im Süden des 1171 erstmals genannten Ortes der Burgbezirk, in dem wir heute das barocke Schloß vorfinden. Den Marktplatz umschließen mehrgeschossige Bürgerhäuser aus dem 16.–18. Jh., aus denen an der Nordseite das große dreigeschossige *Superintendenturgebäude* herausragt. Als Eckhaus ist es durch die doppelgeschossigen Erker und deren Renaissance- und spätgotischen Dekor sowie das reiche Portal geschmückt. Zwi-

309

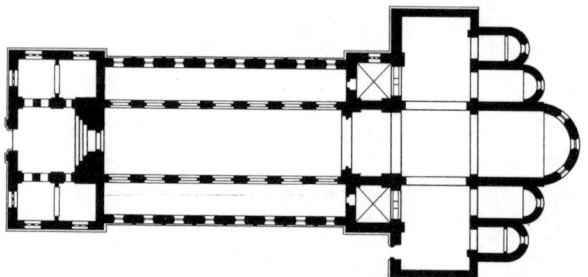

Bürgel, Benediktiner-Klosterkirche Thalbürgel, ursprünglicher Grundriß

schen ihm und dem Ratsgebäude inmitten des großen Platzes steht der barocke *Mohrenbrunnen*. Das dreigeschossige *Rathaus* betont der schlanke und hoch aufsteigende Achteckturm mit laternengeschmückter Haube. Neben ihm sitzt auf dem erkerartigen Ausbau ein gleichfalls haubenbekrönter Dachreiter. Ende des 16. Jh. erbaut, weisen die dekorativen Formen der Portale und Türen auf Erweiterungen von 1593 und zu Beginn des 18. Jh. hin. Einen dritten beherrschenden Bau in diesem Ensemble stellt die spätgotische *Stadtkirche* dar. Ihr quergestellter stumpenartiger Westturm unterstreicht die Formenschwere des später mehrfach umgestalteten Baus.

Nach dem Tode Herzogs Ernst des Frommen von Gotha, zu dessen Herrschaftsgebiet Eisenberg gehörte, kam es 1681 unter seinen Söhnen zur Teilung des Herzogtums. Herzog Christian erhielt das nun eigenständige Herzogtum Sachsen-Eisenberg. Das hatte den sofortigen Ausbau eines *Residenzschlosses* zur Folge, das schon 1677 begonnen worden war. Christian Wilhelm Gundermann und Johann Moritz Richter waren die Baumeister des etwa quadratisch angelegten dreigeschossigen Komplexes, dessen Ostflügel sie als Schloßkirche gestalteten. Über dem vortretenden Chorbau erhebt sich ein etwas gedrungener und haubengeschmückter Achteckturm. Zur Ausgestaltung des Schlosses und insbesondere der Kapelle (Abb. 69) hatte man die auch in Gotha und Saalfeld an den Schloßbauten tätigen Stukkateure um Caroveri, Quadro und Tavilli nach Eisenberg geholt, wo sie bis 1687 den gesamten Kapellenraum einschließlich Kanzelaltar, Orgel und Galerien mit einer phantastischen Stuckdekoration von kaum zu übertreffender Üppigkeit versahen. Ergänzt wurde der Schmuck durch Freskenmalereien. Die strahlende Helligkeit des Stucks gepaart mit den Marmorfarbtönen und der Buntheit der Decken ließ einen der reichsten, wohl auch der schönsten barocken Kapellenräume Thüringens entstehen. Sein Glanz überrascht noch heute. Der Glanz der Residenz indes war nur von kurzer Dauer, denn 1707 starb Herzog Christian von Sachsen-Eisenberg, und mit der Linie erlosch der höfische Barock-Miniaturstaat nach nur 26 Jahren.

Nahe **Krossen** erreicht die Straße das Elster-Tal. Auf der westlichen Anhöhe liegt über dem Städtchen das barock umgebaute *Renaissanceschloß* mit dem Turm einer alten Burg. Die Gebäudegruppe umschließt einen weiten Hof. Der Leipziger Kaufmann David Fleischer hatte 1700 das wohl etwas ›heruntergekommene‹ Schloß gekauft und bis 1712 großartig ausbauen und ausmalen lassen. Der herausgehobene Mittelbau des Südflügels birgt mit dem Festsaal ein ganz eigenes barockes Kunstwerk: Wände und Decke dieses baulich ›glatten‹ Raumes tragen eine außerordentliche reiche architektonisch-illusionistische Ausmalung. Sie täuscht die Zweigeschossigkeit des Saales und an der Decke nochmals die Überhöhung um ein weiteres, unvollendet gebliebenes Geschoß vor. Pilaster und Säulenarchitektur, mächtiges Gesims und die Wolkenmalerei mit der antiken Götterversammlung im Deckenspiegel bewirken eine vollständige Verfremdung. Der Saal ist heute allerdings nur über das im Schloß untergebrachte Institut für Lehrerbildung zu betreten.

Bad Köstritz wurde eigentlich durch sein Schwarzbier und die Kureinrichtungen bekannt. Während man Bier schon seit 1543 braut, gehen die Kurbauten erst auf die 1864 eröffnete Solebadeanstalt zurück. In der kleinen Stadt steht aber auch das Geburtshaus von Heinrich Schütz, dem Musiker der frühen Barockzeit. Das Haus, das im 18. Jh. seine jetzige, erneuerte Gestalt erhielt, nimmt die *Schütz-Gedenk- und Forschungsstätte* auf, die einen Einblick in Leben und Werk des Komponisten vermittelt. Als Graf Heinrich I. von Reuß-Schleiz 1690 in Köstritz eine Herrschaft für seinen nicht regierenden Sohn Heinrich XXIV. aus dritter Ehe einrichtete, ließ er das *Schloß* anlegen. Der Bau blieb bescheiden, und auch die heute noch bestehenden schlichten zweigeschossigen Putzbauflügel mit einem schweren Torturm wirken wenig repräsentativ. Ihnen schließt sich ein *Park* in der Elster-Aue an, der jedoch erst ausgestaltet wurde, als der Badebetrieb begann.

Gera

Gera ist die zweitgrößte Stadt Thüringens. Wer hier ankommt – ob von Norden über die Autobahn oder mit der Eisenbahn, ob von Süden über die Höhen der Saaleplatte oder durch das Elster-Tal – gewinnt den Eindruck einer großen Industriestadt. Das Elster-Tal scheint eine einzige Fabrik zu sein. Auf den wenigen Freiflächen drängen sich die Wohnhäuser der Siedlungen. Wie riesige Pylone ragen die Schlote von Heizkraftwerk und Gasturbinenwerk im Norden 220 m hoch empor, ebenso gewaltige Schornsteine stehen im ausgedehnten Industriegebiet südlich des Stadtkerns. Dieser liegt am Osthang des Elster-Tals, markiert durch die schlanken Türme von Rathaus und Salvatorkirche, umzogen von Vierteln des 19. und frühen 20. Jh. und den vielgeschossigen Betonbauten neuester Wohnstraßen.

Trotz des Ausbaus in den beiden letzten Jahrzehnten bewahrt Gera sowohl typisch Thüringisches als auch gewachsenes Großstädtisches. Das mag daher rühren, daß es immer mehr Handelsstadt als Residenz, mehr regionales Verwaltungs- als Repräsentationszentrum war und so eine Kontinuität im Stadtbau bestehen blieb. Mit der neuen Rolle als Bezirksstadt wurde ähnlich wie in Suhl seit den 60er Jahren nach einer neuen Art städtebaulicher Repräsentanz gesucht; und wie dort besteht das Ergebnis hier in einem riesig dimensionierten Platz mit einem ›Haus der Kultur‹. Dieses Gebäude – durchaus als Monument verstanden – beansprucht viel mehr an städtischem Raum um sich herum, als es von

Volumen und Ästhetik her auszufüllen vermag. Der Kontrast von historisch gewachsener und in wenigen Jahren ›produzierter‹ Stadt – angesichts der Schäden des Zweiten Weltkrieges ließe sich auch sagen ›reproduzierter‹ Stadt – kann sich kaum deutlicher zeigen als im Vergleich der beiden benachbarten Bereiche des Marktes mit den anschließenden altstädtischen Hauptstraßen einerseits und des Platzes der Republik mit den ›Magistralen‹ der Rudolf-Breitscheid-Straße und der Straße der Republik andererseits. Die Stadt stellt in ihrer urbanistischen Widersprüchlichkeit ein gebautes Zeitbild dar – und das wiederum bleibt nicht nur für Gera charakteristisch. Wir finden es mit gleicher Gegensätzlichkeit, nur stilistisch oder politisch modifiziert und noch größer in Brüssel, Warschau oder Bonn.

Schon in vorgeschichtlicher Zeit war das Elster-Tal besiedelt. Alt- und mittelsteinzeitliche Funde, bronze- und latènezeitliche Objekte kamen bei Erdarbeiten und Grabungen immer wieder zutage. Von der slawischen Besiedelung des Gebietes zeugen Reste einer Wallburg auf dem Zoitzenberg im Süden der Stadt. Der Name von Gera taucht erstmalig in einer Urkunde von 995 auf, welche die Schenkung an das Bistum Zeitz besiegelt – gemeint ist sicher das Land. Es gelangte kurz darauf, im Jahre 999, in Besitz des Stiftes Quedlinburg, von dem aus hier an der Elster ein Wirtschaftshof eingerichtet wurde. Als die Vögte von Weida zu Beginn des 13. Jh. die Verwaltung des Siedlungsgebietes übernahmen, ließen sie sich zwischen der Ronneburger Höhe, in deren Raum vermutlich eine slawische Siedlung lag, und dem Fluß nieder. In eben dieser Zeit bildeten sich erste städtische Strukturen um den Marktplatz heraus. Der Stadtherrensitz muß im Bereich der heutigen Burgstraße vermutet werden. Wahrscheinlich befand sich jener Quedlinburger Wirtschaftshof auf der Anhöhe bei der heutigen Salvatorkirche und mit ihm auch ein erstes Gotteshaus. Der Straßenname ›Hinter der Mauer‹ deutet die Nordgrenze des ältesten Stadtraumes an, ›Stadtgraben‹ die südliche. 1450 erlitten die Burg und große Teile dieser ersten Stadtsiedlung im sächsischen Bruderkrieg schwere Schäden; trotz böhmischen Einschreitens unter Karl IV. erlangten die Wettiner die Vorherrschaft über das Gebiet von Gera. Schloß Osterstein über dem westlichen Elster-Ufer wurde nun Residenz, welche unter böhmischer Lehnsherrschaft 1547 an die Fürsten Reuß jüngere Linie überging, die bis 1806 als Reichsgrafen regierten und bis 1918 hier residierten.

War durch die Brandschatzung der mittelalterlichen Stadt während der kriegerischen Ereignisse um 1450 die Bausubstanz der frühstädtischen Epoche zum Teil vernichtet, so dezimierten weitere Feuersbrünste im 17. und 18. Jh. die nachmittelalterlichen Gebäude; schließlich gab es 1886 einen weiteren Stadtbrand. Das erklärt die bauliche Unterschiedlichkeit ganzer Straßenzüge im alten innerstädtischen Gebiet und den Verlust nahezu aller Befestigungsanlagen. In der Aufzählung der Zerstörungen sind weiterhin die umfangreichen Schäden des Zweiten Weltkrieges zu vermerken, die heute mit den bereits erwähnten Neubauten großflächig beseitigt sind. Schloß Osterstein wurde 1945 zerstört.

Innerhalb des Stadtkerns, der trotz aller Fährnisse in seinem historischen Bestand noch relativ gut erhalten und in weiten Bereichen ansprechend restauriert ist, bildet der **Markt** den zentralen Punkt (Farbabb. 2). Bürgerhäuser des 18. Jh. mit charakteristischen Dach-

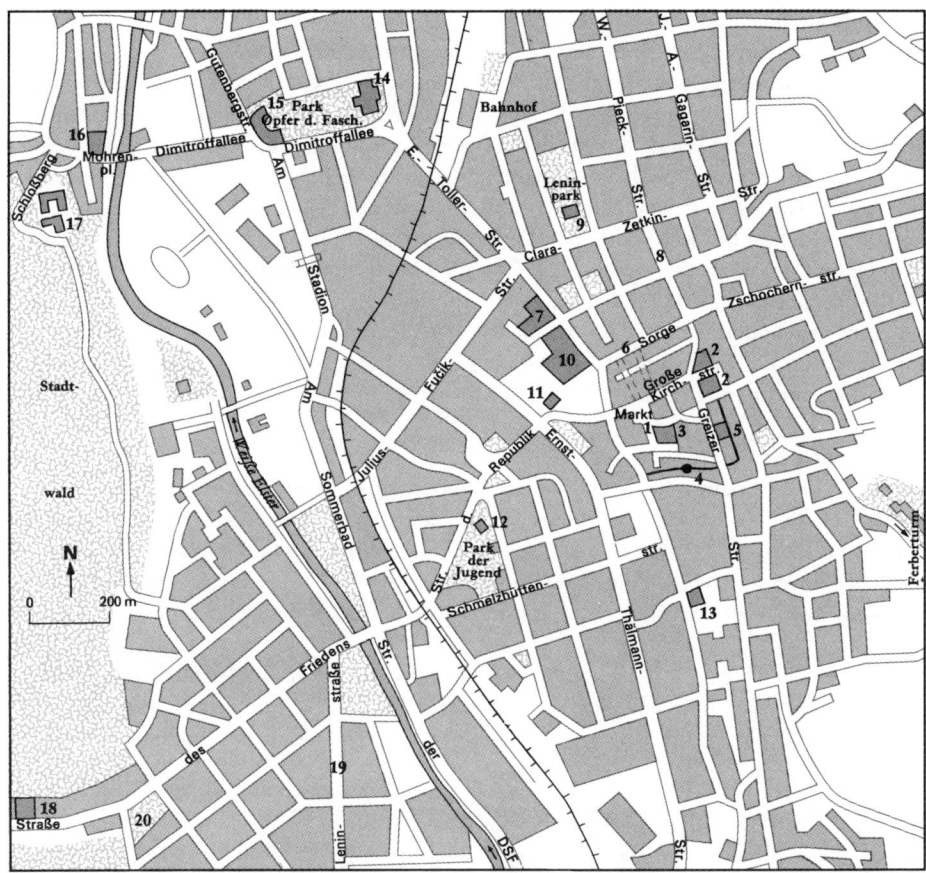

Gera 1 Markt mit Rathaus und Stadtapotheke 2 Nikolaiberg mit Salvatorkirche, Schreibersches Haus (Museum für Naturkunde) 3 Kornmarkt und Neues Rathaus 4 Stadtmauer und Turm 5 Ferbersches Haus (Museum für Kunsthandwerk) 6 Sorge 7 Verwaltungsgebäude 8 Leipziger Straße 9 Leninpark und Johanniskirche 10 Kulturhaus 11 Zucht- und Waisenhaus (Historisches Museum) 12 Park der Jugend, Trinitatiskirche 13 Altes Theater 14 Theater 15 Park der Opfer des Faschismus, Orangerie (Kunstgalerie) 16 Marienkirche und spätgotisches Haus, Gries 5 17 Schloß Osterstein 18 Haus Schulenburg 19 Dahliengarten

landschaften, Zugängen und Höfen verleihen dem Platz das Gesicht. Zwei Bauten stechen an der Südost- und der Nordwestecke hervor: das Rathaus und die Stadtapotheke. Nach 1450 wurde das **Rathaus** neu aufgebaut, und 1573–76 erhielt es seine heutige Gestalt vermutlich durch Nikolaus Gromann, jedenfalls besteht eine große Ähnlichkeit zum Rathausbau dieses Meisters in Altenburg. Hauptschmuckstück und baulichen Akzent für

Platz und Stadt stellt der *Turm* dar: Er überragt die Traufe und das hohe barocke Mansard-dach um sechs Geschosse. Besonders dekorativ ist der *Portalvorbau* an dem rustizierten Turmuntergeschoß ausgestaltet (Farbabb. 1). Die barocke Gestalt des *Rathaussaales* von 1773 blieb auch bei Erneuerungen erhalten. In den *Kellerräumen* sind neben der traditionellen Gaststätte die Vorstellungen des Geraer Kabaretts besonderer Anziehungspunkt. Das Gebäude der **Stadtapotheke** entstand im 16. Jh. als Eckbau, und diese Ecke schmückt auf ganz eigene Weise der prachtvolle Runderker aus dem Jahre 1606. Zwischen Apostelfiguren werden in Bildreliefs die vier Jahreszeiten dargestellt, ergänzt durch Wappentafeln und dekorative vielgliedrige Konsolen. Das alte **Gesellschaftshaus**, viergeschossig und in klassizistischer Gestalt 1822/23 erbaut, nimmt einen großen Teil der östlichen Platzseite ein. Ihm gegenüber wurde 1961 ein im Krieg zerstörtes Wohn- und Geschäftshaus mit Rücksicht auf die historische Geschlossenheit des Platzes dem ursprünglichen Zustand angenähert und neu aufgebaut. Im **Simsonbrunnen** steht seit 1979 eine Kopie des Bildwerks aus dem späten 17. Jh.

Die **Große Kirchstraße** berührt als historischer Hauptverkehrsweg den Markt an seiner Nordseite und ist nahezu komplett in dem Baubestand erhalten, der nach dem Brand von 1686 geschaffen wurde. Während des 18. Jh. barockisiert, zeigt das ehemalige **Buttermannsche Haus** (Nr. 7) durch sein Portal eine besonders reiche Fassadengestaltung. In anderen Häusern verblieben die gewölbten Erdgeschosse und Durchgänge zu den Parallelstraßen, so daß man hier noch einen Eindruck von der Stadt des 17. und 18. Jh. gewinnen kann.

Auf dem Nicolaiberg erhebt sich die barocke **Salvatorkirche** an der Stelle eines älteren Gotteshauses. Hier hat sich einst vermutlich auch der Quedlinburger Wirtschaftshof befunden. Die platzartige Kirchenumgebung läßt dessen mögliche Umfänge erkennen.

Gera, mittelalterlicher Keller unter einem Bürgerhaus, sogenannter Höhler

Gera, Fassade des Ferberschen Hauses, jetzt Museum für Kunsthandwerk

Die Pläne für den 1717 begonnenen Kirchenneubau schuf David Schatz, der Turm war 1779 vollendet. Der barocke *Saalraum* ist basilikal erweitert worden und erfuhr 1903 eine einheitliche Neugestaltung in floral-ornamentalen Jugendstilformen nach Entwürfen von Adolph Marsch (Abb. 71). Er zeigt eine der geschlossensten und besterhaltenen Raumausstattungen dieser Kunsthaltung in Thüringen und darüber hinaus.

Neben dem dominierenden Kirchenbau steht – über älteren Grundmauern aus dem frühen Mittelalter – das **Schreibersche Haus**. Der auf das 17. Jh. zurückgehende Barockbau erscheint äußerlich kaum bemerkenswert, sieht man vom Portal mit dem figurengeschmückten Giebel ab. Im Inneren jedoch bietet das zweite Obergeschoß eines der schönsten barocken Raumerlebnisse in Gera. Die reiche Stuckdekoration des *Festsaales* entstand mit dem Ausbau des Hauses für die Kaufmannsfamilie Perner 1686–88. Es ist zu vermuten, daß italienische Stukkateure hier mitarbeiteten. 1716 erwarb der Leipziger Textilkaufmann Schreiber das Haus, das seither seinen Namen trägt. Schon seit dem Mittelalter hatte das Tuchmacherhandwerk das wirtschaftliche Rückgrat Geras gebildet. Niederländische Exulanten förderten mit Wissen um neue handwerkliche Technik dieses Gewerbe. Zugleich gewann die Stadt damit auch als Handelszentrum für Textilien an Bedeutung. Die relativ gut ausgebauten Wege nach Leipzig trugen wesentlich dazu bei, denn nun verbanden sich Geraer Gewerbeinteressen mit der Leipziger Messe, Leipziger Kaufmannsinteressen mit Geras Textilfabrikation. Das drückt sich nicht zuletzt in den patrizischen Verbindungen zwischen beiden Städten aus. Noch eine Besonderheit birgt das Schreibersche Haus: Die Tonnengewölbe der Kellerräume geben zu erkennen, daß seine Grundmauern zu den ältesten der Stadt zählen. Diese sogenannten *Höhler* haben sich in den ostthüringischen Städten mehrfach erhalten – unter anderem auch in Altenburg –, und sie sind bisweilen tief in den anstehenden Fels eingehauen. Dabei entstanden zusammenhängende Keller- und Gängesysteme unter mehreren Häusern. Im Mittelalter dienten

315

sie für die Lagerung von Bier, möglicherweise gehen sie auch auf Zeiten zurück, in denen die Braugerechtigkeit noch nicht allgemein ausgesprochen war. Das Schreibersche Haus wird heute vom *Museum für Naturkunde* mit seinen interessanten und vielfältigen Ausstellungen genutzt.

Nur wenige hundert Meter südlich steht in der Bauzeile des alten Tuchmacherviertels an der Greizer Straße mit dem **Ferberschen Haus** eine weitere ›Textilresidenz‹. Dieses große historische Wohn- und Geschäftsgebäude ist eigentlich ein Doppelhaus, im Barock errichtet und nach einem Feuer von 1780 erneuert. Das schöne *Portal* mit dem figurengeschmückten Giebel stammt allerdings noch aus der Zeit vor dem Brand. In den historischen Innenräumen wurde 1984 das *Museum für Kunsthandwerk* eingerichtet.

Unweit vom Ferberschen Haus verblieb am Stadtgraben der letzte **Stadtmauerturm** Geras. Dahinter liegt der schmale Kornmarkt mit dem rückwärtigen Rathausanbau aus dem Jahre 1793 sowie dem großen dreigeschossigen **Neuen Rathaus** von 1911, dessen *Portal* eine Nachbildung des alten Badertores des frühen 17. Jh. darstellt.

Verlassen wir Kornmarkt und Markt westwärts, fällt der Blick bald auf den roten Barockbau des alten **Zucht- und Waisenhauses.** Die Pläne für das 1732–38 errichtete Gebäude gehen auf Johann Christian Palm zurück. Nach den Zerstörungen im Zweiten Weltkrieg, die in diesem Stadtbereich besonders groß waren, wurde es wiederhergestellt und nimmt seitdem das *Historische Museum* auf. Die früher schon gegebene städtebauliche Wirkung konnte mit der Anbindung an den großen Platz der Republik kaum gesteigert werden. Am Hotelneubau ›Stadt Gera‹ vorbei führt der Weg zur **Trinitatiskirche,** einem einschiffigen gotischen Bau, der im frühen 17. Jh. erweitert und 1899 mit einem Turm versehen wurde. Im Inneren findet man eine reiche *Renaissance-Ausmalung* mit buntem Roll- und Beschlagwerk aus der Zeit um 1610, *Epitaphe* und eine *Kanzel* aus dem 16. und 17. Jh. Die spätgotische *Außenkanzel* an der Nordseite der Kirche stammt von der früher benachbarten Wolfgangskapelle und trägt eine reiche Maßwerkdekoration; sie ist um 1500 entstanden.

Eine ganz andere architektonische Dimension und Sprache zeigt das Empfangsgebäude des nicht weit entfernten **Südbahnhofs** von 1911. An die große Eingangshalle, die längs zum erhöhten Bahnkörper steht, schließen beiderseits symmetrisch zusammengefügte Baukörper an, zweigeschossig, mit senkrechter Putzgliederung der Klinkerarchitektur und durch die klare Fensterformung und Gliederung versachlicht. Das ästhetisch ausgewogene Bauwerk zeigt sich zweckbezogen und charakteristisch für die Frühmoderne unseres Jahrhunderts. Eine ganz ähnliche Haltung kennzeichnet auch das zehngeschossige, turmartige Hochhaus des ehemaligen **Handelshofes** an der Straße des 7. Oktober zwischen Altstadt und Hauptbahnhof. Als Stahlbetonskelettbau 1928/29 geschaffen, ragt der Turm über die ›runde Ecke‹ des vier- und fünfgeschossigen Flügelbaus auf, an den beiden obersten Geschossen durch lediglich einen zahnartigen Vorzug der Ecke und das große Zifferblatt der Uhr geschmückt. Architekt war Hans Brandt.

Die ostwärts anschließenden Viertel mit den Wohn- und Geschäftsstraßen Sorge, Leipziger Straße, Humboldt- und Clara-Zetkin-Straße, die vorwiegend der Stadterweiterung des 19. Jh. entstammen, bilden das eigentliche Kommunikationszentrum Geras. In der architektonischen Vielteiligkeit und der wiederhergestellten gründerzeitlichen Gesamtwirkung stellt die **Leipziger Straße** ein städtebauliches Denkmal dar. Hier sollten der 1912 ursprünglich für die Tietz-Warenhauskette errichtete *Kaufhausbau* mit Monumentalsäulenordnung vor den drei durch Fensterbänder gegliederten Obergeschossen und die *Passagen* wie der Amthordurchgang nicht übersehen werden. Sie zählen zu den wertvollsten in architektonischem Zusammenhang verbliebenen Räumen, den wenigen großstädtischen Thüringens!

Wurde das Gebäude des **Hauptbahnhofs** schon in den 60er Jahren seiner Neorenaissance-Fassaden entkleidet, so behielt das **Theater** der Stadt Gera seine Gestalt in spätem Jugendstil von 1901/02 (Abb. 70). Der Erbauer des Berliner Theaters am Schiffbauerdamm, Heinrich Seeling, schuf dieses zwischen dekorativer und geometrischer Art nouveau, zweckbezogener Raumordnung und repräsentativer Bauformung stehende Haus. Übergiebelter Vorbau mit Kuppel, Riesennische und Portikus sowie die renaissancehafte Wandgliederung symbolisieren den künstlerischen Anspruch, Dekorationsglieder und Farbigkeit das sezessionistische Anliegen – außen wie im Zuschauerraum und im Konzertsaal. Eines der interessanten Theatergebäude der Jahrhundertwende zeigt sich heute wieder im fast ursprünglichen Zustand.

Während das Theater am Ostende des alten ›Küchengartens‹ – jetzt Park der Opfer des Faschismus – steht, breitet sich am Westende des Parkes die **Orangerie** aus. Ihre halbkreisförmige Anlage beherrscht der zweigeschossige *Mittelpavillon* mit breiter Durchfahrt. An ihn schließen sich beidseitig die niedrigen viertelkreisförmigen ehemaligen *Gewächshäuser* an und an diese wiederum die doppelgeschossigen und fast quadratischen *Eckpavillons*. 1729–32 wurde diese französische, streng symmetrische Bau- und Gartenanlage von Gottfried Heinrich Krohne geschaffen. In den Räumen der Orangerie befinden sich heute die *Kunstgalerie Gera* und das *Memorialmuseum* für den 1891 in Gera-Untermhaus geborenen Maler Otto Dix.

Vielleicht schon seit dem frühen 13. Jh. befand sich im Nordwesten Geras auf dem Geländevorsprung des Hainberges steil über der Elster eine Burg. Hier nahmen die Vögte von Weida und später die Fürsten Reuß jüngere Linie ihren Sitz. Seit dem ausgehenden 16. Jh. bis zum 18. Jh. wurde das **Schloß Osterstein** ausgebaut. Nach der Zerstörung 1945 blieben lediglich der runde *Bergfried* der Burg, der *Aquädukt* für die Wasserzuführung zum Schloß und einige Schloßgebäude um die nordwärts anschließende große Fläche erhalten. In den 60er Jahren legte man auf der Mitte des Plateaus über der Stadt eine *Terrassengaststätte* an.

Neben der Elster-Brücke am Fuße der Auffahrt zum Schloß Osterstein steht die kleine spätgotische **Marienkirche** mit noch romanischem Altarraum und gotischem Chor. An ihrer Nordseite erhebt sich der quadratische *Turm* mit vier Blendgiebeln, einschließlich des spitzen Nadelhelms mit spätgotischem Maßwerk geschmückt. Das Kircheninnere birgt einen spätgotischen *Flügelaltar* aus der Zeit um 1500.

Henry van de Velde schuf die Pläne für den zweigeschossigen Backsteinbau des ehemaligen *Hauses Schulenburg* an der Straße des Friedens (Nr. 120) im südwestlichen **Debschwitz.** Errichtet wurde es 1913/14 mit hohem Walmdach und gaupenartigen Dachausbauten sowie einem Turm. Das Gebäude ist kennzeichnend geworden für die Wandlung zum sachlich funktionellen Bauen im zweiten Jahrzehnt unseres Jahrhunderts. 1936 erfuhr es allerdings einige Veränderungen. Anbauten waren auch schon 1919 nach Plänen des van-de-Velde-Schülers Thilo Schoder entstanden. Auf ihn gehen ebenfalls der zum Kubistischen tendierende *Klinikbau* von 1929 an der Juri-Gagarin-Straße und die ehemalige *Villa Halpert,* Kurt-Keichert-Straße 11, zurück. Gleiche Stilhaltung verrät das Fabrikgebäude der alten *Seidenweberei Schulenburg & Bessler* in **Gera-Zwötzen,** wie das vorgenannte Haus Mitte der 20er Jahre errichtet.

Im alten Dorfkern von **Gera-Lusan** verblieb der spätromanische Chorturm an der kleinen *Dorfkirche* des 16. Jh. Im nördlichen Stadtteil **Tinz** steht noch der dreigeschossige Barockbau des *Wasserschlosses* mit großem Festsaal und Rokoko-Räumen.

Jenseits der Autobahn liegt **Langenberg.** Hier lohnt eine Besichtigung der *Dorfkirche.* An den spätgotischen, barock ausgebauten Saalraum schließt der romanische Chorturm an, den ein gleichfalls spätgotischer, in sich gedrehter Spitzhelm schmückt. Barocke Emporen und Patronatsloge, Orgelprospekt und der Kanzelaltar aus dem 17. Jh. geben dem Raum sein reiches Gepräge; beachtenswert ist auch der Flügelaltar von 1491.

Altenburg

Wer mit der Eisenbahn nach Altenburg kommt, sieht sich den baulichen Zeugnissen der späten thüringischen Residenz gegenüber: Eine breite, mit Wohn- und Villenbauten des vorigen Jahrhunderts gesäumte Achse führt seitwärts vom Bahnhof zur Stadt. Sie ist eine der typischen Repräsentationsstraßen jener Zeit – die vielleicht typischste überhaupt in Thüringen. Anders als ihre barocken Vorläufer aber zielt sie nicht mehr auf den Fürstensitz – das war mit der Ausgangssituation am Bahnhof städtebaulich auch kaum mehr möglich. Wie in Weimar bildet in Altenburg ein Museumsbau als neuer zeitcharakteristischer Akzent den Blickpunkt. In nahezu schloßartiger, barockisierender Gestalt entstand das **Lindenau-Museum** 1873 – also nur acht Jahre nach dem Weimarer Vorbild – als Zeugnis aufgeklärter höfischer Haltung. Initiator war der Sachsen-Altenburger Minister Bernhard von Lindenau, Kunstkenner und Sammler von hohem Rang. Ihm in erster Linie ist die in Deutschland zu den bedeutendsten zählende Sammlung griechischer und etruskischer Gefäße und früher italienischer Renaissancemalerei zu verdanken, ergänzt durch die Abgüsse antiker Plastiken. Einen umfangreichen Bestand kennzeichnet auch die Tafelbild- und Grafiksammlung zur Kunst des 15.–20. Jh.

Ein ebenso charakteristisches, wenn auch von der Ansehnlichkeit her kaum vergleichbares Gebäude aus der Mitte des vorigen Jahrhunderts blieb in der bahnhofsnahen Fabrikstraße erhalten. Es sieht aus wie ein alter Speicher, ist aber ein Flügel der einstigen **Kopfsta-**

tion der 1842 eingerichteten, zu den ersten deutschen Fernstrecken zählenden Leipzig-Bayerischen Eisenbahn – und zusammen mit dem in Leipzig ebenfalls noch stehenden Teil der Endstation das älteste Kopfbahnhofsgebäude zumindest Deutschlands.

Nimmt man vom Lindenau-Museum an der Schmalseite des im 18. Jh. zum Landschaftspark ausgestalteten Schloßgartens den Weg zur Stadt, so stößt man nach wenigen hundert Metern auf ältestes Siedlungsgebiet. Über einer ehemaligen Sumpfniederung, an die nur noch der Pauritzer Teich erinnert, liegt auf dem hohen Felsplateau das Schloß. Für frühmittelalterliche Zeit wurde hier oben eine Burgwallanlage archäologisch nachgewiesen, die etwa um 800 zentraler Herrschersitz für die slawische Bevölkerung des Gaues Plisni, des Pleißenlandes, war. Für 976 ist die Belehnung einer Burg durch Otto II. vermerkt, wobei deren Zusammenhang mit dem neu gegründeten Bistum Zeitz betont wird – die erste urkundliche Erwähnung Altenburgs. Kaiser Lothars III. Reichstag in einem *castro Plysn* 1132 dürfte gleichfalls mit einer nun schon ausgebauten und nicht mehr slawischen Burg in Altenburg in Verbindung zu bringen sein, und auch die etwa gleichzeitige Erwähnung eines Marktes deutet auf eine Siedlung hin. Zu jenem ältesten städtischen Kern führt die enge **Pauritzer Gasse** westlich des Pauritzer Teiches: Der langgestreckte **Brühl** bewahrt noch fast genau die Gestalt jenes alten Marktes. Seine Bedeutung auch in späterer Zeit unterstreichen die barocken Adelspalais aus der Residenzzeit Altenburgs.

Altenburg im 17. Jh., nach Merian

319

1603–72 war die Stadt Sitz der Fürsten von Sachsen-Altenburg, gehörte dann bis 1826 als Nebenresidenz zum Herzogtum Sachsen-Gotha und wurde schließlich bis 1918 wiederum Herzogtum Sachsen-Altenburg. Das **Seckendorffsche Palais** am Brühl, 1724 mit kräftig barockem Mittelrisalit erbaut, geht möglicherweise auf Pläne von David Schatz zurück, der in Gera die Salvatorkirche errichtet hatte. Im rechten Winkel zum Brühl steht an dessen Schmalseite das **Alte Amtshaus**, 15achsig, aber in der Grundgestalt dem Seckendorffschen Palais verwandt und nur ein Jahr nach ihm fertiggestellt. Heute dient es als Gerichtsgebäude.

Auf dem Platz vor den beiden Barockbauten befindet sich der **Skatbrunnen.** Altenburg gilt gemeinhin als Skatstadt, wenn es auch zu Erfindung und Geschichte dieses Kartenspiels ganz unterschiedliche Darstellungen gibt. Auf jeden Fall ist die Spielkartenherstellung seit 1832 in Altenburg heimisch, und hier hat das international anerkannte Skatgericht seinen Sitz. So kommt auch der Spielkartensammlung im Schloßmuseum mehr als nur stadthistorische Bedeutung zu: Sie stellt eine der umfangreichsten musealen Sammlungen dieser Art dar. Die vier Bubengestalten des Skatbrunnens auf dem Brühl sind eine Kopie der 1903 von Ernst Pfeifer geschaffenen Plastiken, die man im Zweiten Weltkrieg eingeschmolzen hatte.

Oberhalb des Brühl steht die **Stadtkirche St. Bartholomäus.** Ihre spätgotische Halle geht auf das ausgehende 15. Jh. zurück. Von einem romanischen Vorgängerbau der Zeit um 1125/35 ist die *Krypta* unter dem südlichen Seitenschiff erhalten geblieben. Den mächtigen achteckigen *Westturm* gestaltete 1660–69 Christoph Richter, der danach am Bau der Leipziger Börse am Naschmarkt mitwirkte. Nur wenige Schritte von der Kirche entfernt blieb der **Pohlhof** bestehen, ein altes Adelshaus von 1631 mit Backsteingiebel. Bernhard von Lindenau wohnte hier.

Ein zweiter mittelalterlicher Siedlungskern entstand jenseits des Tales südlich unter dem Schloßhügel. Ihn markieren die beiden *Backsteintürme* des 1172 geweihten, von Kaiser Friedrich I. Barbarossa gegründeten **Bergerklosters** der Augustiner Chorherren. Die ›Roten Spitzen‹ tragen unterschiedliche Helme: Der Spitzhelm des Südturms stammt von 1570. Wenige Jahre später sind Kirche und Klosterbauten abgerissen worden, und erst danach erhielt der Nordturm 1618 die barocke Haube. Um dieses Wahrzeichen Altenburgs rankt sich die Legende, Kaiser Barbarossa habe beide Türme seinem roten Bart und dessen unegalen Enden nachbauen lassen. Auf jeden Fall erscheint die Verwendung von Backstein und dessen so exakte Handhabung in dieser Landschaft und jener Zeit schon bemerkenswert. Leider ist gerade dieser noch in seinem unregelmäßig engen Gassensystem überkommene Siedlungskern in den letzten Jahrzehnten fast völlig devastiert und zu großen Teilen abgetragen worden.

Im Grundgerüst besser erhalten zeigt sich die mittelalterliche Neustadt, die sich im 13. Jh. um den langgestreckten **Markt** sowie den südlich parallelen engen Topf- und Kornmarkt an den Hängen der Talmulde entwickelte. Ihr Straßensystem ist nun regelmäßig. Die westliche schmale Marktseite nahm das Franziskanerkloster ein; an seiner Stelle erbaute man 1903 die ›stilfreie‹ **Brüderkirche.**

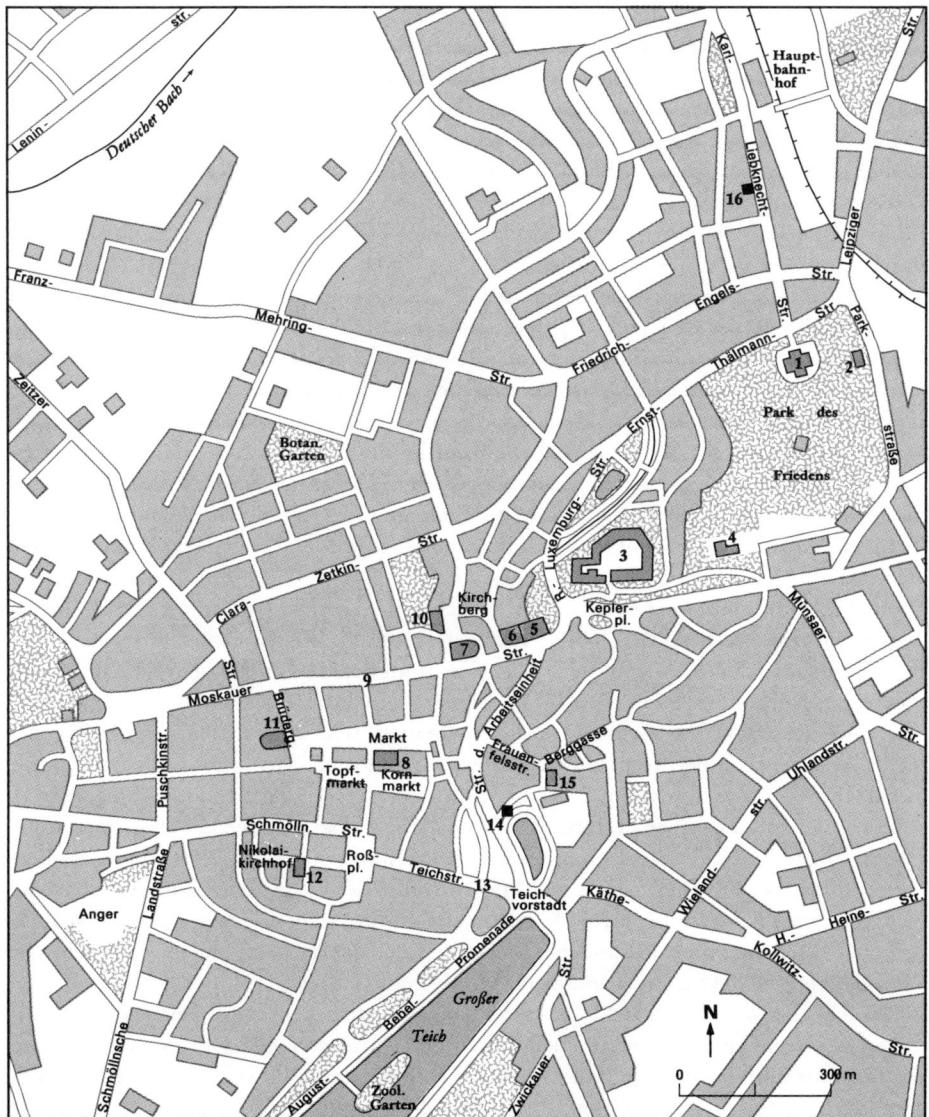

Altenburg 1 Lindenau-Museum 2 Mauritianum (Naturkundliches Museum) 3 Schloß (Schloß-museum, Spielkartenmuseum und Schloßkirche) 4 Teehaus und Orangerie 5 Landestheater 6 Brühl mit Seckendorffschem Palais und Altem Amtshaus 7 Bartholomäuskirche 8 Markt mit Rathaus 9 Moskauer Straße mit barockem Palais 10 Pohlhof 11 Brüderkirche 12 Nikolaiturm und Nikolaikirchhof 13 Teichstraße 14 Alte Wasserkunst 15 ›Rote Spitzen‹ (ehem. Bergerkloster) 16 Alter Bahnhof

Während die Häuser in der Umbauung der drei Märkte in ihrem Kern nahezu alle noch mittelalterlich sind, erhielten sie in der Renaissance- und Barockzeit neue Außengestalten. Sie geben vor allem dem Marktplatz sein geschlossenes Bild. In seiner Mitte erhebt sich der **Rathausbau** mit hohem Turm, eines der prächtigsten Renaissancebauwerke in Thüringen, das im Hinblick auf seinen baukünstlerischen Wert im Verlauf der Jahrhunderte immer wieder gepflegt worden ist (Abb. 73). 1562–64 lieferte der als großer Thüringer Renaissancebaumeister zu bezeichnende Nikolaus Gromann die Pläne. Die *Eckerker* zieren Bildreliefs; reiche *Portale*, historische Räume und Details im Hauptgeschoß sowie der *Ratskeller* gehen auf das 16. Jh. zurück.

Renaissance und Barock hinterließen an den beiden Hauptstraßenzügen im Norden und Süden, der Moskauer und der Teichstraße, einst prachtvolle Bauten. Ihr Zustand ist heute bedauernswert – und das trifft auch für die Bausubstanz der alten Gassen des historischen Stadtkerns zu. Wie in Eisenach zeigen sich auch in Altenburg die Folgen nur extensiver städtebaulicher Erneuerung in Verlusten stadt- und kunstgeschichtlicher Werte. Das betrifft in besonderem Maße die südliche ›Stadtkrone‹ Altenburgs um den romanischen Turm der schon im 16. Jh. abgetragenen **Nikolaikirche**. Hier haben sich sogar noch Strukturen einer frühstädtisch eigenständigen Siedlung bewahrt, um deren Bestand man indes fürchten muß, kommt es nicht rasch zu einer städtebaulich-denkmalpflegerischen Konservierung.

Möglicherweise waren es sachkundige Mönche, die seit etwa 1200 ein riesiges Auffangbecken für die mittelalterlichen Wasser der heute so unscheinbaren ›Blauen Flut‹ und einen Fischhalter anlegten. Als die mittelalterliche Stadt im Barock zur Residenz ausgebaut und im vorigen Jahrhundert zum zweiten Mal umgestaltet wurde, erhielten die beiden Wasserreservoirs die Form des ›Großen‹ und des ›Kleinen Teiches‹ südöstlich vor der Stadtmauer, von der sich hier Reste erhalten haben. Am Kleinen Teich steht noch die **Wasserkunst** – bis 1878 wurde aus dem Turm die Trinkwasserversorgung für die Stadt reguliert.

Seit hochmittelalterlicher Zeit unterstreichen die Schloßbauten in Altenburg die wettinische Machtstellung. Aber auch eine Geschichte kriminalhistorischen Einschlages ist überliefert: In der Nacht vom 7. zum 8. Juli 1455 entführte der Ritter Kunz von Kaufungen die beiden Prinzen Ernst und Albrecht aus dem Altenburger Schloß. Beide Prinzen überstanden die Entführung und begründeten 30 Jahre später die ernestinische und albertinische Linie des Hauses Wettin. Der Ritter Kunz wurde zum Tode verurteilt und enthauptet.

Das Altenburger **Schloß** stellt ein großartiges Architekturensemble aus neun Jahrhunderten dar. Seine im Halbrund um den weiten Hof errichteten Gebäude deuten die Form der frühmittelalterlichen Rundburg noch an. Der südwestliche Felsvorsprung ist durch gewaltige *Substruktionen* erweitert worden, um die spätgotische Kirche sowie die Renaissance- und Barockbauten aufnehmen zu können. Die Kirche erhebt sich ähnlich dem Erfurter Dom über einer großen Bogenkonstruktion, zu der man später die barocke Schloßauffahrt emporführte. Dieser majestätischen Südwestansicht des Schlosses entspricht nicht ganz der alte *Halbrundhof*. Hier stehen die noch spätmittelalterlichen Gebäude neben dem auf das 11. Jh. zurückgehenden Turm, den man nach seiner Dach-

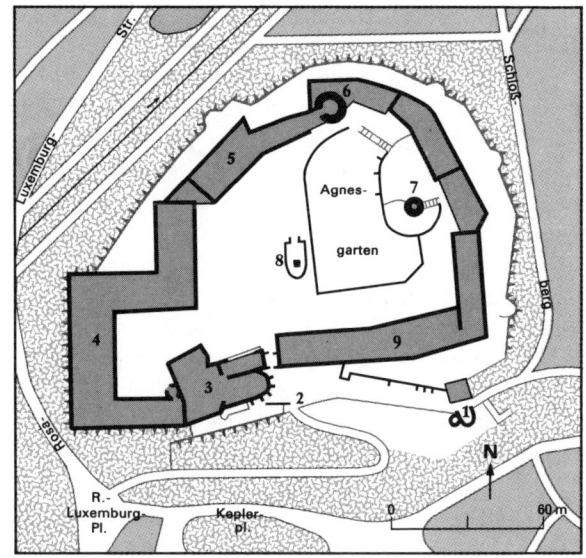

Altenburg, Schloßanlage

1 *hinteres Schloßtor*
2 *heutige Auffahrt mit Triumphtor*
3 *Schloßkirche*
4 *ehem. Residenz (Schloß-museum)*
5 *Junkerei*
6 *Flaschenturm*
7 *Hausmannsturm*
8 *Pferdeschwemme mit Neptun-brunnen*
9 *Prinzenpalais*

form die ›Flasche‹ nennt. Oberhalb dieser ersten Burgerweiterung lag die älteste Burg. Ihr *Bergfried* des 10. Jh. bildet die unteren Teile des späteren Hausmannsturmes. Kaiser Barbarossa hielt sich sechsmal in Altenburg auf, was auf die Bedeutung und wohl auch Bevorzugung des Ortes hinweist. Seine Kaiserpfalz schloß westwärts an die älteste Burg an, und die Nordwand der Schloßkirche steht auf ihren Mauern. Aus romanischen Mauern besteht auch ein Teil des inneren Schloßtorturms, der später als Glockenturm der Kirche diente. Die *Kirche* selbst stellt ein Gesamtkunstwerk dar: Ihr spätgotischer Baukörper wurde nach einem Brand 1444 durch Moyses von Altenburg erneuert. Dabei entstand der jetzige Chor, der nur noch Teile des ursprünglichen Schmuckreichtums behalten hat. Auf den gleichen Baumeister geht auch das komplizierte Sterngewölbe im Inneren zurück. Im Barock brachte Christoph Richter 1645–49 Emporen und Herrschaftsstuhl ein. Außerordentlich bewegt erscheint auch der nach Christoph Richters Entwurf von Johann Petzold II. aus Schneeberg gefertigte Altar. Als akustische Krönung des Formenklanges darf die Orgel mit dem reichen Prospekt angesprochen werden, die Gottfried Heinrich Trost 1738 schuf. Aus dem spätgotischen Bau verblieb das Chorgestühl. Die Bauten des westlichen Schloßhofes sind seit 1508 immer wieder erweitert und umgestaltet worden. Im Hof schließen sie noch eine Renaissance-Galerie ein. Sie dienten der Hofhaltung im 19. Jh und wurden dazu entsprechend ausgestaltet. Dieser Schloßkomplex birgt das *Schloßmuseum* mit den besonders hervorzuhebenden *Waffen-, Porzellan-* und *Spielkartensammlungen.*

In Altenburg fanden schon früh reformatorische Gedanken Aufnahme: Georg Spalatin war Prediger der Stadtkirche. Die aufgeklärte Haltung des Gotha-Altenburger Hofes ließ die Nebenresidenz zu einem eigenen kulturellen Sammelbecken werden. So gab es seit 1648 regelmäßig Theateraufführungen im Schloß, 1775 entstand im Schloßgarten ein erstes Opernhaus, und auch die Bürgerschaft verfügte über ein Komödienhaus an der Pauritzer Gasse. Aus diesem ging 1871, fast folgerichtig in städtebaulich beherrschender Lage unmittelbar unter dem Schloß, der Neubau des **Landestheaters** im Stil der ›Semper-Neorenaissance‹ hervor. Höfische Bauten wie der Marstall am Schloßgarten und ministerielle Gebäude an der heutigen Clara-Zetkin-Straße unterstreichen den Residenzcharakter.

Nahe der genannten Straße steht das **Druckhaus Maxim Gorki,** das aus der 1603 eingerichteten fürstlichen Druckmanufaktur und der späteren Piererschen Hofbuchdruckkerei hervorging. Hier wurde 1836 das erste Brockhaus-Universallexikon gedruckt. Auch die noch erhaltenen Fabrikgebäude der drei großen Altenburger Nähmaschinenhersteller Dietrich, Köhler und Winselmann aus der Zeit der Jahrhundertwende und die neuere Spielkartenfabrik stellen Bauzeugnisse zur Industriegeschichte in Thüringen dar, ehe aufgrund der Braunkohleförderung das Umland der Stadt ›umkippte‹.

Ein Wort noch ist erforderlich zum Stadtbild Altenburgs von heute. Es hat im zweiten Weltkrieg so gut wie keinen Schaden erlitten. Dennoch ist sein Zustand beklagenswert und beredtes Zeugnis für die Vernachlässigung historisch wertvoller Bauten aus Unterschätzung eben dieser. Bleibt zu hoffen, daß den zahlreichen Renaissance- und Barockhäusern außerhalb des Marktensembles und dem Schloß wieder Beachtung geschenkt wird und damit die Werte dieser alten Residenz erhalten bleiben.

Am Rande der Leipziger Tieflandbucht und damit des Tagebaugebietes liegt in **Windischleuba** eine *Wasserburg* aus dem 14. Jh. mit zinnengeschmücktem Rundturm und Renaissance-Flügeln. Im Inneren blieben reizvolle Rokoko-Räume und auch spätere Ausstattungen erhalten. Dieses Schloß bewohnte bis nach dem Zweiten Weltkrieg ein Zweig der berühmten Familie von Münchhausen, der auch der sogenannte Lügenbaron und der Dichter Börries von Münchhausen – letzter Schloßherr – angehörten. Die *Dorfkirche* aus der Spätgotik zeigt noch Reste ihres romanischen Vorgängerbaus. Ihr Inneres überspannen schöne Netz- und Sterngewölbe.

Seit 1952 gehörte das Altenburger Land zum Bezirk Leipzig und wurde seither durch eine enge Verkehrsanbindung in das Umland der Messestadt integriert.

Zwischen Werra und Eichsfeld

Creuzburg – Mihla – Treffurt – Großburschla

Über die Höhen nördlich Eisenachs führt die Straße ins nordthüringisch-hessische Werra-Tal, das sich tief zwischen Ringau und Meißner im Westen sowie dem Hainich und Eichsfeld im Osten einschneidet. Die engen Windungen des Flusses begleiten nur Fuß-wege. In die wellige, von Wäldern durchzogene Landschaft scheinen die Dörfer eingesenkt zu sein. Dann erhebt sich die 392 m hohe Felsbarriere, welcher der Fluß nach Osten ausweicht. Vor dieser liegt **Creuzburg.** Von alters her führte hier eine Seitenstraße der *via*

Creuzburg, Werra-Brücke aus dem 13. Jh. mit Liboriuskapelle

325

regia von Köln über Kassel nach Erfurt erst durch, später über den Fluß. Schon in karolingischer Zeit gab es westlich über der Stadt einen fränkischen Königshof. Hier liegen heute die Reste der *Burg*, mehrfach umgebaute romanische Wehr- und Wohnhäuser innerhalb einer Ringmauer, die Renaissance- und Fachwerkelemente tragen. Auch um die kleine Stadt haben sich Mauern und Teile der Wehrtürme erhalten. Die Errichtung der romanischen *Nikolaikirche* 1215 am Platz eines älteren Gotteshauses hängt unmittelbar mit der Stadtgründung im Jahre 1213 durch den Landgrafen Hermann I. zusammen. In der Spätgotik wurde die Kirche erneuert, doch blieb der halbkreisförmige Chor des Vorgängerbaus erhalten, den innen die von romanischen Säulen geschmückten Blendnischen umziehen. Beim Wiederaufbau des im Zweiten Weltkrieg zerstörten Gotteshauses konnte dieser Chorteil des frühen 13. Jh. restauriert werden. Die weiten innerstädtischen Plätze erinnern an die Bedeutung, die der Ort für die Werra-Überquerung besaß. 1225 wird eine Brücke genannt. Mit großer Wahrscheinlichkeit ist die heutige *alte Werra-Brücke* – der Straßenverkehr führt seit einigen Jahren über eine neue Parallelbrücke – weitgehend mit dem Bauwerk des 13. Jh. identisch. Die mächtigen Strompfeiler und darüberstehende Halbrundbastionen verleihen ihr ausgesprochen wehrhafte Züge. 1499 entstand am östlichen Brückenkopf die schlanke *Liboriuskapelle*. Ihr Inneres überspannen Sterngewölbe, an den Wänden findet man Ausmalungen von 1514–23.

Unter dem steilen Fels führt die Straße entlang der Werra nach **Mihla** – Ort eines gleichfalls karolingischen Königsgutes und Flußübergang. Hier siedelten im späten Mittelalter verschiedene Adelsgeschlechter. Zwei der Herrenhäuser haben sich erhalten: Im unteren Ortsteil steht das *Graue Schloß*, in der Renaissancezeit 1536–60 als Wasserburg gestaltet. Seinem blockartigen Baukörper sind drei große Zwerchhäuser und ein Treppenturm angefügt. Mitte des vorigen Jahrhunderts verfüllte man den Wassergraben und brach auch ein benachbartes Herrenhaus ab. Vor einigen Jahren ist das Graue Schloß als Gaststätte neu erschlossen worden. Im oberen Ortsteil befindet sich das zweite Herrenhaus, das *Rote Schloß*, ein großer Renaissancebau von 1581 mit zwei Obergeschossen in Fachwerkarchitektur und Ausbauten sowie hohem Dach. Es ist noch von der ursprünglichen weiten Hofanlage umgeben. In seinem Inneren haben sich Räume mit barocken Dekorationen erhalten. Die gleichfalls im oberen Ortsteil gelegene *Barockkirche* bewahrt im Inneren die Ausstattung aus der Erbauungszeit sowie einen spätmittelalterlichen Altar.

Eine ebenso schöne barocke Dorfkirche findet man in dem Dorf **Falken** werraabwärts. Man gelangt dorthin von Treffurt oder über das reizvolle Straßendorf **Nazza,** in dessen Mitte sich die kleine *Kapelle* von 1560 nur durch ihren Dachreiter von den Bauernhöfen zu unterscheiden scheint. Hoch über dem Ort liegt die mittelalterliche *Burgruine Haineck*, deren Festungswerke mehrfach ausgebaut wurden.

Die Linie der Werraburgen setzt sich mit dem *Normannenstein* in **Treffurt** fort. Auch als Ruinen beeindrucken seine gewaltigen Türme aus dem 12. Jh., deren Außenmauern sich in das Vieleck des Mauerringes einfügen. In der Hofmitte steht der runde Bergfried, später entstanden wohl die Palasbauten. Romanisch sind gleichfalls Teile der *Pfarrkirche St. Bonifatius.* Ihr Querschiff und Chor stammen aus der Zeit um 1260 und zeigen Verwandtschaft mit Bauformen, die in Walkenried und Mühlhausen zu finden sind – die Bauleute kamen wohl aus diesen Orten. Durch viele Säulenstellungen wurden die Portale besonders hervorgehoben. Die gotisch vollendete Kirche ist im 19. und 20. Jh. erneuert worden. Ein viergeschossiger und von der hohen Haube bekrönter Turm hebt das *Renaissancerathaus* im Stadtbild hervor (Abb. 72). Am Abhang der Torstraße trifft man auf ein reizvolles zweigeschossiges *Fachwerkhaus* über hohem Steinsockel, den schlanken Erker trägt eine hohe Steinkonsole. Das gesamte Bauwerk entstand 1610 (Farbabb. 20).

Großburschla teilte die letzten vier Jahrzehnte das Schicksal vieler thüringischer Orte an der Werra – es blieb unbekannt. Und doch lohnt die Fahrt in den Ort, den vier Jahrzehnte die befestigte Grenze von seinem Umland abgeschnitten hatte, denn hier konnten innerhalb der *Dorfkirche* aus dem 17. Jh. erstaunlich gut erhaltene Teile des Langhauses einer um 1130/50 errichteten romanischen Basilika entdeckt und wiederhergestellt werden.

Mühlhausen

Die vielleicht historischste aller alten thüringischen Städte ist Mühlhausen – vom baulichen Bestand und seinem Erhaltungszustand her gesehen. Nähert man sich Mühlhausen, entsteht noch immer der Eindruck von Vieltürmigkeit und Geschlossenheit der Dachlandschaft (Abb. 74). Die Stadt scheint eingebettet in das weite Unstrut-Tal zwischen Dün und Hainich. Seit dem berühmten Merian-Stich im »Theatrum Europaeum« von 1642 haben Zeichner und Maler und schließlich auch die Fotografen Mühlhausens gerade diese städtischen Gegebenheiten immer wieder hervorzukehren versucht. Gewiß kann man jene Merian-Ansicht dem heutigen Stadtbild nur wie ein Ideal gegenüberstellen. Mit Blick auf Thüringer Städte wie Altenburg, Gotha, Saalfeld und Eisenach, vor allem aber auf das mit Mühlhausen stets zu vergleichende Erfurt zeigt sich die Stadt gut erhalten, unerhört lebendig und darum bemüht, ihre eigene geschichtliche Größe zu veranschaulichen. Ihr historischer Bestand wird gepflegt, ihre alten Bauten sind bewohnt, bewirtschaftet und ›blank geputzt‹ – wenngleich der Verfall nicht immer verhindert werden kann. Worin liegt der Grund für dieses Geschichtsbewußtsein? Mühlhausen hat die Fährnisse der Jahrhunderte – insbesondere des letzten – relativ gut überstanden. Nach großer Vergangenheit in provinzielle Bedeutungslosigkeit gesunken, zogen auch die frühe Industrialisierung und deren Nachfolge zu Beginn unseres Jahrhunderts an der Stadt vorbei: Ihr Wachstum vollzog sich nur sehr langsam und zum Wohle des gewachsenen Bestandes. Die Rückbesinnung auf die große städtische Tradition der frühen bürgerlichen Kraft und deren revolutionäres Aufbegehren im 16. Jh., getragen von Bürgern und Geistlichen – Intellektuellen würden wir heute sagen –, förderte seit den 50er Jahren die Denkmalpflege in Mühlhausen. Die Gestalt Thomas Müntzers wurde zu einem Symbol für die letzte Phase der frühen städtischen und bürgerlichen Verselbständigung und des Ringens letztendlich zwischen Bürgern und Stadtadel um ein entstehendes neues Weltbild. Reformation wurde in Mühlhausen zur

Revolution, zur frühesten aller bürgerlichen in deutschen Landen. Beide von neuem Geist durchdrungenen Reformatoren und doch im gemeinsamen Aufbegehren Antipoden – Martin Luther und Thomas Müntzer – finden in den ehrenden Beinamen der Städte ihres Wirkens Würdigung: in der Lutherstadt Wittenberg und in Mühlhausen, der Thomas-Müntzer-Stadt.

Gehen wir zu den Anfängen der historischsten aller Thüringer Städte zurück: Eine alte Überlieferung will von der Burg Mulhus im Thüringer Reich des 5. Jh. wissen, auf welcher der Hunnenkönig Attila zu Gast gewesen sein soll, als er sich gemeinsam mit den Thüringern zur Schlacht gegen die römisch-germanische Allianz auf den Katalaunischen Feldern rüstete. Funde in und um Mühlhausen aus jener Zeit bestätigen zumindest, daß eine wehrhafte Siedlung bereits früh vorhanden war. Mit Sicherheit stand sie in Zusammenhang mit einem günstigen Übergang über die sumpfige Unstrut-Niederung. Dieser Weg behielt auch durch die folgenden Jahrhunderte hindurch Bedeutung: So läßt sich der Ausbau eines karolingischen Wirtschaftshofes erklären, den man im Gelände zwischen Unstrut und Mühlgraben zu suchen hat, und Ende des 7. Jh. wirkte der iroschottische Missionar Kilian hier, auf den sich die Kilianikirche in ihrem Namen bezieht . 775 gilt als das Jahr der ersten Erwähnung Mühlhausens; 967 ist es urkundlich in Verbindung mit Kaiser Otto II. genannt, der das Gebiet zwischen Eschwege und Schlotheim mit Mühlhausen als Mittelpunkt seiner Gemahlin Theophano zueignete. Damit unterstrich er zugleich das unmittelbare kaiserliche Interesse an dem Land. Ein solches bewiesen insbesondere seine Nachfolger: Otto III. weilte mehrfach hier, und für Heinrich II. sind sieben Besuche in Mühlhausen bezeugt. Der Ausbau einer Pfalz, wenn nicht sogar von Siedlungen zu deren Versorgung dürfte sicher sein.

Wir nannten die Kilianikirche. Neben ihr entstand an dem Nord-Südweg über die Unstrut schon im 8. Jh. in relativer Nähe zum Königshof eine erste Ansiedlung. Im 9. Jh. formte sich an der aus dem Hessischen heranführenden Straße ein zweiter Siedlungskern. Er ist wohl im Bereich des Untermarktes um die Blasiikirche zu suchen (heutiger Wilhelm-Pieck-Platz) und könnte sich zumindest im 11. Jh. westwärts bis zur Jacobikirche erstreckt haben. Ein weiterer Siedlungskern wird nordwestlich unterhalb des heutigen Stadtzentrums im Bereich der Johanniskirche vermutet, der vorwiegend von den Ministerialen der kaiserlichen Pfalz und des Königshofs bewohnt war.

Der eigentliche Burg- oder Pfalzbereich lag östlich davon im dreieckigen Geländestück zwischen dem alten Mühlgraben und der nördlichen Stadtmauer. Die Straßennamen ›An der Burg‹ und ›Kreuzgraben‹ kennzeichnen den Platz. Mühlhausens Bürger haben 1256 diese Pfalz gestürmt und dem Erdboden gleichgemacht. Ihre Mißachtung der kaiserlichen Zentralgewalt auch in späterer Zeit und ihr Selbstbewußtsein drücken sich darin aus, daß der Burgraum aus der Stadt ausgeschlossen und der städtischen Armut überlassen blieb.

Die Nachricht von der Gründung einer Domkirche durch Otto I. bezieht sich wahrscheinlich auf den Vorgängerbau der Marienkirche. Im Zusammenhang mit den großen

66 WEIDA Osterburg ▷

68 NEUSTADT/ORLA Rathaus

67 PÖSSNECK Rathaus

69 EISENBERG Schloßkapelle

70 GERA Theater

72 TREFFURT Rathaus ▷

71 GERA Salvatorkirche

73 ALTENBURG Rathaus

75 MÜHLHAUSEN Marienkirche

74 MÜHLHAUSEN Altstadt mit Marienkirche

76   Mackenrode im Eichsfeld

78   HEILIGENSTADT   Marienkirche, Westfassade

77   KLOSTER ZELLA   Klosterkirche

79 HEILIGENSTADT Blick auf die Ägidienkirche

80 BAD LANGENSALZA Altstadthäuser

81 WORBIS Franziskaner-Klosterkirche

82 MÜNCHENLOHRA Benediktinerinnen-Klosterkirche

Reichsversammlungen in Mühlhausen ist der Ausbau zu einer *villa regia,* einer königlichen Stadt, zu erklären. 1135 ließ Kaiser Lothar von Supplinburg seinen Gegenkandidaten Konrad von Schwaben hierherführen, damit dieser sich unterwerfe; 1198 wurde die Wahl Philipps von Schwaben zum König in Mühlhausen gefeiert, das 1180 von Heinrich dem Löwen in Besitz genommen worden war. Diese Königsstadt entstand zwischen dem späteren Frauentor und der Burg um einen langen breiten Platz: In dessen Mitte stand ein Kirchenbau, und an den Seiten befanden sich die Wohnsitze der kaiserlich-königlichen Ministerialen und hohen Beamtenschaft. Die Straßenzüge von Holz- und Burgstraße sowie Herrenstraße und Steinweg bildeten die Ränder des für jene Zeit riesigen Huldigungs- und Paradeplatzes, der in der historischen Forschung zutreffend auch als Triumphachse angesprochen wird. Eine recht deutliche Trennlinie zwischen den altstädtischen Siedlungsräumen des 11. und frühen 12. Jh. um den südlichen Neumarkt und die Kilianikirche und der neustädtischen, weit mehr von befestigten Ministerialen- und Adelssitzen beherrschten Neustadt des späteren 12. Jh. um den nördlichen Neumarkt bildete die Niederung der Schwemmnotte. Sie durchzieht den Stadtraum von Südwest nach Nordost und diente im späteren Mittelalter als ein Hauptstrang des Be- und Entwässerungssystems Mühlhausens.

Einen historischen und städtebaulichen Einschnitt brachte der Bau der Stadtbefestigung, die seit etwa 1170 angelegt wurde. Mit ihm begann der stadtbürgerliche Verselbständigungsprozeß und die Loslösung Mühlhausens aus der niedergehenden kaiserlich-königlichen Zentralgewalt. Nur ein halbes Jahrhundert trennt die Wahl Philipps von Schwaben zum König 1198 und die Erstürmung der königlichen Pfalz 1256 voneinander! Schon um 1220 siegelte Mühlhausen als Reichsstadt. Das Festungswerk rings um die beiden Teile von Alt- und Neustadt, aus dem der Burgbezirk ausgeschlossen blieb, war 1251 zunächst vollendet. Kennzeichnend für die gewonnene Macht des städtischen Patriziats ist es, daß der Mauerzug nördlich des Frauentors die Triumphstraße und alte Ministerialensiedlung praktisch durchschnitt. So erfolgte in der zweiten Hälfte des 13. Jh. auch ihre Bebauung, und es entstand das lange, nicht von Gassen durchzogene Viertel zwischen Holz- und Herrenstraße. Der Steinweg wurde als erste innerstädtische Straße gepflastert und übernahm damit jene Achsenfunktion, die ihm auch heute noch eigen ist.

Die Reichsstadt Mühlhausen stieg nach Erfurt zum mächtigsten Gemeinwesen in Thüringen auf, erhielt von Kaiser Karl IV. die eigene Gesetzgebungshoheit bestätigt und vermochte mehr als 60 Siedlungen zu erwerben. Dieses gesamte Territorium umschloß als Befestigung ein Landgraben, ergänzt durch zahlreiche Warten. Reste von ihnen haben sich im Mühlhäuser Umland bis heute erhalten. Der Bau der zweiten, äußeren Stadtbefestigungsanlage seit der Mitte des 14. Jh., die nun fünf Vorstädte mit einschloß, unterstreicht die weitreichende Macht des städtischen Patriziats, das die Reichsministerialen nun bildeten – wie die gemeinsamen Kriegszüge Mühlhausens, Erfurts und Nordhausens gegen den Territorialadel bezeugen. Vor allem aber trugen der Tuchhandel und die Beziehungen zur

◁ 83 NORDHAUSEN Dom, Chorgestühl

Hanse Mühlhausen wirtschaftliche Gewinne ein. Als Leipzig im 15. Jh. zum mitteldeutschen Handelszentrum aufstieg, änderte sich das. Erfurt und Mühlhausen büßten ihren bisherigen Vorrang ein. Nachdem auch die neuen Handelswege Mühlhausen nicht mehr berührten, verlor es noch mehr an Bedeutung. Das führte einerseits innerhalb der Stadt zu immer stärkeren sozialen Differenzierungen und Auseinandersetzungen. Andererseits trug die Reformation mit neuem Gedankengut zu einem religiösen Wandel bei, welcher die Eskalation der Spannungen zwischen der immer mehr verarmenden bäuerlichen Bevölkerung und dem Adel begleitete. 1523 erzwang so die Mühlhäuser Bürgerschaft ihre Beteiligung am Stadtregiment. Dieser Aufstand gegen das Adelspatriziat war von den beiden protestantischen Predigern Heinrich Pfeiffer und Matthäus Hisolidus nicht nur geistig vorbereitet worden. Als 1524 Thomas Müntzer aus Allstedt die radikale Forderung stellte: »Die Gewalt soll dem gemeinen Volk gegeben werden«, wurden in den »Mühlhäuser Elf Artikeln« jene utopisch-revolutionären Vorstellungen formuliert, die in der Einsetzung eines ›Ewigen Rates‹ an Stelle des oligarchischen Adelsregiments verwirklicht werden sollten. Aus der Stadt verwiesen und 1525 nach Mühlhausen zurückgekehrt, führten Müntzer und seine Mitstreiter den Mühlhäuser Bauernhaufen und die städtischen Heerscharen in die Entscheidungsschlacht des Deutschen Bauernkrieges bei Frankenhausen.

Die kriegerischen Auseinandersetzungen kosteten die Stadt ihre Eigenständigkeit, denn sie kam unter wettinische und hessische oberhoheitliche Aufsicht. Obgleich sie sich zunächst 1542 noch freikaufen konnte, wurde nun mit Unterstützung der inzwischen protestantisch gewordenen Fürsten die Reformation eingeführt. Es gelang Mühlhausen, die erneute Reichsfreiheit auszuhandeln. Im Dreißigjährigen Krieg kaum zerstört, aber dafür von den Kaiserlichen finanziell ›erleichtert‹, begann endgültig der Abstieg: Aufstände gegen den Rat und die französische Besatzung im Siebenjährigen Krieg 1765–73 dezimierten die städtische Leistungskraft. Als 1802 die Preußen einzogen, verlor Mühlhausen seine Unabhängigkeit, 1807–14 wurde es gar in das Königreich Westfalen des Napoleon-Bruders Jérôme eingegliedert. Erst mit dem Anschluß an das Eisenbahnnetz 1870 begann für die preußische Provinzstadt das Industriezeitalter. In dem verarmten Landstrich entstanden Textilfabriken, am überkommenen städtischen Baubestand aber änderte sich wenig. Gerade jener Niedergang und geringe Grad industrieller Erneuerung aber ließ die Stadt in ihrer erstaunlichen historischen Geschlos-

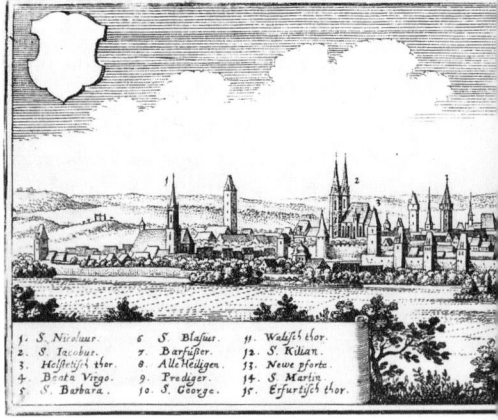

Mühlhausen im 17. Jh., nach Merian

346

senheit bestehen. Daraus erwuchs allerdings auch die Bürde der Verpflichtung, dieses städtische Gesamtkunstwerk und Denkmal zu bewahren.

Mühlhausen, so mittelalterlich seine Geschichte und Struktur auch sein mögen, ist dennoch keine mittelalterliche Stadt. Nicht weniger als neun große Brände zerstörten ihre Bauten zwischen 1244 und 1707. Fielen dem letzten die südöstlichen Stadtteile mit etwa 350 Häusern zum Opfer, so vernichtete der vorletzte Brand von 1689 den südwestlichen Bereich um die Jacobikirche mit weit über 500 Gebäuden nahezu vollständig. Immer ist rasch und neu wiederaufgebaut worden – das läßt Mühlhausens Architektur zu einem so lebendigen Zeitenspiegel werden. Während man im vorigen Jahrhundert nur zwei der 23 mittelalterlichen Stadttorbauten stehen ließ, sind fast die gesamte innere **Stadtmauer** und die **Festungswerke** erhalten. Besonders anschauliche Beispiele finden sich an der Nordwestseite der Stadt mit dem 1654 erneuerten Inneren Frauentor, dem Raben- und dem Hospitalturm mit dem Müntzer-Denkmal des Bildhauers Will Lammert davor, anschließend dem Sackgassenturm und mehreren in der Barockzeit zu Pavillons ausgebauten Wehrplattformen. Am Kreuzgraben im Nordosten und an der Südseite verblieben weitere Wehrtürme in der Stadtmauer.

Ganz gleich, von welcher Seite wir Mühlhausen betreten, nahezu jedes Haus hat Geschichte und eigene historische Gestalt, ob Steinbau, Putz- oder Fachwerkbau, ob noch mittelalterlich, in Renaissance- oder Barockformen gestaltet, klassizistisch oder im Jugendstil erneuert.

Den Untermarkt beherrscht die Blasiikirche mit ihrem gotischen Chor, Hauptpfarrkirche der Altstadt. 1227 gelangte sie in den Besitz des Deutschen Ritterordens, der alsbald einen Neubau errichten ließ. Die Bauleute kamen aus Maulbronn und Walkenried. Sie begannen, den Chor in frühgotischen Formen zu erbauen, während der Westbau roma-

nisch verblieb. Auf diesem sind bis 1270 die Achtecktürme vollendet worden. Später mußte man die Architektur durch die gewaltigen Streben sichern. Im Anschluß daran entstand bis Mitte des 14. Jh. das Hallenhaus. Dabei erhielten Chor und Seitenschiffe die dekorativen Giebel, und die Nordfassade wurde durch die große Fensterrose besonders betont. Streben und dekorative Glieder zeigen Formen der klassisch gotischen Epoche französischer Prägung. In den *Chorfenstern* sind gotische Scheiben aus dem 14. Jh. erhalten. Das Innere erscheint weiträumig und doch von den gebündelten Pfeilern beherrscht. Besonders bemerkenswert ist das *Gitter* zwischen Chor und Querschiff, das seit 1640 den Lettner ersetzt. Der *Grabstein* des Kristan von Samland im Chor erinnert an den Pfarrer der Blasiikirche, der 1276 Bischof von Samland wurde. Südwestlich der Kirche steht die klassisch gotische *Annenkapelle* des Ritterordens. An der südlichen Platzseite befinden sich der fast normannisch erscheinende Fachwerkbau des ›**Bürenhof**‹ aus dem 15. und 17. Jh. und daneben das barocke **Patrizierhaus** von 1728. Das ›**Alte Backhaus**‹ (Nr. 15) stammt von 1631. Der ›**Volkenröder Hof**‹ (Nr. 17) geht auf das Mittelalter zurück, wie die hohe zweischiffige Halle im Erdgeschoß bezeugt. An der Erfurter Straße weisen die Fassaden des **Renaissance-** und des **Barockhauses** (Nr. 2 und 3) einmal mehr darauf hin, daß die mittelalterlichen Gebäude im Laufe der Jahrhunderte immer wieder um- und neu aufgebaut wurden. Die daraus erwachsene Vielgestaltigkeit offenbaren oft erst die engen *Höfe*, wo sich Mittelalterliches neben Jüngerem erhielt. In Mühlhausen läßt sich trotz der vielen Brände und Erneuerungen ein großer Teil der mittelalterlichen Grundstücks- und Hausstrukturen noch feststellen, denn es haben sich etwa 600 **Keller** erhalten. Sie weisen beachtliche Dimensionen und oft Hallengestalt auf, zwei- und mehrschiffig, und waren teils von den Straßen her zugänglich. Daraus ist zu schließen, daß sie nicht nur als Lagerräume, sondern auch merkantilen Zwecken dienten. Die älteste, romanische Kellerhalle befindet sich im Haus Felchtaer Straße 23. Eine der größten liegt unter dem Haus Steinweg 2, sie ist 16,5 m lang und 8,35 m breit. Ihre Säulen schmücken frühgotische Kapitelle aus dem 13. Jh. Man behielt auch in nachmittelalterlicher Zeit diese großen Kellerausbauten bei und errichtete sogar im Barock noch solche, so z. B. unter dem Haus Nr. 23 am Untermarkt.

Zwischen dem altstädtischen Untermarkt und der Triumphachse der Neustadt entwickelte sich im frühen 13. Jh. ein innerstädtischer dichter Siedlungsbereich um das **Barfüßerkloster.** Dessen einschiffige *Kirche* am Kornmarkt wurde um 1300 umgebaut und Ende des 14. Jh. um den Chor erweitert. Der für die Ordenskirche ungewöhnliche, schlanke hohe *Turm* entstand erst im frühen 15. Jh. über einer Kapelle. Während der Aufstände 1524/25 ging der gesamte Kirchenbesitz verloren, und aus den Glocken gossen die Müntzerschen Truppen Kanonenrohre. Seit 1802 diente der Bau profanen Zwecken, zunächst als Ratswaage, dann mit eingezogenen Zwischenböden als Lager. 1973 begann die Rekonstruktion seines historischen Zustandes, und hernach nahm die Kornmarktkirche die *Gedenkstätte Deutscher Bauernkrieg* auf, deren Zinnfigurendiorama neben vielen originalen Zeugnissen die Schlacht bei Frankenhausen veranschaulicht.

Unmittelbar an der mittelalterlichen zentralen Wasserader der Schwemmnotte steht das **Rathaus,** nur einen Steinwurf vom Kornmarkt entfernt. Seine verwinkelte Gesamtanlage

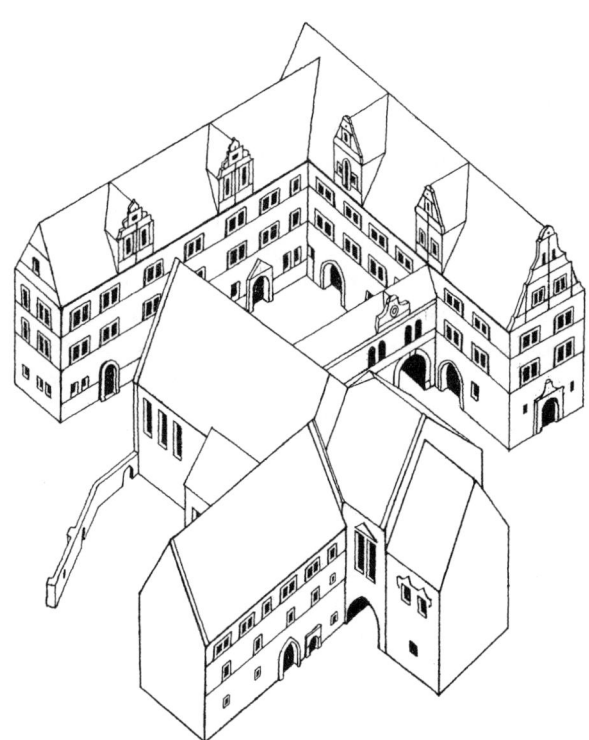

Mühlhausen, Rathaus. Im Vordergrund der Kernbau des 14. Jh. mit Ratsstuben- und Ratshallenflügel und Straßendurchfahrt, anschließend die ›Brücke‹ zum Renaissancebau

entstand seit dem frühen 14. Jh. aus gotischen, Renaissance- und frühbarocken Baukörpern, An-, Um- und Einbauten, die im Inneren durch viele Gänge und Türen, äußerlich durch eine Überbrückung miteinander verbunden sind. In der engen Gasse kommen die hohen Renaissance-Giebel kaum zur Geltung. Von den bedeutenden geschichtsträchtigen Innenräumen ist als erster die *Große Ratsstube* zu nennen, 1525 Tagungsort des ›Ewigen Rates‹. Die ursprünglich den gesamten Raum umziehenden gotischen Ausmalungen sind an der Ostwand wiederhergestellt. Von 1572 stammt das Gemälde, welches das ›Heilige Römische Reich Deutscher Nation in seinen Gliedern‹ und Kaiser Maximilian II. mit Kurfürsten und reichsständischen Wappen wiedergibt. Der *Rathaussaal* und die angefügte *Halle* mit der hölzernen Spitztonne sind etwas älter. 1747 entstanden hier die Bilder, welche die Herrscher der vier antiken Weltreiche zeigen. Das Gemälde von der Einsetzung des ›Ewigen Rates‹ durch Thomas Müntzer schuf der Maler Wilhelm Otto Pitthan 1960. Viele Teile der Ausstattung blieben hervorragend erhalten und wurden in der jüngsten Vergangenheit restauriert. Im Rathaus befindet sich auch das historische *Stadtarchiv,* dessen Besichtigung lohnt. Zu seinen wertvollsten Stücken ist das »Mühlhäuser Rechts-

349

buch« zu zählen, das mit dem »Sachsenspiegel« eines der wichtigen mittelalterlichen Rechtszeugnisse enthält.

Während der Blütezeit Mühlhausens und parallel zum Neubau der Blasiikirche ließ der Deutsche Ritterorden um 1317 ein neues Gotteshaus an der Stelle errichten, an der schon eine romanische und die durch Grabungen nachgewiesene erste ottonische Kirche gestanden hatten: St. Marien sollte die zweitgrößte Kirche Thüringens nach dem Erfurter Dom werden. Im frühen 14. Jh. sah man im Hallenbau einen Idealtyp für große städtische Gemeindekirchen, und so legte man die Marienkirche als fünfschiffigen Bau an. Der schmale Haupt- und die zwei Nebenchöre waren 1327, Langhaus und Querschiff erst in der zweiten Hälfte des 14. Jh. fertiggestellt. Die Architektur ist hochgotisch, schlank proportioniert und doch kompakt. Die quergestellten Seitenschiffdächer sind mit Giebeln und Wasserspeiern geschmückt. An den Einzelformen erkennt man unterschiedliche Bauabschnitte und Meisterhandschriften zunächst rheinischer, dann bodenständiger Prägung.

Einen besonderen Rang nehmen die *Querhausfassaden* ein, vor allem die südliche. Diese flankiert unmittelbar die mittelalterliche Hauptstraße, die Nachfolgerin der kaiserlichen *via triumphalis*, Prozessions- und Huldigungsweg in der jüngeren Stadt. Man muß dies ins Auge fassen, um zu verstehen, warum man sich hier in Architektur und Bildschmuck der

Mühlhausen 1 Blasiikirche 2 Annenkapelle 3 Heimatmuseum 4 Stadtmauer 5 Nikolaikirche 6 Jacobikirche 7 Rathaus 8 Kornmarktkirche (Gedenkstätte Deutscher Bauernkrieg) 9 Inneres Frauentor 10 Thomas-Müntzer-Denkmal 11 Wohnhaus Thomas Müntzers 12 Marienkirche 13 Brotlaube 14 Allerheiligenkirche 15 Kilianikirche 16 Martinikirche

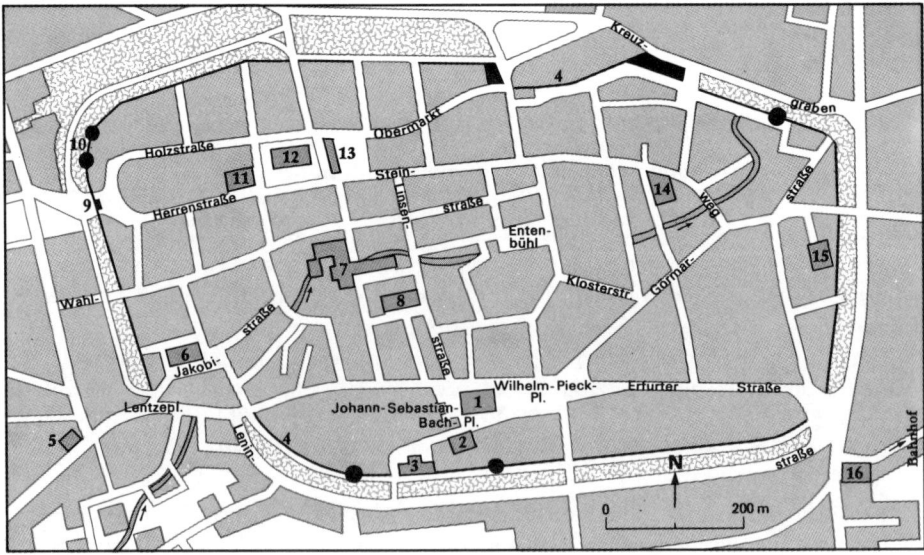

klassischen Kathedralgotik so deutlich in der deutschen Baukunst bediente. Erhöht im unteren Fassadenteil steht das große *Stufenportal* mit seinem im vorigen Jahrhundert erneuerten Figurenschmuck. Darüber befindet sich ein *Altan,* von dem herab sich in weitem Abstand voneinander und in noch weiterem zum ›Mann auf der Straße‹ vier Figuren beugen. Sie stellen Kaiser Karl IV., seine Gemahlin Elisabeth von Pommern sowie einen Hofbeamten und eine Hofdame dar. Oberhalb und parallel zu diesen Figuren sowie zu den Bogen der majestätischen Dreifenstergruppe sind die Anbetung der Heiligen Drei Könige und im Giebel Christus als Weltenrichter in der Mandorla, umgeben von Maria und Johannes und zwei Engeln mit den Passionswerkzeugen, versinnbildlicht. Dieses Programm stellte eine Symbolisierung der mittelalterlichen Reichsidee, also ein historisch hoch politisches Zeichen dar. Für die des Lesens weitgehend noch unkundige breite Bevölkerung der Stadt und ihres Umlandes drückte es in der christlichen Bildsprache den Anspruch der weltlichen Macht aus: Der Kaiser tritt als Statthalter Christi auf, und damit wird er zugleich bildhaft eingebunden in den Kreislauf von irdischer Geburt – in der Anbetung – und Ewigkeit seiner Macht – beschrieben mit der ewigen Wiedergeburt Christi. Als Kennzeichen seiner Reichsidee steht schließlich das Bild des Weltenrichters. Allein dieses monumentale Bildzeugnis eines Bauwerks und dessen Einmaligkeit – bekannte ähnliche Beispiele sind entweder später entstanden oder zeigen nur eine oder mehrere Figuren, aber kein solches Programm – unterstreichen die Bedeutung und vor allem das Selbstbewußtsein der alten Kaiser- und Reichsstadt. Vielleicht war es ein letzter Aufruf, das mittelalterlich zentralistische Weltbild zu bewahren. Denn 1390, in dem Jahr, in dem die Fassade möglicherweise vollendet wurde, begannen sich die sozialen Widersprüche und der Schwund an kaiserlicher Zentralmacht, welche dann im frühen 15. Jh. hervortraten, schon abzuzeichnen. Einen aktuellen Bezug besaß die Mühlhäuser Darstellung zur Huldigung der Nürnberger Bürger an Karl IV. im Jahre 1361 – möglicherweise entstand in dieser Zeit die Idee zu der Fassadengestaltung. Aus dem Prager Umkreis Karls IV. mögen auch die Bildhauer gekommen sein.

Der Kirche fehlten jedoch die repräsentativen *Türme.* Der Turmbau, den man bereits 1243 begonnen hatte, lehnte sich in Gestalt und Formen noch an den von der Vorgängerkirche verbliebenen Nordturm an. Nachdem schon in den 80er Jahren des 15. Jh. Entwürfe für eine Dreiturmgruppe nach dem Vorbild der Erfurter Severikirche entstanden waren, begannen die Bauarbeiten erst 1513. Die Ereignisse der kommenden Jahrzehnte, Bauernkrieg und innerstädtischer Aufstand sowie deren Folgen, setzten dem Vorhaben zunächst ein Ende. Erst im 19. Jh. gab der Baumeister Friedrich August Stüler mit seinem Entwurf zur Wiederherstellung der in schlechten Bauzustand geratenen Kirche auch die entscheidenden Impulse für die Vollendung des großen Turmes. Die Preußische Bauakademie – und hier besonders die Architekten J. H. F. Adler und O. Hoßfeld – förderte mit kaiserlicher Unterstützung das Unternehmen, bei dem der Mühlhäuser Baumeister und Architekt Röttscher in enger Anlehnung an Stülers Pläne 1898–1901 den gewaltigen, 86 m hohen Turm fertigstellte – höher, als ihn Stüler vorsah, und feingliedriger, so daß an diesem Bau erneut ein kaiserliches Symbol am Ende einer zentralistischen Epoche ent-

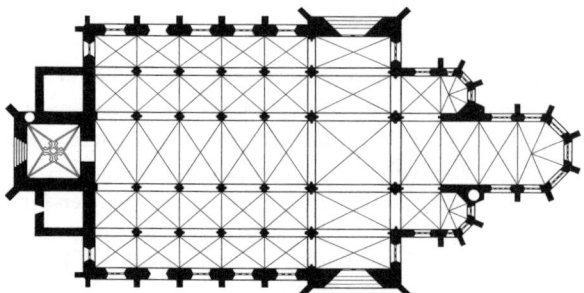

Mühlhausen, Marienkirche, Grundriß

stand. Einen hervorragenden bau- und kunstgeschichtlichen Überblick zu diesem Turm-bau und zur Kirchenrestaurierung vermittelt das *Turm-Museum* in St. Marien.

Das Kircheninnere zeigt sich in nicht minder majestätischer Gestalt als das Äußere. Hoch und imposant ragen die Schiffe auf. In den Chorfenstern verblieb die *Verglasung* aus dem späten 14. und dem 15. Jh. Unter den zahlreichen Bildwerken seien nur der große *Flügelaltar* von 1520 und drei weitere *Malaltäre* hervorgehoben (Abb. 75). In dieser Kirche übergab ihr Prediger Thomas Müntzer im April 1525 den Bürgern die Zeichen des ›Ewigen Bundes Gottes‹ mit der Regenbogenfahne, die Symbol des Aufstandes geworden war. Am 28. Mai des gleichen Jahres fand in der mächtigen Halle die Messe der Sieger über die Aufständischen statt. So ist die Marienkirche heute nach der Kornmarktkirche die zweite große Bauernkriegs- und Müntzer-Gedenkstätte Mühlhausens.

An der Stelle des heutigen **Müntzer-Hauses,** Ecke Herrenstraße, stand ehemals der Deutschordenshof, später Pfarrei und Wohnung Thomas Müntzers. Das jetzige Haus mit seinem Fachwerkaufbau entstand allerdings erst nach dem Stadtbrand von 1689. Doch es erinnert an eine andere historische Persönlichkeit: Der Baumeister Stüler, der für die Erneuerung der Marienkirche im 19. Jh. Bedeutung erlangte, wurde 1800 hier geboren.

Die **Herrenstraße,** mehr noch die **Holzstraße** säumen geschichtsträchtige Bauten. Da steht am Eingang zur Holzstraße der **städtische Hof des Klosters Zella,** nach dem Brand von 1649 wie so viele Bauten dieses alten Bliedenviertels über dem massiven Erdgeschoß mit zwei Fachwerkgeschossen erneuert. Im 18. Jh. nahm ihn die Thurn- und Taxissche Postmeisterei in Besitz. Alte Sitznischenportale wie am **Haus Holzstraße 12** oder Höfe wie der des **Antonius-Hospitals** mit der Kapelle geben dieser Straße ihr spezielles Flair. Östlich der Marienkirche standen im Mittelalter Brotlaube und Fleischhaus. Geblieben ist die **Brotlaube,** jedoch in der barocken Neugestalt von 1722. Der **Steinweg** zeigt sich ›durch und durch‹ historisch: Hinter den im Laufe der Zeiten gewandelten Fassaden wurden nicht selten weit ältere Baukörper verborgen. Daneben sieht man modernisiertes Fachwerk, vom Klassizismus und vom Jugendstil geprägte Häuser und solche in neusach-lichen Bauformen in größtenteils gut restaurierter Gestalt. Die Straße erinnert in ihrer architektonischen Vielgestalt an den Erfurter Anger und verbindet wie dieser Thüringi-sches mit ›preußisch Neuem‹.

Unmöglich ist es, die baulichen Reize etwa der nordwestlichen Stadtmauer mit den winzigen Gäßchen des frühstädtischen ›Wohlstandsviertels‹ oder die vielfältigen Bildwerke in den Kirchen hier zu beschreiben. Von den weit über 20 sakralen Bauten und Baudenkmälern Mühlhausens können wir gleichfalls nur einige wenige erwähnen: Während die drittgrößte Kirche Mühlhausens, die **Predigerkirche** nördlich des unteren Steinwegs, bis auf Reste verschwunden ist, wurde die **Allerheiligenkirche**, nachdem sie lange Zeit ungenutzt blieb, 1989 als Müntzer-Gedenkstätte erneuert. Der ursprünglich gotische, barock umgestaltete Bau mit hohem Turm steht gleichfalls am Steinweg, gegenüber dem einstigen Predigerkloster. Im Osten außerhalb der mittelalterlichen inneren Stadtmauer findet man die **Pfarrkirche St. Georg,** ein gotisches Bauwerk vom Anfang des 14. Jh. mit einer kleinen Sechseckkapelle an der Südseite, das aus einem Ministerialenhof hervorging. Auch die **Kilianikirche** an der östlichen Stadtmauer stammt aus der Gotik, wurde aber nach dem Brand dieses zu den frühstädtischen Siedlungsräumen gehörenden Gebietes barock erneuert und 1775 ausgemalt. Der Turm an der Nordseite trägt ebenfalls eine Barockhaube. An der Südostecke der Altstadt erhebt sich, wiederum an der Stelle eines Ministerialenhofes, die **Martinikirche.** Ihr Haus aus dem 14. Jh. erhielt nach 1464 die neuen Bauformen am Chor und einen barocken Turmhelm und im vorigen Jahrhundert schließlich die spitze Holztonne. Die **Pfarrkirche des Jacobiviertels** im Südwesten der Altstadt ist eine dreischiffige Hallenkirche aus dem 14. Jh. Auch sie fiel einem der Stadtbrände zum Opfer und wurde danach bis 1598 wiederaufgebaut. Mit ihrem ungleich doppeltürmigen Westbau steht sie nahe an der Stadtmauer, die in einer Ausbuchtung um die Kirche herumführt. Das deutet darauf hin, daß hier schon ein romanischer Bau stand, bevor die Wehranlage entstand. Seit dem 16. Jh. diente die Jacobikirche gleichsam als Experimentierfeld für die Baukunst: Nach mehreren Bränden baute man sie immer wieder auf und gestaltete sie in verschiedenen Stilformen. Und schon mehr als anderthalb Jahrhunderte sucht man nach einer angemessenen neuen Nutzung. Wie die Georgs- und die Martinikirche ging auch die **Nikolaikirche** aus einem Ministerialenhof hervor, der, wie in den anderen beiden Fällen, unmittelbar an einem bedeutenden Stadtzugang lag – hier im Südwesten an der Straße aus Wanfried. Ihre dreischiffige Halle und den polygonalen Chor überragt der quadratische Südturm mit hohem Achteckaufsatz und Spitzhelm. Die **Petrikirche** im Nordwesten markiert noch die frühstädtische Ministerialensiedlung, welche die gewaltigen Wälle und Festungswerke der Stadt rigoros durchschnitten. So liegt die Kirche heute gleichsam unter dem hohen Stadtwall. Ihre gotische Halle wurde nach mehreren Umbauten vor allem durch die Erneuerung 1893–95 regotisiert und mit der bunten Dachdeckung sowie dem Nadelhelm und Fachwerkanbauten zu einer phantasiebeschwingten Geschichtsinterpretation im Stadtbild gestaltet.

Durch den hohen Turm des **Äußeren Frauentores,** des letzten erhaltenen der äußeren Stadtmauer, verlassen wir das alte Mühlhausen, um zum *Brunnenhaus* im Vorort **Popperode** zu gelangen. Die mittelalterliche Wasserversorgung der Stadt wurde schon erwähnt. Zwei Bäche, Breitsülze und Schwemmnotte, speisten ein System von innerstädtischen

Kanälen, welche die wichtigsten Längs- und Querstraßen durchflossen. Sie dienten sowohl der Trinkwasserversorgung als auch der gewerblichen Nutzung. Parallel zu diesem System entstand seit dem 14. Jh. eine Entwässerung, deren Kanäle als unterirdisches Röhren- und Gängesystem ausgemauert worden sind. Man kennt solche Wasserversorgungsanlagen aus einer Reihe von mittelalterlichen Großstädten. Eine der frühen besaß Rouen, und in der Renaissance gehörten sie in wohlhabenden Städten zum Usus, denkt man an die Wasserversorgung der Hansestadt Wismar. Wie dort mit der altstädtischen Wasserkunst am Ende des 16. Jh. ein baukünstlerischer Akzent für den technischen Vorgang der Wasserversorgung gesetzt wurde, ließ auch 1614 der Mühlhäuser Bürgermeister um die Popperoder Quelle ein – wir würden heute sagen folkloristisches – Bauwerk anlegen. Wie in einem Amphitheater umfassen Sitzreihen das Quellbecken, dahinter erhebt sich eine Dreiarkadenhalle, über der ein malerischer Fachwerkaufbau mit Erkern, Türmchen und Anbau wie eine Bühnendekoration erscheint. Im Inneren kann ein Festsaal mit allegorischer Ausmalung besichtigt werden. Dieser reizvolle Platz wurde wohl zum Ausgangsort der bis in unsere Tage begangenen Mühlhäuser Brunnenfeste. Folgen diese Feierlichkeiten uralten Bräuchen zur Verehrung der Elemente, oder liegt ihnen die Preisung des technischen Fortschrittes zugrunde? Jedenfalls entstand hier ein Platz, in dem sich Natur und Kunst, Technik und Glaube anschaulich wie selten durchdringen.

Denkmäler im Eichsfeld

Knapp 15 km westwärts von Mühlhausen liegt das älteste Kloster im Eichsfeld, das Benediktinerinnenkloster Zella. Das Eichsfeld ist eine der vielleicht noch ursprünglichsten Kulturlandschaften geblieben. Hier entspringen Unstrut, Wipper und Leine, die von den Höhen nach Osten und Westen fließen und damit die historisch zentrale Lage des Gebietes in den deutschen Landen versinnbildlichen. Dieses altthüringische Land kam 1294 in erzbischöflich mainzischen Besitz und blieb bis in unsere Tage davon beeinflußt. Wie Erfurt verwahrte Heiligenstadt, das kulturelle Zentrum des Eichsfeldes, schon seit der ersten Hälfte des 9. Jh. Reliquien: die des hl. Sergius, eines der beiden Hauptpatrone der Stiftskirche. Die herb-liebliche Landschaft zeigt sich noch immer über weite Strecken unberührt von den Folgen der Industrialisierung und den Auswüchsen moderner Zivilisation. Sie bewahrt den gewachsenen Bestand der Dörfer und die historischen Gefüge der kleinen Städte trotz mannigfacher Erneuerungen, die vor allem den heutigen Tagesanforderungen folgen (Abb. 76). So blieb das Eichsfeld ein seit dem 18. Jh. weitgehend in sich geschlossener Kulturraum zwischen Harz und Werra, Thüringer Becken und Kaufunger Wald. Nicht allein die Rekatholisierung des Gebietes unter dem Erzbischof Daniel Brendel von Homburg in jenem Jahrhundert übte darauf besonderen Einfluß aus. Die Eichsfelder selbst haben nie das Bewußtsein verloren, ihr Land nach ihrem Vermögen und ihrem Glauben gestalten zu müssen. Von Tradition zu sprechen, wäre zu wenig. Das Eichsfeld kennzeichnet eine Symbiose von Natur und Mensch, die auch die vielfältigen Einflüsse der historischen Zeiten assimilierte.

Die noch vorhandenen Bauten des **Klosters Zella** gehen bis in romanische Zeit zurück (Farbabb. 14). Bestätigt wird die Klostergründung des späten 12. Jh. mit einer päpstlichen Schrift von 1215. In der Zwischenzeit scheint die einschiffige *Kirche* entstanden zu sein, wie ihre Formen andeuten (Abb. 77). Der Dreißigjährige und der Siebenjährige Krieg zogen über das Kloster hinweg und brachten ihm schwere Zerstörungen. Seine Gebäude entstanden im 17. und 18. Jh. neu, die Klosterkirche aber verlor ihre Bedeutung und wurde schließlich profaniert. Nördlich von Zella liegt der *Annaberg* mit der kleinen Kapelle. Zella selbst dient heute kirchlichen Verwaltungszwecken.

In **Lengenfeld** ist außer der mittelalterlichen Burgruine der Barockbau des *Schlosses Bischofsstein* sehenswert. Käthe Kollwitz lebte hier einige Zeit während des Zweiten Weltkrieges. Baumeister war Christoph Heinemann, der die Anlage 1747, kurz nachdem er seinen Heiligenstädter Schloßbau vollendet hatte, gestaltete. Reste des Parks sind noch vorhanden. Um den Besitz der *Burg* rangen während des ganzen 14. Jh. die Erzbischöfe von Mainz mit den Markgrafen von Meißen, zeitweilig hielten beide die Burg besetzt.

Südlich von Geismar erhebt sich der *Hilfensberg* über dem kleinen Ort **Döringsdorf.** Er ist eine der ältesten und bedeutendsten Wallfahrtsstätten im Eichsfeld, unweit vom alten Hauptweg aus dem Westfälischen über Eschwege nach Mühlhausen gelegen. Im 14. Jh. erlangte das hier errichtete Standbild der portugiesischen Märtyrerin Wilgefortis als Spenderin heiliger Hilfe große Bedeutung vor allem für Seefahrer und Handelsleute, deren Wege zur Reichs- und Hansestadt Mühlhausen und nach Erfurt führten. Die Kapelle ist nach der Mitte des 14. Jh. zur dreischiffigen gotischen Hallenkirche ausgebaut und 1890 gründlich erneuert worden. Aus dem 12. Jh. blieb ein Kruzifix und aus dem 17. Jh. die Bonifatiusstatue erhalten.

Nordwestwärts zieht sich am Eichsfeld die mittelalterliche Burgenlinie über dem breiten Werra-Tal entlang – *Normannenstein* in **Treffurt**, *Bischofsstein* in **Lengenfeld**, *Greifenstein* bei **Kella**, *Altenstein* bei **Asbach-Sickenberg** und *Hanstein* bei **Bornhagen** (Farbabb. 15). Mehr als vier Jahrzehnte waren diese Denkmäler und die Landschaft, in der sie stehen, aus dem Bewußtsein der nicht unmittelbar hier beheimateten Menschen herausgerückt. Sie liegen an der Grenze, die in solcher Form historisch nie bestanden hatte, obgleich hier thüringisches und sächsisches Stammesgebiet aufeinandertrafen. Die *Hasenburg* und die ihr gegenüberliegende *Haarburg* bei **Haynrode** und **Breitenworbis** bezeugen die Auseinandersetzungen um die Königspolitik Heinrichs IV. in diesem Grenzland des 11. Jh. Während jener frühen Kämpfe wurde bereits die erste Burg Hanstein beim heutigen Ort Bornhagen zerstört. Wegen ihrer Bedeutung baute man sie im frühen 14. Jh. zu einer mächtigen Burg auf den Höhen über dem Werra-Tal aus. Die beiden Rundtürme und die späteren Ausbauten lassen die Ruine innerhalb der Wehrmauern weithin sichtbar werden.

Drei Orte zwischen Mühlhausen und Heiligenstadt sollten noch Beachtung finden: Martinfeld, Wachstedt und Dingelstädt. In **Martinfeld** blieb ein *Schloß* aus der Renaissancezeit mit Fachwerkaufbauten erhalten. In **Wachstedt** trifft man unterhalb der

1643 zerstörten Burg Gleichenstein auf die barocke Wallfahrtskapelle *Klüschen-Hagis*, nicht sehr bequem über den Nebenweg zu erreichen, dafür aber reizvoll gelegen. Sie birgt ein Vesperbild aus dem Mittelalter. **Dingelstädt** wird schon im Jahre 900 genannt. Es war ein mittelalterlicher Marktort am Rande des Thüringer Beckens auf dem Weg zwischen Mühlhausen und Heiligenstadt, allerdings ohne Stadtrecht. Auf das 14. Jh. geht die *Gertrudenkirche* zurück, die sich heute als ein neogotischer Bau von 1855 zeigt. Aus der gleichfalls mittelalterlichen *Marienkirche* entstand 1688 das einschiffige barocke Gotteshaus.

Etwa 1 km nordwestlich von Dingelstädt erhebt sich der **Kerbsche Berg**. Man bringt ihn in Verbindung mit einem frühen mittelalterlichen Burgplatz und einem Erzpriestersitz mit einer Martinskirche. Der Dreißigjährige Krieg hinterließ von beiden keine Spur. Im 17. Jh. entstand an diesem zweifellos historisch bedeutsamen Ort ein neuer Kirchenbau, dessen Stelle seit 1893 die neoromanische *Klosterkirche* einnimmt. Vom Wallfahrtsort des 18. Jh. sind die 15 Stationen eines Kalvarienberges erhalten, wenngleich sie auch im frühen 19. Jh. schon Veränderungen erfuhren. Bauten und Bildwerke werden der Dingelstädter Familie Heinemann zugeschrieben, aus der auch der Baumeister Christoph Heinemann stammt. Er schuf zahlreiche eichsfeldische Barockbauten. Seit der Neuweihe 1866 ist der Klosterbetrieb nur in den letzten Jahren des Zweiten Weltkrieges unterbrochen gewesen.

Heiligenstadt

Heiligenstadt, heute ein Kneipp-Kurort, ist seit dem frühen Mittelalter kultureller Mittelpunkt des Eichsfeldes. Es bietet ein Bild seltener Geschlossenheit, aus dem die Geschichte wie in einem Bilderbuch abzulesen ist: Den mittelalterlichen Geschichtsabschnitt kennzeichnen die St. Martinskirche und der romantische Knickhagen an dem westwärts sich erhebenden Berg, die weit sanfter nach Osten ansteigende Altstadt um die Marienkirche und die südlich in ganzer Länge anschließende Neustadt um St. Ägidien. Zwischen Alt- und Neustadt verläuft wie ein Trennstrich der alte Neumarkt, welcher seinen Ausgang vom Martinsberg nimmt. Den zweiten Geschichtsabschnitt beschreiben zahlreiche Bauwerke, die nach dem Stadtbrand von 1739 entstanden und das barocke Fluidum in die mittelalterliche Stadt trugen. Den dritten historischen Abschnitt markiert der Gürtel von Siedlungshäusern und großflächigen neuen Wohnvierteln, welcher die ins Leine-Tal gebettete Stadt umschließt und sich die Talhänge hinaufzuziehen beginnt. In Heiligenstadt wurde um 1460 Tilman Riemenschneider geboren. Heinrich Heine ließ sich hier 1825, kurz nachdem er in Göttingen die Doktorwürde in der Jurisprudenz erhalten hatte, taufen und in die christliche Kirche aufnehmen. Der Husumer Theodor Storm trat 1856 in der Stadt das Amt des Kreisrichters an und vermochte sich auch in seinen späteren Dichtungen nicht von ihr zu trennen. Heiligenstadt nahm mit dem 18. Jh. jene tiefe Religiosität wieder auf, die in seiner Entstehungszeit so ausschlaggebend gewesen war. Die für Mühlhausen programmatischen reformatorischen Ereignisse und die Kämpfe des Bauernkrieges – so

»Abriß der Haupt Statt des Eychsfeldes Heiligenstadt«, Stich von 1646, Heimatmuseum Heiligenstadt

einschneidend sie auch für die Stadt waren – sind in Heiligenstadt ohne breite Spuren geblieben. Und die Revolution des 19. Jh., die von der Industrialisierung geprägt war, beschrieb Theodor Storm für die Stadt mit nur einer Gedichtzeile: »In grünen Schatten lag der Ort.«

Es gibt zwei Deutungen zum Namen Heiligenstadt: Die eine sieht den Ursprung in dem altdeutschen Wort *heldinge* für ›Schräge‹ und leitet daraus den Stadtnamen unmittelbar ab – die ältesten Viertel um St. Martin und Knickhagen liegen am Hang. Die andere nimmt Bezug auf die Reliquienstätte des hl. Sergius und die gleichfalls schon im 9. Jh. mit dem Ort in Verbindung gebrachten frühmittelalterlich mainzischen Patronatsheiligen Bacchus, Aureus und Justinus: Stadt der Heiligen.

Ein fränkisches Lager wird auf dem Martinsberg vermutet, Vorläufer möglicherweise des um 960 gegründeten Kollegiatsstiftes St. Martin. Die Kaiser Otto II. und Otto III. hielten sich 973 und 990 hier auf – und dafür muß fast notwendigerweise eine Königsburg bestanden haben. Eine solche würde auch dem Ort entsprechen, der bereits seit dem 6. Jh. für die Kolonisation des Raumes zwischen Harz und Thüringer Wald von Bedeutung war. Auf der Elisabethhöhe südwestlich der Stadt existierte im 8. Jh. eine Wallburg. Ein »heiliger Ort«, der in deren Nähe verzeichnet ist, dürfte also mit dem Martinsberg identisch sein. Ungeklärt bleibt allerdings, ob er Fluchtburg der mainzischen Erzbischöfe war oder die Keimzelle der Stadt, wo 993 Bernward von Hildesheim durch den Mainzer Erzbischof

Willigis zum Bischof geweiht wurde und wenig später Burchard von Worms das hohe Amt übertragen bekam. Um 960 wurde die Martinskirche zu einem Chorherrenstift erhoben, und wenig später ist zumindest mit einer ersten Siedlung zu rechnen; man vermutet sie im Knickhagen. 1227 bekam Heiligenstadt vom Kurfürsten und Erzbischof von Mainz das Stadtrecht, und 1240 war bereits die bis zu 6 m hohe Mauer um Alt- und Neustadt fertiggestellt. Im 14. Jh. entstanden die gotischen Bauten der Kirchen.

Beginnen wir unsere Besichtigung am Ursprung der Stadt: Die **St. Martinskirche,** auch **Stifts-** oder **Bergkirche** genannt, entstand in ihrer heutigen Gestalt seit 1304. Vom Vorgängerbau blieb die zweischiffige Krypta bestehen. Die langgestreckte Basilika sollten ursprünglich zwei Türme seitlich des Chores schmücken, doch nur der südliche schlanke Turm mit zwei Achteck-Obergeschossen gelangte zur Ausführung. Am *Nordportal* findet man im Tympanon die Darstellung des hl. Martin, wie er den Mantel mit einem Bettler teilt. Den gediegenen Innenraum schmücken figürliche Kapitelle und Konsolen. Von der mittelalterlichen Ausstattung verblieben der *Taufkessel* und *Pulthalter* sowie die *Tumba* des Erzbischofs Adolf von Mainz aus dem 14. und 15. Jh. An der Stelle des alten Stiftskornhauses wurde 1736–38 unter dem Baumeister Christoph Heinemann das **kurmainzische Schloß** als dreigeschossiger großer Barockbau mit einem Segmentgiebel über dem Mittelrisalit erbaut. Der Giebel zeigt das kurmainzische Statthalterwappen. Im Inneren blieben das weiträumige Treppenhaus und Räume mit schönen Stuckarbeiten erhalten. Der Fachwerkanbau in hessischen Stilformen stammt aus späterer Zeit. In den teils winzigen Fachwerkhäusern am **Knickhagen** zeichnen sich noch die mittelalterlichen engen Grundstücke ab. Das Haus Nr. 16 bewohnte der Stadtschreiber Zwehl, der im Dreißigjährigen Krieg die Stadt verteidigte. An der stadtseitigen Südostecke des Martinsberges trifft man am einstigen Kasseler Tor auf das kurfürstlich-erzbischöfliche Freihaus, das **Mainzer Haus.** Es wurde 1436 als zweigeschossiger Fachwerkbau über dem hohen Sandsteinsockel errichtet. Heute befindet sich hier das *Museum für Theodor Storm,* das die Stadt 1988 anläßlich des 100. Todestages des Dichters und Heiligenstädter Richters einrichtete. Nördlich geht es zur barocken **Herren- oder Fronmühle,** neben welcher der große **Speicherbau** aus dem Jahre 1227 steht.

Inmitten der Altstadt erhebt sich auf einem kleinen Hügel die doppeltürmige **Marienkirche.** Wie in Erfurt zum Dom führen auch hier Freitreppen im Osten zum Chor und im Westen zu dem noch ganz romanisch mauerhaften mächtigen Westriegel empor (Abb. 78): Erst über seinen drei Geschossen nehmen die beiden Achtecktürme ihren Ausgang. Dieser Teil der Kirche geht auf die Zeit um 1300 zurück. Durch das hohe gotische Portal gelangt man in die weite und doch etwas schwerfällig wirkende Halle; die mächtigen Bündelpfeiler bestärken diesen Eindruck. In der zweiten Hälfte des 14. Jh. errichtet, erfuhr das Langhaus um 1400 mit dem höher aufragenden Chor eine Erweiterung. Erst um 1700 ist der Bau mit

Heiligenstadt, Portal des ehem. Jesuitenkollegs in Heiligenstadt, jetzt Heimatmuseum ▷

der Einwölbung abgeschlossen worden. Die mittelalterliche Farbigkeit des Raumes konnte wiedergewonnen werden. Nördlich vor der Marienkirche steht die *Annenkapelle,* ein Achteckbau aus der ersten Hälfte des 14. Jh. und wohl im Anschluß an oder mit den Türmen der Marienkirche entstanden. Die Schmuckformen sind identisch, aber noch reicher, und die Helmspitze bildet nahezu eine Wiederholung des gesamten Friedhofskapellenbaues. Das achtteilige Rippengewölbe im Inneren entspricht der Grundrißgestalt.

Bedenkt man, daß es nach Einführung der Reformation in Heiligenstadt 1575 nur noch etwa ein Dutzend Katholiken gab, kommt der kurmainzisch getragenen Rekatholisierung zu Beginn des 18. Jh., die in Heiligenstadt ihren Ausgang für das Eichsfeld nahm, die Bedeutung eines Kraftaktes zu. Zur gleichen Zeit vernichtete der Stadtbrand von 1736 drei Viertel aller Häuser. Die Gründung des **Jesuitenkollegs** durch den Erzbischof erfolgte 1739, und zugleich begann der Bau an der Kollegiengasse unter Leitung von Christoph Heinemann. Heute birgt das dreigeschossige langgestreckte Gebäude, das südwärts unmittelbar an die Türme der Marienkirche anschließt, das *Eichsfelder Heimatmuseum.* Am weitgehend schmucklosen Sandsteinbau ist das *Portal* durch die beinahe wilde Rhythmik des gesprengten Giebels und seiner Dekoration einziger, aber um so kräftigerer Akzent. In der Kartusche erkennt man das erzbischöfliche Wappen. Das Treppenhaus, die Stuckdecken und Deckengemälde bezeugen noch die barocke Pracht im Inneren.

An der Ratsgasse steht das **mittelalterliche Rathaus,** allerdings in der nach dem Stadtbrand barock wiederhergerichteten Gestalt von 1789. Gleichfalls nach dem Brand entstand im Jahre 1739 am Neumarkt das **Neue Rathaus.** Dieses Barockpalais, als Eckbau konzipiert, besitzt einen Zugang im Mittelrisalit und ein zweites balkongeschmücktes Portal sowie einen Treppenanlauf an der Schmalseite. In der Nähe befinden sich weitere Barockbauten, so die über 17 Achsen langgestreckte Front des alten **Waisenhauses** (Nr. 68), das 1616 erbaute und 1739 aufgestockte **Haus des Stadtschreibers Reuter** und das **Gerichtsgebäude** im Zopfstil, welches sich durch das mainzisch-kurfürstliche Wappen als Amtsgebäude des bischöflichen Verwalters ausweist.

Den Marktplatz in der Neustadt beherrscht die **St. Ägidienkirche** (Abb. 79). Ihre langgestreckte gotische Halle schließt der kurze, glatt geschlossene Chor ab. Auf dem Querturm ragt nur der südliche Achteckaufsatz mit spitzem Helm hoch empor. Das Innere ist prächtig ausgestattet: Der barocke *Hauptaltar* von 1691 stand ursprünglich in Quedlinburg; der *Vierzehn-Nothelfer-Altar* ist ein gleichfalls barockes Werk von 1638. Der *Flügelaltar* mit der Anna Selbdritt stammt aus dem späten 15. Jh., und das *bronzene Taufbecken* entstand 1507. Für die beiden Stadtpatrone und Märtyrer Justinus und Aureas wurde 1320–30 die *Doppelgrabplatte* mit den Relieffiguren aufgestellt. Beachtenswert ist auch das *Chorgestühl* des 17. Jh.

Der barocke **Neptunbrunnen** gelangte erst im vorigen Jahrhundert vom Schloßvorplatz hierher auf den Marktplatz. Schließlich sei noch auf die interessante monumentalneobarocke **St. Gerharduskirche** am ehemaligen Redemptoristenkloster verwiesen, welche sich in ihren wuchtigen Fassadenformen so deutlich vom tradtionellen Sakralbau Heiligenstadts abhebt.

360

Von Beuren nach Worbis

Das ehemalige **Zisterzienserinnenkloster Beuren** entstand als eine Gründung des Hildesheimer Domkantors Konrad von Beuren wohl in den letzten Jahren des 12. Jh., denn der Stifter ist 1201 schon als Propst bezeugt. Die im Kern romanische *Kirche* des ausgehenden 12. Jh. wurde dann mit dem Chor verlängert. Nachdem der Konvent 1555 ausgestorben war, erfolgte eine Neubelebung im 17. Jh. vom Kloster Teistungenburg bei Worbis aus. 1673–79 entstanden dabei die *Klostergebäude* neu nach Entwürfen von Antonio Petrini, der die Pläne für die Erfurter Zitadelle mitgestaltet hatte (s. S. 107) und in Worbis die Franziskaner-Klosterkirche baute (s. S. 362). 1702 wurde der Westflügel vollendet, 1718 das Kircheninnere nach Petrinis Plänen umgestaltet und ausgemalt.

Etwa 2 km südlich von Beuren im Höhenzug des Dün liegt über dem Leine-Tal die mittelalterliche **Burg Scharfenstein.** Man gelangt dorthin mit dem Kraftwagen über Leinefelde-Kallmerode. Die Festung geht auf das 12. Jh. zurück. Schon im Mittelalter zerstört, wurde die ringförmige Kernburg im 16. Jh. wiederhergestellt und mit Fachwerkaufbauten erweitert. Nicht nur damit, auch durch die Nutzung als Gefängnis bis 1802 verlor sie ihren Wehrcharakter und vieles vom historischen Bestand. Heute dient sie als Erholungsheim.

In **Leinefelde** hat das Industriezeitalter das Eichsfeld eingeholt. Schon in der preußischen Zeit lag der Ort an der Heerstraße Köln–Berlin, die 1826 zur Rheinstraße ausgebaut wurde. Und durch den Bau des Hauptschienenweges Berlin–Halle–Kassel erhielt er seit 1876 einen weiteren Verkehrsanschluß. So erlangte Leinefelde bald Bedeutung als Ausgangspunkt der Erschließungsstrecken nach Norden und Süden. Das förderte wiederum den Ausbau der Textilindustrie seit den 50er Jahren – obwohl die großen Ost-West-Verkehrstrassen nach 1949 abgebrochen waren.

In dem Städtchen steht noch das *Geburtshaus von Johann Carl Fuhlrott* und das *Denkmal* für diesen Mann, der als Realschulprofessor 1856 in der Feldhofergrotte bei Elberfeld jene fossilen Knochen entdeckte, aus denen er den *Homo neandertalensis,* den Neandertaler, zu rekonstruieren vermochte.

Südlich von Leinefelde, etwa 3 km Fahrstrecke entfernt, liegt das ehemalige **Zisterzienserkloster Reifenstein.** 1162 gegründet, entstanden seine Bauten während der Barockzeit neu; sie werden heute als Klinik der Friedrich-Schiller-Universität Jena genutzt.

Worbis, eingebettet zwischen die 535 m hohen Ohmberge im Norden und den Dün im Süden, entwickelte sich an der alten Handels- und späteren Heerstraße, welche den niedersächsischen und westfälischen Raum mit Mühlhausen und Nordthüringen verband. Hier zieht sich die Wasserscheide zwischen Weser und Elbe von Norden nach Süden; die in den Ohmbergen entspringende Wipper fließt ostwärts, die Hahle quillt in Worbis zutage und verläuft westwärts. Im späten 13. Jh. gelangte die Siedlung zunächst in Thüringer Landgrafenbesitz, bald aber bekamen die Mainzer Erzbischöfe Einfluß und erlangten 1373 hier das Alleinrecht. Sie verpfändeten die Stadt zwar bis weit ins 16. Jh., aber Mainz blieb bis 1802

Vormacht. Dann wurde Worbis für 14 Jahre preußisch und kam schließlich zu Hannover. In der sich heute entlang der Wipper erstreckenden Stadt herrscht die historisch gewachsene kleinstädtische Bebauung in Fachwerkarchitektur vor. Als eigentliche städtische Zelle weist sich der Marktplatz mit der *Stadtkirche St. Nikolaus* aus. Sie entstand 1756 in verhältnismäßig schlichtem Barock, wobei man den Turmunterbau der romanischen Vorgängerkirche einbezog. Im Inneren birgt sie einen spätgotischen Altarschrein mit der Darstellung der Passion Christi aus der Zeit um 1500. Ein schlichter Barockbau ist auch die *St. Rochuskapelle* von 1683, der Erinnerung an die Pesttoten gewidmet. Die barocke *Hardtkapelle* von 1749 bewahrt einen Altaraufsatz von 1772, an der Nordwand werden die Vierzehn Nothelfer dargestellt. Unter den Fachwerkhäusern ragt besonders das dreigeschossige ehemalige *kurmainzische Rentamt* heraus. Nachdem die Harburg, im Nordwesten der Stadt gelegen, 1525 zerstört worden war, wurden von ihm aus die Verwaltungs- und Rechtsgeschäfte wahrgenommen. Unter dem hohen Krüppelwalmdach des Fachwerkbaus ragt an der Giebelseite ein zweigeschossiger Erker mit reicher Zier an den Hölzern vor. An dieses Haus aus dem 16. Jh. schließt rechtwinkelig der massive Anbau mit Fachwerkobergeschoß von 1608 an und läßt so die offene Hofsituation entstehen. In den Gebäuden sind heute Stadtverwaltung und Museum untergebracht.

Man muß vom Markt zum entgegengesetzten Ende von Worbis gehen, um zur *St. Antoniuskirche* des ehemaligen Franziskanerklosters zu gelangen. Die Pläne für den barocken Saalbau lieferte Antonio Petrini. 1668, ein Jahr nach der Gründung des Klosters, begann der Bau der Gesamtanlage. Zehn Jahre später zeigte sie sich in ihrer noch heute erlebbaren Gestalt: Die Kirche steht nördlich neben den Konventbauten, äußerlich bis auf die Fassade mit Giebel, Portalen und Figurennischen nahezu schmucklos. Das lichte Innere prägen die großen, dunkel marmorierten Altäre, Patronatsstuhl und Kapellen, hinter deren Formenklang die Architektur der Pilaster und Gurtbögen gleichsam zur Begleitmusik wird (Abb. 81). Die üppig figurierte Kanzel und das Barockgestühl runden den dekorativen und farbigen Reichtum ab. Cornelius Schmitt, selbst Franziskaner, schuf diesen Innenausbau 1775 nach dem Vorbild der Fuldaer Franziskanerkirche. Die Antoniuskapelle entstand im Jahre 1690. 1802 wurde das Kloster aufgelöst.

Vom Thüringer Becken zum Harz

Das weite Thüringer Becken erscheint wie eine riesige Mulde. Seine nördliche Begrenzung bildet der Höhenzug des aus dem Eichsfeld ostwärts schwenkenden Dün. In der Hainleite gleitet er zur Schmücke über, flacht mit der Finne im Osten ab und steigt nördlich des Ilm-Tals in den Ettersbergen bei Weimar empor. Den Erfurter Kessel umfassen südlich die Ausläufer der Ilmplatte und des Thüringer Waldes, um nach Norden zu den Fahnerschen Höhen nordöstlich Gothas anzusteigen. Der Hainich nimmt nordwestwärts den Höhenzug auf und leitet ins hohe Eichsfeld westlich von Mühlhausen über. Zusammen mit zahlreichen kleinen Nebenflüssen münden Gera, Helbe und Wipper in das Hauptgewässer Unstrut. Agrarland seit frühmittelalterlichen Zeiten – aber auch nie sicher vor Überflutungen –, nahm diese ›Kornkammer‹ keine großen Städte auf; solche – Mühlhausen, Gotha, Erfurt, Weimar – entwickelten sich am Rande.

Die Bäder Langensalza und Tennstedt

Bad Langensalza liegt in der westlichen Unstrut-Bucht des Thüringer Beckens. Es ist anzunehmen, daß sich nahe bei einem Übergang über die Unstrut schon in der karolingischen Zeit ein Reichsgut befunden hat. Ob aus ihm die Dryburg hervorging, deren Rest man in Langensalza noch sieht, wird nicht mit Bestimmtheit zu sagen sein. Sicher ist, daß diese Burg des 12. Jh. im Zusammenhang mit dem staufisch-welfischen Thronstreit 1212 durch den Welfen Otto IV. eingenommen wurde. Dabei spielt der sprachliche Zufall mit, wenn die Dryburg mit Hilfe des Dribocks, der seinerzeit modernsten Kriegsmaschine, angegriffen wurde. Nach diesen Erfahrungen ließ Kaiser Otto IV. die Burg und die bereits vorhandene Siedlung befestigen, so daß 1222 von einem *oppidum Saltza* berichtet wird. Es handelte sich dabei um den auch heute noch innerhalb der Altstadt gut erkennbaren und nahezu quadratischen Raum um Markt, Kornmarkt und Bonifatiuskirche, im Norden begrenzt durch Schloß Dryburg, im Süden durch die Gothaer Straße, im Osten durch die Wilhelm-Piek-Promenade und im Westen durch den fast schnurgerade durch die Stadt verlaufenden Zug der alten Mühlhäuser Straße. Das unregelmäßige Gassengefüge deutet auf eine spontan gewachsene, durch keine herrschende und ordnende Hand regulierte

Bautätigkeit im frühen Mittelalter hin. Nachdem die Landgrafen von Thüringen 1346 die Stadt erobert hatten, die infolge der Kämpfe abbrannte, ließen sie eine zweite Befestigung erbauen, welche nun die beiden Siedlungen um die nördlich liegende Bergkirche und die westliche Jacobsstadt einschloß. Auch diese Vorstädte weisen sich in ihren Straßengefügen als eigenständig gewachsene Ministerialen- und Händlersiedlungen aus. Von der mittelalterlichen Wehranlage blieben große Teile erhalten. 17 von ursprünglich 24 Wehrtürmen bestehen noch, dazu das Klagetor und ebenso der Zweiflügelbau der im 17. Jh. zum Schloß umgebauten mittelalterlichen *Dryburg*. Der hohe viergeschossige Massivbau an der nördlichen Altstadtgrenze läßt noch deutlich die unterschiedlichen alten und jüngeren Mauerstrukturen erkennen. 1485 an die albertinische Linie der Wettiner gelangt, gehörte Langensalza zwischen 1657 und 1746 zum Herzogtum Sachsen-Weißenfels, kam dann wieder in den Besitz der Hauptlinie und schließlich 1815 zu Preußen. 1811 hatte man in Langensalza Schwefelquellen erschlossen, woraus sich aber erst seit 1928 ein Badebetrieb entwikkelte, der auch heute noch das Leben in Langensalza mitbestimmt. Christoph Wilhelm Hufeland, 1762 im Haus Kornmarkt 9 geboren, hatte mit dieser heilkundlichen Einrichtung wenig zu tun, ist jedoch ein großer Sohn der Stadt.

Das Stadtbild von Langensalza zeigt sich überraschend vielgestaltig und gut erhalten. Der Bestand an Fachwerkbauten blieb groß, wenn sie auch in der Mehrzahl später mit Putzfassaden versehen worden sind. Ihre im Sinne der hessischen und niedersächsischen Bautradition vorgestuften zwei und drei Obergeschosse prägen an vielen Stellen die Straßenzüge (Abb. 80). Während der weißenfelsischen Residenzzeit entstanden vor allem im Bereich der Marktstraße die Fassadendekorationen im Zopfstil. Zu den schönsten dieser Häuser ist das erwähnte *Geburtshaus Hufelands* zu zählen. Aber auch Renaissance und Barock hinterließen reiche baukünstlerische Zeugnisse, wie z. B. am *Haus ›Zum Herkules‹* an der Schloßstraße.

Inmitten des frühstädtischen Marktraumes hebt sich die *Pfarrkirche St. Bonifatius* mit dem mächtigen Turm hoch über die Bürgerhäuser empor. Der Bau der breitgelagerten spätgotischen Halle war Ende des 14. Jh. begonnen worden, die Arbeiten zogen sich indes weit in die zweite Hälfte des 15. Jh. hinein. Die Bauformen erscheinen nun fast zartgliedrig in den schlanken Bündelpfeilern sowie dem dünnrippigen Netz- und Sterngewölbe. Der mächtige Walm über der Westseite gibt die Änderung in der Bauhaltung im späteren 15. Jh. zu erkennen. Ursprünglich war eine doppeltürmige Westfassade vorgesehen. Aus Geldmangel oder anderem Entschluß gelangte jedoch nur der Nordturm zur Ausführung. Das prachtvolle große Westportal verlor seinen ursprünglich reichen Figurenschmuck während des Bauernkrieges. Im Tympanon blieb die Darstellung des Jüngsten Gerichts erhalten; sie deutet stilistisch auf die Zeit des ausgehenden 14. Jh. hin und ist wohl fränkischen oder böhmischen Meistern zuzuschreiben. Über dem gewaltigen, mit reich profilierten Streben versehenen Turmunterbau wurden erst später die quadratischen glatten Obergeschosse und 1590–92 der markante Aufsatz mit dem Umgang vollendet.

Eine gotische Halle ist auch die *Bergkirche St. Stephan* in der nördlichen Vorstadt. Sie wurde gleichzeitig mit der Bonifatiuskirche errichtet. Ihr Turm erhielt indes erst 1860

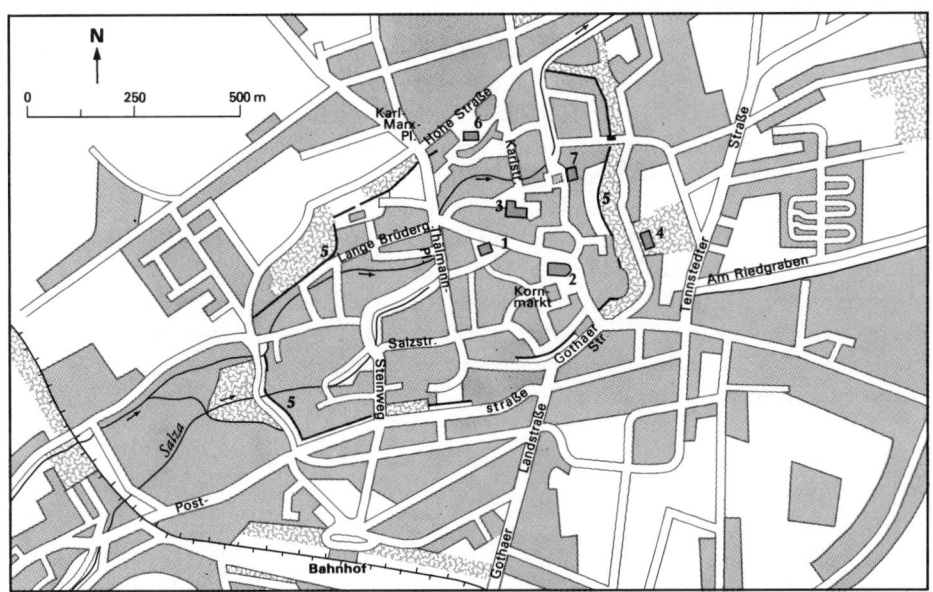

Bad Langensalza   1 Marktstraße mit Rathaus, Brunnen und historischen Bürgerhäusern   2 Bonifatiuskirche   3 Schloß Dryburg   4 Friederikenschlößchen   5 Stadtmauer   6 Bergkirche   7 Storchennestturm

seinen Aufsatz. Der barocke Altar stammt aus dem Jahre 1648, eine Flachdecke ersetzt die Wölbung.

Im Mittelpunkt der nach Westen sich zu zwei Straßenzügen erweiternden Marktstraße erhebt sich der dreigeschossige Barockbau des *Rathauses* mit dem hohen Walmdach und dem Turm; davor steht der *Marktbrunnen* von 1582. Barock wie diese optische Einordnung in den Stadtraum sind auch die drei kraftvollen Giebelrisalite an den Hauptsichtseiten; ansonsten blieb das Gebäude ohne auffälligen Schmuck, sieht man von den Giebelvasen ab. Für die Bauzeit von 1742–52 handelt es sich also um eine erstaunlich nur auf Monumentalität ausgerichtete Architektur. Fast einen Gegensatz dazu bildet das *Friederikenschlößchen*, östlich der Altstadt am Straßenring gelegen. Es entstand während des Rathausbaues 1749/50 in rokokohafter Kleinform. An den doppelgeschossigen Mittelbau mit Pilaster-, Giebel- und Reliefverzierung schließen die eingeschossigen Seitenbauten an. Entsprechend bewegt wirken die hohen gestuften Mansarddächer mit verzierten Gaupen. Wie im Inneren des Schlößchens blieben auch im *Park* Rokokoelemente erhalten.

Zeugnisse zur Geschichte der Stadt und eine Würdigung Friedrich Gottlieb Klopstocks, der 1748–50 in Langensalza lebte, vermittelt das Museum im großen dreigeschossigen Fachwerkbau über älteren Massivteilen des *Augustinerklosters* an der Mühlhäuser Straße. Das *Klopstock-Haus* findet man in der Salzstraße (Nr. 2).

1811, im gleichen Jahr wie in Langensalza, entdeckte man auch in **Tennstedt** eine Schwefelquelle. Im Gegensatz zu Langensalza begann hier jedoch der Kurbetrieb schon bald, so daß Goethe 1816 zu einem ersten Aufenthalt in das neue Kurbad kam. Freiherr Friedrich von Hardenberg, bekannt geworden unter seinem Dichternamen Novalis, arbeitete 1794 als Verwaltungsangestellter hier. Von der alten Ackerbürgerstadt haben sich historische Bauten gut erhalten, darunter vor allem der *Mauerring* aus der zweiten Hälfte des 15. Jh. An der Stelle einer Wasserburg entstand im Jahre 1610 das *Rathaus,* in dessen Bau Teile der Burgmauern einbezogen worden sind. Auf das 14. Jh. geht die *Pfarrkirche St. Trinitatis* zurück. Diese Basilika erhielt Anfang des 15. Jh. einen Choranbau. Nachdem sie 1636 abgebrannt war, wurde sie bis 1656 wiederhergestellt und barock ausgestattet. Ihre zwei Türme treten im Stadtbild markant hervor. Sie stehen zu beiden Seiten des Chores. Der kleinere Nordturm enthält ältere Bauteile, der hohe südliche Quadratturm weist ein größeres haubengeschmücktes Oktogon auf.

Weißensee

War die kleine Stadt im weiten Unstrut-Tal das Zentrum des Thüringer Reiches? Diese Frage haben sich Historiker seit langem gestellt. Sie mag dem unbefangenen Reisenden in dem flachen Land, in dem der Ackerbau seit Jahrhunderten den Haupterwerb darstellt, die Industrie im nahen Sömmerda seit den 20er Jahren des vorigen Jahrhunderts Einzug hielt und die Unstrut reguliert worden ist, im ersten Augenblick wenig verständlich erscheinen. Unter den klimatischen und topographischen Bedingungen des Mittelalters aber stellte sich die Landschaft völlig anders dar. Die aus den Höhen westlich des Thüringer Beckens herabfließenden, sich in der Unstrut sammelnden Wasser stauten sich im flachen Becken und vor dem engen Durchbruch zwischen Hainleite und Schmücke im Norden. Hochwasser und Sumpf, Unwegsamkeit und nur wenige sichere Wege fanden noch die preußischen Beamten vor, die hier zu Beginn des 19. Jh. die Nutzungsmöglichkeiten des ihnen zugefallenen Landes sondierten. Im Grunde regelten erst die wasserbautechnischen Maßnahmen seit dem ausgehenden vorigen Jahrhundert das ›Problem Unstrut‹.

Inmitten eines solchen topographisch schwer zugänglichen, dafür aber strategischen Zwecken hervorragend dienlichen Landes wird die Hauptburg des Thüringer Reiches also zu suchen sein, von der herab sich der Stammesführer Herminafried 531 gegen den fränkischen Ansturm stemmte. Die Schlacht, die vermutlich nördlich Weißensees an der Unstrut stattfand, ging verloren. Chlodwigs Söhne Theuderich und Chlothar hatten damit den Sachsen einen Weg zur Besiedelung Nordthüringens geebnet. Eine weitere Thüringer Burg – die Landdingstätte des Stammes – wird südlich Weißensees bei Gebesee, wo die Gera in die Unstrut mündet, vermutet.

Der wohl schon im 6. Jh. oder gar früher zwischen Seen und Sümpfen aufgeschüttete Burghügel oder Burgplatz der Thüringer im heutigen Weißensee muß auch im Mittelalter noch verwendbar gewesen sein. Etwa auf halbem Wege zwischen den beiden Burgen der

Thüringer Landgrafen – der Wartburg und der Neuenburg – gelegen, bildete er einen fast idealen Rastplatz. Da auch andere Herrscher Interesse an diesem unverändert wichtigen strategischen Punkt zeigten, nahm der Welfe Heinrich der Löwe die Bestrebungen der Thüringer Landgrafen hin, die altthüringische Burg auszubauen. Seit Mitte des 12. Jh. entstand nun auf dem Gelände, das in seiner kreisrunden Form mit der Aufschüttung für die erste Burg identisch ist, die Runneburg. Die Straße Erfurt–Magdeburg, bereits wichtige Nord-Süd-Verbindung, und der Weg Wartburg–Neuenburg wurden so gesichert. Wie bedeutsam der Platz war, zeigt, daß sich bald eine Stadtsiedlung südlich der Burg um den Alten Markt und die Nikolaikirche herausbildete. Sie erweiterte sich fast auf dreifache Größe und erhielt eine zur Burg hin ausgerichtete Längsachse mit Markt und Peterskirche. Die Ähnlichkeit dieser städtebaulichen Anlage mit der frühen Ministerialensiedlung und der großen Platzachse in Mühlhausen fällt auf (s. S. 345). Die längs durch die ganze Stadt verlaufende Straße verdeutlicht die mittelalterliche Verkehrssituation: Im Gegensatz zur heutigen Durchgangsstraße führte sie in West-Ost-Richtung durch Weißensee, so daß die erste Siedlung unterhalb der Burg einen querstehenden ›Festungsriegel‹ bildete. Die Quergassen der östlichen Marktsiedlung wurden dann nach Süden verlängert und mit der

Weißensee   1 Alter Markt und Nikolaikirche   2 Markt mit Stadtkirche   3 Rathaus   4 Lange Gasse
5 Burg   6 Östertor   7 Fischertor   8 Seetor   9 Helbetor

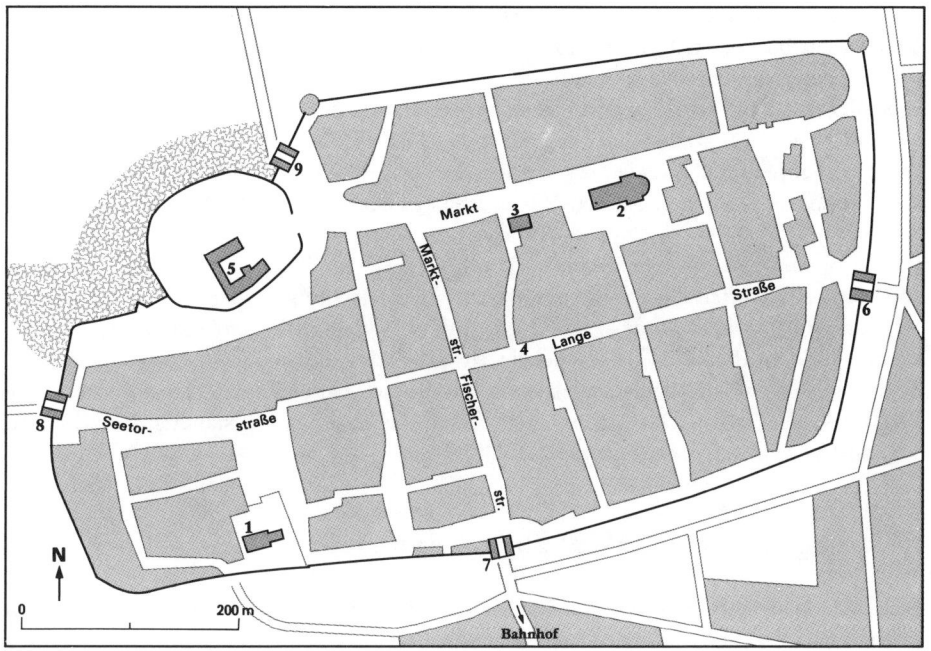

367

übrigen Stadt im 13. Jh. ummauert. Mit der Einbeziehung der Runneburg entstand so die Stadtfestung. Eine solch wehrhafte Anlage benötigte eine künstliche Wasserversorgung, die um die Mitte des 14. Jh. in Form von Gräben und Dämmen, auf denen man das Wasser aus der Helbe herleitete, auch geschaffen wurde. Als sich die Machtverhältnisse änderten und sich das Thüringer Herrschaftsgebiet aufspaltete, verlor die Runneburg und damit auch Weißensee im 16. und 17. Jh. jedoch mehr und mehr an Bedeutung – war dieser Platz doch nach der Neuenburg und noch vor der Wartburg der zweitwichtigste strategische Ort der Thüringer Landgrafen gewesen.

Weithin sichtbar erheben sich auf dem Burghügel in der kreisrunden Umfassungsmauer der Palas und der Wohnturm der **Runneburg**. Um in die Burg zu gelangen, muß man den schmalen Zwinger zwischen äußerem und nicht mehr vorhandenem inneren Tor durchschreiten. Der *Wohnturm* aus dem 12. Jh. verfügt über eine Warmluftheizung aus der Bauzeit, ein vor allem bautechnisch hochinteressantes Zeugnis, das zugleich über die Lebensmöglichkeit in der Burg Aufschluß gibt. Besonders repräsentativ dürfte der *Palas* ausgestattet gewesen sein, wie noch die Architekturreste des großen Festsaales im Hauptgeschoß zu erkennen geben. Der Saal weist weite Arkaden, ein Säulenportal zu einem heute nicht mehr vorhandenen Anbau und dreifach gekuppelte Bogenfenster auf. Das Untergeschoß des Palas geht möglicherweise noch auf das frühe 12. Jh. zurück. Spätere Ausbauten füllen den nordwestlichen Burgteil, darunter das *Fürstenhaus* für den Weißenfelser Hof aus dem Jahre 1738.

Aus der Gründungszeit der ältesten Stadtsiedlung stammt die **Nikolaikirche** am Alten Markt dicht bei der Stadtmauer. Ihr einschiffiges romanisches Haus ist gotisch verändert und ergänzt worden. Die **Stadtkirche St. Peter und Paul** im Marktbereich entstand ebenfalls im 12. Jh., erfuhr aber während des 16. und 17. Jh. weit umfangreichere Veränderungen. Von diesen zeugen der freistehende *Glockenturm* und die *Kassettendecke* im Inneren, während der *Flügelaltar* spätgotisch ist. Zu erwähnen bleibt noch der gleichfalls spätgotische und 1547 umgestaltete **Rathausbau** an der Südseite des Marktplatzes.

Bei einem Abstecher ins nahe **Sömmerda** sollte der schöne Renaissancebau des *Rathauses* von 1529–39 inmitten des erneuerten Marktplatzes Beachtung finden. Die *Bonifatiuskirche* mit dem massigen Turm – darauf ein spitzer Nadelhelm – und spätgotischer Halle stammt aus dem 15. und 16. Jh. Nahebei steht der Fachwerkbau des *Pfarrhauses* von 1589. Teile der spätmittelalterlichen *Befestigung* um die sich parallel zur Unstrut erstreckende Altstadt sind erhalten. Das Mauerwerk schließt das in die neu gestalteten Grünanlagen eingebettete *Erfurter Tor* aus dem späten 14. Jh. ein.

Heldrungen – Bad Frankenhausen – Kyffhäuser

Reist man unstrutabwärts, was aus Sömmerda mit der Eisenbahn möglich ist, nähert sich rasch der große Landschaftsriegel der Hainleite im Westen und der Schmücke im Osten.

Ihre waldbestandenen Höhen veranschaulichen die Kessellage des durchstreiften Gebietes unvermittelt deutlich, und bald tauchen aus den westlichen grünen Hängen die Türme der Sachsenburgen auf. Unter ihnen öffnet sich wie eine Schleuse die **Thüringer Pforte**. Durch diesen Unstrut-Durchbruch drängen sich zusammen mit dem Fluß zwei Fernstraßen und die Bahnlinie, um nach nur 1 km in das weite Land der Goldenen Aue hinauszutreten. Wie aus einem Trichter ergoß sich hier einst die Unstrut in die Breite, und seinen Rändern folgend streben die Straßen nach Heldrungen und Bad Frankenhausen wieder auseinander. Wählt man die umgekehrte Fahrtrichtung, bietet sich nahezu das gleiche Landschaftserlebnis vor und nach der Thüringer Pforte. Sie war seit dem 6. Jh. Grenze zwischen thüringischem und sächsischem Einzugs- und Einflußgebiet. Auf diese Zeit – vielleicht sogar auf eine noch frühere – gehen mit großer Wahrscheinlichkeit erste Befestigungen an dieser Stelle zurück – denn auch die Runneburg mußte gesichert werden. Die breite Erneuerung der Burgen im 13. Jh. bestätigt die Annahme. Bis ins 17. Jh. behielten die Wehrtürme in den Festungswerken der oberen **Sachsenburg** und der unteren **Hakenburg** Bedeutung, dann verfielen die Bauten.

Die Fahrt nach **Heldrungen** führt aus Thüringen heraus – dennoch steht die dort erhaltene große mansfeldische *Wasserburg* historisch in Beziehung zu dem Land: 1525 brachten die Fürsten nach der Schlacht bei Frankenhausen Thomas Müntzer hierher, um ihn zum Widerruf zu zwingen. Was man heute sieht, ist beeindruckend und doch nur der Rest der mehrfach erweiterten und modernisierten Festung. Von einer mittelalterlichen Rundburg verbliebene Bauteile konnten nach der Restaurierung der Gesamtanlage mit dem Gefängnis Müntzers identifiziert werden. 1623 hatte Kurfürst Johann Georg I. von Sachsen die Festung übernommen, doch sie hielt dem Ansturm der Schweden im Jahre 1645 nicht stand. Daraufhin wurde das Bollwerk nach Plänen von Johann Moritz Richter, der neueste italienisch-französische Fortifikationstechniken berücksichtigte, 1664–68 ausgebaut. Aus dieser Zeit stammen die gewaltigen Rundbastionen und Wehrmauern über den Wassergräben. Die Richters Idealplänen entsprechende Gesamtanlage indes ist in weiten Teilen zerstört und längst überbaut.

Gleichsam ›um die Ecke‹ der Thüringer Pforte ragt das Kyffhäusermassiv empor. An der flachen Südseite der Pultscholle liegt **Bad Frankenhausen** in einer breiten Talsenke, die schon seit dem 9. Jh. besiedelt war. Die hier vorhandenen Salzquellen dürften den Ausschlag gegeben haben, daß ein fränkischer Hof angelegt wurde: Im Zusammenhang mit der Salzförderung erwähnt eine Urkunde Ottos III. im Jahre 998 einen Ort Franconhus. Die frühmittelalterlichen Salzquellen befanden sich im oberen Teil der heutigen Stadt. Südlich von ihnen und näher bei einer bereits vorhandenen dörflichen Siedlung sowie einer Burg begann sich die Stadt zu entwickeln. Um 1200 waren die Beichlinger Grafen in ihren Besitz gekommen und hatten damit auch das begehrte Salz in greifbarer Nähe. Sie gründeten zugleich mit einer städtischen Siedlung das Zisterzienserinnenkloster. Die Burg – das heutige Schloß im Südosten des Stadtkerns – und die Klosterkirche in der Südwestecke liegen einander gegenüber, nach Norden zu erstrecken sich die drei Hauptgassen mit annähernd regelmäßigen Quergäßchen: eine typische Gründungsstadt mit rechteckigem Markt. Den dritten historischen Eckpunkt und Bau der alten Frankenhäuser Stadt bildet die obere Burg, deren Rest als Hausmannsturm bezeichnet wird. Sie entstand im Verlauf des 13. Jh., um die Salzquellen zu sichern. Im 14. Jh. wurde dann schließlich nach der unteren auch die inzwischen erweiterte obere Stadt ummauert.

Viel Altes blieb, Mittelalterliches aus dem 13. Jh. indes nur wenig, denn eine beträchtliche Zahl von Bränden verursachte immer aufs neue Schäden. Daran hatten vor allem die Siedehäuser in der Stadt Anteil, von denen die Feuersbrünste ausgingen. Die letzte brachte 1833 erhebliche Zerstörungen. An der Stelle der unteren Burg entstand nach 1533 das *Renaissanceschloß*. Man findet alte Burgmauern heute noch rings um den inzwischen mehrfach restaurierten Bau. 1689 zerstört, ist das stattliche Haus wiederhergestellt und um 1800 ausgebaut worden; die letzte Erneuerung fand 1975 ihren Abschluß. Seither zeigt in ihm das Museum naturkundliche und stadtgeschichtliche Ausstellungen sowie Exponate zum Bauernkrieg und ein Zinnfigurendiorama der Schlacht von Frankenhausen im Jahre 1525. Die einstige Klosterkirche brannte mit den Konventbauten im frühen 16. Jh. ab, ebenso die mittelalterliche Stadtkirche. Als *Unterkirche* baute Hans Walther 1691–1701 in die spätgotischen Außenwände der Klosterkirche den Emporensaal ein und setzte daran einen gedrungenen Turm mit Haube. Das Kircheninnere ist bestimmt von der Emporen- und Logenarchitektur sowie dem stucküberzogenen Altar und der Barockorgel. Von der *Altstädter Kirche* – wohl zur ersten Siedlung südlich der Altstadt gehörig – blieben nur der romanische Chor und die Apsis aus der zweiten Hälfte des 12. Jh. bestehen. Im Inneren befinden sich skulptierte Kämpfer und romanische sowie spätgotische Malereien. Der Fachwerkanbau entstand im 18. Jh. Die *Liebfrauenkirche* der Oberstadt nahe dem Hausmannsturm am Nordende der befestigten Siedlung stellt nur noch den Rest einer spätromanischen und gotischen Kirche des ausgehenden 14. Jh. dar. Ihr barock ausgestalteter Turm mit einer Achteckhaube und doppelter Laterne tritt im Stadtbild markant hervor. Bis ins 16. Jh. war die Oberburg bewohnt, danach bezog ein sogenannter Hausmann den Bau – der nach diesem den Namen *Hausmannsturm* trägt. Erhalten haben sich der Palas aus dem 13. Jh. und an dessen Nordseite Reste des runden Burgturms. Im Stadtbild verblieben eine Reihe von Fachwerkbauten, zum Teil auf hohen Sockeln, ebenso Bürgerbauten des 18. Jh. mit barocken Portalen. Das *Rathaus* entstand 1833 in klassizistischen Formen.

Oberhalb der Stadt liegt der Platz, auf dem 1525 die große Schlacht des Bauernkrieges stattfand – der sogenannte **Schlachtberg.** Auf ihm ist 1974/75 das ›Panorama‹ in Gestalt eines gewaltig dimensionierten kurzen Zylinders erbaut worden. In seinem Inneren befinden sich über den Ausstellungs- und Vortragssälen im Untergeschoß in dem großen Rundraum das 120 m lange Panoramagemälde der Bauernkriegsschlacht und ein Diorama mit Besucherplattform. Das nach der Idee und den Entwürfen des Malers Werner Tübke geschaffene, unerhört bewegte, vielteilige, monumentale Erzählbild der Bauernkriegsschlacht gehört zweifellos zu den künstlerisch beachtlichsten Leistungen der surreal untersetzten, symbolisierenden Historienmalerei; unverkennbar sind die Adaptionen Altdor-

370

ferscher expressiver Bildsprache, angereichert mit skurriler Breughelscher Art und der Grazilität von Grünewald- und Dürer-Figuren.

Völlig anders zeigt sich das große Monument auf dem nahen Kyffhäuser: Wo die Reichsburgen der letzten Salier, Heinrichs IV. und Heinrichs V., und dann Friedrichs I. Barbarossas Hofsitz lagen, entstand nach dem preußisch-deutschen Sieg über Frankreich zwischen 1891 und 1896 das **Kaiser-Wilhelm-Nationaldenkmal.** Den Entwurf zur gigantischen Gesamtanlage über der mittleren der drei Burgen lieferte Bruno Schmitz, der später das Völkerschlachtdenkmal in Leipzig und den architektonisch eigenartigen Festhallenbau in Mannheim errichtet hat. Im Jahr als der Bau auf dem Kyffhäuser begann, war in Paris die Sacre-Cœur-Kirche auf dem Montmartre vollendet worden – durchaus als politischer Parallelbau anzusehen, denn die Franzosen schufen diese ›Stadtkrone‹ bekanntlich als Symbol für Fortbestand und Kraft ihrer Nation trotz des verlorenen Krieges. Wie akademisch erscheint bei aller Pracht des Details das rotsandsteinerne Kyffhäuser-Denkmal gegenüber dem glanzvollen Byzantinismus der Sacre-Cœur! Der Turm des Monumentes wächst aus den drei Terrassen empor, von der riesigen Nachbildung der Kaiserkrone geschmückt. Durch die drei Bogen der mittleren Terrasse wird der Blick auf das aus historischem Tiefschlaf erwachte Reichskaisertum in Gestalt Barbarossas gelenkt. Symbol-Romantismus zeigt sich auch im Dekorativen, welches in der Reiterfigur Wilhelms I. gipfelt. Der Bildhauer Erich Hundrieser entwarf die Figur Wilhelms I., Nikolaus Geiger die Barbarossas. Mit 81 m Höhe blieb das Kyffhäuser-Monument 10 m niedriger als das Leipziger Völkerschlachtdenkmal.

Westlich liegt die Ruine der oberen der ab 1110 errichteten **Reichsburgen.** 1118 bereits zum ersten Male zerstört, ließ Lothar von Supplinburg das mächtige Höhenbollwerk 1125 wiederherstellen. Unter Friedrich I. Barbarossa wurden die Befestigungsarbeiten seit 1152 über etwa vier Jahrzehnte fortgeführt. Im hohen Mittelalter, als sich die Machtzentren und strategischen Schwerpunkte weit ost- und nordwärts verlagert hatten, gerieten die großen Burgen in Vergessenheit, im 15. Jh. waren sie bereits Ruinen. Drei Mauern schirmen den gewaltigen *Barbarossa-Turm* der Oberburg vom langgestreckten Vorhof ab. Die drei Wohnturmgeschosse geben sich noch zu erkennen. Daneben steht der *Palas*. Die Unterburg öffnet sich im 1938 erneuerten *Tor* zum ersten Hof. Ihn beherrschte der runde *Bergfried*. Die Quermauer, die durch die gesamte Burg verläuft, trennt den zweiten Hof ab. In ihm liegt an der Nordwand die kleine *Kapelle*.

Bei der Entstehung der Pultscholle des Kyffhäusergebirges sowie bei späteren erdgeschichtlichen Vorgängen bildete sich im Karstgestein eine Anzahl von Hohlräumen. Bekanntestes System dieser Art ist die sogenannte **Barbarossa-Höhle** bei Rottleben am südwestlichen Gebirgsrand. Die gewaltige Gipshöhle wird in vielen Sagen mit dem Staufer verbunden. Die kleineren Höhlen an der Kattenburg dienten bereits jungsteinzeitlichen Menschen als Zuflucts- und Opferstätten.

Nahe dem 972 erstmals genannten **Tilleda** am nordöstlichen Fuß des Bergmassivs bestand im 11. Jh. auf dem sogenannten Pfingstberg eine *ottonisch-salische Pfalz.* Ihre Grundmauern konnten durch eine umfangreiche archäologische Grabung nach dem Zweiten Weltkrieg freigelegt werden. Die aufgefundene Anlage weist die Ausmaße von 250 × 350 m auf und gliedert sich in eine Haupt- und eine Vorburg mit mehrfachen Befestigungswerken – soweit bei einer kaiserlichen Pfalz von einer Burg im mittelalterlichen Sinn gesprochen werden kann. In Tilleda sind innerhalb der Ummauerungen auch handwerkliche Fertigungsstätten festgestellt worden, Eisenerz gelangte zur Verhüttung und sogar zur Weiterverarbeitung. Sowohl in ihrer kolonisatorisch-strategischen Bedeutung als auch in ihrer Baugestalt stand damit eine solche Pfalzanlage durchaus noch in der Tradition der römischen Militärlager, wenngleich sie andererseits gewisse Keimzellen frühstädtischer Strukturen – auch in der Zusammensetzung ihrer Bewohnerschaft und deren gesellschaftlicher Gliederung – aufgewiesen haben dürfte.

Sondershausen im 17. Jh., nach Merian

Sondershausen

Besteigt man den 94 m hohen Fernsehturm auf der Kuppe des Kyffhäusermassivs, so schweift der Blick weit über das vorgeschichtliche Siedlungsgebiet der Goldenen Aue. Die jungsteinzeitliche bandkeramische Kultur (s. S. 21) hinterließ hier ihre – von heute her gesehen – 5000 Jahre alten Zeugnisse. Im Museum für Ur- und Frühgeschichte Weimar sind Funde aus den Grabungen in der Sondershäuser Gegend zu besichtigen.

Sondershausen – vom Kyffhäuser gesehen westlich im Schatten des kleinen Höhenzuges der Windleite – ist einmal über Bad Frankenhausen durch das Wipper-Tal, zum anderen zunächst nordwärts über Kelbra und weiter über die Windleite zu erreichen. Im 8. Jh. fränkisch kolonisiert, weist der Raum um Sondershausen erst seit dem 12. Jh. ein mittelalterlich frühstädtisches Gemeinwesen auf. Die oberhalb der Stadt gelegene **Spatenburg** geht auf die Burgengründungen Heinrichs IV. zurück, der mit diesen wehrhaften Stützpunkten im 11. Jh. das kolonisatorisch-strategisch für ihn so entscheidende Südharzgebiet zu sichern trachtete. Es geriet am Ende des 11. Jh. unter den Einfluß des Mainzer Erzbistums. Als die Wettiner um 1254 das Land als Lehen erhielten, wird in diesem Zusammenhang die Spatenburg ausdrücklich genannt. Wenig später taucht dann mit einer thüringisch-landgräflichen Belehnungsurkunde für die Grafen von Hohnstein 1263 eine dazugehörige Stadt auf, sofern man die Bezeichnung *urbs* wörtlich nehmen will. In dieser

dürften die Anfänge der Residenz Sondershausen liegen. Nachdem das Hohnsteiner Geschlecht ausgestorben war, gelangte Sondershausen 1356 an die Schwarzburg-Blankenburger, und sie ließen ihren neuen Sitz mit dem Ausbau einer mittelalterlichen Stadtsiedlung stabilisieren. Wo die erwähnte *urbs* unter dem nordwestlichen Höhenplateau lag, entstand nun zu Füßen einer Burg die Stadt des 14. Jh. Ihr Gebiet war weitgehend identisch mit dem historischen Stadtkern zwischen dem Schloßberg und der Pfarrkirche St. Trinitatis sowie der nördlich des alten Marktes beginnenden und erhalten gebliebenen **Stadtmauer.** Der bei einem Bombenangriff im Zweiten Weltkrieg zerstörte und völlig neu erbaute östliche Altstadtbereich stellt die Erweiterung zur Neustadt um die Mitte des 14. Jh. dar, welche nun den Raum bis zur Wipper einnahm und die **Klosterkirche St. Crucis** nahe dem Wippertor einschloß. Auch dieses Gotteshaus blieb nur als Ruine stehen. Hatten schon im 15. und 16. Jh. Brände nahezu den gesamten mittelalterlichen Baubestand in Schutt und Asche gelegt, so wurde der Rest dieses Stadtteils im Zweiten Weltkrieg vernichtet. Der noch erhaltene Altstadtkern besteht größtenteils aus verputzten Fachwerkhäusern niedersächsischer Prägung des 18. Jh. Besonders zu vermerken ist die Häusergruppe an der **Pfarrstraße** mit dem *Geburtshaus des Geographen Johann Günther Friedrich Cannabich*, dessen vielbändiges »Handbuch der Erdbeschreibung« von 1827 zu einem geographischen Standardwerk geworden war. Dicht dabei steht die **Trinitatiskirche,** die sich außen noch gotisch zeigt, während sie im Barock eine völlig neue Ausstattung und die Turmhaube erhielt. Die fürstliche *Grabkapelle* wurde im vorigen Jahrhundert angebaut.

Der Weg zum **Schloß** führt über den Markt und zunächst am Rathaus vorbei, das klassizistisch modernisiert wirkt. Vor hier aus öffnet sich das Schloßplateau besonders eindrucksvoll über der hohen Stützmauer: 1838 wurde ihr im Zusammenhang mit dem Bau

373

der großartigen *Schloßtreppe* die Tempelfront der klassizistischen *Hauptwache* angefügt. Als dritter Bau blieb das barocke *Prinzenhaus* von 1726 an der Nordseite der Freifläche stehen, und trotz der Ausweitung des Platzes infolge der Bombenschäden erhielt sich damit ein städtebaulich reizvolles Ensemble unterhalb des Schlosses.

Als die Sondershäuser Grafen 1697 den Reichsfürstenstand erlangten, dürfte der Ausbau des Schlosses begonnen haben. Die bis dahin errichteten Renaissancebauten zeigen sich besonders eindrücklich im *Schloßhof* mit dem Ost- und Nordflügel und deren wohl noch älterem gewaltigen Turm mit der Hofgalerie. Sie stammen aus der Zeit zwischen 1533 und 1576. Um 1700 begann der Bau des Südflügels in ebenso glatter Putzarchitektur, wie sie die bereits vorhandene Gebäude aufwiesen. Ab 1766 wurde der Westflügel erbaut. Inmitten des so entstandenen dreieckigen Hofraumes nimmt der barocke *Brunnen* die kräftige plastische Dekoration der Westflügelfassade auf. Zu ihr steht die Parkfront mit den klassizistischeren Formen in einem Gegensatz, leitet aber dadurch zur Architektur der Überbrückung zum kleinen Lusthaus und der fast unscheinbaren Hauptzufahrt an der spitzen Nordwestecke über. Als prachtvoll erweist sich das Innere des Schlosses: Die *Hofapotheke*

Sondershausen 1 ›Karussell‹ (Konzerthaus) 2 Schloß (Museum) 3 Prinzenhaus 4 Hauptwache 5 Lohmühle 6 Fachwerkbauten 7 Rathaus 8 Trinitatiskirche 9 Gottschalksches Haus 10 Klosterkirche St. Crucis 11 Stadtmauer

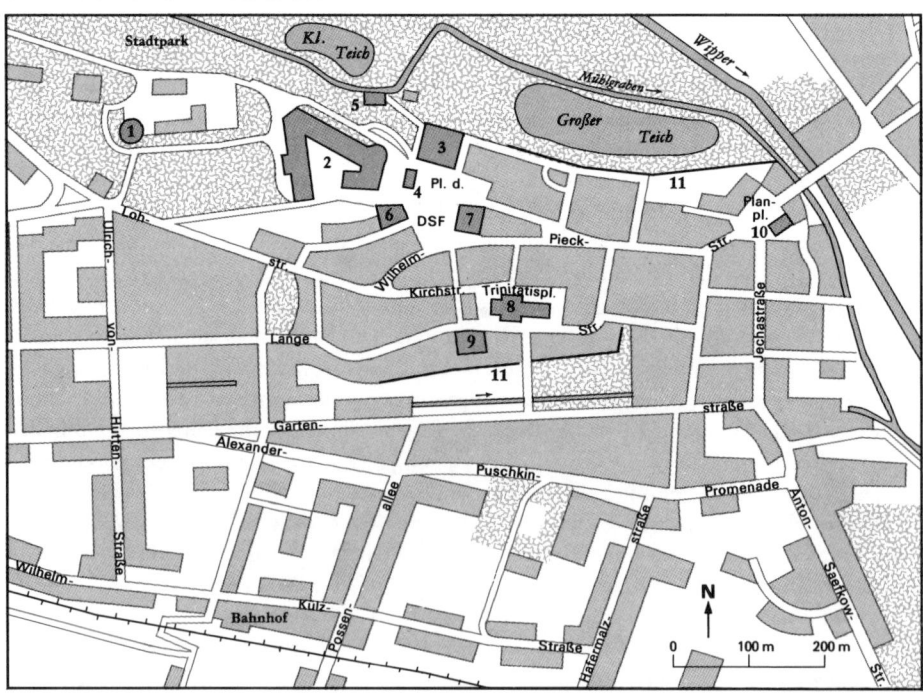

Sondershausen, Lusthaus ›Karussell‹ im Schloß-park, jetzt Konzerthaus

im Renaissanceflügel überrascht mit reichem Stuckdekor, hochbarock ist der *Riesensaal* im ersten Erweiterungsflügel des 18. Jh. ausgestaltet, Rokoko prägt den *Weißen Saal* aus der zweiten Hälfte des 18. Jh., und barock zeigt sich auch die *Schloßkirche*. Ein besonders interessanter Raum ist der *Theatersaal*, der mit seiner Ausstattung des 18. Jh. auch heute den Rahmen für kleine Aufführungen abgibt. Die ganze Prachtentfaltung dieser nördlichsten thüringischen Residenz versinnbildlicht sich in der goldenen Kutsche des Fürsten Heinrich aus den 40er und 50er Jahren des 18. Jh., ein Gefährt, das mit den Prunkwagen der großen europäischen Königshäuser in Wettstreit zu treten suchte. Es gehört heute zum Bestand des *Schloßmuseums*, dem man – wie dem gesamten Schloß – eine baldige Restaurierung wünschen muß. Die bisher erfolgten denkmalpflegerischen Erneuerungen konnten nur bescheidene Teile der einstigen inneren und äußeren Gestalt und Farbigkeit wiedererbringen. Auch das Lust- und Spielhaus von 1709 im westwärts anschließenden *Schloßpark*, das nach seiner achteckigen Grundgestalt ›Karussell‹ genannt wurde, konnte restauriert und für Konzerte und Ausstellungen neu eingerichtet werden.

Berühmt ist auch heute noch das bereits historische Loh-Orchester der Stadt. Es entstand in der letzten höfischen Glanzepoche der zweiten Hälfte des vorigen Jahrhunderts aus der fürstlichen Gardekapelle und gewann rasch Bedeutung, nicht zuletzt unter der Stabführung von Max Bruch zwischen 1867 und 1870. Das Orchester trug zur Entwicklung der Musikschule Sondershausens bei, die ebenfalls im Schloß untergebracht ist.

Die Bauwerke sind in Sondershausen einer großen äußeren Belastung ausgesetzt. Seit die Kali-Lager im Helme- und Wipper-Tal 1892 entdeckt worden sind, nahm der industrielle Abbau raschen Aufschwung. Er bildet heute mit seinen riesigen Bergbaugebieten und Halden nicht nur den Ansatz zu einer gründlichen landschaftlichen Veränderung; auch die atmosphärische Belastung ist seit einem Jahrhundert stetig gewachsen – und damit das Problem, Landschaft und historisch geprägten Baumbestand zu bewahren.

Großfurra – Wolkramshausen – Großlohra – Bleicherode

Südlich Sondershausens erhebt sich im Höhenzug der Hainleite der Possen mit dem barocken verputzten Fachwerkbau des fürstlichen *Jagdschlosses* und dem *Aussichtsturm*. Das Wipper-Tal aufwärts gelangt man nach **Großfurra**. Am Südrand der großen Ortschaft blieb der Rest einer mittelalterlichen *Burg* in Form des Rundturmes mit einem Anbau erhalten. Um 1600 wurde ein Fachwerkgebäude über älteren Mauern angefügt und an der Seite zum winzigen Hof mit kleinen Erkern versehen.

Nach nur wenigen Fahrminuten – eine Bahnstation weiter – folgt **Wolkramshausen**. Hier trifft man auf das ›*Hue de Grais*‹, einen schloßartigen barocken Fachwerkbau mit großem Hofraum, zwischen 1680 und 1724 erbaut. Robert Graf Hue de Grais wurde hier 1835 geboren und verstarb 1922 in diesem Hause. Als Theoretiker des Verwaltungsrechts erlangte er durch sein Schrifttum und besonders das ›Handbuch der Verfassung und Verwaltung in Preußen und dem Deutschen Reiche‹ Bekanntheit und Bedeutung. 1989 sind die Baulichkeiten umfassend restauriert worden.

Am Nordrand der Hainleite liegt über dem Ort **Großlohra** die westlichste der Hainleiteburgen aus dem 11./12. Jh. mit einer romanischen Doppelkapelle aus dem 12. Jh. Das gesamte Burggelände ist jedoch gegenwärtig baupolizeilich gesperrt und nicht zugänglich, so daß sich der Kunstreisende den Weg über die steile Straße und einen an das Burgalter gemahnenden Pfad ersparen sollte. Gut erhalten indes zeigt sich die ehemalige *Klosterkirche* der Benediktinerinnen im Ort **Münchenlohra** der Großgemeinde Großlohra (Abb. 82). Die romanische Pfeilerbasilika mit dem hohen Westwerk, überragt von den zwei schlanken Türmen, und der Nonnenempore im Inneren entstand um 1200. Ihre gründliche Erneuerung von 1882/83 vermittelt uns zugleich das Bild, das in jener Zeit von der romanischen Baukunst bestand – ähnlich damit der um die vorige Jahrhundertmitte restaurierten Kirche zu Klosterlausnitz (s. S. 308).

Von Münchenlohra bedarf es nur der Überquerung eines kleinen Höhenrückens, um nach **Bleicherode** zu gelangen. Der Blick gleitet dabei über die Goldene Aue bis hin zu den Höhen des Harzes. Graue Halden an den Kali-Schächten, Fördertürme und die schlanken Schornsteine flankieren die Hügel und Waldstücke am Rand der fruchtbaren Senke. Haldenstaub schlägt sich auf den Dächern des Städtchens nieder. In dem industrialisierten alten Agrarland muß mit den unterirdischen Kali-Vorkommen zugleich die Last des Abraums aufbereitet werden. Häuser aus dem 17. und 18. Jh. säumen die Straßen, und das *Rathaus* trägt über dem schweren Quadergeschoß den leichten Fachwerkaufbau des 16. Jh. Seinen gotischen Ursprung gibt der Bau im Inneren mit den Türrahmungen und alten Steinmetzzeichen zu erkennen. Aus der gleichen Zeit stammt die *Stadtkirche*, die im Barock verändert und ausgemalt worden ist. Das Innere ist auch das Interessante am ›*Waldhaus Japan*‹, das am bewaldeten Hang über der Stadt liegt. Neben dem langgestreckten Fachwerkhaus steht ein kleiner Saalbau, der bei der Erneuerung der gesamten Baugruppe für eine Ausflugsgaststätte erschlossen worden ist. Damit konnten die in dem einstigen Festsaal angebrachten französischen Bildtapeten aus dem frühen vorigen Jahr-

376

hundert wieder der Allgemeinheit zugänglich gemacht werden – ein kleines Denkmal, das einen Besuch lohnt.

Nordhausen

Das Harzmassiv rückt näher, fährt man die lange gerade Straße von Bleicherode nach Nordhausen. Eine der ältesten Thüringer Städte beginnt sich abzuzeichnen. Mehr und mehr verliert sich jedoch der Gedanke an Mittelalterliches und Türmereichtum, je näher wir der Stadt kommen. Fabrikhallen und Werksgelände säumen die Straße, Schienenstränge führen heran, die Häuser erscheinen wenig charakteristisch und landschaftsverbunden, und was sich jenseits der Zorge emporzieht, ist neu, allenfalls historisierend. Maschinen- und Motorenfabriken stehen im Tal, durch das einst die Pferdegespanne Getreidefuhren aus der Goldenen Aue in die Stadt zogen. Tiefe Wunden klaffen im Stadtbild, wo früher buntes Fachwerk leuchtete. Sie sind das Ergebnis des Zweiten Weltkrieges, für den Nordhausen zum Rüstungszentrum ausgebaut worden war und dem die Stadt zu drei Vierteln zum Opfer fiel. Der Wiederaufbau, der 1957 an der Rautenstraße begann, ließ eine neue, völlig andere Stadt in der Mitte der alten entstehen. Was sich an Historischem noch erhalten hatte, verschwand in den letzten beiden Jahrzehnten, denn in dieser Zeit galt das Augenmerk auch in Nordhausen nur dem Neuen, während das Alte verfiel. Zwar entwarfen Architekten auf ihren Reißbrettern Pläne zur Restaurierung, doch wurde diese nicht in Angriff genommen. Der Flächenabriß der südwestlichen Altstadt bedeutete die Vernichtung auch dieses historischen Abschnitts der Stadt – des vorletzten. Ein letzter ist zwischen Dom und Blasiikirche nun mit großer Liebe wiederhergestellt. Das Rathaus sollte zum Zeichen Nordhausens nach dem Zweiten Weltkrieg werden: Nur der Umriß des historischen Gebäudes besteht fort, viele der mittelalterlichen Teile sind mit dem Wiederaufbau verändert und modernen Anforderungen angepaßt worden, und das Rathausinnere trägt den heutigen Zwecken Rechnung. Erhalten ist der Roland von 1717 – eine Neuanfertigung nach dem Verlust der mittelalterlichen Figur. Und der Korn-Schnaps, den man in Nordhausen seit 1507 brennt, wird noch immer hergestellt.

Geblieben ist schließlich mit dem Verlust der alten Stadt die Erinnerung an die Leiden der Häftlinge des **Außenlagers Dora** vom Konzentrationslager Buchenwald. Unter dem Kohnstein zwischen Nordhausen und Niedersachswerfen begann schon 1936 der Ausbau einer bombensicheren Rüstungsfabrik. Seit 1943 mußte man die Stollensysteme für die Herstellung der V-Waffen erweitern. Eine Gedenkstätte mahnt an die 16 000 Verschleppten, die hier ums Leben kamen.

Im 9. Jh. kreuzten sich unmittelbar vor dem Harz die großen Handels- und Kolonisierungswege, welche einerseits aus dem Westfälischen über Tilleda und Allstedt bis nach Merseburg zur Saale führten, andererseits nordwärts um den Harz herum in Richtung Magdeburg und südwärts über Mühlhausen und Erfurt verliefen. Eine erste Siedlung in jener Zeit wird im Tal um die heute nur noch in ihren Ostteilen erhaltene romanische

Frauenbergkirche vermutet. Ein karolingischer Hof entstand auf dem Westrand des Stadt-plateaus über dem Zorge-Tal, und aus ihm ging mit großer Wahrscheinlichkeit die Burg Heinrichs I. hervor. Sie ist für 910 nachgewiesen und bestand bis 1277. Zu ihrem präurba-nen Umfeld gehörte der Domberg, auf welchem um 1130 eine romanische Kirche entstan-den war. Dabei handelt es sich um einen zweiten Bau an dieser Stelle, denn die Königin Mathilde hatte 961 in der königlichen Burg ein Damenstift gegründet, mit dem sich bereits eine frühere Kirche verband. Diese erste Burg-Stadt erstreckte sich auf dem Plateau süd-wärts, ihre nordöstliche Begrenzung zeigt sich noch in der Straßenkrümmung zwischen Blasiikirche und Dom. Ein Marktplatz lag in der Vorstadt, denn 962 erhielt der Ort bereits Markt-, Zoll- und Münzrecht. Allein darin drückt sich die Bedeutung jener Siedlung aus, die sie unter Heinrich I. besaß. Wie umstritten der Ort zugleich war, zeigt sich darin, daß ihn Heinrich der Löwe 1180 niederbrennen ließ.

Sicher hängt mit diesem Brand die Anlage der planmäßigen mittelalterlichen Stadt um den Markt zusammen. Ein erstes **Rathaus** wurde später durch den Renaissancebau ersetzt, den wir im wiederaufgebauten heutigen Gebäude noch erkennen können. Die ehemals benachbarte Nikolaikirche ist nicht mehr vorhanden. **Kornmarkt** und **Holzmarkt** – im Bereich der heutigen Post – markierten diesen mittelalterlichen Stadtkern. Im 12. Jh. weilten die Staufer-Kaiser mehrfach in Nordhausen, für 1144 ist ein Besuch Konrads IV. verzeichnet, Friedrich I. Barbarossa hielt 1174 und 1188 hier hof; Heinrich VI. war 1192 und Friedrich II. 1219 in der Stadt. Mit dem Niedergang der kaiserlichen Zentralgewalt verselbständigten sich ähnlich wie in Mühlhausen auch in Nordhausen die kaiserliche Beamtenschaft und das Stadtbürgertum. Letzteres gewann um die Mitte des 13. Jh. end-gültig die Oberhand. Zugleich erfolgte die Befestigung des nun schon großen Stadtraumes zwischen dem nordwestlich liegenden und noch immer relativ eigenständigen Domviertel mit den alten Herrenhöfen sowie der Frauenbergsiedlung im Südosten, dem nördlich der Blasiikirche gelegenen Altstadtraum und der Neustadt, die sich vor der südwestlichen Mauer im Tal entwickelte. Zur Neustadt führten Treppen hinab. Teile der Stadtmauer haben sich an der gesamten Westseite des Stadtkerns, im Süden zwischen Frauenbergsied-lung und Altstadtgebiet und im Norden um das einstige Franziskanerkloster erhalten. Hier – zwischen Dom und Blasiikirche – trifft man an der **Barfüßergasse** auf die einzigen noch bestehenden altstädtischen Bauten aus dem späten Mittelalter; besonders beachtens-wert darunter ist die ›*Flohburg*‹ (Nr. 6) aus der Zeit um 1500. Zwischen **Domstraße** und westlicher **Stadtmauer** steht die ›*Finkenburg*‹, gleichfalls ein vorzüglicher Fachwerkbau und ein Jahrhundert älter als der eben genannte.

Noch wirklich mittelalterliches Fluidum umfängt den Besucher beim Betreten des **Domhofes.** Die beiden schlanken Osttürme der Kirche gehen in ihren Unterbauten auf den Bau des 12. Jh. zurück. Von ihm ist auch die dreischiffige *Krypta* bestehengeblieben, ein eigenartig schwerer Raum, dessen kräftige Gewölbe auf gedrückten, kurzen Säulen mit massigen Basen und wuchtigen Schildkapitellen ruhen. Der frühgotische *Chor* darüber weist mit den Maulbronner Detailformen den zeitlichen Abstand zu Krypta und Turmun-tergeschossen aus; er wurde 1267 geweiht. Sein Bau markiert zugleich die Umwandlung

Nordhausen, der Marktplatz mit dem Rathaus vor der Zerstörung im Zweiten Weltkrieg

der Damenstiftskirche in ein Chorherrenstift. Die Monumentalplastiken der Stiftsgründer und Förderer wurden um die Mitte des 13. Jh. in den Chor eingebracht, angeregt sicher durch das Naumburger Vorbild. Sie stehen auf originell figurierten Konsolen. Um die Mitte des 14. Jh. begann der Neubau der hohen *Langhaushalle*. Über ihren gebündelten und gekehlten Säulen verweisen die Sterngewölbe der beiden westlichen Joche auf eine Entstehungszeit zu Anfang des 16. Jh. Vollendet wurde die Wölbung sogar erst im vorigen Jahrhundert, bis dahin hatte eine Holzdecke den Raum abgeschlossen. Aus den letzten Jahren des 14. Jh. stammt das *Chorgestühl*. An seinen reich geschnitzten Wangen (Abb. 83) finden sich biblische Darstellungen; neben dekorativen Pflanzenmotiven kann man ebenfalls Stifterbildnisse erkennen. Die schweren Schäden des Zweiten Weltkrieges sind heute nicht mehr sichtbar. Der mittelalterliche Raum findet im großen *Barockaltar* zwischen dem hohen Gestühl im Chor gleichsam einen feierlichen Höhepunkt. Auch der *Kreuzgang* ist nach Kriegsschäden wiederhergestellt und gibt in seinen hohen Arkadengängen an Säulen, Kapitell- und Bogenformen die unterschiedlichen historischen Bauzeiten zu erkennen.

Die Türme an der **Blasiikirche** entstammen noch der Romanik, und was nur wenige Städte auszeichnet, ein schiefer Turm, hat Nordhausen hier zweifach, denn die beiden

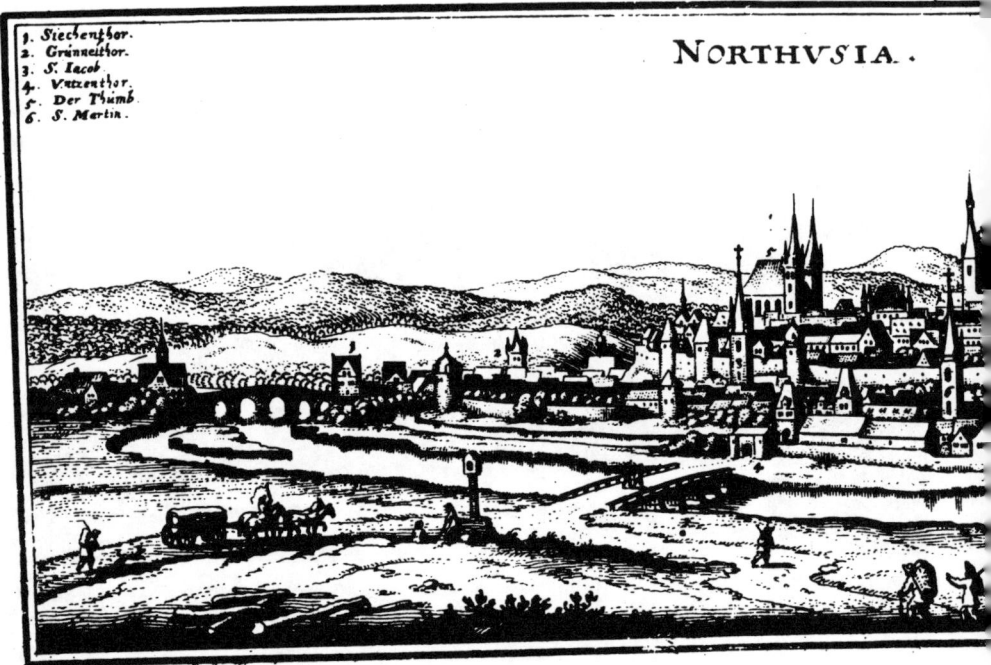

1. Siechenthor.
2. Grünneithor.
3. S. Iacob.
4. Vatzenthor.
5. Der Thumb.
6. S. Martin.

NORTHVSIA.

Nordhausen im 17. Jh., nach Merian

Achteckaufbauten haben sich schon vor langer Zeit einander zugeneigt. An die nur zweijochige, kurze und dafür recht breite Halle aus der Zeit um 1490 schließen der niedrigere Querbau und der Chor an. Ein Schlußstein im Chorgewölbe trägt die Jahreszahl 1489. Auch an der Blasiikirche konnten die Kriegsschäden behoben werden, und mit den Renovierungsarbeiten wurden die Chorfenster modern verglast. Erhaltengeblieben ist über den Zweiten Weltkrieg die schöne *Spätrenaissance-Kanzel* von 1592.

Der Bau der romanischen **Zisterzienserinnen-Klosterkirche** in der alten südöstlichen Vorstadt – die daher die Bezeichnung Frauenberg trägt – wurde noch vor 1200 als dreischiffige Pfeilerbasilika begonnen. Nach der Kriegszerstörung blieben von der später barockisierten Kirche nur der Ostteil der Choranlage mit einer Apsis und das Querhaus erhalten. Mit der Restaurierung und dem Ausbau der Ruine, die in den 60er Jahren begannen, wurden zugleich die Gewölbe erneuert.

Auf die mittelalterliche Tradition und die Gestalten der Nordhäuser Kirchentürme nimmt eine der Fabrikantenvillen aus dem vorigen Jahrhundert sichtbar Bezug. Sie steht an der Alexander-Puschkin-Straße und birgt heute das **Meyenburg-Museum.** Dieses informiert in seinen Ausstellungen und Sammlungsstücken über die Geschichte der Region um Nordhausen von der Frühzeit bis an die Schwelle unserer Gegenwart. Das Haus aus der Zeit nach dem Jugendstil mit Turm und schwungvollem Giebel über der Zugangsseite ist

Northausen

7. Rauten thor
8. Zun Barfüßern.
9. S. Blasius.
10. S. Petrus.
11. Döpfel thor.
12. Frauenberg.

zugleich ein Stück Geschichte Nordhausens. Der Architekt Ferdinand Ehlen erbaute es im Jahre 1908. Als eines der zahlreichen Villengebäude, die während der Blütezeit der Stadt seit dem ausgehenden 19. Jh. entstanden, bildet es ein kunsthistorisches Pendant zur Industrieentwicklung Nordhausens mit den großen Unternehmen für Bergbau- und Schachtausrüstungen und dem schon erwähnten Maschinenbau. In eben diesen Jahren, 1897–99, wurde die Harzquerbahn in Betrieb genommen, eine Meterspur-Strecke, die Nordhausen mit Wernigerode, dem nördlichen Hauptort des Gebirges, verbindet. Die Fahrt mit dieser noch dampfbetriebenen Schmalspurbahn bietet ein Erlebnis für jeden Besucher und Urlauber. Seit einigen Jahren konnte auch ihre alte Verbindung nach Gernrode wiederhergestellt werden. Zu hoffen bleibt, daß bald erneut – wie nach der Jahrhundertwende – die Züge zum Brocken fahren. Das wäre eine Krönung der Thüringen-Reise, auch wenn der 1141 m hohe Berg nie thüringisch gewesen ist.

Erklärung historischer und kunsthistorischer Fachbegriffe (Glossar)

Akanthus Mittelmeerische Distelart mit großen, gezackten, an den Rändern leicht eingerollten Blättern; seit der Antike ein in stilisierter Form verbreitetes Dekorationsmuster in Baukunst und Kunstgewerbe

Akzise Indirekte Verbrauchs- und Verkehrssteuer, Zoll; seit dem Mittelalter bis ins 19. Jh. übliche Bezeichnung

Altan Eine bis zum Erdboden unterbaute Plattform (balkonartig) an oberen Stockwerken.

Anna Selbdritt Darstellung der hl. Anna mit ihrer Tochter Maria und dem Jesuskind

Apsis Meist halbrunder, mit einer Halbkugel überdeckter Raum, der sich zu einem Hauptraum hin öffnet; in der christlichen Baukunst überwiegend der östliche Abschluß einer Kirche

Aquamanile Gefäß zur Handwaschung des Priesters bei der Messe

Architrav Der den Überbau tragende Hauptbalken über Säulen oder Pfeilern

Arkade Bogenstellung über Säulen oder Pfeilern

Attika Niedriges Geschoß oder brüstungsartige Aufmauerung über dem Hauptgesims eines Gebäudes

Balustrade Ein aus kleinen, gedrungenen Stützen *(Balustern)* gebildetes Geländer an Treppen, Balkonen oder als Dachabschluß

Basilika Drei- und mehrschiffige Kirche, deren Mittelschiff höher und breiter ist als die Seitenschiffe und durch Fenster oberhalb der Seitenschiffdächer beleuchtet wird. In der römischen Architektur Markt- und Gerichtshalle, in der christlichen Baukunst früher Kirchentypus

Bastion Vorspringender Bauteil einer Festung

Bauhaus Eine 1906 in Weimar gegründete Kunstgewerbeschule; dem ersten Leiter Henry van de Velde folgten 1919–28 Walter Gropius, bis 1930 Hannes Meyer, bis zur Schließung 1932 Mies van der Rohe; ab 1919 trug die Schule den Namen Bauhaus; hier arbeiteten Künstler, Handwerker und Architekten zusammen; Ziel war u. a. die Entwicklung von künstlerisch hochwertigen Vorbildern für die Industrieproduktion von Gebrauchsgegenständen

Benediktiner Mönche, die nach der Regel des hl. Benedikt von Nursia leben. Ihre Ordensverbände entstanden seit dem 10. Jh. Sie tragen ein schwarzes gegürtetes Untergewand und darüber einen weiten langärmeligen Mantel mit Kapuze

Bergfried, Belfried Hauptturm einer Burg, als Beobachtungsstand und letzte Zufluchtsstätte bei Belagerungen

Bergsporn In der Burgenkunde übliche Bezeichnung für einen Bergvorsprung

Beschlagwerk Flachplastisches Ornament zur Flächengliederung, u. a. bei Portalrahmungen und an Säulenschäften; beliebt auch im Kunsthandwerk der Renaissance

Binder Haupttragwerk der Dachkonstruktion; auch der quer zur Mauerflucht liegende Stein, von dem nur die Schmalseite sichtbar ist (im Gegensatz zum Läufer)

Blende Einer Mauerfläche vorgelegte, rein dekorative Scheinarchitektur; z. B. Blendarkaden, -bogen, -fenster, -maßwerk

Boskett Teil des französischen und italienischen Barockgartens, der sich durch streng geometrisch oder ornamental beschnittenes, niedriges Heckenwerk auszeichnet

Bruchscholle Durch Bewegung in der Erdkruste aus derselben herausgebrochenes Stück

Bündelpfeiler Pfeiler, der rundherum mit Dreiviertelsäulen (Diensten) verschiedenen Durchmessers besetzt ist, die in die Rippen des Gewölbes oder Bogens fortgeführt sind

Chor Hochaltarraum einer Kirche, einige Stufen höher liegend als der Gemeinderaum, architektonisch besonders ausgestaltet und oftmals durch einen → Lettner, durch Gitter oder Schranken vom Mittelschiff abgetrennt

Chorbogen Der den Chor vom Langhaus trennende Bogen einer Kirche

Chorgestühl An den Längsseiten des Chores angeordnete, meist reich verzierte Sitzreihen für die Geistlichen

Chorhaupt Abschluß des Chores, der auch am Außenbau hervortritt

Chorschranke Steinerne oder hölzerne Schranke, die den Chor vom Gemeinderaum trennt

Dachformen Man unterscheidet grob Flach- und Steildächer. Sonderformen sind u. a. *Mansarddach:* Knickdach, dessen unterer Teil steiler als der obere ist; *Satteldach:* besteht aus

zwei schräg gegeneinandergestellten Dachflächen, häufigste Dachform; *Walmdach:* die vertikalen Giebel des Satteldaches sind durch schräge Dachflächen ersetzt; *Krüppelwalmdach:* nur die Giebelspitze des Satteldaches ist abgeschrägt

Dachhaut Äußerste Schicht des Daches

Dachreiter Schlankes Türmchen auf dem First eines Daches

Dirnitz (Dürnitz) heizbarer Teil einer Burg

Ecclesia und Synagoge Darstellung des Alten (Synagoge) und des Neuen Testaments (Ecclesia) als weibliche Gestalten

Empore Galerie- oder altanartiger Einbau in einem Innenraum; meist in Kirchen

Epitaph Erinnerungsmal (Inschrift, figürliche Darstellung) für einen Verstorbenen, selten in Zusammenhang mit einem Grab stehend

Erker Ein- oder mehrgeschossiger geschlossener Anbau an der Fassade oder Ecke eines Hauses, getragen von Auskragungen oder → Konsolen

Fachwerk Hausbauweise, bei der ein Stabwerk aus Holz, Stahl oder Stahlbeton hergestellt wird, dessen Fächer (lichte Weiten) mit Ziegelsteinen, Schwemmsteinen oder auch Lehm ausgefüllt werden

Fayence (Majolika) Tonware, die nach dem Brennen mit einer Blei- oder Zinnglasur überzogen und noch im feuchten Zustand mit sog. Scharffeuerfarben bemalt wird. Bei einem zweiten Brand verschmilzt die Glasur mit den Farben zu einer glänzenden Schicht

Felderdecke Balkendecke mit regelmäßigen rechtwinkligen Feldern, gröber als die Kassettendecke

Fensterlaibung Im rechten Winkel zur Wandfläche stehende Begrenzungsfläche des Fensters

Fensterrose In der gotischen Baukunst kreisrundes durch → Maßwerk unterteiltes Fenster

Flügelaltar Altar, bestehend aus einem feststehenden Mittelteil, dem beidseitig je ein oder mehrere bewegliche Flügel angefügt sind

Franziskaner Orden der Bettelmönche, auch Minoritenorden genannt, der nach seinem Gründer Franz von Assisi benannt wurde; im Mittelalter wichtige und weitverbreitete Ordensverbindung. Die F. errichteten ihre Klöster vorwiegend in den Armenvierteln der Städte und übten hier seelsorgerische und soziale Tätigkeiten aus. Bedeutung erlangte auch der Frauenorden. Die Kleidung besteht aus einer langen braunen Kutte und einem weißen Strickgürtel mit drei Knoten, welche Armut, Gehorsam und Keuschheit symbolisieren

Fresko Wandmalerei, bei der mit Kalkwasser angerührte Farbe auf den noch feuchten Putz aufgetragen wird; besonders haltbar, weil sich Farben und Verputz unauflöslich miteinander verbinden. Im Gegensatz dazu Seccomalerei auf trockenem Putz

Fries Waagerechter Mauerstreifen mit ornamentalen oder figürlichen Darstellungen als Schmuck, Gliederung oder Abschluß einer Wand

Galerie Langer, gedeckter, nach einer Seite offener Gang: 1. Laufgang mit offenen → Arkaden an einer Fassade. 2. Laufgang über den Seitenschiffen in Kirchen. 3. → Empore

Gaube, Gaupe Aufbau mit senkrechter Fensterfläche auf einer Dachschräge

Gesims Vorspringendes, meist horizontal verlaufendes bauplastisches Element, das eine Außenwand in einzelne Abschnitte gliedert

Gespenge In der Kunst der Gotik feingliedriger, geschnitzter Aufbau über einem Altarschrein

Gewölbeformen *Tonnengewölbe:* Gewölbe mit halbkreisförmigem Querschnitt (einfachste Form des G.); *Rippengewölbe:* die Gewölbelast wird von Rippen übernommen, die ein Traggerüst bilden; *Sterngewölbe:* die Rippen sind sternförmig, wobei die Einteilung in Joche bleibt; *Netzgewölbe:* netzartige Anordnung der Rippen ohne Rücksicht auf Joche; *Spiegelgewölbe:* Tonnengewölbe mit gewölbten Enden, dessen Scheitel ›abgeschnitten‹ ist, so daß ein flacher Deckenspiegel entsteht; *Zellengewölbe:* spätgotisches Gewölbe mit tief eingeschnittenen Dachflächen

Glacis Erdanschüttung vor dem äußeren Grabenrand einer Festung

Gnadenstuhl Seit dem 12. Jh. übliche Darstellung der heiligen Dreifaltigkeit; Der thronende Gottvater hält das Kreuz oder den Leichnam Christi, über seinem Haupt schwebt der Hl. Geist in Gestalt einer Taube

Gurtbogen Verstärkungsbogen quer zur Hauptrichtung des Gewölbes (Transversalbogen), der von Pfeiler zu Pfeiler gespannt wird und die Gliederung des Gewölbes in den → Jochen betont

Hallenkirche Kirche, deren Schiffe ganz oder fast gleich hoch sind

Hirsauer Bauschule Sonderform der deutschen Romanik, zurückgehend auf das Kloster St. Peter und Paul in Hirsau; zugrunde liegt die Idee von der Vereinfachung des Kirchenbaus und Verringerung der Ausschmückung in Form der flachgedeckten Säulenbasilika ohne Krypta und Emporen, mit langem Chor und zu ihm geöffneten Nebenchören, Nutzung der Vierung und des ersten Langhausjoches als Chor, letzteres oft durch Pfeiler abgetrennt und z. T. mit Türmen besetzt (Paulinzella), während diese an der Westseite fehlen

Ikonographie Lehre von der Sinndeutung, z. B. christlicher Bildinhalte, und Formgestaltung ihrer Elemente in bezug auf ihre kunsthistorische Entwicklung, Bildsprache

Jesuiten Orden, der zwischen 1534 und 1539 durch Ignatius von Loyola und Franz Xaver begründet wurde; er trat gegen die Reformation an und übernahm später auch die überseeische Missionstätigkeit sowie die besondere Pflege der katholisch theologischen Forschung und Lehre

Joch Gewölbefeld, Gewölbeabschnitt

Kalvarienberg Bildhafte Darstellung des Kreuzweges und der Kreuzigung Christi. Die Leidensstationen ziehen sich meist um einen Berg, auf dessen Gipfel die Kreuzigung dargestellt ist

Kanzelaltar Zusammensetzung von Altar und Kanzel zu einer Einheit in protestantischen Kirchen; mit der Reformation in Deutschland entwickelt

Kapitell Oberer Abschluß von Säule, Pfeiler oder → Pilaster mit ornamentaler, figürlicher oder pflanzlicher Dekoration

Kartusche Zierrahmen für Wappen, Inschriften usw.

Kasematte überwölbter, geschützter Bunker innerhalb einer Festung

Kassettendecke Flache oder gewölbte, mit eingetieften runden oder eckigen Feldern gegliederte Raumdecke; die *Kassetten* sind, z. T. vergoldet, mit Reliefs o. pflanzlichen Ornamenten gestaltet

Kathedrale Vor allem in Frankreich, England und Spanien Bischofssitz einer Stadt

Kemenate Heizbarer Wohnraum in einer Burg. Hauptsächlich von Frauen bewohnt; der Begriff

K. wurde später auf ein aus Stein errichtetes Gebäude übertragen, das mit einem Bürgerhaus verbunden dazu diente, wertvolle Habe vor Feuersbrünsten zu bewahren – auch *Steinwerk* genannt

Kielbogen (Sattelbogen, Eselsrücken) Bogen, dessen Profillinie im unteren Teil konkav und im oberen Teil konvex verläuft

Klausur In Klöstern der allein den Mönchen vorbehaltene Bezirk

Kluniazenser Orden reformierter Benediktiner, der nach dem 910 gegründeten Kloster Cluny in Burgund benannt wurde und sich durch Eigenständigkeit gegenüber weltlichen Herrschern auszeichnete. Die Kleidung der K. besteht aus einem weiten und faltenreichen Mantel. Das deutsche Tochterkloster von Cluny in Hirsau wurde besonders für die romanische Kirchenbaukunst bedeutungsvoll, die es durch klare Bauordnung und edle Architektur- und Dekorformen prägen half

Kluniazensische Reform Klösterliche Erneuerungsbewegung im Mittelalter, ausgehend von der Benediktinerabtei Cluny; die von Strenge geprägten Reformen des Klosterlebens ergriffen auch die Weltgeistlichkeit und wirkten dem allgemeinen Verfall christlicher Traditionen entgegen

Knorpelwerk Ornament, das sich aus knorpelartigem Flechtwerk zusammensetzt

Komturei Verwaltungsgebäude und -gebiet eines geistlichen Ritterordens

Konsole Vorkragender Tragstein als Basis für Bögen, Gesimse, Skulpturen usw.

Kreuzgang Um den rechteckigen Innenhof eines Klosters angelegter überdachter Umgang

Krypta Unterirdisch gelegener Raum unter dem Ostabschluß einer Kirche zur Aufbewahrung von Reliquien, Grabstätte von Heiligen und

385

Märtyrern. Später auch Grablege für geistliche und mitunter weltliche Würdenträger

Laterne Runder oder vieleckiger durchfensterter Aufbau über einer Decken-, Gewölbe-, oder Kuppelöffnung

Lettner Trennwand mit einem oder mehreren Durchgängen zwischen → Chor und Mittelschiff einer Kirche – zur Scheidung von Priestern und Laien

Mandorla Mandelförmiger Heiligenschein meist Christus oder Maria ganzfigurig hinterfangend

Manierismus Stilform der Spätrenaissance (etwa 1520/30–1600); kennzeichnend sind komplizierte Bau- und Raumgruppen, Galeriebau, überlängte Proportionen, Profanierung sakraler Themen usw.

Maßwerk Geometrisches Bauornament der Gotik, zunächst nur zur Unterteilung von großen Fenstern, später auch zur dekorativen Gliederung von Wandflächen, Giebeln usw.

Muschelwerk Dekoration aus muschelähnlichen Formen, oftmals Teil der Grotesken

Orangerie Besonders im Barock: Gewächshaus für exotische und südliche Pflanzen mit großen Südfenstern

Orgelprospekt Künstlerisch gestaltete Schauseite einer Orgel

Palas 1. Wohn- oder Saalbau der mittelalterlichen Burg 2. Saalbau einer → Pfalz

Pfalz Residenz der deutschen Könige und Kaiser im Mittelalter

Pilaster Der Wand oder einem anderen Bauglied vorgelegter vertikaler Mauerstreifen mit Basis und → Kapitell

Point de vue Blickpunkt, auf den die Blickachsen (Schneisen, Wege oder Kanäle) in der Landschaftsarchitektur hinführen

Portikus Eine von Säulen getragene und meist von einem Dreiecksgiebel überfangene Vorhalle, die der Hauptfront eines Gebäudes vorgelagert ist

Predella Auf der Mensa aufsitzender Sockel eines Retabels oder eines → Flügelaltars

Presbyterium Der den Priestern vorbehaltene, meist etwas erhöhte Raumteil einer → Basilika, in dem sich der Hochaltar befindet (nicht unbedingt mit dem Chor identisch)

Priorat Amt und Sitz eines Klosteroberen oder -vorstehers (Prior)

Propstei Amtssitz eines Kloster- oder Stiftsvorstehers oder geistlichen Leiters eines Bezirkes der evangelischen Kirche

Pultscholle Schräggestelltes, durch Brüche umgrenztes Stück der Erdrinne

Pylon 1. Trapezförmige, stets paarweise angeordnete Tortürme ägyptischer Tempel mit einem Mittelgang 2. Pfeiler oder Mast, an dem das Tragwerk einer Hängebrücke aufgehängt wird

Raseneisenerz Oxidisches Eisenmineral, entstanden durch Einwirkung von Luftsauerstoff auf eisenhaltige Humussäurelösung (z. B. in Moorgebieten); früher vielfach abgebaut

Ravelin Außenwerk (Vorwerk) im Festungsbau, sichert das → Glacis

Refektorium Der Speisesaal eines Klosters

Reliquiar Meist kostbar gestaltetes Behältnis zum Aufbewahren oder Vorzeigen der sterblichen Überreste (Reliquien) eines Heiligen oder eines kirchlichen Würdenträgers

Risalit Ein in ganzer Höhe eines Bauwerks vor-kragender Mittelteil, der auch als Eck- und Seitenrisalit zur Auflockerung einer Gebäudefassade beiträgt

Rocaille Muschelförmiges, asymetrisches Dekorationsmotiv des Rokoko (um 1730–1770)

Rollwerk Dekorationselement, vornehmlich der deutschen Renaissance, aus verschlungenen und aufgerollten Bandformen (vor allem bei Wappen und → Kartuschen)

Rotunde Rundbau

Rückpositiv Bei großen Orgeln der Teil der Pfeifen, der im Rücken des Organisten aufgestellt ist

Rustika Mauerwerk, das aus grob behauenen Bossenquadern besteht

Saalkirche Kirche ohne Seitenschiff, also nicht durch Stützen unterteilt

Sakramentshäuschen Architektonisch ausgebildetes Behältnis aus Stein oder Holz, meist auf einem Sockel, zur Aufbewahrung geweihter Hostien an der Nordwand des → Chores

Säulenordnung Entsprechend Gestalt und Proportionierung unterscheidet man Säulen verschiedener Ordnungen; ihre Formen beziehen sich meist auf die Art ihrer → Kapitelle: *Dorische Ordnung:* Säulen ohne Basis, Kapitell wulstförmig abgeschrägt, Deckplatte quadratisch, Architrav aus glattem Balken und Fries; *Ionische Ordnung:* Säule mit Basis, Kapitell mit → Voluten und Deckplatte, Architrav aus getrepptem Balken; *Korinthische Ordnung:* wie die ionische, jedoch tragen die Säulen Akanthus-Kapitelle; *Kompositordnung:* Säulenordnung mit einem Kapitell, das aus Teilen des ionischen und korinthischen Kapitells zusammengesetzt ist. Variiert übernommene Elemente auch an Gebälk, Fries und Gesims

Schabkunst Tiefdruckverfahren, bei dem die Kupferplatte aufgerauht und die Darstellung danach durch Glätten hineingearbeitet wird; die glatten Stellen bleiben im Druck hell, die rauhen geben dunklere Töne

Schiff Bei Kirchen der Innenraum von Langbauten; man unterscheidet Mittelschiff, Seitenschiffe und Querschiff

Schildmauer Eine an besonders gefährdeter Stelle der Burg hochgeführte verstärkte Mauer

Schlußstein Oberster, als letzter eingesetzter Stein eines Bogens oder eines Kreuzrippengewölbes; oft mit Ornamenten (Wappen, Köpfen, Tieren usw.) geschmückt

Segment Fläche zwischen einem Kreisbogen und einer Sehne (Segmentbogen, Segmentgiebel)

Seismologie Erdbebenkunde

Stabwerk Geometrisches Bauornament der Gotik zur Unterteilung der Fensterfläche, Fortsetzung des Maßwerks in der Bogenkrümmung des Fensters

Steinzeug Keramik mit gräulichem oder bräunlichem, wasserdichtem Scherben (gesintert), meist mit Salzglasur

Stützenwechsel Der regelmäßige Wechsel von Pfeilern und Säulen in Kircheninnenräumen

Substruktion 1. Unterbau eines Gebäudes auf unebenem bzw. wenig tragfähigem Grund 2. Die Erweiterung der Baufläche an Abhängen

Traufe Waagerechte Kante eines Dachvorsprungs an der Längsseite des Daches, parallel zum First verlaufend; dient dem Ablaufen des Regenwassers

Triptychon Dreiteiliges Altarbild (auch Gemälde), bestehend aus einem Mittelbild und zwei Seitenflügeln

Tumba Rechteckiges Grabdenkmal, mit einer Grabplatte darauf, die entweder reliefiert oder mit einer vollplastischen Darstellung des Toten gestaltet ist

Tympanon 1. Bogenfeld über einem mittelalterlichen Portal, meist mit plastischem Schmuck 2. Giebelfeld eines antiken Tempels

Vesperbild Überwiegend plastische Darstellung der trauernden Maria mit dem toten Christus auf ihrem Schoß. Die dt. Bezeichnung für *Pietà* ist auf die Gebetszeit der Vesper zurückzuführen, denn zu dieser Tageszeit erfolgte am Karfreitag die Kreuzabnahme

Veste (Feste) befestigte Burg, Festung; Befestigung

Vestibül Vorraum eines Hauses

Viadukt Brücke, meist über einer Bogenreihe, die eine Straße oder Eisenbahnlinie über ein Tal führt

Vierung Ort der Durchdringung von Lang- und Querhaus einer Kirche

Vogt Im Mittelalter Vertreter von Klerikern oder kirchlichen Institutionen in weltlichen Angelegenheiten, z. B. vor Gericht

Volute Spiral- oder schneckenförmiges Ornament an → Kapitellen der ionischen Ordnung (→ Säulenordnung); in Renaissance und Barock werden auch Giebel und → Konsolen mit V. geschmückt

Vorhangbogen (Sternbogen) Bogen, der von mehreren konvexen Bogenlinien begrenzt wird

Vorwerk Teil des Verteidigungssystems einer Burg oder Stadtbefestigung

Voute Hohlkehle zwischen Decke und Wand

Waid *(Isatis)* Gattung der Kreuzblütler, Kräuter mit gelben Blüten und hängenden, flachen, geflügelten Früchten; der Färberwaid (Deutscher Indigo, *Isatis tinctoria),* als einzige Art in Deutschland heimisch, wurde früher zur Gewinnung des Farbstoffes Indigo angebaut

Wandelaltar Flügelaltar mit auswechselbaren Flügeln, so daß die Bildfolge auf die verschiedenen Festtage abgestimmt werden kann; die einzelnen Bildzusammenhänge stellen die Wandlungen dar

Wasserkunst Bezeichnung für die künstliche Bewegung von Wasser und die zugehörigen baulichen und technischen Anlagen, besonders seit der Renaissance beliebt

Weicher Stil (Schöner Stil) Stilperiode in der deutschen Kunst – vornehmlich der Plastik – zwischen 1380 und 1430; kennzeichnend sind weiche, fließende Formen und liebliche Gesichtszüge (vor allem Madonnen mit dem Kind)

Wirtel Schaftring einer Säule

Zentralbau Kreisförmiger, quadratischer oder vieleckiger Baukörper mit gleich- oder fast gleichlangen Hauptachsen; die angrenzenden Bauteile sind sämtlich auf den zentralen Raum bezogen

Zisterzienser Reformorden, der aus den Benediktinern hervorgegangen ist (→ Kluniazenser), benannt nach dem Kloster Citeaux in Burgund. Die Ordensregel schrieb strenge Enthaltsamkeit und harte körperliche Arbeit vor. Die Z. entwickelten strenge Bauregeln und eine eigene Architektursprache. Ihre Kleidung bestand aus einem weißen Unter- und einem ärmellosen schwarzen Obergewand

Zitadelle Besonders befestigte Verteidigungs-anlage einer Festung

Zopfstil Letzte Phase des Rokoko, Übergang zum Klassizismus und Empirestil (um 1760–1780)

Zwerchgiebel Giebel vor einem Dach mit quer zum Hauptdach verlaufendem First (Zwerch-dach), setzt unmittelbar auf der Traufe an

Zwerchhaus Giebelartig ausgebildetes Dach-fenster, quer zum First

Literatur (Auswahl)

Bibliographie zur thüringischen Geschichte. Bearb. v. Patze, Hans; unter Mitw. v. Hammerstein, Helga; Rossner, Margarete; Leist, Winfried. 2 Bde. Köln 1966

Möbius, Helga: Bibliographie zur thüringischen Kunstgeschichte. Berlin 1974

Die deutschen Königspfalzen. Repertorium der Pfalzen, Königshöfe und übrigen Aufenthaltsorte der Könige im deutschen Reich des Mittelalters. Bd. 2: Thüringen. Herausgegeben vom Max-Planck-Institut für Geschichte. Göttingen 1984

Fontane, Theodor: Reisen in Thüringen: Notiz- und Tagebuchaufzeichnungen aus den Jahren 1867 und 1873. Potsdam 1973

Friedler, Alfred; Weinhold, Rudolf: Das schöne Fachwerkhaus Südthüringens. Leipzig 1956

Heckmann, Hermann (Hrsg.): Historische Landeskunde Mitteldeutschlands. Thüringen. Würzburg 1986

Hintzenstern, Herbert von: Dorfkirchen in Thüringen. Berlin ^{2}1982

Kühnlenz, Fritz: Schiller in Thüringen: Stätten seines Lebens und Wirkens. Rudolstadt 1973

Lehfeldt, Paul: Bau- und Kunstdenkmäler Thüringens. Sondheim v. d. Röhn, Coburg o. J.

Mertens, Klaus: Die Stadtkirchen in Thüringen. Berlin 1982

Möbius, Friedrich und Helga (Hrsg.): Deutsche Kunstdenkmäler. Ein Bildhandbuch. Bezirke Erfurt, Gera, Suhl. Leipzig 1967

Mrusek, Hans-Joachim: Thüringische und sächsische Burgen. Leipzig 1965

Müller, Hans; Schoder, Hans; Zießler, Rudolf (Hrsg.): Denkmale in Thüringen. Institut für Denkmalpflege Berlin. Weimar 1974

Patze, Hans (Hrsg.): Thüringen. Handbuch der historischen Stätten Deutschlands, Bd. IX. Stuttgart 1968

Patze, Hans; Schlesinger, Walter (Hrsg.): Geschichte Thüringens. (Mitteldeutsche Forschungen) Bde. I–VI. Köln 1967–85

Philippi, Hans: Die Wettiner in Sachsen und Thüringen. Limburg 1989

Riemann, Robert: Siedlungsgeschichte und Ortsnamen in Thüringen. Ein Beitrag zur frühthüringischen Geschichte. Hornburg 1981

Scherf, Helmut; Zorn, Walter: Sakrale Schnitzplastik. Mittelalterliche Bildwerke aus Thüringen. Leipzig ^{2}1986

Schmolitzky, Oskar: Volkskunst in Thüringen vom 16.–19. Jahrhundert. Weimar 1964

Schmolitzky, Oskar: Das Bauernhaus in Thüringen. (Veröffentlichung des Instituts für deutsche Volkskunde 47) Berlin 1968

Thomae, Walter: Thüringische Kunstgeschichte. Jena ^{5}1956

Thüringen in der deutschen Geschichte. (Wissenschaftliche Zeitschrift der Friedrich-Schiller-Universität Jena)

Vulpius, Wolfgang: Goethe in Thüringen: Stätten seines Lebens und Wirkens. Rudolstadt 1968

Weimarer Schriften zur Heimatgeschichte und Naturkunde. Herausgegeben vom Stadtmuseum Weimar.

Werte unserer Heimat. Heimatkundliche Bestandsaufnahme in der DDR. (Reihe) Berlin

Wiesigel, Anne und Jochen; Liebe, Sieghard: Kunsthandwerk in Thüringen. Einblicke in eine meisterliche Tradition. Rudolstadt 1989

Abbildungsnachweis

Raum für Reisenotizen

Praktische Reiseinformationen

Informationsstellen

Die Telefon-Vorwahlnummern gelten für Anrufer außerhalb der ehemaligen DDR, innerhalb sind sie örtlich verschieden.

5100 **Arnstadt**
Markt 3
℘ 0037618/2049

6200 **Bad Salzungen**
Am Leninplatz 107
℘ 0037673/2509

5900 **Eisenach**
Bahnhofstr. 3/5
℘ 0037623/5161, 5165

5000 **Erfurt**
Reisebüro, Anger 52
℘ 003761/5700
Bahnhofstr. 37
℘ 003761/26267

5804 **Friedrichroda**
Hauptstr. 32/34
℘ 0037627/4460

6500 **Gera**
Reisebüro, Straße der Republik 29
℘ 0037770/23783, 23784

Rudolf-Breitscheid-Str. 1
℘ 0037770/26432, 26433

5800 **Gotha**
Hauptmarkt 2
℘ 0037622/4036

6600 **Greiz**
Markt 13
℘ 0037793/6537

5630 **Heiligenstadt**
Am Kasseler Tor
℘ 0037629/3788

6300 **Ilmenau**
Ernst-Thälmann-Str. 2
℘ 0037672/2358

6900 **Jena**
Spitzweidenweg 22
℘ 0037778/424313, 424335

6100 **Meiningen**
Georgstr. 22
℘ 0037676/2173

5700 **Mühlhausen**
Görmarstr. 57
℘ 0037625/356

5500 **Nordhausen**
Rautenstr. 2
℘ 0037628/4938

6820 Rudolstadt
Ernst-Thälmann-Str. 32a
✆ 00 37 79 26 / 21 50, 2 36 55

6800 Saalfeld
Blankenburger Str. 4
✆ 00 37 79 2 / 39 50

6550 Schleiz
Neumarkt 15/17
✆ 00 37 79 4 / 22 81, 22 82

5400 Sondershausen
Ferdinand-Schlufter-Str. 20
✆ 00 37 62 8 99 / 81 11

6400 Sonneberg
Platz der Republik 1
✆ 00 37 67 4 / 21 50

6000 Suhl
Reisebüro, Ernst-Thälmann-Platz 1
✆ 00 37 66 / 2 30 12
Steinweg 1
✆ 00 37 66 / 2 00 52

5300 Weimar
Marktstr. 4
✆ 00 37 62 1 / 21 73, 56 90

Notruf

Polizei	110
Feuerwehr	112
Notruf (schnelle medizinische Hilfe)	115

Verkehrsverbindungen
nach Thüringen

E Eisenbahnübergang
F Fußgängerübergang
S Straßenübergang

Bayern/Hessen – Thüringen

Altenburschla – Groß-burschla	F
Bad Sooden-Allendorf – Walhausen	F
Bebra – Gerstungen	E
Besenhausen – Kirchgaudern	F
Blechschmidtenhammer – Blankenstein	S
Duderstadt – Ecklingerode	F
Duderstadt – Worbis	S 247
Eußenhausen – Meiningen	S 19
Fladungen – Melpers	S 285
Frieda – Großtöpfer	F
Gleichen-Bremke – Birch-hagen	F
Gleichen-Etzenborn – Neuendorf	F
Heldra – Treffurt	F
Herleshausen – Lauchröden	F
Herleshausen – Wartha	S E40-A7/A4
Hof – Gutenfürst	E
Kronach – Neuhaus-Schierschnitz	S 89
Lauenstein – Probstzella	S 85
Ludwigstadt – Probstzella	E
Mödlareuth – Mödlareuth	F
Neustadt – Heulisch	F
Neustadt – Hötzbach	S
Nordhalben – Neundorf	S
Nüxei – Mackenrode	S 243
Obersuhl – Untersuhl	S
Philippsthal – Vacha	S 62

Pressig – Heinersdorf	F
Rasdorf – Buttlar	S 84
Ritzmannshausen – Ifta	S 7
Rodach – Eishausen	F
Rottenbach – Eisfeld	S 4
Rudolphstein – Hirschberg	S E51-A9/A9
Tann – Motzlar	S 278
Tettau – Spechtsbrunn	S
Töpern – Juchhöh	S 2
Untertiefengrün–Hirschberg	F
Walkenried – Ellrich	F, E
Wanfried – Kathanienberg	F 249
Widdershausen – Dankmarshausen	F
Witzenhausen – Hohengaudern	S 80
Zorge – Ellrich	S

Bahn-Hauptstrecken

Bebra – Gerstungen – Erfurt
Ludwigstadt – Probstzella – Saalfeld
Walkenried – Ellrich – Nordhausen

Innerdeutsche Fluglinien

Hamburg – Dresden – Hamburg
(Interflug), DM 758,–
Köln – Dresden – Köln
(Interflug), DM 758,–
Düsseldorf – Leipzig – Düsseldorf
(Interflug), DM 758,–
Frankfurt – Leipzig – Frankfurt
(Lufthansa), DM 758,–
Stuttgart – Leipzig – Stuttgart
(Lufthansa), DM 758,–
München – Leipzig – München
(Lufthansa), DM 758,–

Autorouten durch Thüringen

Für eilig Durchreisende bieten die große West-Ost-Strecke der Autobahn Frankfurt am Main–Dresden und die Nord-Süd-Strecke Berlin–Nürnberg eine Richtschnur.

An der **West-Ost-Autobahn** erscheinen wie Perlen auf einer Schnur aufgefädelt die großen und kulturgeschichtlich bedeutenden thüringischen Städte Eisenach, Gotha, Erfurt, Weimar, Jena und Gera. Die Zufahrten zu ihnen betragen allenthalben nur wenige Kilometer, so daß auch der Reisende, der nur einen Tag zur Besichtigung Zeit hat, zumindest zwei oder drei der Orte zu einem kurzen Besuch anfahren kann. Da alle der genannten Städte überschaubar, Parkplätze zwar begehrt, aber zu finden sind, vermag schon ein Rundgang von einer Stunde Dauer in den alten Stadtkernen Eindrücke und Überblicke zu vermitteln.

Läßt man sich mehrere Tage Zeit, empfehlen sich entlang der West-Ost-Autobahn Orte wie Waltershausen und Friedrichroda, Ohrdruf, Arnstadt und die Drei Gleichen, die Gedenkstätte Buchenwald bei Weimar oder südlich der Strecke Bad Berka und Kranichfeld für einen Besuch. Im Saale-Tal bei Jena lohnt allemal nordwärts eine Fahrt bis zu den Dornburger Schlössern und südwärts nach Kahla und zur Leuchtenburg oder gar die relativ kurze Rundtour von hier aus über Hummelshain und Wolfersdorf nach Stadtroda zur Autobahn.

Gera, Weida, Zeulenroda, Schleiz und Schloß Burgk mit den Saaletalsperren sind von der **Nord-Süd-Autobahn** verhältnismäßig rasch zu erreichen; an Eisenberg führt die Autobahn fast unmittelbar vorbei. Hier lohnt auch eine Fahrt über Bürgel und

Thalbürgel nach Jena. Nach Altenburg gelangt man über die bereits sächsische Abfahrt Meerane der West-Ost-Autobahn.

Eine der landschaftlich abwechslungsreichsten Autorouten bietet die Fahrt durch das **Werra-Tal,** gleichviel ob man sie in Eisfeld oder Vacha beginnt. Meiningen wird immer den Mittelpunkt bilden und empfiehlt sich auch für einen längeren Aufenthalt. Von hier aus führen enge, aber nicht unbequeme Nebenstraßen durch das Grabfeld um den Kleinen und den Großen Gleichberg bei Römhild sowie zum Felda-Tal inmitten der Vorderrhön, altes fuldisches Land mit den typischen barocken Kirchenbauten.

Den **Thüringer Wald** sollte man – bleibt dazu die Zeit – mit dem Auto im Zickzack immer wieder durchqueren, von West nach Ost und umgekehrt. Eisenach stellt einen günstigen Ausgangspunkt im Norden, Sonneberg im Süden dar. Zunächst bis Gumpelstadt das Werra-Tal ansteuernd, sollte hier entschieden werden, ob Bad Salzungen oder Bad Liebenstein das nächste Ziel sein soll. Von letzterem führen die Gebirgsstraßen ostwärts über den ›Wald‹ nach Waltershausen und Friedrichroda. Südwestwärts geht es erneut durch die Berge nach Brotterode und Schmalkalden, von wo aus man am Westhang der Bergkette über Steinbach-Hallenberg die Doppelstadt Zella-Mehlis und schließlich Suhl erreicht. Über den Wald hinweg führen hier steile Strecken ostwärts nach Ilmenau; von dort gelangt man durch wunderschöne Täler und über reizvolle Pässe zunächst nach Schmiedefeld und dann nach Schleusingen und Hildburghausen im Werra-Tal.

Schließlich sollte der ›Wald‹ von Eisfeld aus nordostwärts überquert werden, um über Neuhaus und Oberweißbach nach Schwarzburg und von dort zum Saale-Tal zu gelangen. Beeindruckend ist ebenso die Autofahrt von Coburg über Sonneberg und Lauscha – hier kann man sich entscheiden für den Weg nordwärts nach Schwarzburg oder ostwärts über Gräfenthal nach Saalfeld.

Das **Saale-Tal** wurde von romantischen Dichtern besungen. Man muß auf ihre traditionelle Weise reisen, will man seinen oberen Abschnitt erleben, denn hier führen die Autostraßen fast ausschließlich auf den begleitenden Höhen entlang, und die beliebten Landschaften um die Talsperren sind nur über wenige Zufahrten zu erreichen. Selbst wenn man Schloß Burgk besuchen will, erfordert es einige Beachtung der Wegweiser an engen und kurvenreichen Fahrwegen. Von Hirschberg über Lobenstein, Wurzbach und Leutenberg führt die landschaftlich reizvolle Straße nach Saalfeld, eine zweite, weit verschlungenere, über die Autobahnabfahrt Schleiz und Ziegenrück.

Eine Fahrt durch das mittlere Saale-Tal bietet ein reizvolles Landschaftserlebnis. Straße und Eisenbahn führen parallel von Saalfeld über Rudolstadt, Kahla und Jena sowie unterhalb der Dornburger Schlösser bis Camburg und dann direkt vom Fluß abweichend nach Naumburg.

Zwischen Saale- und Elster-Tal vermitteln gleichfalls parallel Straße und Eisenbahn. Die Reise geht von Saalfeld über Ranis und Pößneck, Neustadt an der Orla und Weida bis nach Gera. Landschaftlich reizvoll ist die Strecke nordwärts von Neustadt an der Orla durch Wolfersdorf und Stadtroda. Hermsdorf und Bad Klosterlausnitz kennt jeder Autofahrer zumindest vom Hermsdorfer Kreuz. Auf halbem Wege zwischen Gera und Leipzig liegt Altenburg – nur muß man Gera an der oberen Elster ostwärts verlassen und das Uran-Bergbaugebiet um Ronneburg durchqueren, um in die ostthüringische Residenz zu gelangen. Von Gera nach Süden – zunächst über Weida – führt die Straße nach Greiz. Von hier aus ist nach wenigen Kilometern bei Reichenbach in Sachsen die Autobahn Hof–Chemnitz erreicht.

Die ›langen Geraden‹ erschließen den **Norden** Thüringens. Aus Eisenach, Gotha, Eschwege, Witzenhausen und Nordheim führen sie ins Eichsfeld und ins Thüringer Becken. Zentral liegt hier die alte Reichsstadt Mühlhausen, östlich davon Bad Langensalza. Die Straße entlang dem Leine-Bogen verbindet Göttingen, Heiligenstadt und Worbis und führt weiter nach Duderstadt oder ostwärts nach Nordhausen. Der Harz ist dieser Stadt näher als alles Thüringische, der Kyffhäuser das eigentlich lohnende Ziel über der Niederung der Goldenen Aue.

Eisenbahnrouten durch Thüringen

Wie die Autobahn verbindet auch der Schienenweg die Hauptreiseziele. Eine Eisenbahnfahrt bietet mannigfaltige landschaftliche Impressionen. Ähnlich wie in vielen Ländern der Erde läßt sie auch hier städtische Erlebnisse nur partiell zu – entweder verstellen die Bahnbauten und Rangieranlagen den Blick, oder die Reisegeschwindig-

keit verhindert Einblicke. Letztere ist bei den zahlreichen und landschaftlich schönen Nebenstrecken allerdings so bemessen, daß für Beschaulichkeit genügend Zeit gegeben ist!

Bleiben wir zunächst bei den **Hauptstrecken,** von denen aus man rasch zu den städtischen Zentren Thüringens gelangt:

Frankfurt am Main und Kassel – Leipzig – Berlin verbindet die **Thüringer Magistrale.** Wie von der Autobahn gelangt man hier – nur unmittelbar – nach Eisenach, Gotha, Erfurt, Weimar, Apolda und Naumburg. Von Nürnberg über Ludwigstadt und Probstzella führt der Schienenweg nach Saalfeld, Rudolstadt und Jena, um dann in die Ost-West-Magistrale zu münden – fast unmittelbar unterhalb der Burg Saaleck und der Rudelsburg. Die **Saaletalbahn** bietet viele landschaftliche Impressionen zwischen Probstzella und Saalfeld, Rudolstadt und Naumburg.

Zu den landschaftlich besonders eindrücklichen Haupteisenbahnen gehört die Strecke **von Erfurt über den Thüringer Wald** nach Suhl und Meiningen. Unterhalb Oberhofs führt sie durch den 1884 eröffneten, 3039 m langen Brandleitetunnel, das längste derartige Bauwerk im Streckennetz Thüringens. Beachtlich sind auch die Streckensteigungen zu beiden Seiten des Gebirgskammes.

Die **Werratalbahn** Eisenach–Meiningen–Eisfeld–Sonneberg führt kurz hinter Eisenach bei Förtha gleichfalls durch einen Tunnel, der älter als der Brandleitetunnel ist, aber nur 544 m Länge mißt. Aus dem Zug erlebt der Reisende das Werra-Tal mit Bad Salzungen, Schloß Breitungen, Walldorf und Schloß Landsberg kurz vor Meiningen. Landschaftlich besonders reizvoll und für den Eisenbahnfreund interessant ist der obere Streckenteil zwischen Hildburghausen und Sonneberg mit dem Kopfbahnhof Rauenstein unmittelbar unterhalb der Hänge des Thüringer Waldes. Nur muß man hier Zeit mitbringen, denn es verkehren nicht gerade viele Züge!

Empfehlenswert sind auch die **Gebirgsstrecken**:

Die steilsten Schienenwege führen von Suhl nach Schleusingen mit einem Gefälle bis zu 68 %; hier bestand ursprünglich sogar Zahnradbetrieb.

Kaum weniger steil steigen die Gleise von Schleusingen nach Ilmenau an. Diese vielleicht reizvollste Strecke über den Thüringer Wald führt durch das Nahe-Tal zum 700 m hoch liegenden Gebirgspaß mit dem Bahnhof Rennsteig in 680 m Höhe. Auch hier gab es in den Steigungen bis 1 : 16 ursprünglich Zahnradbetrieb. Bei Stützerbach führt die Strecke ins Ilm-Tal. Straße und Schiene verlaufen parallel durch die sich stetig wandelnden Täler zwischen den hohen Waldhängen und den reizvollen Ortschaften.

Die dritte Eisenbahnstrecke, die den Thüringer Wald überquert, verläuft von Sonneberg nach Saalfeld. Durch das Steinach-Tal klettern die Züge zur Kopfstation Lauscha, um dann auf engstem Raum um den Ort mit seinen verschieferten Häusern aufwärts zum 769 m hoch gelegenen Bahnhof Ernstthal am Rennsteig zu gelangen und von hier zwischen den bewaldeten Kuppen über Lichte, einen großen Viadukt und durch reizvolle Gebirgsorte nach Probstzella zu führen.

Zwei Besonderheiten sollte der Eisenbahn-Interessierte nicht auslassen: Die **Oberweißbacher Bergbahn** und die **Thü-**

ringerwaldbahn. Erstere verläuft in zwei Abschnitten und Betriebsarten von dem Bahnhof Obstfelderschmiede an der Strecke Saalfeld–Rudolstadt–Katzhütte nach Lichtenhain an der Bergbahn und weiter bis Cursdorf. Mit einer Steigung von etwa 1 : 4 führt die 1360 m lange Standseilbahn von 339 m auf 1360 m Höhe. Ab Lichtenhain fahren elektrische Triebwagen auf eigener Strecke bis Cursdorf. Das landschaftliche Erlebnis insbesondere der Standseilbahnstrecke ist großartig und vermittelt einen weiten Einblick in das Schwarza-Tal inmitten der Thüringer Berge.

Die Thüringerwaldbahn zwischen Gotha und Waltershausen–Friedrichroda–Tabarz ist eigentlich eine Straßenbahnstrecke und wird seit 1929 vor allem als Verbindung zu den Kurorten am Fuße des Thüringer Waldes betrieben. Sie führt an der Pferderennbahn Boxberg südwestlich Gothas vorbei und bietet einen herrlichen Ausblick auf das Gebirge.

Reizvoll sind auch die Bahnstrecken entlang dem Thüringer Wald zwischen Gotha und Georgenthal–Gräfenroda, zwischen Arnstadt und der Schwarzatalbahn, die weiter über Bad Blankenburg nach Saalfeld verläuft. Westlich des Thüringer Waldes führt die Feldatalstrecke zwischen Vacha/Bad Salzungen und Kaltennordheim schon in die Vorderrhön. Für diese **Nebenstrecken** allerdings ist es erforderlich, den Fahrplan gründlich zu studieren und genügend Zeit für die Reise mitzubringen.

Die **Elstertalbahn** zwischen Leipzig und Plauen verläuft im Thüringischen über Krossen, Gera, Wünschendorf und Greiz; sie bietet auf diesem Abschnitt vielgestaltige Landschafts- und Stadterlebnisse. Hinter

Zeitz gelangt sie ins Hügelland, führt durch die Industrie-Großstadt Gera und dann im engen Tal der Weißen Elster weiter. In Greiz verläuft das Gleis durch einen Tunnel unter dem Schloßberg hindurch und mitten über die Stadt hinweg auf hohen Dämmen und Brücken, um wenige Kilometer danach die zu den großen historischen Viadukten der Sächsisch-Bayerischen Eisenbahn gehörende Elstertalbrücke – 1851 als 68 m hohe zweietagige Ziegelbrücke vollendet – zu unterqueren. In Plauen vereinigt sich das Gleis mit dem der **Sächsisch-Bayerischen Bahn.** An dieser Strecke, die zu den ältesten deutschen Ferneisenbahnen zählt, liegt Altenburg, von Leipzig im Vorortverkehr und mit dem Schnellzug in einer halben Stunde zu erreichen.

Der **Norden** Thüringens bietet weniger landschaftliche Erlebnisse entlang der Eisenbahnrouten. An der Fernstrecke zwischen Erfurt und Halle allerdings stellt die Thüringer Pforte eine besonders eindrückliche Situation dar: Hier passieren Gleis und Straße parallel den engen Durchbruch der Unstrut durch die beiden Höhenzüge von Hainleite und Schmücke zwischen den Stationen Etzleben und Heldrungen unterhalb der mittelalterlichen Hainleiteburgen.

Zwischen Heiligenstadt und Sangershausen sind es die wechselnden Landschaften des Eichsfeldes, der Hainleite und nach Nordhausen südlich der Strecke die Goldene Aue und im Norden der Harzrand, welche den Eisenbahnreisenden begleiten. Dabei führt das Gleis nördlich am Kyffhäusermassiv vorbei, auf dessen Höhe man das Denkmal der Kaiserzeit und die Fernsehantennen der modernen Zeit erkennen kann. Eine landschaftlich schöne, von mehreren Tunneln und kurvigem Verlauf durch die

Hügellandschaft gekennzeichnete Nebenstrecke verbindet Geismar mit Leinefelde und der Hauptbahn nach Halle/Saale – indes nur für den zu empfehlen, der viel Freude am gemächlichen Reisen empfindet und Zeit mitbringt.

Schon nicht mehr thüringisch ist die beliebte **Harzquerbahn,** die von Nordhausen nach Wernigerode und vielleicht auch einmal wieder wie einst auf den Brocken führt. Sie ist die längste Schmalspurbahn und hat eine Spurbreite von 1000 mm. Der traditionelle Betrieb mit Dampflokomotiven lockt viele Touristen an, und Hin- und Rückfahrt in beiden Richtungen sind jeweils an einem Tag gut zu bewerkstelligen. Eine Reise auf dieser Strecke ist für jeden ein besonderes Erlebnis.

Mit dem Fahrrad und zu Fuß durch Thüringen

Das Land der literarischen Klassiker und das klassische Urlaubsland Thüringen ist auch das Land der Wander-Klassiker! Der historische Wanderpfad des **Rennsteig** wurde zu einem Inbegriff für Fußtourismus, beschrieben in alten und neuen Schriften und besungen in Heimatliedern. Rennsteiglauf als sportliche Disziplin gewann in den Jahrzehnten nach dem Zweiten Weltkrieg zeitweilig sogar die Oberhand über das traditionelle Wandern über den Gipfelweg mit Rucksack und Spazierstock. So wurde der Rennsteig als klassischer Pfad auf dem Kamm des Thüringer Waldes nicht nur für den Sport, sondern auch für den Verkehr erschlossen. Streckenweise verläuft er neben der Straße, dann wieder führt die Markierung durch tiefe Waldeinsamkeit und über Berge mit weitem Ausblick ins Land.

Der Rennsteig ist einer von über 200 gleichnamigen Wanderpfaden im deutschen Sprachraum. Seine Bezeichnung will wohl genau wie in all den anderen Fällen den Kammweg als eine besonders schnelle Verbindung kennzeichnen. So erscheint im Thüringer Wald der Name schon im 14. Jh. Später auch Grenzweg zwischen den dynastischen Interessensphären, galt er immer wieder als zentraler Gebirgsweg, den schließlich die Wander- und Naturfreunde des ausgehenden vorigen Jahrhunderts neu entdeckten. Er beginnt – oder endet – im Norden am Vachaer oder Förthaer Stein nahe einer Busstation an der Straße Eisenach–Lauchröden und in Blankenstein an der oberen Saale im Süden. Großer Inselberg, Oberhof, Großer Beerberg, Schmiedefeld und Neuhaus, Lauscha, Masserberg und die Werra-Quelle sind markante Plätze. Das Fahrrad ist kaum zu empfehlen, eher schon ein stabiles Schuhwerk und eine gute Verpflegungsportion für die 168 km.

Wandergebiet ist der gesamte **Thüringer Wald** mit seinen vielen schönen Tälern und Höhen. Im **Vorland** bietet sich das Fahrrad als rascheres Fortbewegungsmittel an. Jedoch fehlt ein gut ausgebautes Radwegenetz.

Die weite Landschaft **zwischen Thüringer Wald und Rhön** läßt sich gut mit dem Fahrrad durchqueren, wenn auch im hügeligen Gelände einige Muskelkraft aufzubringen ist. Das Felda-Tal birgt um Stadtlengsfeld lange und reizvolle Fahrstrecken und Wanderwege; Dermbach, Vacha und Geisa sind lohnende Ziele.

Der **südliche Thüringer Wald** um Suhl und Schleusingen birgt herrliche Täler, voran zu nennen das Vesser-Tal, das zu den europäischen Naturreservaten gehört und sich zwischen Schmiedefeld und St. Kilian bei Schleusingen erstreckt. Die vielen Urlaubs- und Kurorte sind von einer großen Zahl von Wanderwegen umgeben: Um Masserberg, Gießübel, Fehrenbach, Scheibe-Alsbach und Steinheid gibt es fast unzählige. Nicht anders sieht es um das Schwarza-Tal aus; das Gebiet zwischen Bad Blankenburg und den Höhen bei Scheibe-Alsbach zählt seit jeher zu den beliebtesten Wanderregionen Thüringens.

Neu zu entdecken gilt es die alten, vier Jahrzehnte durch die Grenze getrennten Wandergebiete zwischen Ludwigsstadt und Lehesten, Wurzbach und Tschirn. Im Gegensatz zu ihnen sind die ausgedehnten Wanderlandschaften um Friedrichroda und Tabarz am **nördlichen Thüringer Wald** seit Jahrzehnten nahezu überlaufen, und die Orte entwickelten sich zu Urlauberstädten.

Um Bad Berka, um Jena und Kahla findet man vor allem für den Radtourismus, aber auch für Wanderungen weite Gebiete mit teilweise imponierender Kalkfelslandschaft. Vielfältige Fuß- und Radwandermöglichkeiten bietet die Waldlandschaft der **Saaleplatte** zwischen dem Kulm bei Saalfeld und nordostwärts bis zum Landschaftsschutzgebiet Rotehofbach-Tal bei Stadtroda – auch Holzland genannt. Der Zeitzgrund zwischen Stadtroda und Hermsdorf und das Mühl-Tal zwischen Bad Klosterlausnitz und Eisenberg bilden gleichsam den nördlichen ›Höhepunkt‹ der Wanderlandschaft.

Schließlich bietet das Gebiet der Talsperren im **oberen Saalelauf** zwischen Harra nahe der bayerischen Grenze und Saalfeld reiche Urlaubs-, Wander- und Naturerlebnisse. Als Ausgangs- und Anlaufpunkte können die Städtchen Lobenstein, Saalburg, Ziegenrück und der Ort Reitzengeschwenda gewählt werden. Es bestehen gute Campingmöglichkeiten. Zahlreiche Baudenkmäler und Museen einerseits, eine eigene Flora und Fauna andererseits halten für jeden Wanderer zu Fuß und Rad Überraschungen bereit. Und die Schleizer Seenplatte nördlich des Saale-Bogens bei Burgk bildet eine ganz eigenwillige Landschaft, die an skandinavisches Binnenland denken läßt.

Das **Saale-Tal** zwischen Dornburg und Naumburg ist ein traditionelles Wandergebiet mit den beiden Burgen Saaleck und Rudelsburg, den Weinhängen um Bad Kösen und der Unstrut-Mündung bei Naumburg. Dies trifft auch für das **Kyffhäusermassiv** und die **Hainleite** südlich von Sondershausen zu, auf deren Höhen sich die historischen Aussichtstürme erheben.

Man könnte auf Treffurt und die Kette der Burgen an der mittleren Werra verweisen, die nun wieder zu besuchen sind, und auf das Eichsfeld, das zu durchstreifen jedem Radfreund ein Erlebnis bietet. Auch das nahe Umland der Städte wie Weimar, Arnstadt, Saalfeld, Ilmenau und Greiz verdiente hier erwähnt zu werden – dies würde indes ein eigenes Buch erfordern.

Hotels

5320 Apolda
Hotel zur Post
Bahnhofstr. 35
✆ 22 08

6801 Arnsgereuth
Pension Beuthan
✆ 2 32

5210 Arnstadt
Bahnhofshotel
Am Bahnhof 8
✆ 24 81, 24 84
Hotel Goldene Sonne
Ried 3
✆ 27 76
Hotel Zum Ritter
Kohlenmarkt 20
✆ 22 24

5302 Bad Berka
Kurhotel Bad Berka
Bahnhofstr. 32
✆ 2 10 14

6823 Bad Blankenburg
Hotel Weinhaus Eberitzsch
am Ortsausgang, im Kurpark
✆ 23 53

6532 Bad Klosterlausnitz
Hotel Waldhaus zur Köppe
✆ Hermsdorf 20 90

6504 Bad Köstritz
Hotel Goldener Löwe
Ernst-Thälmann-Str. 5
✆ 7 55

5820 Bad Langensalza
Hotel Zum Schwan
Rathausstr. 9
(Eingang Thälmannstr.)
✆ 62 01, 62 05

6202 **Bad Liebenstein**
Hotel zum Löwen
Ernst-Thälmann-Str. 1
∅ 2360

6200 **Bad Salzungen**
Hotel Freundschaft
Ernst-Thälmann-Str. 41
∅ 2435
Hotel Goldbroiler
Wilhelm-Pieck-Str. 30
∅ 2701
Hotel Deutsches Haus
Wilhelm-Pieck-Str. 8
∅ 2244

5502 **Bleicherode**
Wohnhotel Bleichtal
Maxim-Gorki-Str. 117
∅ 2278

6121 **Brattendorf**
Gaststätte Immenhof
Eisfelder Str. 22
∅ 438

6082 **Breitungen**
Pension Geißhirt
Eisenacher Str. 37

6083 **Brotterode**
Hotel Krone
Schmalkaldener Str. 43
∅ Trusetal 2225
Hotel Zur guten Quelle
Schmalkaldener Str. 27
∅ Trusetal 2402

6903 **Camburg**
Gaststätte Weintraube

Kirchstr. 20
∅ 2772

6205 **Dermbach**
Gaststätte Sächsischer Hof
Bahnhofstr. 2
∅ 286

6821 **Döschnitz**
Pension Haus Sonnenaue
∅ Sitzendorf 689

5402 **Ebeleben**
Hotel Thüringer Hof
Wilhelm-Klemm-Str. 35
∅ 567

5900 **Eisenach**
Hotel Stadt Eisenach
Luisenstr. 11/13
∅ 3682
Parkhotel
Wartburgallee 2
∅ 5291, 5293
Hotel Auf der Wartburg
Auf der Wartburg
∅ 5111
Hotel Thüringer Hof
Platz der DSF 11
∅ 3131
Bettenhaus Bahnhofshotel
Bahnhofstr.
∅ 5291
Bettenhaus Burghof
Platz der DSF 24/26
∅ 3387
Hotel Hohe Sonne
Am Rennsteig
∅ 2903
Hotel Berghof
Göpelskuppe
∅ 3746

Fremdenheim Haus Hünicke
Philipp-Kühner-Str. 9
∅ 49 11
Gaststätte Phantasie
Mariental 33
∅ 32 83
Fremdenheim Kesselring
Hainweg 32
∅ 20 49
Hotel Liliengrund
Mariental 10
∅ 37 55

6520 Eisenberg
Hotel Zum Löwen
Steinweg 30
∅ 24 25

6120 Eisfeld
Hotel Schaumberger Hof
Karl-Marx-Str. 21
∅ 22 64

6603 Elsterberg
Hotel Grüner Baum
Am Markt
∅ 4 90

5020 Erfurt
Hotel Erfurter Hof
Am Bahnhofsvorplatz 1/2
∅ 5 11 51
Hotel Kosmos
Juri-Gagarin-Ring 126/127
∅ 55 10

5060 Erfurt
Hotel Vilnius-Tourist
Vilniuser Str. 2
∅ 72 10 12

5010 Erfurt
Hotel Bürgerhof
Bahnhofstr. 35
∅ 2 13 07

5000 Erfurt
Hotel Gaedke
Gartenstr. 74
∅ 2 24 50

5631 Ershausen
Gaststätte Diederich
Provinzialstr. 51
∅ 3 22

5804 Friedrichroda
Hotel Tourist
Ernst-Thälmann-Str. 2
∅ 44 27

6220 Geisa
Gaststätte Stadt Geisa
Markt
∅ 2 55

6500 Gera
Hotel Gera
Straße der Republik
∅ 22 91
Hotel Stadt Gera
Franz-Petrich-Str. 1
∅ 2 66 10, 2 66 18, 2 66 19, 6 63 08, 6 64 08

6551 Göschitz
Gasthaus Zur Linde
Nr. 24

5800 Gotha
Hotel Waldbahn
Bahnhofstr. 16
∅ 5 32 52

Hotel Volkshaus zum Mohren
Mohrenstr. 18a
∅ 5 28 45, 41 71
Hotel Stadt Gotha
Huttenstr. 9
∅ 5 31 48
Pension Haus Regina
Schwabhäuser Str. 4
∅ 5 39 22

6541 Hainbücht
Gaststätte Geiling
∅ Stadtroda 2 15 03

6521 Hainspitz
Pension Baum
∅ 34 00

5630 Heiligenstadt
Hotel Eichsfelder Hof
Karl-Marx-Str. 56
∅ 35 18
Gaststätte Schwarzer Adler
Karl-Marx-Str. 2
∅ 22 50
Fremdenheim Gute Quelle
Karl-Marx-Str. 70
∅ 30 80

6530 Hermsdorf
MITROPA-Autobahnhotel
Hermsdorfer Kreuz
∅ 29 61

6110 Hildburghausen
Gaststätte Bahnhofshotel
Leninstr. 7
∅ 22 70

5211 Holzhausen
Hotel Veste Wachsenburg
∅ Arnstadt 59 27, 59 28

6413 Hüttensteinach
Gaststätte Sonneberg
Steinacher Str. 18
∅ 83 98

6300 Ilmenau
Gaststätte Haus des Handwerks
Karl-Liebknecht-Str. 22
∅ 28 50

6900 Jena
Hotel Schwarzer Bär
Lutherplatz 2
∅ 2 25 43, 2 25 44
Touristenhotel Otto Militzer
Otto-Militzer-Str. 1
∅ 3 17 11
Fremdenheim Am Ernst-Haeckel-Platz
Ernst-Haeckel-Platz 6
∅ 23 5 22

6906 Kahla
Hotel Goldener Stern
Saalstr. 16a
∅ 3 96

6208 Kaltennordheim
Hotel Zum Löwen
August-Bebel-Str. 1
∅ 3 50

6201 Kieselbach
Hotel Zur Krone
Frankfurter Str. 23
∅ 6 15

6824 Königsee
Hotel Zum Löwen
Markt 17
∅ 3 43

Gasthaus Felsenkeller
Gehrener Str. 31
∅ 252

5600 **Leinefelde**
Hotel Am Stadion
Otto-Grotewohl-Str. 23
∅ 33 91

6850 **Lobenstein**
Hotel Oberland
Topfmarkt
∅ 24 94

5631 **Martinfeld**
Gaststätte Mootz
Dorfstr. 6
∅ 7 03

6100 **Meiningen**
Hotel Schloß Landsberg
Landsberger Str.
∅ 23 53
Gaststätte Sächsischer Hof
Georgstr. 61
∅ 28 29

6402 **Mengersgereuth-Hämmern**
Gaststätte Blechschmidt
Mittelhammer 3
∅ Sonneberg 4 61 00

6551 **Moßbach**
Gasthaus Weiser
Nr. 89
∅ Dittersdorf 3 88

5700 **Mühlhausen**
Hotel Stadt Mühlhausen
Wilhelm-Pieck-Platz 18
∅ 55 12

Hotel Grüne Linde
Görmarstr. 49/50
∅ 33 85
Haus des Handwerks
Goetheweg 52
∅ 33 77

6505 **Münchenbernsdorf**
Hotel Alt-Thüringen
Brühl 1
∅ 269

6420 **Neuhaus a. Rennweg**
Hotel Hirsch
Sonneberger Str. 132
∅ 20 36

6710 **Neustadt/Orla**
Hotel Goldener Löwe
Ernst-Thälmann-Str. 72
∅ 38 95

5500 **Nordhausen**
Hotel Handelshof
Karl-Marx-Str. 12
∅ 51 21
Gaststätte Zur Sonne
Hallesche Str. 8
∅ 44 33
Hotel Stadt Brandenburg
Kranichstr. 19
∅ 34 82
Gaststätte Zur guten Quelle
Ullrichstr. 4
∅ 26 54
Gaststätte Goldener Hahn
Freiherr-vom-Stein-Str. 4
∅ 45 37

6055 **Oberhof**
Hotel Panorama

Theodor-Neubauer-Str.
∅ 501
Hotel Ernst-Thälmann-Haus
Alte Suhler Str.
∅ 255

6571 **Pahren**
Gaststätte Goldener Löwe
∅ Zeulenroda 34 43

6551 **Plothen**
Gasthaus Zum Plothenteich
Nr. 50
∅ Dittersdorf 243

6840 **Pößneck**
Hotel Posthirsch
Bahnhofstr. 13
∅ 2362

6541 **Quirla**
Gaststätte Altenburger Hof
∅ Stadtroda 22050

6404 **Rauenstein**
Gaststätte Heckel
Burggartenstr. 3
∅ Schalkau 7885

6501 **Ronneburg**
Hotel Glück Auf
Markt 4
∅ 2631

6081 **Rotterode**
Gasthaus Zum Rennsteig
Hauptstr. 1
∅ Steinbach-Hallenberg 2052

6820 **Rudolstadt**
Hotel Zum Löwen

Markt 5
∅ 22059, 2060
Hotel Thüringer Hof
Bahnhofsgasse 3
∅ 22438

5906 **Ruhla**
Fremdenheim Kehr
Straße der DSF 18
∅ 3184

6555 **Saalburg**
Hotel Kranich
Am Tor
∅ 227

6800 **Saalfeld**
Hotel Weltrich
Saalstr. 44
∅ 2732
Hotel Zapfe
Sonneberger Str. 1
∅ 3165
Hotel Tanne
Saalstr. 35
∅ 2670
Hotel Goldener Anker
Markt 26
∅ 2654

6801 **Saalfeld-Köditz**
Hotel Zum Bohlen
Kapellenstr. 15
∅ 41833

6405 **Schalkau**
Gaststätte Thüringer Hof
Marktstr. 8
∅ 252

6551 **Schleiz**
Hotel Luginsland

Schleiz-Oberoschitz
✆ 28 17
Hotel Freundschaft
Straße der DSF 1
✆ 22 28
Hotel Schleizer Hof
Friedrich-Engels-Str. 11
✆ 24 94
Hotel Drei Schwanen
Friedrich-Engels-Str. 14
✆ 24 43

6056 **Schleusingen**
Hotel Frieden
Markt
✆ 4 92

5706 **Schlotheim**
Hotel Schwarzer Adler
Karl-Marx-Platz 7
✆ 3 80

6080 **Schmalkalden**
Zentralhotel Patrizier
Weidebrunner Gasse 17
✆ 25 45

6826 **Sitzendorf**
Hotel Zur Linde
Hauptstr. 50
✆ 2 35

5230 **Sömmerda**
Hoteletage im Hochhaus
✆ 22 504
Hotel Roter Hirsch
Lange Str. 53
✆ 2 13 27

5400 **Sondershausen**
Hotel Zum Possen

Sondershausen-Possen
✆ 28 84
Hotel Franzberg
Franz-Liszt-Str. 1
✆ 21 12

6400 **Sonneberg**
Centralhotel
Karl-Marx-Str. 48
✆ 24 50
Gästehaus Freundschaft
Ernst-Thälmann-Str. 8
✆ 26 84

5217 **Stadtilm**
Hotel Stern
✆ 22 36

6406 **Steinach**
Gaststätte Loreley
Karl-Marx-Str. 28
✆ 25 37

6088 **Steinbach-Hallenberg**
Gasthaus Thüringer Wald
Ernst-Thälmann-Str. 24
✆ 26 14
Bahnhofshotel
Bahnhofstr. 5
✆ 22 93

6000 **Suhl**
Hotel Thüringentourist
Ernst-Thälmann-Platz 2
✆ 56 05
Hotel Zum Bären
Karl-Marx-Platz 3
✆ 24 076

5501 **Sundhausen**
Gaststätte Zur Helme

Sondershäuser Str. 24
✆ 61 30

5508 **Tabarz**
Hotel Tabarzer Hof
Reinhardsbrunner Str. 39
✆ 21 37

6551 **Tanna**
Gasthaus Strosche
Tanna-Frankendorf, Nr. 14
✆ 3 23

5907 **Thal**
Kulturhaus Thalfried
Bahnhofstr. 11
✆ Ruhla 20 18

6215 **Tiefenort**
Gaststätte Auf der Krayenburg
✆ 82040

6576 **Triebes**
Gaststätte Goldener Löwe
Ernst-Thälmann-Str. 18
✆ 8 71

6712 **Triptis**
Hotel Zum Mohren
Ernst-Thälmann-Str. 21/23
✆ 4 07

6651 **Volkmannsdorf**
Gasthaus Pohl
Nr. 72
✆ 81 24

5812 **Waltershausen**
Hotel Zum Hirsch
Wilhelm-Pieck-Str. 11
✆ 24 41

Hotel Thüringer Hof
Beckengasse 3
✆ 27 35

6104 **Wasungen**
Gaststätte Thüringer Hof
Obere Hauptstr.
✆ 4 14

6508 **Weida**
Hotel Haus des Volkes
Markt 18
✆ 25 34

5300 **Weimar**
Hotel Elephant
Markt 19
✆ 6 14 71
Hotel Einheit
Brennerstr. 42
✆ 36 75
Hotel International
Leninstr. 17
✆ 21 62
Christliches Hospiz
Amalienstr. 2
✆ 27 10
Fremdenheim Haus der Frau von Stein
Ackerwand 27
✆ 53 27

5301 **Weimar-Buchenwald**
Hotel Am Ettersberg
Auf dem Ettersberg
✆ 673 28

6092 **Wernshausen**
Hotel Deutsches Haus
Leninstr. 7
✆ 5 56

Gasthaus Zur Linde
Rudolf-Breitscheid-Str. 120
∅ 3 96

6541 Wolfersdorf
Gaststätte Schüsselgrund
∅ Neustadt 82 31

5620 Worbis
Hotel Drei Rosen
Ernst-Thälmann-Str. 76
∅ 23 24

6060 Zella-Mehlis
Hotel Stadt Suhl
Bahnhofstr. 7
∅ 23 79
Centralgaststätte
Ernst-Thälmann-Str. 82
∅ 34 32
Hotel Stadt Wien
Louis-Anschütz-Str. 2
∅ 22 65

6570 Zeulenroda
Hotel Thüringer Hof
Karl-Marx-Platz 4
∅ 23 91

6557 Ziegenrück
Gaststätte Ursula Wagner
Obere Str. 13
∅ 2 05
Pension Breternitz
Marktstr. 1
∅ 5 41

Jugendherbergen

5210 Arnstadt
Ichtershäuser Str. 24
∅ 35 59

6823 Bad Blankenburg
Am Kesselberg
∅ 25 28

5322 Bad Sulza
August-Bebel-Str. 27
∅ 5 67

6201 Bernshausen
∅ Dermbach 5 23

6083 Brotterode
Am Zainhammer 4
∅ Trusetal 25 44

6850 Burgk
Isabellengrün
Post Lobenstein
∅ Remptendorf 2 31

5900 Eisenach
Mariental 24
∅ 36 13
Bornstr. 7
∅ 20 12

5000 Erfurt
Hochheimer Str. 12
∅ 26 7 05
Juri-Gagarin-Ring
∅ 6 55 12

6901 Freienorla
Nr. 78
∅ Orlamünde 3 11

5804 **Friedrichroda**
Waldstr. 25
∅ 44 10

6502 **Gera**
Buslinie 1 Zeulsdorf
∅ 36 031

5800 **Gotha**
Mozartstr. 1
∅ 40 08

5214 **Gräfenroda**
Karl-Marx-Str. 134
∅ 2 90

6600 **Greiz**
Amselstieg 12
∅ 21 76

6300 **Ilmenau**
Waldstr. 22
∅ 49 81

6424 **Katzhütte**
Bahnhofstr. 82
∅ Großbreitenbach 7 85

6574 **Langenwetzendorf**
∅ 3 05

6426 **Lauscha**
Oberlandstr. 9
∅ 5 58

5631 **Martinfeld**
Kreisstr. 140
∅ Ershausen 2 49

5700 **Mühlhausen**
Auf dem Tonberg
∅ 33 18

6801 **Neidenberga**
Schloß
∅ Drognitz 2 62

6801 **Neuenbeuthen**
∅ Drognitz 2 41

6420 **Neuhaus a. Rennweg**
Apelsbergstr. 54
∅ 21 58

6055 **Oberhof**
Tambacher Str. 20

6551 **Plothen**
∅ Dittersdorf 3 11

6843 **Ranis**
Schloß Brandenstein
∅ Pößneck 39 26

6899 **Saalfeld**
Am Schieferhof 4
∅ 28 02

6304 **Schmiedefeld**
Post Frauenwald
Rennsteig 5
∅ Schmiedefeld 4 64

6081 **Schnellbach**
Weidmannsruh 1
∅ Schmalkalden 41 24

6121 **Schnett**
Simmersberg
∅ Schönbrunn 5 32

6851 **Schönbrunn**
Nr. 102
∅ Lobenstein 8 70 64

6825 **Schwarzburg**
Am Buschbach 2
∅ Sitzendorf 2 23

6901 **Seitenroda**
Leuchtenburg
∅ Kahla 4 16

6083 **Tabarz/Brotterode**
Großer Inselberg
∅ Trusetal 25 51

5809 **Tambach-Dietharz**
Oberhofer Str. 3
∅ 61 49

6508 **Weida**
Schloßberg 14
∅ 21 38

6500 **Weida**
An der Aumatalsperre
∅ 21 38

5300 **Weimar**
Humboldtstr. 17
∅ 40 21
Windmühlenstr. 16
∅ 20 76
Zum Wilden Graben 12
∅ 34 71

5301 **Weimar-Buchenwald**
∅ 6 72 16

6060 **Zella-Mehlis**
Oberzella 22
∅ 26 43

Museen

Die Museen sind in der Regel Mi–So von
10–18 Uhr geöffnet.

Altenburg
Staatliches Lindenau-Museum
Ernst-Thälmann-Str. 5
Kunstsammlung, frühe italienische Tafel-
malerei, antike Gefäße, Gipsabgüsse antiker
Plastiken, deutsche Malerei und Grafik des
19./20. Jh.
Naturkundemuseum ›Mauritianum‹
Parkstr. 1
Schloß- und Spielkartenmuseum
Schloß
Schloß mit Schloßkirche, Möbel-, Porzel-
lan-, Waffen- und Spielkartensammlung

Apolda
Glockenmuseum
Bahnhofstr. 41
Geschichte des Glockengusses

Arnstadt
Schloßmuseum
Schloßplatz 1
Porzellan und Fayencen, einziges erhaltenes
Porzellankabinett aus der Barockzeit, Pup-
penstadt ›Mon plaisir‹
Bach-Gedenkstätte
Markt 3
dem Aufenthalt Johann Sebastian Bachs
1703–07 in Arnstadt gewidmet

Bad Blankenburg
Fröbel-Museum
Johannisgasse 4
dem Leben und Schaffen des Pädagogen
Friedrich Wilhelm August Fröbel gewidmet

411

Bad Frankenhausen
Kyffhäusermuseum
Geschichte der Kyffhäuserburgen und der
Kaiserpfalz Tilleda
Kreisheimatmuseum
Schloß
ökologisch-historische Ausstellung zur
Region Kyffhäuser
Bauernkriegsgedenkstätte ›Panorama‹
auf dem Schlachtberg
Darstellung der Schlacht des Deutschen
Bauernkrieges

Bad Köstritz
Heinrich-Schütz-Gedenk- und Forschungs-
stätte
Thälmannstr. 1
dem 1585 in Köstritz geborenen Komponisten Heinrich Schütz gewidmet

Bad Langensalza
Heimatmuseum
Thälmannplatz 7
stadtgeschichtliche Sammlung und Ausstellung für den 1748–50 in Langensalza ansässigen Friedrich Gottlieb Klopstock

Bad Sulza
Salinemuseum
technische Schauanlage zur Salzgewinnung
und Ausstellung zur Schlacht bei Auerstedt
1806

Bauerbach
Schiller-Haus (Nationale Forschungs- und
Gedenkstätten der klassischen deutschen
Literatur in Weimar)
Ausstellung zum Aufenthalt Friedrich
Schillers 1782–83 in Bauerbach

Bleicherode
Heimatmuseum
Maxim-Gorki-Str. 56
Stadtgeschichte und Geschichte des Kali-
Bergbaus, Ausstellung in altem Bauernhof

Bürgel
Keramisches Museum
Eisenberger Str. 23
Geschichte des Bürgeler Töpferhandwerks

Burgk
Staatliches Museum Schloß Burgk
Waffen-, Gläser- und Zinnsammlung, Ex-
libris-Sammlung und Pirckheimer-Kabinett

Buttstedt
Heimatmuseum
Freiheitsstraße
Stadtgeschichte

Camburg
Heimatmuseum
Amtshof 1–2
Stadtgeschichte

Cospeda
Gedenkstätte ›1806‹
der Doppelschlacht von Jena und Auerstedt
1806 gewidmet

Dermbach
Kreisheimatmuseum
Bahnhofstr. 16
Kulturgeschichte der Vorderrhön

Dornburg
Dornburger Schlösser (Nationale For-
schungs- und Gedenkstätten der klassischen
deutschen Literatur in Weimar)
gewidmet dem Wirken Johann Wolfgang
von Goethes

412

Eisenach
Wartburg
Geschichte der Wartburg, Kunstsammlung,
Luther-Gedenkstätte
Thüringer Museum
Predigerkirche
Ur- und Frühgeschichte, mittelalterliche
Bildkunst
Schloß
Markt 24
kunsthandwerkliche und volkskundliche
Sammlung, Thüringer Porzellan, Malerei
und Grafik der Barockzeit
Luther-Haus
Lutherplatz 8
Gedenkstätte für den Aufenthalt des jungen
Martin Luther 1498–1501 in Eisenach
Bach-Haus
Frauenplan 21
Ausstellung zum Wirken Johann Sebastian
Bachs
Fritz-Reuter- und Richard-Wagner-Museum
Reuterweg 2
gewidmet dem Aufenthalt des niederdeut-
schen Dichters Fritz Reuter in Eisenach
und Ausstellung der aus Wien hierher ver-
brachten Richard-Wagner-Bibliothek und
-Sammlung
Automobil-Ausstellungspavillon
Wartburgallee
Ausstellung der im Automobilwerk Ei-
senach hergestellten Fahrzeuge 1898–1989
Gedenkstätte ›Eisenacher Parteitag 1869‹
Friedrich-Engels-Str. 57
Geschichte der deutschen Arbeiterbewe-
gung

Eisenberg
Stadtmuseum
Markt
Stadtgeschichte

Eisfeld
Museum Otto Ludwig
Schloß
Südthüringer Porzellan und Volkskunst
Otto-Ludwig-Gedenkstätte
im Otto-Ludwig-Garten
gewidmet dem 1813 hier geborenen Dichter
Otto Ludwig

Erfurt
Angermuseum
Anger 18
Kunstsammlung und Kunsthandwerk
Glockenspiel am Anger
im Turm der einstigen Bartholomäuskirche
Museum für Kunst des Mittelalters
Barfüßerstraße, in der Barfüßerkirche
mittelalterliche Bild- und Glaskunst
Museum für Stadtgeschichte
Leninstr. 169, im Haus ›Zum Stockfisch‹
Stadtgeschichte
Museum für Thüringer Volkskunde
Juri-Gagarin-Ring 140a
ethnographische Sammlung und Ausstel-
lung

Gera
Kunstgalerie
Dimitroffstr. 4
Kunst vom 15. Jh. bis zur Gegenwart
Otto-Dix-Memorialmuseum
Mohrenplatz
dem Maler und Grafiker Otto Dix in seinem
Geburtshaus gewidmete Ausstellung
Museum für Geschichte
Straße der Republik 2
Stadt- und Regionalgeschichte von der Ur-
und Frühgeschichte bis zur Gegenwart
Museum für Kunsthandwerk
Greizer Str. 37/39, im Ferberschen Haus
historisches Kunsthandwerk sowie Design

Museum für Naturkunde
Nikolaiberg 3, im Schreiberschen Haus
geologische und ökologische Sammlung
und Ausstellung

Gotha
Schloßmuseum
Schloß Friedenstein
Kunstsammlung, Münz- und Kupferstich-
kabinett
*Museum für Regionalgeschichte und Volks-
kunde*
Schloß Friedenstein
historische Sammlung von der Ur- und
Frühgeschichte bis zur Gothaer Kulturge-
schichte
Museum der Natur
Parkallee 15
Erdgeschichte, Tierkunde und Ökologie
Kartographisches Museum
Schloß Friedenstein
Geschichte und Entwicklung der von Justus
Perthes gegründeten Geographisch-Karto-
graphischen Anstalt
Gedenkstätte ›Gothaer Parteitag 1875‹
Straße der Pariser Kommune 10
Geschichte der Arbeiterbewegung

Greiz
Kreisheimatmuseum
Unteres Schloß
Geschichte der Stadt und Residenz Greiz
Sommerpalais
Leninpark
Staatliche Bücher- und Kupferstichsamm-
lung und Karikaturensammlung

Haynrode
Dorfmuseum
Geschichte der ländlichen Arbeit und
Lebensweise im Eichsfeld

Heiligenstadt
Eichsfelder Heimatmuseum
Kollegiengasse 10
Geschichte und Kulturgeschichte des Eichs-
feldes
Theodor-Storm-Museum
Kasseler Tor 2
gewidmet dem Aufenthalt Theodor Storms
in Heiligenstadt

Hildburghausen
Stadtmuseum
Marx-Engels-Platz 25
Ausstellung zur Stadtgeschichte und Sammlung von Erstausgaben des Bibliographi-
schen Instituts Joseph Meyers in Hildburghausen 1828–74

Hohenleuben
Museum Reichenfels
Sammlung des Vogtländischen Altertumsforschenden Vereins zur Frühgeschichte
und zum Mittelalter sowie eine geologische
und tierkundliche Sammlung

Ilmenau
*Goethe-Gedenkstätte Jagdhaus Gabelbach
(Nationale Forschungs- und Gedenkstätten
der klassischen deutschen Literatur in Weimar) sowie Amtshaus*
dem Aufenthalt Johann Wolfgang von Goethes in Ilmenau gewidmet

Jena
Stadtmuseum

Am Markt 7
Stadt- und Kulturgeschichte
Kunstsammlung und Romantikergedenk-stätte
Unterm Markt 12a
deutsche Frühromantik und Fichte-Gedenkstätte
Schiller-Gedenkstätte
Schillergäßchen
dem Wirken Friedrich Schillers in Jena gewidmet
Goethe-Gedenkstätte am Botanischen Garten
Goetheallee 26
den Aufenthalten Johann Wolfgang von Goethes in Jena gewidmet
Karl-Liebknecht-Gedenkstätte
Zwätzengasse 16
dem Treffen Karl Liebknechts mit jungen Jenensern 1916 gewidmet
Magnus-Poser-Gedenkstätte
Karl-Liebknecht-Str. 55
den antifaschistischen Widerstandskämpfern Magnus Poser und Dr. Theodor Neubauer gewidmet
Phyletisches Museum der Friedrich-Schiller-Universität
Vor dem Neutor 1
Sammlung und Ausstellung zur stammesgeschichtlichen Entwicklung der Organismen und des Menschen
Institut für Geschichte der Medizin und der Naturwissenschaften der Friedrich-Schiller-Universität im Ernst-Haeckel-Haus
Berggasse 7
Bibliothek und Sammlung zu Leben und Wirken Ernst Haeckels
Optisches Museum
Carl-Zeiss-Platz 12
Sammlung optischer Geräte der Carl-Zeiss-Stiftung vom 17. Jh. bis zur Gegenwart

Kapellendorf
Burgmuseum der Wasserburg
Burggeschichte

Kloster Veßra
Agrarhistorisches und ethnographisches Freilichtmuseum
Sammlung zu Agrargeschichte und Landtechnik sowie regionalgeschichtliches Fachwerk-Freilichtmuseum

Kölleda
Heimatmuseum
Prof.-Hoffmann-Str. 11
Ur- und Frühgeschichte der Region und Stadtgeschichte

Lauscha
Museum der Glaskunst
Oberlandstr. 10
Entwicklung und Technologie der Lauschaer Glasherstellung und Glaskunst

Lobenstein
Regionalmuseum der Stadt
Schloßberg 20
Kulturgeschichte der Stadt und Region

Meiningen
Staatliche Museen Schloß Elisabethenburg
Kunstsammlung, Theatergeschichte, Musikgeschichte, historische Schloßräume
Literaturmuseum Baumbach-Haus
Burggasse 22
gewidmet dem Leben und Schaffen des Schriftstellers Rudolf Baumbach in Meiningen 1885–1905

Mühlhausen
Gedenkstätten ›Deutscher Bauernkrieg‹
in der Kornmarktkirche, im Rathaus, in der Ratsstube sowie in der Marienkirche

Sammlungen und Ausstellungen zu den Ereignissen des Bauernkrieges
Heimatmuseum
Leninstr. 61
Geschichte des Frühmittelalters sowie der Stadt, Volkskunst
Wehrgang
Am Hirschgraben
Geschichte der Stadtbefestigung und Ausstellung zur Kulturgeschichte
Turmmuseum in der Marienkirche
Ausstellung zur Restaurierung der Kirche und zum Bau des Turmes, Bau- und Kunstgeschichte
Brunnenhaus Popperode
Ausstellung zu Geschichte und Brauchtum um das Brunnenfest, Zinnfigurendiorama, Ökologieausstellung

Nordhausen
Meyenburg-Museum
Alexander-Puschkin-Str. 31
regionale Natur- und Kulturgeschichte, Stadtgeschichte
Mahn- und Gedenkstätte ›Mittelbau-Dora‹
am ehemaligen Konzentrationslager Mittelbau-Dora
Ausstellung zu Historie und antifaschistischem Widerstand

Oberweißbach
Fröbel-Memorial-Museum
Markt 10
gewidmet dem Leben und Schaffen des Pädagogen Friedrich Wilhelm August Fröbel mit einer Ausstellung im Geburtshaus

Ohrdruf
Tobiashammer
technische Schauanlage und Sammlung zur

Geschichte und Funktion des Hammerwerkes, Maschinensammlung
Heimatmuseum
Schloß Ehrenstein
Stadtgeschichte, volkskundliche Sammlung

Ranis
Museum Burg Ranis
Ur- und Frühgeschichte, geologische und seismologische Sammlung, Burg- und Stadtgeschichte

Reitzengeschwenda
Volkskundemuseum und Landeskulturkabinett
regional- und heimatgeschichtliche Sammlung in altem Bauerngehöft

Renthendorf
Brehm-Gedenkstätte
gewidmet dem 1884 hier verstorbenen Zoologen Alfred Edmund Brehm

Römhild
Steinsburgmuseum
Waldhaussiedlung
ur- und frühgeschichtliche Sammlung und Ausstellung zur Besiedelung der Gleichberge
Heimatmuseum
Markt 4
Stadtgeschichte, ethnographische, kulturgeschichtliche, naturkundliche Sammlung
Keramik International
Schloß Glücksburg
Keramiksammlung

Rudolstadt
Staatliche Museen Heidecksburg
in den Fest- und Wohnräumen des Schlosses historische Ausstellung und Rüstkammer mit Waffensammlung

Kunstsammlungen mit Möbeln, Bildkunst, Porzellan und ostasiatischem Spiegelkabinett
Naturkundemuseum
Volkskundemuseum Thüringer Bauernhäuser
Große Wiese 2
Fachwerk-Freilichtmuseum mit ethnographischer Ausstellung

Saalfeld
Thüringer Heimatmuseum
Münzplatz 5
mittelalterliche Kunstwerke, Stadtgeschichte sowie allgemeine Regionalgeschichte
Naturkundliche Sammlung Emil Weiske
Sonneberger Str. 44
aus der Privatsammlung des Forschers und Reisenden Emil Weiske hervorgegangene ethnographische und biologische Kollektion
Feengrotten
naturkundliches Denkmal, einstiges Alaunschieferbergwerk

Schleusingen
Naturhistorisches Museum Schloß Bertholdsburg
Geologie, Paläontologie und Mineralogie der Region und Regionalgeschichte

Schmalkalden
Museum Schloß Wilhelmsburg
Sammlung zur Geschichte industrieller und handwerklicher Fertigung und zur Kulturgeschichte (in den historischen Schloßräumen)
Technisches Denkmal Neue Hütte (Happelshütte)
im Ortsteil Weidebrunn
Holzkohle-Hochofenanlage aus dem frühen 19. Jh.

Schwarzburg
Kaisersaal am Schloß
historische Porträt- und Waffensammlung aus dem Schwarzburger Zeughaus

Seitenroda
Museum Leuchtenburg
Burggeschichte, Geschichte des Weinanbaus im Saale-Tal, Thüringer Porzellan

Sondershausen
Staatliches Heimat- und Schloßmuseum
Regionalgeschichte und Schloßgeschichte, Literatur- und Theatergeschichte, Kunst und Kunsthandwerk, historische Schloßapotheke

Sonneberg
Spielzeugmuseum
Beethovenstr. 10
etwa 70 000 Spielzeuge aus aller Welt, Sonneberger Spielzeug bis zur Gegenwart, Milieu-Ausstellung und ›Thüringer Kirmes‹, Diorama der Brüsseler Weltausstellung 1910

Stadtilm
Heimatmuseum
Straße der Einheit 1
Stadt- und Regionalgeschichte

Stützerbach
Goethe-Haus (Nationale Forschungs- und Gedenkstätten der klassischen deutschen Literatur in Weimar)
Sebastian-Kneipp-Str. 18
Johann Wolfgang von Goethes Aufenthalten am Ort zwischen 1776 und 1780 gewidmet

Suhl
Waffenmuseum
Wilhelm-Pieck-Str. 19, im ehemaligen Malzhaus
Geschichte und Produktion der Suhler Handfeuerwaffen und historische Sammlung

Walldorf
Sandstein- und Märchenhöhle
Denkmal zur Naturgeschichte und Geschichte der Technik mit volkstümlichen Exponaten

Waltershausen
Heimatmuseum Schloß Tenneberg
volkskundliche und stadtgeschichtliche Ausstellung
GutsMuths-Gedenkstätte
dem Pädagogen Christian Gotthilf Salzmann und dem Turnpädagogen Johann Christoph Friedrich GutsMuths gewidmet, mit historischem Turnplatz im Ortsteil Schnepfenthal

Weida
Kreismuseum im Schloß Osterburg
Stadt- und Burggeschichte

Weimar
Kunstsammlungen
Burgplatz 4, im Schloß
Malerei, Plastik, Kunsthandwerk, russische Ikonensammlung, Bildkunst, Grafiksammlung mit etwa 60 000 Blättern europäischer Kunst von der Dürer-Zeit bis zur Gegenwart
Rokokomuseum Schloß Belvedere
Schloßräume und historische Kutschensammlung

Museum für Ur- und Frühgeschichte Thüringens
Amalienstr. 6
Natur- und Menschheitsgeschichte der Großregion, frühgeschichtliche Kultur- und Kunstzeugnisse
Nationale Forschungs- und Gedenkstätten der klassischen deutschen Literatur in Weimar
Goethe-Nationalmuseum im Goethe-Haus am Frauenplan
Goethes Gartenhaus im Park an der Ilm
Schiller-Museum und Schiller-Haus an der Neugasse
Goethe- und Schiller-Gruft auf dem historischen Friedhof
Kirms-Krackow-Haus mit Herder-Museum, Jacobstr. 10
Liszt-Haus, Marienstr. 17
Wittumspalais mit Wieland-Museum, Am Palais 3
Römisches Haus im Park an der Ilm
Schloß Tiefurt
Stadtmuseum
Karl-Liebknecht-Str. 7, im Bertuch-Haus
Stadtgeschichte
Albert-Schweitzer-Gedenkstätte
Kegelplatz 4, im Musäus-Haus
gewidmet dem Leben und Schaffen des Humanisten, Theologen und Arztes Albert Schweitzer
Gedenkstätte Buchenwald
auf dem Ettersberg
gewidmet den Opfern des nationalsozialistischen Konzentrationslagers, Gedenkstätte mit Krematorium und Teilen des Lagers, Lagermuseum und Denkmal

Worbis
Kreismuseum
am ehemaligen kurmainzischen Amtshaus
Stadt- und Regionalgeschichte

Wurzbach
Technische Schauanlage Gießerei Hein-richshütte
Leutenberger Str. 44
Darstellung historischer Eisengußtechnik

Zella-Mehlis
Heimatmuseum
Bahnhofstr. 1
städtische und regionale Industriegeschich-te, Volkskunde

Zeulenroda
Kunstgewerbe- und Heimatmuseum
Aumaische Str. 30
städtische und regionale Industriegeschichte

Ziegenrück
Museum für Wasserkraftnutzung
Lobensteiner Str. 6, im historischen Was-serkraftwerk ›Fernmühle‹
Ausstellung zur Geschichte der Technik mit Demonstration

Autor und Verlag bemühen sich nach besten Kräften darum, die ›Praktischen Reise-informationen‹ auf dem aktuellsten Stand zu halten, können aber keine Gewähr für die Richtigkeit jeder einzelnen Angabe übernehmen. **Aufgrund der Wieder-vereinigung ist in allernächster Zeit mit Änderungen der Postleitzahlen, Tele-fonnummern, Verkehrsverbindungen etc. im ehemaligen Gebiet der DDR zu rechnen.** Wir bitten um Verständnis und werden entsprechende Hinweise gerne aufgreifen. DuMont Buchverlag, Mittelstraße 12–14, 5000 Köln 1.

Register

Personen

420

PERSONENREGISTER

PERSONENREGISTER

Orte

Bitte beachten Sie auch folgende DuMont Kunst-Reiseführer:

Hannover und das südliche Niedersachsen

Geschichte, Kunst und Landschaft zwischen Harz und Weser, Braunschweig und Göttingen

Von G. Ulrich Großmann. 392 Seiten mit 36 farbigen und 104 einfarbigen Abbildungen, 123 Zeichnungen und Plänen, 6 Seiten praktischen Reisehinweisen, Register

»Der DuMont Kunst-Reiseführer stellt auf komplexe Weise das südliche Niedersachsen vor, er zeichnet ein ebenso fundiertes wie kunstwissenschaftlich anschauliches Bild seiner Bauten und Schätze und macht neue Lust darauf, eine Landschaft zu erwandern und zu ›erfahren‹.« *Braunschweiger Zeitung*

Hessen

Vom Edersee zur Bergstraße

Die Vielfalt von Kunst und Landschaft zwischen Kassel und Darmstadt

Von Friedhelm Häring und Hans-Joachim Klein. 408 Seiten mit 47 farbigen und 146 einfarbigen Abbildungen, 84 Plänen und Zeichnungen, 24 Seiten praktischen Reisehinweisen, Literaturangaben, Register

»Da man Hessen schnell durchfahren kann, will das vorliegende Buch das Verweilen schmackhaft machen, das Suchen und Finden erleichtern. Dazu werden landschaftlich, geschichtlich und wirtschaftlich zusammenhängende Gebiete von Norden nach Süden vorgestellt, Kunst- und Kulturlandschaften, die sich dem Besucher bequem erschließen. Es fehlen in diesem Buch weder sehenswerte Kleinstgemeinden noch die bedeutenden Städte. Zahlreiche hübsche Zeichnungen, Stiche, Pläne, Grundrisse sowie mehr- und einfarbige Abbildungen vermitteln sehr viel Information, aber besonders geben sie auch einen oft stimmungsvollen Eindruck von der jeweiligen Szenerie.« *Wiesbadener Tagblatt*

Franken

Kunst, Geschichte und Landschaft

Entdeckungsreisen in einem schönen Land – Würzburg, Rothenburg, Bamberg, Nürnberg und die Kunststätten ihrer Umgebung

Von Werner Dettelbacher. 408 Seiten mit 52 farbigen und 122 einfarbigen Abbildungen, 28 Zeichnungen, 2 Karten, 14 Seiten praktischen Reisehinweisen, Namenverzeichnis, Orts- und Sachregister

»In diesem Band sind die Bilder nicht nur Dekoration, sondern dienen ebenfalls vorwiegend der Information wie dieser ganze Band, der ein zuverlässiger und gründlicher Begleiter für eine Frankenfahrt ist.« *Stuttgarter Zeitung*

DuMont Kunst-Reiseführer

Ägypten und Sinai
Geschichte, Kunst und Kultur im Niltal. Vom Reich der Pharaonen bis zur Gegenwart

Albanien
Kunstreise durch das Land der Skipetaren

Algerien – Kunst, Kultur und Landschaft
Von den Stätten der Römer zu den Tuareg der zentralen Sahara

Belgien
Belgien – Spiegelbild Europas
Eine Einladung nach Brüssel, Gent, Brügge, Antwerpen, Lüttich und zu anderen Kunststätten
Die Ardennen
Eine alte Kulturlandschaft im Herzen Europas

Bhutan
Kunst und Kultur im Reich des Drachen

Brasilien
Völker und Kulturen zwischen Amazonas und Atlantik

Bulgarien
Kunstdenkmäler aus vier Jahrtausenden von den Thrakern bis zur Gegenwart

Volksrepublik China
Kunstreisen durch das Reich der Mitte

Dänemark
Land zwischen den Meeren. Kunst – Kultur – Geschichte

Deutsche Demokratische Republik
Geschichte und Kunst von der Romanik bis zur Gegenwart. Brandenburg, Mecklenburg, Sachsen-Anhalt, Sachsen, Thüringen
Thüringen
Reisen durch eine große deutsche Kulturlandschaft

Bundesrepublik Deutschland
Das Allgäu
Städte, Klöster und Wallfahrtskirchen zwischen Bodensee und Lech
Bayerisch Schwaben
Kultur, Geschichte und Landschaft zwischen Ries und Lechfeld
Das Bergische Land
Kultur, Geschichte, Landschaft zwischen Ruhr und Sieg
Bodensee und Oberschwaben
Zwischen Donau und Alpen: Wege und Wunder im ›Himmelreich des Barock‹
Bonn
Von der römischen Garnison zur Bundeshauptstadt. Kunst und Kultur zwischen Voreifel und Siebengebirge
Bremen, Bremerhaven und das nördliche Niedersachsen
Kultur, Geschichte und Landschaft zwischen Unterweser und Elbe
Düsseldorf
Eine moderne Landeshauptstadt mit 700jähriger Geschichte und Kultur

Die Eifel
Entdeckungsfahrten durch Landschaft, Geschichte, Kultur und Kunst – Von Aachen bis zur Mosel
Franken – Kunst, Geschichte und Landschaft
Entdeckungsfahrten in einem schönen Land – Würzburg, Rothenburg, Bamberg, Nürnberg und die Kunststätten der Umgebung
Freie und Hansestadt Hamburg
Geschichte, Kultur und Stadtbaukunst an Elbe und Alster
Hannover und das südliche Niedersachsen
Geschichte, Kunst und Landschaft zwischen Harz und Weser, Braunschweig und Göttingen
Hessen
Vom Edersee zur Bergstraße. Die Vielfalt von Kunst und Landschaft zwischen Kassel und Darmstadt
Hunsrück und Naheland
Entdeckungsfahrten zwischen Mosel, Nahe, Saar und Rhein
Köln
Zwei Jahrtausende Kunst, Geschichte und Kultur
Kölns romanische Kirchen
Architektur, Ausstattung, Geschichte
Die Mosel
Von der Mündung bei Koblenz bis zur Quelle in den Vogesen. Landschaft, Kultur, Geschichte
München
Von der welfischen Gründung Heinrichs des Löwen bis zur Gegenwart: Kunst, Kultur, Geschichte
Münster und das Münsterland
Geschichte und Kultur. Ein Reisebegleiter in das Herz Westfalens
Zwischen Neckar und Donau
Kunst, Kultur und Landschaft von Heidelberg bis Heilbronn, im Hohenloher Land, Ries, Altmühltal und an der oberen Donau
Der Niederrhein
Landschaft, Geschichte und Kultur am unteren Rhein
Oberbayern
Kultur, Geschichte, Landschaft zwischen Donau und Alpen, Lech und Salzach
Oberpfalz, Bayerischer Wald, Niederbayern
Regensburg und das nordöstliche Bayern. Kunst, Kultur und Landschaft
Osnabrück, Oldenburg und das westliche Niedersachsen
Kultur, Geschichte, Landschaft zwischen Weser und Ems
Ostfriesland mit Jever- und Wangerland
Über Moor, Geest und Marsch zum Wattenmeer und zu den Inseln Borkum, Juist, Norderney, Baltrum, Langeoog, Spiekeroog und Wangerooge
Der Rhein von Mainz bis Köln
Eine Reise durch das Rheintal – Geschichte, Kunst und Landschaft
Das Ruhrgebiet
Kultur und Geschichte im ›Revier‹ zwischen Ruhr und Lippe
Sauerland mit Siegerland und Wittgensteiner Land
Kultur und Landschaft im gebirgigen Süden Westfalens
Schleswig-Holstein
Zwischen Nordsee und Ostsee: Kultur – Geschichte – Landschaft

Der Schwarzwald und das Oberrheinland
Wege zur Kunst zwischen Karlsruhe und Waldshut: Ortenau, Breisgau, Kaiserstuhl und Markgräflerland

Sylt, Amrum, Föhr, Helgoland, Pellworm, Nordstrand und Halligen
Natur und Kultur auf Helgoland und den Nordfriesischen Inseln. Entdeckungsreisen durch eine Landschaft zwischen Meer und Festlandküste

Der Westerwald
Vom Siebengebirge zum Hessischen Hinterland. Kultur und Landschaft zwischen Rhein, Lahn und Sieg

Östliches Westfalen
Vom Hellweg zur Weser. Kunst und Kultur zwischen Soest und Paderborn, Minden und Warburg

Württemberg-Hohenzollern
Kunst und Kultur zwischen Schwarzwald, Donautal und Hohenloher Land: Stuttgart, Heilbronn, Schwäbisch Gmünd, Tübingen, Rottweil, Sigmaringen

Die Färöer
Inselwelt im Nordatlantik

Frankreich

Auvergne und Zentralmassiv
Entdeckungsreisen von Clermont-Ferrand über die Vulkane und Schluchten des Zentralmassivs zum Cevennen-Nationalpark

Die Bretagne
Im Land der Dolmen, Menhire und Calvaires

Burgund
Kunst, Geschichte, Landschaft. Burgen, Klöster und Kathedralen im Herzen Frankreichs: Das Land um Dijon, Auxerre, Nevers, Autun und Tournus

Côte d'Azur
Frankreichs Mittelmeerküste von Marseille bis Menton

Das Elsaß
Wegzeichen europäischer Kultur und Geschichte zwischen Oberrhein und Vogesen

Frankreich für Pferdefreunde
Kulturgeschichte des Pferdes von der Höhlenmalerei bis zur Gegenwart. Camargue, Pyrenäen-Vorland, Périgord, Burgund, Loiretal, Bretagne, Normandie, Lothringen

Frankreichs gotische Kathedralen
Eine Reise zu den Höhepunkten mittelalterlicher Architektur in Frankreich

Korsika
Natur und Kultur auf der ›Insel der Schönheit‹. Menhirstatuen, pisanische Kirchen und genuesische Zitadellen

Languedoc – Roussillon
Von der Rhône zu den Pyrenäen

Das Tal der Loire
Schlösser, Kirchen und Städte im ›Garten Frankreichs‹

Lothringen
Kunst, Geschichte, Landschaft

Die Normandie
Vom Seine-Tal zum Mont St. Michel

Paris und die Ile de France
Die Metropole und das Herzland Frankreichs. Von der antiken Lutetia bis zur Millionenstadt

Führer Musée d'Orsay, Paris

Périgord und Atlantikküste
Kunst und Natur im Lande der Dordogne und an der Côte d'Argent von Bordeaux bis Biarritz

Das Poitou
Westfrankreich zwischen Poitiers, La Rochelle und Angoulême – die Atlantikküste von der Loiremündung bis zur Gironde

Die Provence
Ein Begleiter zu den Kunststätten und Naturschönheiten im Sonnenland Frankreichs

Romanische Kunst in Frankreich
Ein Reisebegleiter zu allen bedeutenden romanischen Kirchen und Klöstern

Savoyen
Vom Genfer See zum Montblanc – Natur und Kunst in den französischen Alpen

Südwest-Frankreich
Vom Zentralmassiv zu den Pyrenäen – Kunst, Kultur und Geschichte

Griechenland

Athen
Geschichte, Kunst und Leben der ältesten europäischen Großstadt von der Antike bis zur Gegenwart

Die griechischen Inseln
Ein Reisebegleiter zu den Inseln des Lichts. Kultur und Geschichte

Korfu
Das antike Kerkyra im Ionischen Meer. Geschichte, Kultur, Landschaft

Kreta – Kunst aus fünf Jahrtausenden
Von den Anfängen Europas bis zur kreto-venezianischen Kunst

Rhodos
Eine der sonnenreichsten Inseln im Mittelmeer – ihre Geschichte, Kultur und Landschaft

Alte Kirchen und Klöster Griechenlands
Ein Begleiter zu den byzantinischen Stätten

Tempel und Stätten der Götter Griechenlands
Ein Reisebegleiter zu den antiken Kultzentren der Griechen

Großbritannien

Englische Kathedralen
Eine Reise zu den Höhepunkten englischer Architektur von 1066 bis heute

Die Kanalinseln und die Insel Wight
Kunst, Geschichte und Landschaft. Die britischen Inseln zwischen Normandie und Süd-England

London
Biographie einer Weltstadt

Die Orkney- und Shetland-Inseln
Landschaft und Kultur im Nordatlantik

Ostengland
Suffolk, Norfolk und Essex
Von Künstlern und Bauern, Kirchen und Palästen der Countryside

Schottland
Geschichte und Literatur. Architektur und Landschaft

Süd-England
Von Kent bis Cornwall. Architektur und Landschaft, Literatur und Geschichte

Wales
Literatur und Politik – Industrie und Landschaft

Guatemala
Honduras – Belize. Die versunkene Welt der Maja

Holland
Kunst, Kultur und Landschaft. Ein Reisebegleiter durch Städte und Provinzen der Niederlande

»Richtig reisen«

- Ägypten
- Kairo
- Sinai und Rotes Meer
- Algerische Sahara
- Arabische Halbinsel
- Australien
- Bahamas
- Belgien
- Belgien mit dem Rad
- Bundesrepublik Deutschland
- Berlin
- München
- China
- Cuba
- Dänemark
- Bornholm
- Ferner Osten
- Finnland
- Frankreich
- »Richtig wandern«: Bretagne
- »Richtig wandern«: Burgund
- Elsaß
- Frankreich für Feinschmecker
- Paris
- Griechenland
- Kreta
- »Richtig wandern«: Kykladen
- »Richtig wandern«: Nordgriechenland
- »Richtig wandern«: Rhodos
- Großbritannien
- London
- »Richtig wandern«: Nord-England
- »Richtig wandern«: Schottland
- Guadeloupe · Martinique
- Holland
- Amsterdam
- Hongkong mit Macau und Kanton
- Indien
- Nord-Indien
- Süd-Indien
- Indonesien
- Von Bangkok nach Bali
- Irland
- Italien
- Friaul Triest Venetien
- Neapel – Küsten und Inseln
- Oberitalien
- Rom
- Sizilien
- Süditalien
- »Richtig wandern«: Südtirol
- Toscana
- »Richtig wandern«: Toscana und Latium
- Venedig

- Jamaica
- Kanada und Alaska
- Ost-Kanada
- West-Kanada und Alaska
- Madagaskar · Komoren
- Malediven
- Marokko
- Mauritius
- Mexiko
- Nepal
- Neuseeland
- Norwegen
- Österreich
- Graz und die Steiermark
- Wien
- Ostafrika
- Philippinen
- Portugal
- Réunion
- Schweden
- Die Schweiz und ihre Städte
- Wallis
- Seychellen
- Sowjetunion
- Moskau
- Spanien
- Gran Canaria
- Ibiza/Formentera
- Lanzarote
- Madrid und Kastilien
- »Richtig wandern«: Mallorca
- Teneriffa
- Südamerika
- Argentinien · Chile · Paraguay · Uruguay
- Peru und Bolivien
- Venezuela · Kolumbien · Ecuador
- Thailand
- Von Bangkok nach Bali
- Türkei
- Istanbul
- Tunesien
- USA
- Florida
- Hawaii und Südsee
- Kalifornien
- Los Angeles
- Neu-England
- New Orleans
- New York
- San Francisco
- Texas
- USA – Der Südwesten
- Zentralamerika
- Zypern